阅读的快乐，不在于读什么书，不在于读书的环境，
而在于阅读之后有什么可与别人分享

一本书读懂经济学

即使没读过，也要知道的世界经济学名著

孙绍青◎编著

人民邮电出版社

北京

图书在版编目（CIP）数据

一本书读懂经济学：即使没读过，也要知道的世界经济学名著 / 孙邵青编著. -- 北京：人民邮电出版社，2015.1
ISBN 978-7-115-36478-4

Ⅰ. ①一… Ⅱ. ①孙… Ⅲ. ①经济学—通俗读物
Ⅳ. ①F0-49

中国版本图书馆CIP数据核字(2014)第152750号

内 容 提 要

经济学名著是经济学家思想成果的总结，凝聚了其学术思想的精华所在。想阅读经济学名著的人或为增长知识，或为工作需要，或为走进经济学的殿堂。但一个人的精力和时间总是有限的，要想把世界上所有的经济学名著都阅读完是不可能的，也是没有必要的。本书精选了几十篇世界经济学名著，用最通俗易懂的语言将其主要思想和内容表述出来，让读者在最短的时间内就能领略到经济学的精髓，掌握经济学大师的思想，并通过阅读学习把经济学知识运用到自己的工作当中去。

♦ 编　　著　孙邵青
　　责任编辑　任忠鹏
　　执行编辑　张婷婷

♦ 人民邮电出版社出版发行　　北京市丰台区成寿寺路 11 号
　　邮编　100164　电子邮件　315@ptpress.com.cn
　　网址　http://www.ptpress.com.cn
　　北京隆昌伟业印刷有限公司印刷

♦ 开本：787×1092　1/16
　　印张：19.5　　　　　　　2015 年 1 月第 1 版
　　字数：280 千字　　　　　2015 年 1 月北京第 1 次印刷

定价：48.00 元

读者服务热线：(010)81055296　印装质量热线：(010)81055316
反盗版热线：(010)81055315
广告经营许可证：京崇工商广字第 0021 号

前　言

　　有人这么说过：经济学是最古老的艺术，也是最新颖的科学。在这个充满诱惑也充满喧嚣和纷争的殿堂中，留下了经济学家的创见和思想，也弥漫着无数次激烈论战的硝烟。仰望苍穹，俯观八方，生活在现代的我们仍时时能感受到这些天才的远见卓识和睿智冷静。

　　时至今日，经济学这门古老、高尚的学科已经走过了数百年的历程，经济学家以其辛勤劳动书写了这段辉煌灿烂而又带有几分曲折艰辛的历史。在此，其中有四个人不能不提，因为他们的学说和成就不论在当时，还是在整个经济学发展史上都有里程碑式的作用。真正科学的经济学从亚当·斯密开始，这位终身未娶的天才于 1776 年创作的那本《国民财富的性质和原因的研究》（简称《国富论》）既奠定了经济学的基础，也奠定了其自身在西方经济学说史上开山鼻祖的地位。从亚当·斯密开始，经济学走上了正轨，也走上了漫漫的征程。接着，在 1848 年，约翰·穆勒穷尽一生，用最高的智慧写下了《政治经济学原理》，把经济学提升到了一个新的高度。1890 年，阿弗里德·马歇尔在前人的基础上创作出《经济学原理》，这本堪称权威性的著作风靡全球、盛极一时，后经凯恩斯等人的修改补充，理论体系更趋庞大和完善。保罗·萨缪尔森 1948 年的《经济学》则是以新古典、综合两大折中主义特征委婉而巧妙地协调了各个学派的纷争，成为当下仍十分流行的经济学著作，其本人也成为折衷主义的最高典范。至于时下相当火热的约瑟夫·E·斯蒂格利茨的《经济学》，能否达到前四本著作的高度，仍需时间和历史的检验。本书将其一并收入，让读者自己去评判、观察。

　　经济学名著，是经济学家思想成果的荟萃，凝聚了其学术思想的精华所在，也是数百年来世界各国的优秀经济学者根据时代的发展和各国的实践，在对当时社会经济发展规律认识深化的基础上做出的创造性的理论概括。它们是人类文明和社会进步的共同财富，伟人、天才的思想泽被后世，光辉千古。

　　古人云："以铜为鉴，可以正衣冠；以史为鉴，可以知兴替；以人为鉴，可以明得失。"吸收和借鉴西方历史上经济学先进的思想，对我们的经济改革和市场经济的深化不无裨益。本书精选了历史上 76 本最有影响力的经济学著作，从亚当·斯密的《国富论》到 20 世纪 90 年代斯蒂格利茨的《经济学》等，相信对大家全面了解经济学历史及相关知识有较大帮助。

　　经济学当然是在一定社会背景下产生出来的，但这并不等于说经济学的性质完全取决于社会历史条件。其实，从更重要的意义上讲，经济学理论的性质与提出它们的经济学家本人的经历和性格有着密切的关系。因此，在联系经济学家的个人经历与性格的基础上，加进考虑作品的时代背景、社会条件，应该说是一种比较全面、科学的研究方法。适应这一需要，本书在对经济学作品进行内容简介和评析的同时，对其作者生平、经历、主要贡献和其他主要作品也做了较为详尽的介绍，并考虑了写作的时代背景，帮助读者多角度、全方位地了解经济学理论。

应该说，经济学是一门十分复杂且综合性很强的学科，其涉及的面广之又广，研究方法千差万别，这也是其他学科所难以企及的。即使在今天，关于经济学的学术交流仍空前活跃，经济学能跨越不同国家、语言和文化的界限，但在不同人的眼里，仍存在着各种各样的重大差异，这也使得它成为一个人们所企望的、最激动人心和富于刺激的研究和实践领域，吸引着一代又一代经济学人的加入。本书的付梓，如果能激起读者对经济学的一丝好奇或兴趣，笔者足以欣慰不已了。

一本书不会让任何人成为一位专家，本书同样如此。然而，"千里之行，始于足下"，读者在阅读过程中能以批判继承和吸收的态度，冷静、客观而睿智地看待这些经济学史上的名人及其代表作，相信必能获得初步的经济学理念和经济学思维模式。

目　　录

《国民财富的性质和原因的研究》(1776 年)/亚当·斯密 ·· 1

《经济表》(1758 年)/弗朗斯瓦·魁奈 ·· 6

《人口原理》(1798 年)/托马斯·罗伯特·马尔萨斯 ································· 10

《商业性质概论》(1730 年左右)/理查德·坎蒂隆 ···························· 14

《关于财富的形成和分配的考察》(1766 年)/安·罗伯特·雅克·杜尔阁 ··· 18

《论降低利息和提高货币价值的后果》(1692 年)/约翰·洛克 ············ 22

《法国详情》(1695 年)/皮埃尔·布阿吉尔贝尔 ································ 26

《贸易论》(1691 年)/达德利·诺思 ··· 29

《休谟经济论文集》(1748～1758 年)/大卫·休谟 ···························· 33

《政治经济学及赋税原理》(1817 年)/大卫·李嘉图 ························· 37

《政治经济学原理》(1848 年)/约翰·穆勒 ···································· 42

《政治经济学大纲》(1836 年)/纳索·威廉·西尼尔 ························· 47

《政治经济学新原理》(1819 年)/西蒙·德·西斯蒙第 ······················ 52

《财富分配与租税源泉》(1831 年)/理查德·琼斯 ··························· 57

《历史方法的国民经济学讲义大纲》(1843 年)/威廉·罗雪尔 ············· 61

《政治经济学概论》(1803 年)/让·巴蒂斯特·萨伊 ························· 65

《政治经济学原理》(1825 年)/约翰·雷姆赛·麦克库洛赫 ················ 69

《孤立国同农业和国民经济的关系》

    (1826～1863 年)/约翰·海因里希·冯·杜能 ······························ 73

《纯粹经济学要义》(1873 年)/马力·爱斯普利·莱昂·瓦尔拉斯 ········· 77

《经济学原理》(1890 年)/阿弗里德·马歇尔 ································· 82

《有闲阶级论》(1899 年)/索尔斯坦·凡勃伦 ·································· 87

《政治经济学理论》(1871 年)/威廉姆·斯坦利·杰文斯 ····················· 91

《自然价值》(1889 年)/弗里德克·冯·维塞尔 ······························ 95

《利息与价格》(1898 年)/克尼特·威克塞尔 ································· 99

《政治经济学的国民体系》(1841 年)/弗里德里希·李斯特 ··············· 103

《金融资本》(1910 年)/鲁道夫·希法亭 ····································· 107

《国民经济学原理》(1871 年)/卡尔·门格尔 ································ 110

《资本实证论》(1889 年)/欧根·冯·庞巴维克 ······························ 114

《财富的分配》(1899 年)/约翰·贝茨·克拉克 ······························ 118

《就业、利息和货币通论》(1936 年)/约翰·梅纳德·凯恩斯 ……………… 122

《区域贸易与国际贸易》(1933 年)/伯特尔·俄林 ……………………… 126

《没有财产权的权力》(1959 年)/汉道夫·贝利 ………………………… 130

《经济学》(1948 年)/保尔·安东尼·萨缪尔森 ……………………… 133

《动态经济模型中的统计推理》(1950 年)/加林·查理斯·库普曼 …… 138

《经济增长理论论文集》(1944～1956 年)/埃弗塞·多马 …………… 142

《福利经济学》(1920 年)/阿瑟·塞西尔·庇古 …………………… 146

《后工业社会的来临》(1973 年)/丹尼尔·贝尔 …………………… 151

《价值理论》(1959 年)/杰拉德·德布鲁 ………………………… 155

《统治经济学》(1944 年)/阿巴·勒纳 …………………………… 159

《繁荣与萧条》(1937 年)/戈特弗里德·冯·哈伯勒 ……………… 163

《经济发展》(1958 年)/查尔斯·P. 金德尔伯格 ………………… 167

《货币和资本理论的研究》(1939 年)/埃里克·罗伯特·林达尔 … 171

《不发达国家的资本形成问题》(1953 年)/雷格那·纳克斯 ……… 175

《价值与资本》(1939 年)/约翰·希克斯 ………………………… 179

《货币均衡论》(1933 年)/冈纳·缪尔达尔 ……………………… 183

《经济政策和充分就业》(1947 年)/阿尔文·汉森 ……………… 187

《社会选择与个人价值》(1951 年)/肯尼斯·J. 阿罗 …………… 190

《制度经济学》(1934 年)/约翰·康芒斯 ………………………… 194

《经济增长理论》(1955 年)/阿瑟·刘易斯 ……………………… 198

《经济思想史》(1938 年)/埃里克·罗尔 ………………………… 202

《福利经济学及国家理论》(1952 年)/威廉·杰克·鲍莫尔 …… 205

《小的是美好的》(1973 年)/E. F. 舒马赫 ……………………… 209

《平等与效率——重大的抉择》(1975 年)/阿瑟·奥肯 ………… 213

《宏观经济理论》(1961 年)/加德纳·阿克利 …………………… 216

《微观经济学——分析和政策》(1976 年)/劳埃德·雷诺兹 …… 219

《大趋势——改变我们生活的十个方向》(1982 年)/约翰·奈斯比特 … 223

《国际经济学》(1988 年)/保罗·克鲁格曼、茅瑞斯·奥伯斯法尔德 … 227

《宏观经济学》(1978 年)/鲁迪格·多恩布什、斯坦利·费希尔 … 231

《动态经济学》(1973 年)/罗伊·福布斯·哈罗德 ……………… 236

《国民收入与支出》(1944 年)/理查德·约翰·斯通 …………… 240

《投入产出经济学》(1966 年)/沃西里·里昂惕夫 ……………… 244

《产业组织》(1968 年)/乔治·J. 施蒂格勒 ……………………… 248

《各国的经济增长:总产值和生产结构》(1971 年)/西蒙·库兹涅茨 … 251

《经济发展中的货币与资本》(1973 年)/罗纳德·麦金农 ……… 255

《发展中国家的经济学》(1964 年)/H. 迈因特 ………………… 259

《资本主义与自由》(1962 年)/米尔顿·弗里德曼 ……………… 263

《微观经济学》(1995 年)/罗伯特·S.平狄克、丹尼尔·L.鲁宾费尔德 ················ 267

《世界范围的积累》(1974 年)/萨米尔·阿明 ···································· 271

《财富与贫困》(1981 年)/乔治·吉尔德 ·· 274

《用商品生产商品》(1960 年)/皮罗·斯拉法 ···································· 277

《供应学派革命：华盛顿决策内幕》(1981 年)/克雷·罗伯茨 ···················· 281

《经济成长的阶段》(1960 年)/沃尔特·罗斯托 ·································· 285

《改造传统的农业》(1964 年)/西奥多·威廉·舒尔茨 ··························· 288

《经济学》(1995 年)/约瑟夫·E.斯蒂格利茨 ··································· 292

《经济学原理》(1998 年)/N.格里高利·曼昆 ··································· 297

《长尾理论》(2004 年)/克里斯·安德森 ·· 301

《国民财富的性质和原因的研究》

作　　者：亚当·斯密
成书时间：1776 年

【作者简介】

英国古典政治经济学家。1723 年出生于英国苏格兰的柯卡尔迪，出生前八个星期父亲去世，母亲独自抚养长大。他 14 岁进入格拉斯哥大学学习哲学和数学，后结识大卫·休谟。1740 年就读于牛津大学，1746 年毕业后回到柯卡尔迪。1748 年任爱丁堡大学讲师，1751 年到格拉斯哥大学任教。1759 年出版《道德情操论》，一举成名。1764 年任一位青年公爵的私人教师，并随之在欧洲大陆旅行达三年之久，认识了伏尔泰、魁奈等人，和杜尔阁私交甚密。1767 年到达伦敦，担任英国皇家学会会长。后回到家乡柯卡尔迪，潜心写作。1776 年《国民财富的性质和原因的研究》一书终于出版。1777 年任苏格兰关税委员会委员。1784 年母亲的去世，使他遭受致命打击。1787 年任格拉斯哥大学校长。他终身未娶，生平三大至爱是母亲、朋友和书籍。1790 年健康状况恶化，同年 7 月 17 日悄然告别人世。

亚当·斯密是英国古典政治经济学的主要代表之一。他在经济学上的主要贡献在于创建了政治经济学的科学体系。他极力探索资本主义经济的内在发展规律，在价值论上，不仅论证了劳动价值论，而且还最早确立了这一原理的理论体系。他的正确见解为后来的古典政治经济学奠定了理论基础。他在对剩余价值的研究中把剩余价值的起源从农业单个部门扩大到资本主义社会的所有生产部门，并提出了剩余劳动是利润源泉的垄断。他提出了自由主义经济理论，适应了资本主义经济发展的需要，反对国家干预经济。斯密严谨的治学态度也是值得称道的，他认真求实，持之以恒，终生潜心研究经济。

亚当·斯密的主要著述有《道德情操论》、《哲学问题论集》、《国民财富的性质和原因的研究》等。

【内容梗概】

在 18 世纪上半叶，英国已经成为资本主义世界的霸主，在国际上，无论是政治还是经济方面都首屈一指。当时英国资本主义经济已有较大发展，原始积累已完成，然而由于封建主义势力仍然在政治上占据重要地位，封建经济也大量存在，这为英国资本主义经济的进一步发展带来了阻碍，于是资产阶级需要一种反对国家干预、宣扬自由主义经济的理论。本书就是在这种背景下产生的。

本书是亚当·斯密的代表作，是对以前的经济学理论的深化。本书汇集并发展了在他之前近百年里经济思想的所有优秀成果，对政治经济学的研究对象、方法和范围都做了全新的阐述，使政治经济学最终发展成为一门真正独立的学科。本书出版后凭借自身严谨的结构、深刻的分析、通俗化的语言和精彩的表达而引起全世界的轰动。它的问世，对社会产生了巨大的影响，许多当时以及后来的著名经济学家都对其推崇备至，也汲取了其中的许多理论为自己所用。这本书甚至在政治上也产生了同样大的影响，连当时的首相皮特都是其忠实信徒。

本书的特点在于其矛盾性。斯密对许多概念都列出几种不同的甚至矛盾的观点。在内容上，本书也不是单纯的政治经济学著作。它还包括经济史、经济学说史以及财政学，可以说是包罗万象。本书的目的在于说明财富的起源及其产生和增长的条件，基本思想来源于利己主义的自由主义思想，使每个人都能自由地追求最大利益，以增加财富，发展资本主义经济。

斯密认为，国民财富的增长首先取决于分工，而分工又取决于交换，交换又涉及了货币和价值，于是他在本书中首先论述了分工，而交换是分工的原因，货币和价值是分工与交换的结果，这样就把分工、交换、货币和价值四个理论联系在了一起。书中，斯密还分别对它们进行了阐述。

财富是什么？其源泉又在哪里？财富是指一国国民每年消费的物品。财富的源泉在于劳动，提高劳动效率和增加劳动数量，都可以使财富增加。而分工正是提高劳动效率，增加财富的主要手段。分工是由交换引起的，分工之所以可以使劳动效率提高，是因为分工可以使劳动专门化，这样就可以提高工人的劳动熟练程度，还可以节省时间，减少生产成本，提高技术水平。斯密还指出，分工也会带来一个不利结果，即会导致社会不平等，分工是社会不平等的根源。这一点斯密犯了一个明显的错误，他掩盖了社会不平等产生的真正原因是社会制度。

分工由交换引起，而交换是人的一种天然倾向和爱好，因为人都是自私的，所以交换是人类共有的特性，分工也是人类本性的产物。在这里斯密又将分工的原因错误解释了。他认为，交换引起分工，是因为交换使人们发现如果自己只生产一种商品再去和别人交换自己所需要的商品比他自己亲自生产所有所需商品花的时间要少，用的成本更低。自然，人们就会明智地选择分工了。可见，交换实际上是互相满足需要，是双方劳动产品的交换。

交换是怎样进行的呢？交换开始是物物交换形式，但人们通过长期实践后，发现单纯的物物交换存在着不方便之处，不能使交换顺利且及时地进行，于是需要寻找到一种交换媒介，即货币。货币能充当交换媒介，是因为它本身也具有价值，也是一种商品。货币与其他商品的不同之处只在于它是人人都可以接受的，它能使交换更方便。货币最终由金银来承担。在交换过程中，除了是交换媒介之外，货币还有一种职能，即价值尺度。正因为它是价值尺度，所以我们才能够用各种商品可以采取的货币量来估计其他商品的价值。斯密主张用纸币代替货币。

在论述了分工、交换、货币后，斯密重点论述了他的价值理论。他是按照劳动价值论观点来论述的。价值有两个不同的意思，即使用价值和交换价值，所谓使用价值，是指物品所具有的能满足人类某种欲望的效用；所谓交换价值，是指由于占有了某物而取得的对他种货物的购买力。他认为，使用价值大的东西，交换价值往往很小，反之，交换价值大的东西，使用价值又往往很小。劳动是衡量一切商品交换价值的真实尺度，原因在于：一、一切商品都由劳动生产，且都由劳动购买，所以它们自身包含了一定的劳动量，于是就可以用劳动作为真实价格交换商品；二、劳动本身的价值是不会改变的。无论什么时候，什么地点，劳动的价值都不会改变。

在资本主义社会里，价值是由三部分构成的：工资、利润和地租。那么它们是怎样构成的呢？斯密认为，工资、利润和地租三者都有一种普通率或平均率，这些普通率或平均率，可称为自然率。如果三种收入都按自然率来构成商品的价格，就是商品的自然价格，因此，商品的自然价格就是由自然工资、自然利润、自然地租三部分构成。与自然价格相对的是市场价格，市场价格是市场上商品的实际价格。市场上商品的市场价格时高时低是受供求关系的影响，但它是以自然价格为基础的。这就是自然价格和市场价格的关系：自然价格决定市场价格，市场价格反映自然价格。斯密提出了自己的价值规律：自然价格是一个中心价格，虽有时会将商品的市场价格抬高，有时又将其降低，尽管存在各种因素使市场价格不能和自然价格相等，但商品的市场价格时刻都向着自然价格这个中心。

斯密将资本主义社会的人划分为三个阶级：一、工人阶级，他们只有劳动力，并以它来换取工资；二、资本家阶级，他们占有资本，用资本来购买劳动并从中获取利润；三、地主阶级，他们拥有土地，用出租土地的办法来获取地租。一国土地和劳动的全部产品，或者说年产品的全部价格，自然地可分解为劳动工资、资本利润和土地地租三部分。这三部分购成了上述三种阶级的收入，对应关系为：工资——工人阶级、利润——资本家阶级、地租——地主阶级。这三个阶级是社会的三大主要和基本阶级。

工资是由劳动生产物或其价值构成的。工资并不是劳动的全部生产物，只是劳动生产物或其价值的一部分，是劳动者维持生活、养活其家人、延续其后代所必需的收入。同时，斯密又认为工资是劳动的价值或价格，是商品价值的构成部分。事实上，劳动的价格和价值是两个概念，而且劳动的价格总是小于劳动的价值，这样才会使资本家有利润可赚，斯密这样将二者混为一谈，实际上是掩盖了资本家对工人的剥削实质。工资在量上至少要等于工人必需的生活资料，而且还应该稍多一点，以使工人能养活其家人，抚育其后代。劳动的价格即工资也有自然价格和市场价格之分。劳动的自然价格由工人及其家庭后代所需生活资料来决定，又叫自然工资；劳动的市场价格以其自然价格为基础并由市场上供求关系决定，是劳动者实际得到的工资，又叫作市场工资。工人的工资必然会随着国民财富的增长而增加，因为：第一，对劳动者的需求会增加，这是由一国收入和资本增加而决定的；第二，社会上工资总额会不断增加，这是因为积累以及追加的资本最后都会全部用于购买追加的工人劳动，即全部追加资本都会转化为工资。

关于利润，斯密认为，利润是工人劳动所产生的全部价值中的一部分。具体来说，它是资本家占有的由工人创造的在扣除了工资以后的余额。利润产生有两方面的原因：一是资本在少数资本家手中积累起来；二是资本和劳动相交换，即把资本附于劳动者身上，供给原料，付给工资，让他们劳动，即劳动者除了劳动力以外，一无所有。斯密还把利润看成是资本的自然报酬，它是构成商品价值的一部分，是资本家生活费用的来源。如果劳动生产产品的出售所得不能抵消投入的资本，资本家就不会雇佣工人生产，如果利润不能与投入的资本保持一定比例，资本家就不会扩大生产规模，所以，利润是资本家所冒风险的补偿，也是资本家经营的报酬。

利润量的决定取决于资本所支配的劳动量和工资量。利润量同资本支配的劳动量成正比，而同工资量成反比。斯密还认为，利润来源于资本，取决于资本量的大小。这两种说明是相互矛盾的。

关于利息与利润的关系。斯密认为：有资本不自用，而转借他人，借以取得收入，这种收入，称为货币的利息或利益。所以他认为，利息是一种派生的收入，借款人所支付的利息和其纯利润成比例。纯利润只是总利润的一部分。利润的增加和减少和工资的增加和减少，都取决于社会财富的增加和减少，但财富的增减对二者的影响都不同，资本增加了，工资会提高，而利润却减少了。

地租也是工人劳动生产的价值的一部分，是劳动生产物及其价值扣除了工资、利润后的余额。斯密同时又认为，地租是使用地主土地的代价或自然报酬，所以，地租是商品价值或生产费用的一部分，这两种观点是相互矛盾的。斯密甚至将地租看成是一种垄断价格，这是因为土地的有限性所至。地租量的决定是由土地产品价格减去普通利润的金额。地租会随着国民财富的增加而增加。

关于资本理论斯密认为，资本是人们希望借以获取收入的那部分资财。"资本一经在个别人手中积累起来，当然就有一些人，为了从劳动生产物的售卖或劳动对原材料增加的价值上得到一种利润，便把资本投在劳动人民身上，以原材料与生活资料供给他们，叫他们劳作。"他认为，资本是一种获取利润的手段，资本的利润是由劳动者的无偿劳动创造的。

资本可分为固定资本和流动资本两种。固定资本是不必经过流通，不必更换主人，即可提供收入或利润的资本，比如机器、工具、厂房等，而流动资本则是需要依靠流通，更换主人才能提供收入的资本，比如货币、食品、材料和未出卖的制成品。

资本的用途有以下 4 个方面：

1. 获取原来的生产物，比如农产品、矿产品、渔产品；
2. 改制原来的生产物或制造品，以使之能满足人类的消费需求；
3. 运输原来的生产物和制造品；
4. 分散原来的生产物和制造品。

其中，第 1、2 是用于生产行业，第 3 是用于运输行业，第 4 是用于销售行业。这 4 种方式相互联系，缺一不可，共同构成了维持生产性劳动不可缺少的步骤。

斯密还论述了生产劳动与非生产劳动理论，指出，要把储蓄起来的资财留作资本来获得利润，则这些资财必须要用于雇佣生产性劳动者，而不可以用以雇佣非生产性劳动者。有一种劳动，如把它加在物品上，就能增加物品的价值，而也有其他劳动加在物品上并不能增加物品的价值。前者我们就叫作生产性劳动，后者叫作非生产性劳动。同时他又进行了第二种定义，认为生产劳动是直接同资本交换的劳动，是可以再生产自身消费的价值并能提供利润的雇佣工人的劳动，而非生产劳动是直接同收入交换的劳动，它不能为资本家带来利润，它不仅可与工资相交换，也可以与利润、地租相交换。这两种解释也是相互矛盾的，可以说，矛盾贯穿了本书的多角落。

斯密还对欧洲各国经济的发展过程做了分析。他认为一个国家的经济发展都会遵循一定的顺序，如首先是农业，其次是工业，最后才是对外贸易。农业应该是所有产业中最基础的，其发挥的作用也是不可缺少的，然而，当时欧洲许多国家只重视工业和对外贸易，忽视了农业，使农业受到种种阻碍和压榨。究其原因，主要在于地主霸占土地太多，土地利用不好等。

【精彩语录】

1. 劳动是衡量一切商品交换价值的真实尺度。

2. 价值一词有两个不同的意义，它有时表示特定物品的效用，有时又表示由于占有某物而取得的对他种货物的购买力。前者可叫作使用价值，后者可叫作交换价值。

3. 不论何时何地，凡是难于购得或在取得时需花多量劳动的货物，价必昂贵；凡是易于购得或在取得时只需少量劳动的货物，价必低廉。

4. 对工资劳动者的需求，必随一国收入和资本的增加而增加。

《经济表》

作　　者：弗朗斯瓦·魁奈
成书时间：1758 年

【作者简介】

法国古典政治经济学家。1694 年出生于法国巴黎，从小自学。1710 年学习医学，1718 年开始做医生。1730 年任职巴黎外科医学会常任秘书。1736 年因发表《动物经济论》而名噪一时。1749 年进入凡尔赛宫担任国王路易十五宠妃庞巴杜夫人侍医，后又成为国王御医，因 1752 年治愈王子的病，魁奈被封为贵族，并逐渐对经济学产生兴趣，完成许多经济学著作。1774 年逝世。

魁奈是重农学派创始人，他在经济学上的主要贡献在于提出了重农主义学说。重农学派重视资本形成，认为资本形成的来源是农业的"纯生产"，农业部门的兴旺发达和随之而来的其他部门的优化发展，必须要保证取消垄断，排除国家干预。重农学派是 18 世纪后半叶二三十年间，在法国开始出现的用以反对重商主义政策和封建剥削的经济学派。

魁奈的主要著述有《租地农场主论》、《谷物论》、《人口论》、《赋税论》、《经济表》等。

【内容梗概】

18 世纪后半叶，当时的法国处在资产阶级革命的前夜，在这以前的 100 年里，由于封建剥削的加重和重商主义政策的推行造成法国农业极端衰落，国家财政极度困难，为了挽救财政经济危机，在法国出现了反对重商主义，提倡重视农业、发展农业的经济思潮，重农主义诞生。当时的法国，经济上大大落后于英国，工业中的资本主义成分虽已扩大，工场手工业虽已有一定规模，但在农业方面，除了北部地区有资本主义经营外，基本上仍是封建性农业。法国工商业是靠牺牲农民利益而发展起来的，而农业的衰落反过来又阻碍了资本主义经济的发展，因此重农学派的主旨是，在国民经济发展过程中必须高度重视农业。本书正是在这种背景下写成的。

《经济表》是魁奈的一部十分重要的著作，它不仅概括了魁奈的理论和政策观点，还对社会总资本的再生产和流通过程问题进行了分析。曾经做过医生的魁奈，从人体血液循环得到启示，产生了绘制经济社会货币与财货循环图的设想，改为社会支出的货币经过各种途径最后又返回原处，然后进行新的生产。

经济表有原表和简表两种。原表发表于 1758 年，题为"经济表及其说明"，但是由于它晦涩难懂，为便于大众理解，魁奈于 1766 年又将其简化，题为"经济表之分析"即为简表，魁奈将后者又称为"经济表范示"。

魁奈的经济表是以他的"纯产品"学说为基础的。魁奈认为，土地是提供财富的唯一源泉，只有农业劳动才能增加财富，这种财富即为纯产品。他根据"纯产品"学说，把社会分为三个阶级：

1. 生产阶级，即真正从事农业的阶级，包括租地农场主和农业工人，只有他们才生产"纯产品"；

2. 土地所有者阶级，即占有"纯产品"的阶级，其中包括君主、政府官员以及什一税征收者即教会；

3. 不生产阶级，包括从事工商业的资本家和工人，他们不生产"纯产品"。

显然，魁奈的这种划分具有封建主义色彩。因为他所描绘的农业是按照资本主义生产方式经营的农业，然而却把整个生产阶级，包括农业资本家和工人看成是土地所有者的一个佃户。对于不生产阶级，则看成是受生产阶级雇佣的工人，他们为"纯产品"的生产服务者，并从生产阶级那里领取他们所需要的生活资料，即工资。

魁奈把农业资本家的经营资本划分为两个部分，即年预付和原预付。所谓年预付，是指每年要预付出去的部分经营资本，比如种子、肥料和工资等；所谓原预付，是指几年才预付一次的经营资本，比如农具、仓库、建筑设施、耕畜等。原预付并不需要每年更换，但一旦预付后，每年都会损耗一部分，这种损耗可称之为"原预付利息"。生产阶级每年的生产费用就是由年预付加上原预付折旧而合成的。生产者把这个预付和用于生产以后，除了能再生产出这个预付和之外，还能生产出剩余价值，即"纯产品"。可见，资本是能够自行带来增值的价值。其实，魁奈所说的年预付和原预付，就是我们今天经常说的流动资本和固定资本，只是这两个新概念是由后来的斯密提出来的。

魁奈在分析社会总资本的再生产与流通过程时，提出了许多假设前提，这些假设前提对他的经济表的结构建立具有重要意义。他实际上是虚构了一个理想国，在这个理想的国家里，土地的租佃制度及与之关联的大规模资本主义农业已经被普遍采用，这个国家已经采用了重农学派所倡导的社会经济改革，如竞争自由、贸易自由、等价交换农产品等，每一个阶级内部不存在流通，各阶级间所进行的买卖，都合算成一个总数，不存在对外贸易。这个理想国是为了便于研究问题而假设的，事实上不存在这样的真实国家。

在对各种条件做了假设后，魁奈分析了一年的总产品是怎样通过货币流通分配到社会各个阶级手里去的，是怎样使再生产继续下去的，这是一个比较复杂的过程。

魁奈在对社会总资本再生产过程的分析中把年总产品作为出发点，阐明了年总产品的各个组成部分在价值上和实物形式上是怎样实现和获得补偿的。他认为货币流通仅在年总产品再生产过程中起媒介的作用。这实际上是撇开了由于货币流通所造成的许多复杂情况，清楚地说明了年总产品的再生产问题。

尽管魁奈未把年总产品区分为生产资料和消费资料，也未区分社会生产的两个部类，而只区分了农业和工业，但他把农业和工业的产品中的生产资料与消费资料区别开来了。这样就使他把社会各个阶级收入的起源、资本和收入之间的交换以及生产消费和个人消费之间的关系等重要问题，都纳入他对社会再生产过程的分析中去了。

魁奈把社会生产划分为农业和工业也有重要意义。原因是研究社会再生产问题，事实上就是要考察社会生产各个部门，包括农业和工业之间的相互联系。

魁奈的关于再生产的设想，是从总体角度研究经济社会的，经济学也因为这样才会成为一门学科。魁奈把这种经济循环看成是自然秩序，因而任何国家的经济政策都不能违背或无视这一循环规律。

魁奈对经济表的建立和解释实际上是为了宣传他的重农主义思想。从经济表中我们可以看出，经济的发展与经济秩序之间存在着关系。繁荣是因为经济处于自然秩序之中，一旦这个自然秩序被打破，国家经济就会走向衰退。导致自然秩序被打破的原因既有政府政策的原因，也有个人原因。

政府政策原因是指政府改变其税收政策或贸易政策而导致经济发展的自然秩序遭到破坏，税收政策的改变表现为：如果政府以前是采取征收直接税的政策，即只征收收入税而现在却改变为征收间接税的政策，即对商品流通征收税务，这样一个转变的结果就是使国家收入减少。一旦这种改变长久持续下去，国家的收入就会长久地减少，直到国家经济"破产"。

贸易政策改变带来的影响表现为：如果政府以前实行自由主义贸易政策，现在却要加以限制，比如人为地压低农产品价格等，这种情况下生产阶级生产出来的总产品就不能按照它的价格实现，使生产阶级的生产费用得不到完全补偿，社会再生产就不能按往常的规模继续发展。生产规模一缩减，"纯产品"的数量就会减少，最终使国家经济发展停滞不前。

个人原因主要是指个人爱好的变化。假定土地所有者用收入的一半来购买农产品，另一半来购买工业品，二者比例对照，这就是生产和消费的比例关系。如果土地所有者由于某种原因而产生"爱好"上的改变，现在把更多的收入投入到消费奢侈工业品上去，自然他就会向不生产阶级支付其收入，这样一来，原有的生产与消费之间的比例就受到破坏。它带来的不良影响在于"纯产品"的再生产规模不但不能扩大，反而受到破坏而减小。如果土地所有者的这种个人爱好持续下去，国家经济就会"破产"。尽管这时不生产阶级的收入增加了，但是它的增加不足以弥补生产阶级收入减少所带来的损失，虽然二者在量上是恰好相等的。因为不生产阶级的收入只会在第一年增长，在第二年却要减少。这样会带来生产阶级与不生产阶级双方收入都减少的恶性循环。由此魁奈提出，许多土地所有者致力于奢侈消费的作法是有危害作用的，必须要加以抑制。

基于上述几种情况的分析，魁奈提出了自己的主张，即主张改革税制和实行自由贸易，反对法国封建贵族的奢侈浪费，这也正是当时潜在资产阶级的一致要求。

魁奈的经济思想也有其自身局限性，主要体现在以下两个方面。

第一，他提出的"自然秩序"实际上是一个永恒的范畴，是超越阶级、超越时代的，这就是说，由此所构成的资本主义制度是永恒不变的，这种观念带有明显的为资本主义辩护的色彩。

第二，他提出的"纯产品"学说把"纯产品"看成是土地的创造物，割裂了"纯产品"与工人劳动之间的关系，掩盖了资产阶级剥削工人劳动的事实，这是为资产阶级辩护的。

【精彩语录】

1. 生产的支出，是为了不断地再生产谷物、饮料、木材、家畜、手工业制品的原料等财富而用于农业、草地、牧场、森林、矿山、渔业等方面的支出。

2. 不生产的支出是用于手工业者、住宅、衣服、利息、婢仆、商业费用和外国商品等方面的支出。

3. 土地是提供财富的唯一源泉，只有农业劳动才能增加财富。

4. 靠奢侈维持的工业与商业，在大城市里聚集了许多人和财富，但妨碍了土地的改良，它们使农村荒芜，并刮起了轻视农业之风……其结果必使国家衰亡。

《人口原理》

作　　者：托马斯·罗伯特·马尔萨斯

成书时间：1798 年

【作者简介】

英国著名经济学家。1766 年出身于英国萨立州诺克里山庄的一个地产所有人家庭，他的父亲是一位学识渊博、思想激进的人，这对他从小就产生了深刻的影响。他从小聪明好学，顺利完成了小学和中学课程后，1784 年进入剑桥大学学习哲学、神学、文学和古代史，成绩优秀。1788 年毕业后在该校任研究员，同年回家乡担任牧师。1804 年因结婚而丧失神职。1798 年匿名出版《人口原理》，由于这本书迎合了统治者的需要，使他一举成名。1803 年用真名出版了《人口原理》第二版，1804 年在东印度公司创办的东印度大学海利贝里学院任政治经济学教授，成为英国所设的政治经济学教授职位的第一个获得者，被凯恩斯誉为"第一位剑桥经济学家"。《人口原理》出版引起的轰动效应使他春风得意，于是他决定在研究社会的路子上继续走下去，他花 5 年时间游历了德国、瑞士、挪威、俄国等国家，用主要精力收集有关人口的资料。1811 年与大卫·李嘉图认识并交往甚深，两个人长期进行理论交流，双方收益都很大，虽然二人在一些根本性的经济问题上存在分歧，但这并不影响他们之间的友谊。1834 年，马尔萨斯逝世。

马尔萨斯是英国著名的资产阶级人口学家，庸俗政治经济学的杰出代表。他在经济学上的主要贡献在于他是"人口理论的开拓者"，创造性地提出了人口理论规律：人口必然为生活资料所限制；只要生活资料增长，人口就一定会增长，除非受到某种强有力的抑制。但他的影响绝不仅限于人口理论，还包括价值、分配、再生产、经济发展等许多方面。但他的理论是替土地贵族辩护的，反对工业资产阶级，同时也拥护资产阶级剥削制度，反对无产阶级。这是当时英国的社会历史条件决定的。

马尔萨斯的主要著述有《人口原理》、《当前粮食涨价原因的分析》、《政治经济学原理》、《政治经济学定义》、《价值的尺度》、《地租的性质与发展的研究》等。

【内容梗概】

从 18 世纪中叶开始，英国进行了产业革命，逐渐完成了工场手工业向机器大工业的过渡。产业革命的迅速发展，有力地促进了英国社会生产力的急剧增长，使英国成为当时世界上各国工业产品的主要供给者。产业革命同时也改变了英国的社会阶级结构。由于许多小生产者纷纷破产，于是不断流出农村，使城市人口激增，工人处于贫困之中，同时由于机器排挤工人，大量工人失业，使英国人口过剩，这激化了工人阶级与资产阶级的矛盾。同时工业资产阶级与土地贵族之间的矛盾也空前尖锐起来，因为土地贵族掌握着英国政权，他们制定各种法令、政策限制工业资产阶级经济力量的发展，阻碍了工业资本主义的进步。

于是在人口问题上爆发了一场论战。华莱士认为人口必然过剩，而英国乌托邦主义者威廉·葛德文认为人口增长并不是贫困的原因，关键在于人们所在的社会制度，从而对私有制进行了抨击。对此，马尔萨斯对葛德文的观点进行了反驳，写成了本书。

本书第一版是匿名发表的，出版后立即获得成功，使马尔萨斯一举成名。本书利用人口过剩为资本主义社会的失业和贫困问题进行开脱和掩饰。本书的写作目的也不是为了研究人口问题，而是为了反驳葛德文等人提出的"社会改革论"，他们要求社会制度改革。而本书却指出，失业、贫困的根源不在于社会制度，而是人类的本性。本书在内容上并无多少新意，许多是直接借用别人的成果来论述的。

《人口原理》的内容概括起来为：两个公理、两个级数、两种抑制的人口规律。

两个公理是人口原理的两个抽象的假设前提，一是食物为人类生存所必需，二是两性间的情欲是必然的，而且几乎会保持现状。马尔萨斯认为，这两个公理无论在过去、现在或将来，都是人类本性的法则，它是建立在人的自然属性之上的，是无法改变的。因为人类要生存肯定离不开生活资料，人类要繁衍后代，就肯定会结婚生育。但这样进行抽象的假设是不符合社会客观实际的，它并没有将其和社会制度联系起来，事实上，人类社会的生产资料的生产与分配，总会受生产力水平和与之相应的社会制度的限制，而人口状况也与社会制度密切相关，所以要谈两个假设前提，就应该先谈社会制度。

两个级数是指人口增长的方式和生活资料的增长方式。马尔萨斯认为，在"无妨碍时"人口以几何级数增加，生活资料只以算术级数增加，因此，人口增长速度必然快于生活资料的增长速度。在他的假设中，土地的出产量是未受到任何限制的，它会永远增长并增长到任何一个可指定的数量，但人口的增长依然会占优势，除非它会受到较强的抑制力量。

如果依两个级数的速度发展，人口与生活资料的差距将日益扩大，但是，为什么现实中并不是这样的呢？因为人口只有在无妨碍时才会以几何级数增长，如果存在某种抑制则人口就不会以几何级数增长。这两种抑制是指"积极的抑制"和"道德的抑制"。

"积极的抑制"是指用提高人口死亡率的办法来使人口增长和生活资料的增长之间保持平衡。积极抑制的方式很多，"它包括产生于罪恶或苦难的各色各样的原因，或多或少都会缩短人的寿命"。比如剧烈的劳动和受严寒盛暑的煎迫，极度的贫困，对儿童的恶劣保育，大城市的拥挤，各种各样的过度行为，传染病、战争、瘟疫、饥荒等。

"道德的抑制"是指工人阶级和劳动人民如果无力承担抚养子女的责任就不应该结婚，而且在婚前要保持贞操，不然就会受到"自然规律"的惩罚。马尔萨斯认为，战争的一个原因就是生存空间和食品的缺乏，这都是由于人口过剩所导致的。

"人口规律"是基于以上论述而提出的，其内容包括：人口必然会为生活资料所限制；只要生活资料增长，人口就一定会坚定不移地增长，除非受到某种非常显著的又有力的抑制阻止；这些抑制和那些遏止人口的优势力量，使其结果与生活资料保持同一水平，全部可以归结为道德的节制、罪恶和贫困。从动态来看，这一规律还表现为人口与生活资料之间不平衡—平衡—不平衡的过程。他认为，在人口的增长已经达到食物所能承受的最大限度时，所有道德的抑制、积极的抑制都会自发地发生作用。关于性方面的邪恶习惯会更多，婴儿的遗弃变得见怪不怪了，战争时常爆发，流行病到处存在，这些因素会使人口降低到食物水平以下，这时均衡状态实现，人口就又会增加。

根据以上的人口理论，马尔萨斯提出了以下结论为资产阶级和土地贵族予以辩护。

失业与贫困的根源并不在于社会制度，而在于人口自然规律，因而失业与贫困和制度形态无关，而且是永恒存在，不可避免的。他认为私有制与公有制都不是失业和贫困的原因。即使在公有制下，人口规律依然会发生作用，要社会上全体人的生活都安逸、幸福，而且比较闲暇，不必理会自身及家属的生活资料如何供给，那是无论如何办不到的。相反，如果实行公有制，实行自由婚姻政策，改善和提高人们的生活水平，消除了贫穷和罪恶，必然刺激人口的快速增长。而生活资料的增长依然会慢于人口的增长，这个矛盾无法解决，那么公有制下建立的平等社会也就自然崩溃了。

财产私有制是不可消灭、永远存在的，它是由人口自然规律的支配而产生的，是人口增长与生活资料增长之间保持平衡的最有效的社会制度。因为两性间的情欲必然存在，因此只有在私有制下，个人才会顾忌到承受能力而自动节育，避免了过快的人口增长。每一种平等制度一定会很快在那种不可避免和必须的贫困和苦难中消失，除非这样的人口增长受到抑制，不过这种抑制手段比由私有财产法律以及上苍和自然所加在每个人身上的、抚养自己子女的道德责任所造成的手段还要残酷数倍。因此，马尔萨斯反对社会变革，反对平等社会，进而反对财产公有制。

工人的工资将会在人口规律的支配下随人口增长速度的快慢而变化。如果人口增长快于生活资料的增长，此时工人太多，工资会降低。怎样才能摆脱这种贫困呢？劳动者必须做更多的工作以求获取和以前一样的工资，于是由于生活所迫，结婚自然会少，人口增长的速度也就自然减慢了。工人加倍努力后，生活资料的增长会高于人口增长的水平，二者达到平衡状态，于是工人工资上升，但对人口的限制却又被人忽视，在一段时间后，生活方面时好时坏的运动重复演化起来。

可见，马尔萨斯的理论暗含了一个假定前提，即工资总额是不会变的一个量，工人人数增加，工资水平就会下降，反之，工资水平就会上升。然而事实上我们知道，工资总额是时常在变化的一个变量，工资总额是由国民收入中工资和利润之间的比例关系来决定的。工资水平由劳动力供求关系决定，供求关系虽然也有工人绝对量增加导致供大于求现象，但更多的时候是因为经济萧条，大量工人失业所导致的。马尔萨斯之所以要杜撰一个原因，就是要掩盖资本主义的剥削实质和无产阶级贫困的真正原因。

马尔萨斯反对济贫，认为这不但无益于经济繁荣，反而会导致国家破产。因为济贫会使工人懒惰，使人口更加过剩了，这样物价上涨而工资则相对下降，人民的储蓄能力也自然下降，所以济贫法并不是解决问题的方法，而是制造贫困的恶手。他指出，英国的济贫法实施后会带来两个坏的趋势，一是使人口增多而维持人口的粮食不增加却相对减少，二是穷人在无负担无顾虑的情况下就会结婚。对工人来说，在一个已被占有的世界里出生的人，如果不能从父母那里获得生活资料的话，如果社会不需要他劳动的话，那么他就没有权利获得最小量的救济，因为他是多余的。总而言之，贫穷本身就是一种错误，帮助穷人也是错误的选择。

马尔萨斯的理论基本上是错误的，但没有错到一无是处的地步，马尔萨斯把人与动物混为一谈，不予区分，从生物学角度来分析人口，这是错误的，但由于人是自然性与社会性的统一体，食欲和性欲确是人最基本的生理需求，这是社会性的基础。可是对人的自然性的研究本身并无可怪之处，但如果抛弃了社会性而研究自然性就是不对的，这样得出来的结论也就是错误的。

马尔萨斯关于人口以几何级数增长，生活资料以算术级数增长这样论点的证明是不充分的，因而结论有失偏颇。但他认为人口增长速度快于生活资料的增长速度这一点是有合理性的，只是他忽视了科学技术的力量，科学技术可以减少人口增长与生活资料增长之间的差距。

马尔萨斯认为饥饿、战争等方式可以对人口进行"积极的抑制"，但他并不是强调一定要用这些方式，他是认为人口增长如果太快，必然会带来战争、饥饿，而战争、饥饿自然会抑制人口的增长，可是，他并不是要求人为地制造战争和饥饿。他认为如果不按照自然条件去盲目生育会带来灾难，这也是有一定的积极意义的。但他把战争、饥饿等灾难归因于人口增长，掩盖了真正的原因——社会制度，这一点是绝对错误的，也反映了他的阶级本质。

马尔萨斯的人口规律强调人口变动受生活资料的限制，他忽视了社会制度在人口变动中的作用，但实际上生活资料也是影响人口变化的一个因素，这一点我们必须承认。他由生物一般规律推及人口规律的方法是不对的，人口规律内容更加丰富，情况也更为复杂，但人口规律与生物规律二者之间也存在着相通之处。

马尔萨斯的人口理论总的来说是错误的，他没有看到人口在社会发展中的真正作用。实际上，人口增长虽然对社会发展有一定影响，但决不是社会发展的决定性因素。只有社会生产方式才是决定社会制度的因素，社会生产方式也是人口发展的物质基础，人口状况受社会生产方式的制约，不同的生产方式下人口状况具有差异性。马尔萨斯把人口规律普遍化，而实际上不同的社会制度有不同的人口规律，离开社会制度是无法谈论人口规律的。人口增长的影响因素很多，除了生活资料的限制外，还要受生产力水平，生产关系性质，国家的人口政策、卫生政策等影响，在这里马尔萨斯是舍本逐末的，是一种偏激的理论。

【精彩语录】

1. 我的公理一经确定，我是假定人口增殖力，比土地生产人类生活资料力，是无限巨大。

2. 人口，在无所妨碍时，以几何级数率增加，生活资料只以算术级数增加，略有数学知识的人，就会知道，与后一种力比较，前一种力怎样巨大。

3. 人口增加，必须受生活资料的限制；生活资料增加，人口必增加；占优势的人口增加，为贫穷及罪恶所抑压，致使现实人口得与生活资料相平衡。

《商业性质概论》

作　　者：理查德·坎蒂隆
成书时间：1730 年左右

【作者简介】

爱尔兰裔法国经济学家。1680 年出生于爱尔兰。1716 年移居法国巴黎，从事银行工作和贸易业务。由于他精明能干，很快成为约翰·罗德的主要竞争对手，1719 年在赚取大笔资金后退出该行业，与人合办了一家普通公司。之后，他又移居荷兰，继而到英国伦敦定居，在此期间经常出国。1734 年在他伦敦阿尔比马尔大街的住所里被人谋杀。坎蒂隆是爱尔兰人，他的主要经历在法国，而且他的研究对象为法国，因此被列入法国经济学家行列。

坎蒂隆是法国在重农学派以前具有较大国际影响的经济学家。他在经济学上的主要贡献在于对整体均衡的分析以及对商业性质的研究。他的学说在当时并未受人注意，但在 19 世纪后期则为人称道，边际效用创始人之一的吉逢士甚至认为他的著作是西方近代经济学的摇篮。他的思想对法国重农学派以及后来的亚当·斯密都具有较大的影响。

坎蒂隆一生唯一的经济学著作就是《商业性质概论》。

【内容梗概】

在坎蒂隆之前，还不曾有经济学著作对纯粹的经济理论加以研究。经济具有实用主义的色彩，比如安东尼奥·豪拉的《略论使无金矿国家金银充分的原因》，安东尼·蒙克列目的《献给国王和王太后的政治经济学》以及更早的让·波丹的《对马莱斯特罗特谈物价高昂及其补救办法的答复》等。他们的著作都只是针对某一个社会现实问题进行讨论分析并寻求解决办法，但经济学理论作为一门科学是要不断发展的，到了 18 世纪，古典经济学终于诞生，而坎蒂隆无疑是推动这一发展的先驱。

本书是坎蒂隆一生中唯一的一部经济学著作，本书囿于时代的局限性，无法形成完整的结构体系，但所反映的经济思想大抵还是可见一斑。

首先坎蒂隆对财富、价值和价格问题进行了论述，他认为财富就是由土地与劳动共同创造的。土地是财富产生的源泉，人的劳动是生产财富的形式。所谓财富是维持生活、方便生活和使生活富裕的生活资料。

商品的价格可分为正常价格和市场价格。这里的正常价格即为商品的价值。一件商品的正常价格或价值是用来衡量生产这件商品所使用的劳动与土地的数量的尺度，即土地与劳动就是决定商品价值的内在因素。可见，他是将土地与劳动结合起来，把在一定土地面积上花费的个人劳动所产生的产品价值用来表现单位土地面积的价值，并把它按日为单位加以计算。他将土地的作用看成是构成商品价值的内在因素，这一点是不对的。

关于市场价格与正常价格即价值的关系，坎蒂隆用了谷物的例子来说明。由于谷物的供给情况时常变化，所以谷物的市场价格比之于其正常价格是有时超出，有时偏低，围绕正常价格上下波动。但无论市场价格怎样变动，它都不会过于偏离谷物的正常价格。这种观点具有一定的科学性。

关于劳动价格，坎蒂隆给予了详细的论证。因为劳动者必须要依靠土地产品来维持自己的生活，那么在劳动的价值和土地产品的价值之间，则必然存在着某种关系。一个奴隶的劳动的价值，至少要等于奴隶主用于给他提供食物和生活必需品的土地数量加上为把一个孩子抚养到能劳动的年龄的土地数量的两倍。一天的劳动的价值与土地的产品有关，任何东西的内在价值，可以用它在生产中所使用的土地的数量以及劳动的数量来度量，换言之，它的内在价值可用其产品将被分配给耕种它的人的土地数量来度量。这种观点是在土地和劳动共同创造价值这一错误理论的基础上发展出来的，因而也是不正确的。

坎蒂隆还阐述了其货币理论。他较深入地分析了货币增加值使物价上涨的过程，认为货币增加使物价上涨是通过两个途径来完成的。第一是由金银矿的开采导致的货币流通量的增多所引起的物价上涨。开采金银使矿产所有者、采矿企业家以及矿工等人的收入都有所增加，从而他们的消费支出也会增加，导致市场上对消费品的需求增加，使商品的价格上升。第二是基于对外贸易顺差所引起的物价上涨，外贸顺差使所有从事这类对外贸易的商人和企业家获得更多的利润，使促其扩大贸易规模，因而又使这些行业的从业人员的收入和支出增加，最终也使商品物价全面提高。

关于货币数量变动对物价的影响，坎蒂隆认为，一国的货币数量如果增加一倍，商品价格则也必须上涨一倍。关于货币流通速度问题，他认为流通速度增加即意味着货币数量的增加，如果采取降低流通速度的措施即可消减通货膨胀的影响，流通速度加快会导致商品的价格上涨。增发银行货币又会加快流通速度，因为同量的金属货币如果存在个人手中有时可能会闲置，如存放于银行，银行就可以多次使用。

关于生产要素和报酬，坎蒂隆也做了一些分析，但并不系统。他对企业家的行动尤为关注。企业家以一定价格取得生产工具，而其目的是将商品以预期价格出售，这样企业家则必然会承担一部分风险。企业家的主要职能就是要承担自己所拥有的工具遭受损失的风险，组织监督企业的生产和经营并获得利润。

关于地租，坎蒂隆认为，土地能产生地租是因为土地本身的稀缺性和独一无二性。地租可分为两部分，一部分是对地主的投资所支付的利息；另一部分是对自然的和不可毁灭的土地生产力的报酬。

关于工资，坎蒂隆认为劳动是一个国家的"自然财富"，因此人口的增长要与劳动的需求相适应。

关于利息，坎蒂隆正确地将利息与利润联系起来考察，认为利润是利息的基础。货币所有者之所以要将手中的货币借贷给别人，是因为他认为借款人会有一笔较大的利润。这个预期利润同借款人的需要和他的担心与贪欲成比例，利息就是这样产生的。有一种观点认为，一国中货币数量的增加对利息的影响是使之降低，原因在于在货币充裕时借款比较容易，而在货币稀缺时借款比较困难，坎蒂隆认为这种观点并不是完全正确的，他的观点是：一国中货币的充裕与稀缺永远会使商品价格上升或下降，但对利息不会带来直接的影响。那么，一国利息率是由什么决定的呢？决定因素有很多，比如业主数目增加，预期他们能够取得较高的利润，贵族和土地所有者等人的巨大开支，以及从国外进口一切物品等因素。利息率应由市场来决定，国家不能对其进行干预，任意调高或降低货币利息率，都会使交易变得更加困难，经济会取得相反的效果。

坎蒂隆对社会阶级也进行了划分，他将人们分为三大类：地主、农夫和从事于非农业职业的人员。他的划分是按人们的收入的性质来进行的。地主又叫土地所有者阶级或最高阶级、分配阶级。因为当时一般的人民是不可能拥有私人土地的，之所以称之为分配阶级，是由于他们得到的地租收入占全国财富生产的绝大部分，他们的消费购买使地租收入流向其他各阶级。农夫并非指一般劳动人民，而是指一些租地农夫家，他们又叫生产阶级，因为他们从土地贵族那里租来大片土地进行农业生产经营。非农业的人员是指工商业者之类的小资产阶级，他们又叫不生产阶级。在这里，坎蒂隆未将劳动者划分进去，把他们作为第四种阶级看待。

整个社会的产品与财富就是在这三个阶级之间流动循环。由于土地生产产品是财富的源泉，地租的花费又为其他阶级提供了收入，因此坎蒂隆认为社会各阶级以及一个国家所有的人的生存和富裕是以土地所有者阶级的损失为代价的。

本书典型地反映出了坎蒂隆的重农思想，这也是他成为法国重农学派先驱的原因所在。书中关于商业性质的论述并不及对农业问题的论述多。他认为，许多富有的人生活在一起，这种聚集的地方就是今天的城市。一个国家所有阶级的生存都依托于土地所有者阶级，所以城市的大小应与生活在那里的地主数量成比例。一个国家的所有阶级都是依靠地主来致富的，因为一国居民的生活资料不是来源于租地农场主保留的三分之二，就是来自剩余给地主的那三分之一。所以，一种经济制度中，有权处置地产资本的是土地所有者，是他们推动着整个经济向最有利的方向发展。一个国家中仅有土地所有者是必然独立的，而所有其他阶级，无论是业主还是受雇者，都不是独立的。从另一个角度来看，地主们的爱好、兴趣以及生活方式决定着一国中土地的使用并造成一切物品的市场价格的变化，还决定着一个国家人口数量的增减。国内可能发生的需求变化，主要是由支配着三分之一土地产品的土地所有者造成的。一个国家的居民人数取决于分配给他们的用来维持生活的资料。由于这种生活资料决定于土地耕种的方法，而这种方法又主要取决于土地所有者的爱好、兴趣和生活方式，所以人口的增减也是建立于这一基础之上的。

本书最后对对外贸易理论作了论述。坎蒂隆认为，一国的劳动越多，该国就自然地成为富有国。对于一国实力的盛衰而言，对外贸易是最重要的贸易，而国内贸易没有重大意义。

本书的内容已经涉及了政治经济学的许多问题，对后来的法国古典经济学产生了重要的影响。

【精彩语录】

1. 土地是所有财富产生的源泉，人的劳动是生产它的形式；财富自身不是别的，只是维持生活、方便生活和使生活富裕的资料。

2. 物品的价格或内在价值，在考虑到土地的丰度或产物以及劳动的质量的情况下，是衡量生产该物品所使用的土地和劳动的数量的尺度。

3. 像其他任何东西一样，金属的真实价值或内在价值同在金属生产中所使用的土地和劳动成比例。

4. 如果人类拥有无限的生活资料，他们就会像仓库里的老鼠那样迅速地繁殖起来。

《关于财富的形成和分配的考察》

作　　者：安·罗伯特·雅克·杜尔阁
成书时间：1766 年

【作者简介】

法国著名经济学家。1727 年出生于巴黎一贵族家庭，1747 年获圣沙尔比斯神学院学士学位，1748 年成为修道院院士，1751 年从事司法和行政工作。1752 年任巴黎市社会议员，1753 年任法院院长。1755 年在国内周游，1761 年任里摩日市总督，1774 年任财政大臣，1776 年退休，1781 年逝世。

杜尔阁是法国重农主义的重要代表人之一，他在经济学上的主要贡献在于发展了资本主义社会阶级结构理论，对雇佣工人产生的条件和过程做了新的阐述，他也对纯产品学说进行了发展，在工资、利润理论方面他同样作出了贡献。他主张自由放任主义，反对保守政策。他反映了法国封建社会末期新兴资产阶级的利益和要求，但却打着封建招牌。法国重农主义学派理论的思想基础是"自然秩序"观念，该学派重视农业，反对重商主义，大力提倡经济自由，为资本主义大农业的发展开辟道路。

杜尔阁的主要著述有《关于财富的形成和分配的考察》、《关于商品方面的重要问题》、《市集与市场》等。

【内容梗概】

18 世纪中叶，法国的资本主义经济已经有了一定程度的发展，但封建制度依然占统治地位。在农村，封建苛捐杂税繁多，地主阶级剥削层层加重，既损害了农民的利益，也为资本主义经济的进一步发展增加了障碍。当时法国处于大革命爆发前夕，阶级矛盾进一步激化，于是在经济学理论上也需要一种新的理论代替以前的重商主义，于是重农主义学派就应运而生。

作为法国古典政治经济学重农学派的代表人物之一，杜尔阁在任财政大臣时就反对国家干预经济，主张撤销谷物贸易限制，允许粮食自由买卖，以赋税代替徭役，这些都是重农主义主张的具体表现。

本书的写作体例为问答式。

杜尔阁首先对资本主义社会阶级结构和生产关系进行了分析。他认为交换要发展，必须先发展社会分工。如果没有社会分工，农业生产就按一种家庭式的大杂烩的生产方式进行，每一个土地生产者生产出来的产品都只是为了满足自己和家人生活的需要，产品品种也会多样化，但这并不利于经济的发展。只有实行社会分工，让每个土地生产者都只从事一种农产品的生产，这样他们就会提高生产技术，增强生产的熟练程度。自然也就能生产出更多的农产品。在这种条件下，交换自然就会产生，因为每个农业中的土地生产者生产的农产品都不可能自己消费完，而且他们也需要其他农产品来满足生活需要，于是就会将自己生产出的多余产品和他人的多余产品进行交换，互相满足对方的需求。

杜尔阁提出农业劳动是财富的唯一源泉。他认为"纯产品"是土地对农民劳动的赐予，是农民劳动利用了特殊的自然生产力的结果，但是土地如果离开了劳动，便不能生产任何产品。由于农民的劳动才使自然生产力得以发挥，于是形成了"纯产品"。可见，纯产品的来源就是农业劳动者的剩余劳动。所以，要增加纯产品，增加财富，必须在生产中使用更多的劳动者，并提高劳动效率。只有农民的劳动才能生产出超过其劳动工资的多余产品。在商业贸易中，不可能产生财富，财富是只不过在不同部门，不同地方之间相互流动。也许对某个人某个部门来说，会出现财富的增加，但其增加却意味着别的人或别的部门的财富的减少，但对整个社会来说并不存在财富的增长。

杜尔阁根据分工性质不同，将整个资本主义社会划为五个阶级，从而发展了社会阶级结构理论。他是根据两个层次来划分的。

第一个层次是把资本主义社会先分为三个大层阶级，即"生产阶级"、"工匠阶级"和"土地所有者"阶级。生产阶级又叫"薪资阶级"，是指用自己的劳动并依托于土地而可以直接生产出财富，从而为整个社会提供生活资料和其他生产原料的阶级；"工匠阶级"是指将生产阶级提供的生产原料进行加工，从而使这些生产原料可以直接满足人类某种欲望的阶级；"土地所有者"阶级是在私有制出现后才出现的，是指拥有土地所有权并交出耕作者使用从而收取地租的阶级。在私有制出现前，"土地所有者"阶级不存在，因为那时的土地归社会公有，个人无权对土地行使所有权。在私有制出现后，由于人口的增加，土地已不够人们生活所用，于是就有人开垦新的土地，他自然拥有这些土地的所有权，但他并不会自己参加劳动，而是雇佣耕作者在土地上劳动，于是土地所有者阶级诞生了。用土地生产出来的产品实际上分为两个部分，第一部分是土地耕作者的劳动报酬，即工资，第二部分是土地所有者阶级收取的从土地产品全部中扣除土地耕作者劳动报酬后的剩余部分，可简称为利润，这个利润即"纯产品"。

第二个层次是将"生产阶级"和"工匠阶级"进一步细分。"生产阶级"可分为农业工人和农业资本家，"工匠阶级"可分为工业工人和工业资本家。所谓资本家，就是企业家、制造主和雇主阶级，他们拥有大量的资本并依靠它叫别人劳动，从而赚取利润，所谓工人阶级就是没有生产资料，通过出卖自己的劳动来获取生活资料的阶级。

通过以上两个层次的划分，整个资本主义社会可分为五个阶级：农业资本家阶级、农业工人阶级、工业资本家阶级、工业工人阶级和土地所有者阶级。

接着杜尔阁论述了货币与价值问题，他认为，金和银由于不能直接满足人类的某种需求，所以它们并不比其他商品实用性强。他反对"重金主义"，指出过去人们都认为金与银是财富的单位，一味地收集储存，这是不正确的想法。同时他又指出，金与银虽然实用性不强，但在商品交换中却又是必不可少的，它们是各种财富的代表性的担保品，也是充当商品价值尺度的最好标准。金银成为货币是交换发展的结果。在初期，交换只限于两个人，每个人也只有一种商品，于是交换双方通过争论最后确定商品的价值，进而才可以进行交换。后来，交换双方的商品由一种变为多种，商品价值依然由争论来确定，最后形成的价格也是各种商品根据供求关系而确定的"中间价格"，后来货币形成了，它用来衡量其他商品的价值，表现为其他商品的价格。由于金与银天然的特性，成为了货币的最佳物质归宿。但杜尔阁在论述金与银、货币与价值时，许多地方都表达得不够明确，他试图通过用葡萄酒和谷物交换的例子来加以说明，但却陷入一些自己设置的疑问之中。

本书最后杜尔阁讨论了资本理论。他用"资本"一词来代替魁奈常用的"预付"，也对资本的各种用途及其收入的性质进行了具体的分析。

什么是资本？资本是把没有消费掉的产品积累起来而形成的"可动的财富"。像家具、房屋、生产工具、牲畜等都是资本。

资本的形成是怎样的呢？是由于货币的积累。当人们获得工资、利润等报酬时，往往会将它储存、积累起来，由于货币的特性，自然会用货币的形式来积累。人们积累货币是为了获取更多的财富；所以积累的货币就成了资本。

资本的用途是用来投资，投资的方向主要有以下五个：

首先是购买土地。在封建制度占统治地位的国家，土地的作用是显而易见的，土地可以带来地租和收入，土地是一份不变的固定资产，每个人都逃不开对土地的依赖关系。所以将资本用于购买土地是投资者的首选。土地可以带来更多的收入，使土地所有者的财富增加形成更大的资本规模。

其次是用于工业和制造业的"垫支"。工业资本家在生产过程中并不是一开始就有收益的，只有当生产出来的产品在交易中换取货币后工业资本家才能够真正达到资本增强的目的，但在这之前，他必须要先进行"垫支"，用于购买原材料、机器、厂房和支付工人工资。这样才能使生产进行下去。"垫支"是为了获得更多的财富。

再次是用于农业投资。资本不仅可能用于工业垫支，也可以用于农业垫支。农业资本家要想获得资本增值，垫支是必不可少的先行步骤。农业资本家必须先租用土地所有者的土地，才能进行农业生产，获取更多财富。农业生产结束后，农产品在市场上出卖后，农业资本家就可以收回所有农业方向的"垫支"并获得利润。

第四是商业投资。商业投资也是一种"垫支"。商人的出现是必然的，商人从事商业活动而进行投资同样是为了获取更多的财富，而"垫支"却是在获利前的预付，在获利后可以收回它并获得商业利润。

最后是放贷收息。贷款借款是商业中必不可少的现象，资本家有时为了扩大生产规模或其他，往往会出现资金补缺现象，就必然要向有多余资金或专门放贷的人借贷。这些放贷者放贷的目的在于收取利息。利息是通过转让使用权得来的。资金借贷，对借款者和贷款者双方而言，都是一种有利的行为，会达到双赢目的。

【精彩语录】

1. 借用货币的价格，像所有其他商品的价格一样，是通过供求之间的对比来调节的。

2. 使货币利息上涨或下跌的，或者使更多的准备贷出的货币投入商业中来，并不是作为金属而存在的白银的数量，而只是商业中可以找到的各种资本的总额。

3. 什么是资本？资本是把设有消费掉的产品积累起来而形成的"可动的财富"。像家具、房屋、生产工具、牲畜等都是资本。

4. 土地离开了劳动，便不能生产出任何东西。

《论降低利息和提高货币价值的后果》

作　　者：约翰·洛克

成书时间：1692 年

【作者简介】

英国著名经济学家、政治思想家、哲学家。1632 年出生于英国美塞得郡。1656 年获威斯敏斯特大学学士学位，1659 年获牛津大学硕士学位。1666 年开始经济学研究，1672 年任法官秘书。由于被怀疑涉嫌一件刺杀查理二世国王的阴谋，1681 年逃往荷兰。1689 年回国任贸易和殖民事务大臣。1694 年发起成立了英格兰银行，1695 年组织了贸易委员会并任委员，1700 年退休。1704 年逝世。

洛克在经济学上的主要贡献在于他提出了利息不能用法律来降低的观点，驳斥了柴尔德等人的相反观点，指出利率是一种价格，而所有的价格都是由自然规律决定的，绝非政治法律所能管制。同时，他还反对降低铸币的含金量使货币的名目价值超过其内在价值的主张。

洛克的主要著述有《论降低利息和提高货币价值的后果》、《对货币价值的思考》、《再论政府》等。

【内容梗概】

洛克经历了英国 17 世纪的资产阶级革命，又亲眼看到了荷兰较早发展的资本主义经济，也看到了英法封建专制君主政治的弊病，因而倾向于议会民主和经济自由。他的经济学著作是在出现了股份公司、英国银行和英国海上霸权这个期间完成的，反映了处于工商业时期，海外贸易和开拓殖民地等已经比较发达阶段的资产阶级的要求，这是本书写作的背景。

洛克用了 20 多年的时间撰写这本书。本书的副标题是：1691 年致一位议员的一封信，洛克希望借此影响国会否决将法定利率由 6% 降到 4%。虽然该议案因内容太复杂、分析性太弱，不适用于辩论而没有说服国会，但这并未影响它成为经济思想史上的一篇重要文献。本书在内容上是要达到两个目的，即反对降低利息、反对提高铸币价值。

在重商主义者坚信经济管理重要性的时代，作为一个自然权利哲学家的洛克却在文章一开始就提出这样一个问题：使用货币的价格（利率）是否能够由法律来进行管制呢？接着他予以了否定回答，并予以了充分的论述。

　　利率是一种价格，它的高低是由流通中的货币的多少来决定的，不能由法律来强制性规定。在日常生活中，每个人都会离不开货币，原因在于只有拥有它才能进行日常交换，满足自己生活的各种需要。如果一国流通中的货币不能满足债务及贸易的需要时，利率就会按照市场的自然调节规律而上升，反之，则下降。所以，利率的变动有其自己的自然规律，不需要外来的强制力量予以干预。

　　如果将法律手段用于利率的调节，会产生什么结果呢？当然是带来不好的影响。财富的增加，关键在于生产和贸易的发展。生产技术提高，产品增加，国家在对外贸易中就可以以价格优势取胜，产品不断外流，贸易业也跟着发展起来，国家财富自然增加。如果将财富的不足归因于利率太高则是错误的。发展对外贸易，需要有足够的货币，一个国家因此应该尽可能地阻止货币外流，并大量收入外国货币。如果下降利息来增加货币，实际效果却是相反的。它会导致人们拥有的财产下降，并给有债务的商人带来好处。如果商人与贷款者都是本国人，这对国家来说并不会有何坏处，但是如果有一方是外国人，则必然会带来争端，使对外贸易的难度加大。在这样大的风险背景下，人们也不会将货币投放于流通市场，而是将其存储起来，等待时机，可见降低利率会带来三个危害：本国居民财富减少；不利于对外贸易；减少了流通领域的货币量。在这种情况下，国家的经济发展就要受到阻碍。

　　也有人抱有另一种想法，认为降低利率还是有好处的，比如可以提高物品和土地的价格，因为货币价值降低意味着货币购买其他物品的价格提高。但这种想法同样是不对的，因为任何物品的价格是由供求关系来决定的，利息降低与否既不会直接影响到土地、货币或任何商品的增减，也不会使货币的相对价值改变。

　　洛克接着对利率与土地价值的关系进行了论述，他指出，收取利息和收取地租一样是合理的。由于个人对自己的人身权利是天赋的，那么他拥有的劳动权以及劳动产品使用权也是天经地义的，是一种自然权利，就是说，是不应受到别人侵犯的。但是，这种权利并非无限的，它只是在一定条件下才能得以实现。它有两个界限：第一是劳动者本人能够使用权力的劳动条件以及他本人劳动所生产出来的劳动产品，第二是一个人的私有财物不能超出该物在损坏前能被这个人所消费的数量。

　　以个人能够消费的财物为界限的所有权被破坏的原因何在呢？私有制是怎样产生的呢？也就是说，上述两个界限是怎样被打破的呢？有以下两个原因：

　　1. 金银作为货币出现于市场，金银不会损坏，所以人们可随时储存；

　　2. 社会成员可任意在货币与生存资料之间互换，还可以用货币换土地，所以土地分配和货币分配自然不均等了。占地多的人可出租土地并获取地租，拥有多余货币的人可以放贷并收取利息。

　　可见，地租与利息都是由于生产条件分配不均而产生的。而且，利率的高低是无法影响土地地租的。地租是由买卖土地的供求关系来决定的。

　　利率的高低虽然不能由法律来确定，但是，法律却有义务要对利率做一个范围即上限、下限的规定。原因在于它既可以对解决借贷纠纷提供帮助，又有利于使缺钱的人不至于受到高利贷的剥削。实际上，这时法律所解决的问题已不再是经济问题，而是切切实实的社会问题了。借贷纠纷的产生正是源于利率太高。法律规定了利率上限，可使高利贷受到限制，商人可以放心地去借款经营，规定了下限可保护投资者的利益，使他们乐于放贷。

本书的第二个主题就是讨论提高铸币价值的后果。洛克反对降低铸币中的含金量。这个问题的提出有一个时代背景：在17世纪末，由于商业的发达，人们对货币的追求更加激烈。在流通领域里，由于英国的银币被磨损或被刻意剥削，其含金量大大降低，导致的后果是使金银的市场价格比其铸币的价格还要高，市场陷入一片混乱之中。英国财政大臣朗斯就提出，应当让不足分量的铸币视为足量在市场上合法流通。洛克于是加以反驳。这次争论实际上是英国国内两大阶级之间利益的斗争。朗斯是地主阶级和封建国家的代表，他们往往是债务人，提高铸币价值后他们就可以以较少的铸币来偿还债务。洛克代表了商业资产阶级和金融资产阶级的利益，予以反驳，因为这样会损害他们的利益，主张发行足量铸币，回收不足量铸币。

洛克指出，铸币的实际价值是由其含金量决定的，尽管铸币数量增加，但因为它含金量减少，所以含金总量并未改变，货币的实际价值不会提高。提高货币价值，既可指真的把货币价值提高，也可指铸币数目的增加。如果前者，无非是达到较少的货币换取和以前一样多的商品的目的。但这只有在货币量与商品量比例变化时才会出现，因此构成货币价值的白银的价值是不会变的。所以这种方法行不通，人们就往往寄希望于增加铸币数量，当然，它的代价是发行不足量的铸币。

提高货币数量的办法有二，一是在铸造铸币时，使它的含金量少于它应当具有的数量，即改变其成色；二是同时提高一切银币的价值。这两种办法都给经济带来了恶劣影响。比如，前者使货币收受者拥有的实际价值减少，也使外国人可不用任何商品就可拿走本国货币，后者会使债权人损失债权，债务人也得不到任何好处。可见，提高货币数量是有害无利的。

有人会认为，之所以要提高货币价值，是为了防止有人把铸币熔化掉，也可以防止外国人带走本国生银。这种想法是不对的，因为货币被人熔化是因为铸币成本不高。可见，只有在良币与劣币同时存在于流通市场时，才可能出现。如果货币被改变比率而且商品价格相应提高时，熔化现象依旧会出现，原因还在于就算提高货币价值也不会阻碍外国人带走生银。不论对国内的白银给个什么名目，既不会使它在国内的价值提高，也不会使它在国外不被人重视。交换时白银的含金量才是统一尺度。因此，采用提高货币价值的做法，既不会使生银流入国内，也不会保证本国生银不会流往国外去。如果在良币中夹杂了部分劣币，在外贸逆差时，首先流出去的还是良币。原因是良币在本国与劣币同值，而在国外却是由其含金量决定的，外国人也可以从这个差异中获得多余的价值。实际上，洛克是在用货币金属论反驳货币名目论。

那为什么不直接用白银重量来进行交换，却要将它铸成铸币呢？因为用白银交换在理论上虽是正确的，但在实际经济生活中缺乏可操作性。如果每次交易都要称白银重量，查看其成色，这会带来诸多不便，而铸币却恰好可以弥补这一缺点。

在货币制度上，基于以上的论述，可以看到洛克是在反对复本位制，主张银本位制。货币作为一切商品价格的价值尺度，应当保持稳定，不宜经常变更。在复本位制下，由于货币由两种金属铸成，它们彼此间比例难免不发生变化，这样货币作为价值尺度的稳定性得不到保证。同时洛克又说，在众多金属中，白银是最适合作为本位币的，所以应当实行银本位制，这一旦确定下来，全国流通的货币就都要以银来铸造，整个社会的经济制度也就稳定下来了。

【精彩语录】

1. 利率是一种价格，它的高低是由流通中的货币的多少来决定的，不能由法律来强制性规定。

2. 因为黄金和白银耐久、稀少且很难伪造，所以人们一致同意给它们以一种想象的价值，使它们成为共同的保证物，因此，人们在交换时，用任何数量的这种金属，一定可以换得同等价值的其他东西。

3. 凡是要正确估计一件东西的价值的人，都必须考虑它的数量对销路的比例，因为只有这种比例才能决定价格。

4. 当某种商品的数量和它的销路相比减少时，它的价值与一种固定的尺度相比都会提高；当用任何一种其他商品相比或相交换时，在计算它们的价值时也一定要考虑后者的数量和销量。

《法国详情》

作　　者：皮埃尔·布阿吉尔贝尔

成书时间：1695 年

【作者简介】

法国著名经济学家，法国资产阶级古典政治经济学的创始人之一。1649 年出生于法国鲁昂市，从小家境富裕，过着贵族生活。1675 年，他开始从政，担任鲁昂地区法院的法官职务，1690 年升任当地陆军中将头衔，后因为政治斗争被囚禁过半年时间。1714 年去世。

布阿吉尔贝尔在经济学上的主要贡献在于创立了法国资产阶级古典政治经济学。是反对重商主义的代表人物，他认为农业的重要性大于商业，认为生产比流通更能实实在在地创造价值，因此竭力宣传重农主义学说，从而开创了法国古典政治经济学的先河，在经济学历史上担当起了一个非常重要的角色。

布阿吉尔贝尔的主要经济学著述有《法国详情》、《货币缺乏的原因》、《论财富、货币和赋税的性质》、《法国的辩护书》等。

【内容梗概】

本书出版的时代，正是法国大力推行商业，抑制农业的时代，重商主义是当时经济学界的主要思潮，法国政府为了推行重商政策更是不遗余力，因此农业的发展受到了来自各个方面的阻力，人们只把农业看做是商业的一个补充环节。本书正是在这种背景下产生的。本书的出版，对法国的经济复兴无疑起到了巨大的推动作用。

首先作者对财富的概念做了重新界定。布阿吉尔贝尔认为，财富就是生活中的必需品。他把财富用实实在在的物品加以解释。人们在生活中离不开布、盐、酒等，这是人们衣食住行的物质保障，财富既然要有价值，就只能是这些平常的东西了，整个人类社会都是这样的。那么金银是不是财富呢？金银为人们所广为运用，担当重要的角色，但金银天然并不是财富，因为它们不能直接满足人们的生活需求，它们只不过是在交换中对物物交换在时间和空间的分配上起到了帮助作用，也就是说，只起到了等价物的作用。所以，对个人和国家来说，拥有金银并不是拥有财富，社会需要的是真正实用的物品，不是金银。财富按作用可分为两类，一类是农业产品；另一类是工业产品，它们各自满足了在农业和工业中的不同作用。

由财富概念的界定，作者开始对重商主义进行批判。他指出，重商主义片面地追求金银的数量，忽视农业和工业对国家经济发展的基础性作用，已经在法国造成了巨大的灾害，一方面使贫富差距进一步扩大；另一方面使农业走向了衰退，这是法国经济落后的根本性原因。农业衰退导致的后果是显而易见的。因为财富的来源在于包括农业和工业在内的所有生产领域，而法国不管是从历史角度还是从现实角度来看，农业仍然是法国最主要的生产部门，它对工业有基础作用，决定着工业生产的方向，所以，应该更加重视农业在国家经济发展中的作用。显然，作者是在宣传重农主义，反对重商主义。

布阿吉尔贝尔对社会再生产运动进行了分析。他认为，社会再生产运动是经济发展中的必然环节，经济的运行过程就是许多社会再生产运动的组合。社会再生产运动应该是一个财富增长的过程，这样整个国家的经济才会发展前进，因为在这个过程中，各个步骤之间可以形成一种良性的自然循环，各步骤相互促进。比如，农产品经过工业加工，财富就会增加两倍，工业加工需要工人，于是整个工作的人数也会增加两倍，如果把它放在整个社会生产的大环境中，那么农业收入就会增加六倍以上，很明显，这是一种好事。但是问题是法国的土地正在减少，土地减少一份，就意味着社会财富会减少六份。而事实上当时法国的土地面积已减少了近一半，这对于法国的经济发展来说，无疑是一个重大的打击。土地面积减少了一半的原因是消费品价格下降到 30 年前的一半，价格太低，农民的生产积极性降低，土地使用自然减少了。而造成农产品价格低的原因又是消费需求不足，这与流通领域有关，所以重商主义的主题实际上是有害于经济增长的。

布阿吉尔贝尔接下来谈到了赋税问题。他认为对社会再生产正常进行产生不良影响的是法国各地不合理的赋税制度，不合理的赋税制度使流通领域的各个环节的成本费用都很高，从而会导致消费不足，土地使用量减少，经济不发达。因此在对赋税制度研究中就主要应把握它的不合理是怎样造成财富的减少的，这是增加国家财富的关键所在，只有解决了这个重要问题，才能真正解决问题。

在当时，法国的税收种类繁多，有关税、国内通行税等，还有一种税收叫"达依税"，是按人口与产业的多少向平民征收的一种税。这些繁重的税收是法国经济发展的障碍，其危害作用已经显现出来，因此要有一种新的"合理"的赋税制度去取代它。在这里，布阿吉尔贝尔提出了自己认为"合理"的赋税制度的指导思想。首先，赋税制度一旦制定下来，必须要长期稳定，这是针对法国长期以来频繁变更税收随意增加项目的现象提出来的，稳定的税收制度可以使社会经济稳定发展，避免不必要的混乱局面。其次，赋税制定一定要坚持公平原则。这是针对当时法国赋税制度严重不公平提出来的。在以前，法国的赋税现状是越是贫穷的人，承担的纳税任务越重，相反，越是富有的人，却交纳越少的税。这是非常不公平，也对法国经济带来了不良影响，需要彻底改变这种事实，对富者多征税，贫者少征税。最后，赋税制度要对生产和流通两个方面都有好处。在当时法国有一些税是不利于流通的，比如出口关税、酒税等，这些税收严重阻碍了出口的发展，所以这些不合理的税种都必须尽快取消。上述三条指导思想也就是布阿吉尔贝尔所认为的合理的赋税制度制定的三大原则。

作者还就货币的性质及职能阐述了自己的观点。布阿吉尔贝尔再次说明了货币在性质上不是代表财富，因为它不能直接为人们的衣食住行带来帮助，同时他也指出，货币虽不是财富，但还是能在某种程度上满足人们的需要，它是交换过程中不可缺少的媒介，使物物交换在时间和空间上都可以分割开来，同时，它也是一种财富拥有的保证，使人们对它有一种依赖感，觉得又缺少不了它。

可见，货币的作用主要在于流通领域，在这里，布阿吉尔贝尔再次反驳了重商主义的观点，指出由于重商主义思想的作用，人们把大量的货币贮存起来，因为他们坚信货币也是一种财富，然而，实际上贮存起来的货币就像石头一样对人们起不了任何的帮助作用，拥有贮存的金银并不说明拥有者的富有，相反，这样做对国家有害无益。因为货币流通的停止，使国家的经济运行不能正常进行，实际上代表的是一种贫困。

作者进一步提出了一个重要观点，既然货币的作用只是一种流通工具，那么完全可以用纸币来代替货币，也就是把货币概念化，这样更有利于"货币"执行流通功能。

本书在最后指出，社会经济是一个整体，其存在与发展都有自身的秩序和规律，比如，它们都依赖于肥沃地区食品的增加，而食品的生产又会受到来自各个方面的影响，这是一个自然、协调的整体，它保持着自生自灭的自然状态，如果这种和谐状态被打破，带来的危害将会涉及整个社会经济结构，正所谓"牵一发而动全身"。而重商主义却是对法国社会经济造成破坏的罪魁祸首。特别是其赋税制度，严重违背了社会经济发展自身的客观秩序和规律，使社会经济呈畸形状态，导致了人与土地相脱离，农业衰退，土地荒芜，人们贫困不堪，经济倒退。这也涉及法国的其他各个行业，因为它们之间是相互关联、相互影响的。长此以往，带来的是一种恐怖的恶性循环，整个社会经济走向衰退也就成为了必然。

人们往往会因为追求某个小利益而放弃了全局，这在法国表现得尤为明显。法国国王路易十四挥霍无度，并经常进行对外扩张，发动侵略战争，大兴土木，这需要大量的金银为他的所作所为埋单，国家宁愿放弃整个国家的总体收入而去追求国王利益的满足。这样做无疑是失策的，要怎样才能改变这种现状呢？就必须放弃局部追求，实现社会经济的总体发展，让其和谐地发挥其本身的规律，这才是最根本的出路。

本书是布阿吉尔贝尔重农主义思想集中反映的一本代表作，他对重商主义的批判是顺应历史发展的潮流的，对改变法国当时贫困的局面起到了思想启蒙的作用，开创了重农学派，对当时及后来的经济学家特别是重农学派的经济学家都产生了巨大的影响。本书的出版标志着重商主义开始走向衰败，古典经济学思想开始走上经济思想史的舞台，在较长时间里扮演着非常重要的角色。

【精彩语录】

1. 虽然法国从来没有像今天这样充满了银钱……但由于这只限于某些人，而绝大多数人已经陷入赤贫的境地，所以某些人的富有并不能补偿国家最大多数人的损失。

2. 关税就是从王国输出的货物征税，其后果大致和酒税相同，差别就在于混乱更为严重。

3. 在一个物产丰富的国家，不一定要有很多的硬币，只要有大量的消费，就能得到很大收入。

4. 可是那一千万都收藏在保险箱里，对于国家来说，它们并不比石头有用。

《贸易论》

作　　者：达德利·诺思
成书时间：1691 年

【作者简介】

英国著名的经济学家。1641 年出生于英国的一个贵族家庭，年轻时就参与东方的贸易，并成为土耳其地区的著名商人。1680 年成为英国政府机关一员，先后就职于海关部门和财政部门。不久又当选为国会议员，在金融事务和财政政策方面担任了一些职务。中年时被封为爵士，1702 年逝世。

诺思是英国古典政治经济学的创始人之一，他在经济学上的最大贡献在于宣扬贸易自由主义，反对国家干预内外贸易。诺思认为，内外贸易对一个国家具有很重要的意义，可以增加国家的财富。国家不应该对内外贸易进行强制性干预，而应该采取放任自流的态度，国家的各项政策法规也必须围绕保护自由贸易来制定。

诺思的代表作即《贸易论》，另外他在货币、利息等方面也发表过一些著名的文章。

【内容梗概】

在诺思所处的时代，即 17 世纪中后期，包括英国在内的各资本主义国家的贸易活动依然未能实现自由主义。特别是在英国，由于英国在当时处于世界资本主义发展的顶峰，资本主义经济已发展到较高水平，各资本家的贸易活动已触及世界的各个角落。但长期以来，他们的贸易活动受到各方面的压力，遇到了许多障碍，压力首先来自封建残余思想，其次来自重商主义思想的限制。重商主义虽然宣扬商业活动的作用，但对贸易依然不能完全理解。压力最主要还是来自于政府，由于上述两种思想的存在和影响，政府对贸易活动一直在不断限制。这时需要有人站出来对传统思想进行挑战，需要有一种新的贸易理论来代替传统的理论。在这种背景下，诺思凭借多年的实践经验和理论研究，匿名写下了这本书。匿名写书也可见当时挑战传统理论面临的巨大压力，以及需要怎样的决心。

本书竭力宣扬自由主义，这是本书的目的所在。作者通过两个经济问题来论述了这一点，这两个问题构成了本书的两大主题，全书也因此分为了两大板块：第一问题是利息的升降孰好孰坏；第二个问题是关于铸币的问题。两个问题之间关系不是很紧密，但都是为了论证自由主义的。

要认识利息升降的效果，必须先知道什么是利息。在这里作者开始了对传统理论的挑战。传统观念中，地租是来路"正派"的，不会被人指责，而利息则是高利贷的收入，是不受人欢迎和喜欢的。这种观点把利息和地租放在不对等的位置上进行比较，是不对的。诺思指出，利息和地租是对立的。利息是用资本增值换来的，而地租是通过出租土地换来的。如果把货币虽用于借贷而不用于增值，即变为资本而形成的收入应该视为同地租一样，是一种租金而已，不过是货币而不是土地的租金，而真正意义上的利息是资本的租金。资本与货币最大的区别在于它会增值，会不断增加。可见，利息与地租在来源上是格格不入的。作者正是通过对二者的比较来对利息的概念进行了详细说明，便于读者理解，也可看出他反传统的立场和决心。

那么究竟是增加利息好还是降低利息好呢？传统的观点一直认为降低利息好。其实这是重商主义利益的主张，因为降低利息可以让更多的货币拥有者把更多的货币从事商业而不是用来储蓄，商人的利益就得以保障，其收入就会不断增加。所以重商主义这种主张是通过地主阶级用法律手段限制来实现的，但市场却有自己的发展规律，特别是内外贸易发展到一定阶段后，这种要求就更为强烈。从市场发展角度讲，如果利息太低，大家就不愿把钱用于储蓄或积累，而急需资本的资本家就不能集聚大量资本进行生产和贸易，在这种供小于求的状况下，根据市场规律，必然会出现其他形式弥补这种现象。比如，资本家可以摆脱法律的限制，以高于法定利息率的利息向资金拥有者借款，这样就可照样获得资金。这种以私人形式秘密方式进行的资本借贷是较为自由的，法律也无法进行限制。资本家一旦获取足够资本，内外贸易就可以继续发展。所以从总体形势来看，贸易的发展是必然趋势，从而利息上升也是必然趋势。作者的立场也是主张上调利息率。

但利息上升还是下降只是一个表层的现象，作者主要目的还是强调自由主义。因为利息上升是经济发展、贸易发展的必然结果，利息下调是政府的法律行为，因此政府不干涉经济，即执行自由主义政策，利息自然就会上升。利息上升和自由主义相关，利息下降和政府干涉相关。作者强烈反对政府对利息率进行限制，认为这样做对资本家肯定是不利的，它限制资本家的活动，使资本家不能获取足够的资本进行扩大生产；对资本拥有者来说也是一个不利因素，他们的资金不能用来增值，而是进行一些不急需的消费；对于地主阶级本身而言，他们的经济利益也会受到损害。

在对利息率的认识上，诺思的贡献就在于把资本和货币分开，这是利息论发展史上的一个巨大进步。

本书的第二个大主题是讨论铸币。作者在这里依然是借铸币来反对重商主义的学说。重商主义理论的一个基本观点就是认为金银即是财富，对一个国家而言，所拥有的金银越多，就意味着这个国家越富有；反之，则这个国家就越贫困。重商主义的这个观点在一定时期内被人们视为经典，信而不疑，成为重商主义理论的一面旗帜，但随着内外贸易的发展，这个理论已经对贸易发展产生了阻碍作用。诺思从贸易自由主义者的利益出发，对重商主义的这个理论开始了挑战。他认为，金银不能是财富的标志，重商主义者把货币与财富混为一谈是明显违背了常理的。一直以来，货币成了交换过程中的等价物，在商业中发挥着不可替代的作用，这是由货币本身的一些特点决定的，比如金银质地好、易贮存等。但由此也给人们带来一个表面上的假象，认为拥有金银就拥有财富，金银越多，财富越多。作者却认为，金银只是商品交换中的价值表现的一种形式而已，它不能自行带来增值，不能代表财富。财富的真正含义是劳动所生产出来的产品或其他生产成果。这些产品和成果之所以是真正的财富，是因为它们能给一国人民带来真正的效用。只有通过贸易才会带来财富的增加，而贮存货币是不可能增加财富的。随着生产力水平的提高，生产走向专门化，每个国家都会由本国的资源情况致力于一种或几种商品的生产，而在其他产品上却无法大量生产，也没有必要大量生产，这样，国与国之间的贸易则成为了必然并不断发展，一国把本国多余的又能满足另一国需要的产品输往另一国，换回来本国需要的产品，从使用效用上讲，就是换取更多的价值。贸易越发达，参与贸易的产品越多，本国的财富就会越快地增加。在贸易过程中，货币也会参与进来，但它所担当的角色只不过是交易手段而已，而且货币的多少对贸易也不会产生多大的影响。根据供求关系来分析，货币较少时，单位货币即代表的价值就会增加；反之，则会减少。但在贸易中这都不会影响到贸易规模，所以不会产生实质性的影响。

作者通过上面的论证，从实践角度讲，就是希望人们不要再把货币作为财富贮存起来，这样是不能使财富增加的。只有把货币投入贸易，转化为可增值的资本，财富才会增加。如果国内都把金银投入贸易，表面上看，本国的货币总量肯定是减少了。但这并不意味着本国财富减少，因为这些货币转化为资本后投入贸易，在贸易过程中通过交易，换来的是更多的价值，国家的财富应该是增多了。重商主义所犯的最大错误也在于此，它阻碍了贸易的发展，因此阻碍了本国财富的增加。在这一点上，诺思揭开了长期以来的财富之谜，给人以拨云见日的感觉，对整个经济学的发展起到了巨大的促进作用。

上面诺思所阐述的贸易理论和对重商主义者财富观点的批判，以及在本书前面所提倡的自由贸易主义合在一起，构成了他对贸易的总体理论框架。他所反对的对象有两个：第一个是重商主义，从而指出贸易应当不断发展；第二个是地主阶级，从而指出贸易应当自由发展。二者之间从理论上讲是承上启下的关系，这是很容易得出来的。

从理论结构上讲，作者到这儿已经完成了本书的目的。最后，作者又花了一定的篇幅讨论了铸币政策。这也是由于当时人们对铸币的错误认识十分广泛，包括国家的铸币政策也有许多不足之处，所以作者对此予以纠正，希望引起人们的高度重视以形成正确认识。当时普遍的偏见认为有缺损导致分量不足的货币也一样可以在市场上流通，因为对个人来讲，他拥有缺损货币的时间是暂时的，最终会把货币转移到别人手中，所以对他不会带来任何损失。诺思指出，正是因为这种想法，给社会带来了很大的灾害。因为一旦有缺损的货币被允许在市场流通，那么人们就会把所有无缺损货币贮存起来或者改铸成分量不足的货币投放市场，市场就会出现混乱状态。因此作者站在国家的高度清醒地认识到这一点，并呼吁国家采取措施予以补救，以挽回国家的损失。

作者在这里就铸币政策也作了进一步的分析。一旦缺损货币广泛流通于市场，就会带来巨大的损失，国家应该采取措施把损失减少到最小，又不会造成人心惶惶。在对几种方法进行比较后，作者提出一个方法，即国家货币当局不接受任何缺损货币，除非人们用超过原有数目的缺损货币兑换较少的好币，并且在兑换后把收取的缺损货币切成两半或改铸成好币。货币切成两半后不能在市场上流通，改铸成好币后对货币总量又不会带来影响，因此，这种方法是可行的，做到了损失的最小化，而且这些损失的承担者也不是国家，而是那些喜欢贮存货币并且拥有大量缺损货币的商人。从这一点可以看出，诺思对重商主义者有着强烈的批判意识，大概这也是他在本书末补上铸币政策这一问题的另一个原因吧。

【精彩语录】

1. 我们可以筑高篱去困住杜鹃鸟，但这是徒劳的。从来也没有一个人是靠政策致富的；唯有和平、勤劳和自由却能促进贸易和财富，此外别无其他途径。

2. 如果某个国家对贸易加以限制，这个国家自身发展将会遭到阻碍而变穷。

3. 现在国民的资财被认为是巨大的，然而如果公正地计算了它的价值，我们就会发现，它要比估计的少得多。

4. 我们把本国有钱人的数量算大了，其实他们人数不多，因为假定所有那些在抵押条件下借出货币的人，已经把自己的货币推向了土地，那么国内剩下的有钱人就不多了。

《休谟经济论文集》

作　　者：大卫·休谟
成书时间：1748～1758 年

【作者简介】

英国著名经济学家。1711 年出生于苏格兰爱丁堡郡，1723 年就读于爱丁堡大学，1725 年辍学。1934 年去布里斯托尔从事贸易，当年赴法国学习，1737 年完成《人性论》一书。1745 年任一青年侯爵私人教师，1750 年认识亚当·斯密并结为挚友。1752 年任苏格兰律师协会图书馆馆长，1763 年任英国驻法大使馆秘书，后升任参赞。1766 年回到伦敦，1767 年任副国务大臣，1769 年回爱丁堡，1776 年逝世。

休谟是英国古典政治经济学早期的代表人物之一，他在经济学上的最大贡献在于提出了货币数量论和新的利息理论。货币数量论认为商品的价格取决于商品与货币之间的数量比例，在利息理论中他认为利息率的高低取决于借贷资本的供给和需求，与货币数量的多少无直接关系。另外，他在贸易均衡论方面也有独到见解。

休谟的主要著述有《人性论》、《道德与政治论丛》、《人类理解研究》、《英国史》、《休谟经济论文集》等。

【内容梗概】

18 世纪中叶，英国处于工场手工业的繁荣时期，英国产业资本迅速发展。1744 年以后，英国对外战争不断取胜，拥有了大量的殖民地，海外贸易日益扩大，逐步发展至全球范围。但是在国内，尚存在封建残余势力，他们严重阻碍了资本主义经济的发展。于是在1750 年左右，英法两国学者间展开了一场论战，讨论国际经济平衡是否需要一个过程，在它被打破后是否会自行恢复，而不需要政府的干预。这是经济自由主义与重商主义之间的论战，作为一名自由主义者，休谟加入了论战并写了大量经济论文，构成了本书的主要内容。

本书是在休谟的经济论文中精选出来的，主要有"论货币"、"论利息"、"论贸易均衡"、"论贸易的猜忌"等，反映了休谟的主要经济思想。

在《论货币》一文中，休谟着重阐述了货币数量理论。他认为，金属货币即为铸币，金属铸币只是一种单纯的价值符号，所以，货币本身不具有价值，只是一种价值符号，只是一种代表劳动和商品的象征，一种评价和估计劳动和商品的方法。货币对劳动和商品的关系，也不过是一种数量关系。一切东西的价格取决于商品与货币之间的比例，任何一方的重大变化都能引起同样的结果——价格的波动。商品增加，价格就便宜，货币增加，商品价格就上升；反之，商品减少或货币减少也有相反的变化。于是，休谟得出了三点结论：

1. 一国商品的价格取决于国内存在的货币量；

2. 一国流通中的货币量代表国内现有的全部商品量；

3. 如果商品增加，商品价格就降低，或货币的价值就增加；相反，如果货币增加，商品的价格就提高，或者说货币的价值就降低。

休谟忽视了货币不但是劳动和商品的代表，它同商品一样，本身也具有一定的内在价值。商品流通是货币流通的基础，货币流通实质上是商品流通的反映或表现。所以他无法正确理解货币的价值尺度和流通手段职能，无法理解商品价格和货币数量之间的真正关系。

休谟用货币数量论来反对重商主义中将货币等同于财富的观念，认为货币的数量多少并不会给国家带来任何影响，更与财富的多少无直接关系。甚至有时候，货币太多会导致财富的减少，因为它会导致国家在对外贸易中损失一部分财富，从而不利于出口。对那些出口多于进口的国家来说，损失就会存在。

在"论利息"一文中休谟阐述了他的利息理论，提出利息率的高低与货币数量的多少无直接关系的观点。在利息和货币资本之间的比率已知的条件下，用货币表示的利息的价值和用货币表示的货币的价值二者都会随货币价值的上升而提高，随着其下降而减少，所以货币的价值不会影响到利息率水平。这个论点是为反对洛克的理论而提出的。洛克认为利息偏低是因为货币数量增加，利息偏高则由于货币数量减少。那么，利息率水平的高低是由什么来决定的呢？休谟认为取决于借贷资本的供求状况。借贷资本供给过多会导致利息率下降，供不应求则会导致利息率上升。具体来说，利息率水平取决于三个因素：第一，借贷需求的多少；第二，满足这种需求的财富的多寡；第三，商业利润的高低。

如果一个社会只由土地所有者和农民这两个阶级构成，这时候，由于占有大量土地，土地所有者大多数会挥金如土，过着奢华生活。他们的这种生活会使其把金钱花得过多并向别人借钱，这种人越来越多，利息率也会越来越高。可见，利息率的增加不是因为货币的数量增加了，而取决于人们的生活方式。

利息率与利润率是相关的。随着商业的不断发展，富商会越来越多，他们拥有大量的货币。一旦他们放弃经商，就会将自己赚得的货币贷放出去，以收取利息的方式来换取可靠的稳定的收入。特别是在商业利润不高时，放债的商人会越来越多，由于供求关系的影响，贷款利息率水平也会下降，可见利润低时利息也低。在利息率较低的情况下，一部分商人就会重新考虑资本的运用，他们会把资本重新投放到商业中，这时商业利润就会更少了，可见，利息率低又会反过来导致利润低。二者之间是一种相互影响、相互促进的关系。相反，当利润率高时，利息率也自然随之增加，利息率增加又导致了利润率提高，二者也是相互促进的关系。

休谟将利润看做是利息的基础，将利息看作是利润的派生物，但他认为，虽然利润与利息密切相关，但二者之间并不存在着因果关系。他为了维护产业资本的利益，还主张低利息，认为这可以促进工业发展，促进资本主义经济的进步。

在《论贸易均衡》一文中，休谟用货币数量论对重商主义的贸易差额论进行了批判。他认为，劳动产品是一切实力和财富的根本，货币只是使贸易机器上的齿轮转动得更加平滑自如的润滑油，货币过多会导致物价上涨，不利于同外国的竞争。而贸易差额论认为贸易要达到出超的目的是不对的。在对外贸易中，一国既不会长期处于逆差之中，也不会长期处于顺差之中，由于货币数量和商品价格在贸易中相互影响，会使贸易自动趋于平衡，所以不必追求永远的顺差，也不必担心永久的逆差会使货币大量外流。

由于在国际贸易中，每个国家都有自己的优势，都有根据自己优势而生产的产品，这些产品价格低廉，又被他国所急需，因此其外贸收益是固定的。各个国家都用优势产品进行对外贸易，对他国也有好处，可以促进他国的经济发展。所以在国际贸易中不要单纯追求顺差，而要不断地提高本国的技艺水平，促进科技进步。国家应当实行自由主义的贸易政策，不应该设置种种关税壁垒。

休谟的国际贸易论是反对重商主义的一件有力思想武器，为英国资本主义对外扩张提供了理论上的支持。他的理论有利于发展资本主义各国之间的贸易往来，进一步扩大国际分工，促进资本主义生产关系的国际化。

在《论贸易的猜忌》一文中，休谟提出，任何一个国家商业的发展和财富的增长，不但不会损害邻国的商业发展和财富增长，相反，会促进邻国的商业发展，增加邻国的财富。如果每个国家都未认识到这一点，还处于愚昧和原始状态，导致的结果只会是使各个国家的经济都得不到进步。这个观点是针对当时人们的一种错误观点，即认为任何国家不牺牲毗邻国家就不能繁荣这一观点而提出的。这是一种相互猜忌的心理，对国际贸易和本国经济的发展都有害处。

国际贸易有利于各国之间的技术交流，进一步促进了技术的进步。特别是对于那些技术落后的国家，它们要赶上发达国家的步伐，首先就应该引进外国技术，否则就永远不可能实现经济繁荣，在国际贸易中也将处于不利地位。不同的国家都有自己一些先进的技术，也存在某些领域技术的不足，通过国际贸易可以弥补其不足，发挥其优势，使国内产业结构进一步完善。

通过国际贸易，全体商业都能得到发展，工业也能得到进步，大量的产品投放于国际市场，满足了各国人民生活的需求，所以需求不会减少，供给也自然会增加，这是种互惠互利的现象。工业的进步是竞争的结果，特别是对于落后国家的民族工业，这些工业是该国经济的支柱，但是如果在国际上不处于领先地位，就会丧失竞争力，最终使本国经济落后。只有放弃对民族工业的保护，让它在国际竞争中不断成长，才能取得真正的进步。

【精彩语录】

1. 货币的价值大体上是约定俗成的。所以，就一国本身而论，其数量多寡是无关紧要的。货币一旦确定，即使数量十分巨大，其结果也只是使每个人在购买日常生活所需的衣服、家具或其他用具时，付出更多的锃亮的金银币而已。

2. 十分明显，货币只是一种代表劳动和商品的象征，一种评价和估计劳动和商业的方法。

3. 一切东西的价格取决于商品与货币之间的比例，任何一方的重大变化都能引起同样的结果——价格的起伏。

4. 商品增加，价钱就便宜；货币增加，商品就涨价。反之，商品减少或货币减少也都是有相反的倾向。

《政治经济学及赋税原理》

作　　者：大卫·李嘉图
成书时间：1817 年

【作者简介】

英国著名经济学家。1772 年出生于英国伦敦。家庭富有，父亲是犹太人。少年时读书不多，11 岁时被父亲送到荷兰，进入阿姆斯特丹一家有名的犹太教义学校读书，1786 年返回伦敦，进入他父亲经营的证券交易所工作。1792 年与名医爱德华·威尔金逊的女儿恋爱，其父竭力反对。他决心脱离父子关系，1793 年结婚。他 25 岁时因成功经营交易所而成为大富翁。1799 年在读了亚当·斯密的《国富论》后对经济学产生了浓厚兴趣。1816 年着手写《政治经济学及赋税原理》一书，次年出版后，轰动一时。1817 年加入辉格党组织的一个俱乐部，不久后前往欧洲大陆旅行。1819 年进入国会下议院，积极倡导自由贸易。1821 年与穆勒、马尔萨斯人等创办了"政治经济学会"，1822 年赴欧洲大陆旅行，1823 年逝世。

李嘉图是英国古典政治经济学的集大成者。他在经济学上的主要贡献在于对古典政治经济学的总结和完善。他第一次将价值分解为工资和剩余价值，使该学派的这一理论达到了完善的极至。李嘉图提出了在私有制等条件下消除商品交换的矛盾，生产者全部获取其创造的价值的主张，他说明了工资与利润之间的对立关系，反映了资本主义社会的局限性。可以说他的理论既是对过去的总结，也为后来的经济学理论的发展奠定了基础。

李嘉图的主要著述有《黄金的价格》、《黄金的高价》、《政治经济学及赋税原理》等。

【内容梗概】

19 世纪初英国的产业革命已扩大至各个部门，英国的机器大工业生产普遍建立，英国工业迅猛发展，资本主义对封建主义的优越性充分发挥出来，怎样才能使资本主义经济更上一层楼成为经济学界的主要目标。同时，政治上主要还是资产阶级与地主阶级之间的矛盾，于是围绕选举法、谷物法、货币制度和赋税制度等问题，两个阶级进行了激烈的斗争。作为资产阶级的代表，李嘉图为维护资产阶级利益，不断著书立说，宣扬资产阶级思想。本书就是在这种背景下写成的。

本书被誉为是继亚当·斯密的《国富论》之后，第二本最著名的经济学著作。本书写作的目的在于证明只有资产阶级的利益才是同生产力发展的要求相一致的，在内容上，主要是研究资本主义的生产和分配。

在价值论上，李嘉图坚持劳动价值论。他对斯密二元论的劳动价值论进行了继承性批判，认为效用虽不是交换价值的尺度，但对于交换价值却是不可缺少的。但他同意将价值区分为使用价值和交换价值，一件物品只有有了使用价值才可能有交换价值，但并不是一定就会有价值。对于斯密的另一种劳动价值论，即认为价值由投在商品生产上的劳动量决定的，同时又认为价值由商品在市场上所能换来的劳动量决定，并且二者是相等的，李嘉图对此持反对意见。从而将斯密理论的矛盾性问题解决了。

大多数商品的价值是由生产商品所需要的劳动量来决定。商品可以分为两类，一是劳动不能使其数量增加的商品，二是劳动可以无限制增加其数量的商品，前者的价值仅仅由其数量上稀缺性决定，而后者的价值由生产它所耗费的劳动量决定。对于第一类，不是李嘉图研究的内容，他主要是对第二类进行了研究。商品的价值量由生产商品所必需的劳动量的大小来决定，在这里，他将"必要劳动"这个概念提了出来，指出价值量不是单个生产者实际耗费的劳动量来决定的。这一点比之于以前的劳动价值论者，可以说是一个很大的进步。

但李嘉图和斯密犯了同样的一个错误，就是未将价值与交换价值两个概念区分开，而是等同起来。究其原因，在于他只研究价值的数量，只研究生产商品所花的劳动量，而不研究构成价值实体的生产商品所花的劳动的本质，因此他不知道价值的表现形式，不了解一种商品内含的价值量必须通过另一种商品进行比较才能表现出来，而交换价值只不过是商品内含价值的表现而已。

李嘉图反对斯密的工资决定价值的观点。斯密认为，商品的价值取决于付给这种劳动的报酬的多少，李嘉图指出，耗费劳动和购买劳动两者并不是同一个概念，因此斯密的观点是错误的。

李嘉图认为，劳动的性质不同，报酬也不同，但这不是商品价值变动的原因，但商品价值肯定是由劳动来决定的，对于不同性质不同难度的劳动，应该对它们进行估价，将它们调整到一个尺度上，这样就可以决定商品价值。估价的尺度一旦形成后，就一般不会发生变动，就会成为决定价值的一个比较合适的尺度。

商品的价值取决于劳动，这里所说的劳动除了直接劳动即直接投在商品生产上的劳动以外，还应包括间接劳动，即生产商品时使用的生产资料中所物化的劳动。这一点，亚当·斯密的观点是认为商品的价值只取决于直接劳动而与间接劳动无关。李嘉图对此进行了批判。但这两种劳动在决定商品价值时所发挥的作用是不同的。直接劳动可以创造新的价值，而间接劳动不能创造新的价值，它只能够转移旧的价值到新的商品上去。间接劳动转移价值的数量是和生产资料本身的价值以及其磨损速度成正比例关系。

李嘉图还指出："投在商品生产中的劳动量决定商品相对价值的原理，因使用机器及其他固定耐久资本有了很大的变更。"这种变更主要是由于资本的流通和回到使用者手里的时间可能极不相等，或者各行业资本构成不同而导致的。

劳动决定价值的原理既不会受到工资变动的影响，也不会受到地租变动的影响。因为工资的变动只会引起商品价格的变动，而非价值的变动，地租的变动不是商品价值变动的原因而是结果。在这里，他将价格和价值又当作一个概念了。所以他一方面认为价值就是生产商品所花的劳动量，同时又把价值和价格混为一谈，使他犯了和亚当·斯密一样的错误，使自己的理论陷入了矛盾之中。

李嘉图也谈到了自然价格与生产价格。他认为自然价格是决定各种财货在互相交换中各自所需付的量的标准尺度，这种尺度也就是指商品生产所必需的相对劳动量。例如，一切商品均按其自然价格进行交易，那么所有行业的资本利润率都会正好相等，所以自然价格也是使各行业资本取得平均利润的价格，即为生产价格。市场价格是指在实际的交换中商品的价格。市场竞争与供求关系的变动，会使资本在不停地配量中变化其在不同部门中的比例，所以必然会导致商品的市场价格不断波动，但这种波动是以自然价格为中心来的，而且市场价格无时无刻不有向这个中心变动的趋势。这就是李嘉图所要阐述的价值规律。

李嘉图对分配理论也有独到的见解。他认为可以将社会分为三个阶级：工人阶级、资产阶级和地主阶级。地主阶级占有耕种谷物所需的土地，资本家占有耕种谷物所必需的资本，工人阶级则用自己的劳动从事于谷物的耕种。因此，劳动和资本投于土地而生产出来的谷物应分别归三个阶级所有。分给地主阶级的那一部分就是地租，分给资产阶级的那一部分，是利润，分给工人阶级的那一部分则是工资。可见，地租、利润和工资皆为产品价值的构成部分，都是劳动的产物。

工资是指工人的劳动报酬。工资由劳动创造，也是劳动的价格。工资量是由劳动者大体上可以生活下去并恰好可以延续后代而必需的收入。工资可分为实际工资和货币工资。实际工资是用一定数量的生活资料来表现的，而货币工资是用一定数量的货币来表现的。工资是劳动的价格，而这个价格也有自然价格和市场价格的分别。劳动的自然价格由劳动者维持自身和家人所必需的生活资料的价格来决定，而劳动的市场价格（即工资）是由市场上劳动力的供求比例来决定的，劳动稀少时价格上涨，劳动充足时价格则下跌。

工资变化有自身的规律可循。因为劳动者人口数量的变化从而改变了劳动的供求比例，劳动的市场价格就会随着劳动的自然价格上下波动，并不断地趋向于自然价格，这使得劳动者出卖自己的劳动时只能够得到最必要的生活资料，这即是工资规律。工资会随着财富的增加而使货币工资上涨，实际工资下跌。货币工资上涨是因为决定劳动自然价格的主要商品由于生产难度加大而会涨价。"随着社会的进步，劳动的自然价格总有上涨的趋势，原因是规定其自然价格的一种主要商品由于生产困难加大而有涨价的趋势。"实际工资下降是由于资本增长的速度小于工人人口增长的速度，这也是由于货币工资增长速度小于谷物价格上涨的速度。

利润是资本家的收入。利润是工人劳动所创造的价值的一部分，是商品全部价值扣除付给工人的工资后的剩余部分在这里，李嘉图把地租看成为利润的一个特殊部分。资本家之所以可以取得利润，是因为他们在生产过程中投入了资本，这些资本是生产的必备条件。利润量的大小是同工资数量成反比例的，因为商品的价值在商品生产出来后就已确定，并且只分为工资和利润两个部分，工资量增加，利润量必减少，反之，工资量减少，利润量必增加。李嘉图认为，利润和工资的比例关系与资本积累和生产力发展速度有重要关系。财富增加、人口增长会抬高工资而压低利润，相反，机器运用、技术进步则会压低工资而增加利润。

地租是使用土地的生产者付给地主的那一部分土地产品，是地主让出土地使用权而得到的报酬。地租和改良土地投资的利息和利润是两个不同的概念，不能将农场主每年付给地主的一切都看成地租，这里面实际上包括两部分，一是地租，还有就是改良土地的资本所支付的利息和利润。李嘉图认为这个区别对于关于地租和利润的研究关系重大。地租的产生基于两个原因：一是土地有限；如果土地太多而人口太少时，地租是不存在的，因为无人需要从别人那里借用土地；二是土地肥力不同，位置不同，地租就是肥力高、位置好的土地，产出高出肥力最低、位置最差的土地的产出的剩余部分。这种地租也就是级差地租。地租量取决于不同肥力的土地上劳动生产率的差额，也是指农产品价值超过资本和一般利润之上的余额。级差地租有两种形态。一种是在肥力不同，位置不同的土地之间产生的，另一种是在原有土地上追加等量资本和劳动从而使生产率提高而产生的地租。随着财富的增加，人口的增长，地租必然不断增加，而利润必然下降。李嘉图提出了三种抵制地租增加的措施，一是限制人口增长；二是提高农业劳动生产率；三是实行自由贸易政策。之所以要抑制地租增加，是因为地租增长使得劳动者的生活状况普遍下降。

李嘉图的货币理论认为，货币是商品交换发展的必然结果，货币本身也是一种商品，是有价值的，而且价值也是由生产它所耗费的劳动量来决定。货币的职能是流通手段职能和价值尺度职能。一国所能运用的货币量必然取决于其价值，货币流通量的变化取决于商品流通的需要和商业的兴衰。

李嘉图提出了货币数量论。他认为当流通的货币数量过多时，商品价格上涨；反之，当流通中货币数量过少时，商品价格则下跌。这个观点显然同他的劳动价值论是相矛盾的。基于这个理论，他还提出了稳定通货币值的方案，其中有：实行金本位，实行纸币通货制度；限制银币发行量；保证纸币可兑换性等。之所以主张纸币通货制，是因为纸币具有方便、节省的特点，之所以要强调纸币发行不能过量，是因为纸币在代替黄金时，代表的是流通中实际的黄金需求量，如果发行过多，会使单位纸币的购买力下降，使商品价格上涨，这会导致经济混乱，对国民财富的增长没有好处只有坏处。

对外贸易理论也是本书的一个重点。李嘉图认为，对外贸易对国民财富的增加、生产力的发展都大有好处，因此他竭力宣扬贸易自由主义，认为对外贸易可以使各国发挥其资源优势，充分利用外国的资本和劳动，发展本国优势产业，弥补劣势产业，使各国都获得财富的增加，因此是互相有益的。而且，对外贸易可以提高利润率，有利于资本积累，从而有利于扩大生产规模。对外贸易还可以增加人们用收入所购买的物品的数量和种类，并且由于使商品丰富和价格低廉，为储蓄和资本积累提供了刺激，并以利害关系和互相交往把文明世界各民族综合成一个统一的社会。

在国际贸易中，交换双方都是用本国具有优势的商品交换回本国处于劣势的商品，这样就可以省去一定的劳动消耗，这就是李嘉图的比较成本理论。这个理论对资产阶级对外贸易理论产生了较大的影响，长期为各资本主义经济学家所认同，并被使用于各国对外贸易的具体实践之中，也确实取得了一定的效果。

李嘉图的自由主义贸易学说反映了当时英国经济发展的一个要求，因此在他提出之后立即受到广大资产阶级的欢迎。

【精彩语录】

1. 是由劳动所生产的可比较的商品量，而不是由为了交换他的劳动而付给劳动者的可比较的商品量，来决定它们当前或过去的相对价值。

2. 全部产品是由社会上三个阶级所分享的，这个分享的比例在社会的各个阶级各不相同，政治经济学的主要问题是确定制约这种分配的规律，而过去关于地租、利润和工资的自然动态的情况描述是不能令人满意的。

3. 黄金和白银像一切其他商品一样，其价值只与其生产以及运上市场所必需的劳动量成比例。

4. 地租是为使用土地的原有的不可摧毁的生产力而付给地主的那一部分产品。

5. 如果工资由于谷物昂贵而上涨，他们的利润就必然会减少。

《政治经济学原理》

作　　者：约翰·穆勒
成书时间：1848 年

【作者简介】

英国著名经济学家。1806 年出生于英国伦敦。其父是詹姆斯·穆勒，也是一名著名的经济学家。约翰·穆勒从未读过大学，甚至连中、小学也未读过，他的成功完全来自父亲和其他人的教导以及自己勤奋刻苦的自学。1819 年开始研究经济学，1820 年去法国旅行，寄居于父亲好友边沁和萨伊家中，受边沁的影响，成为一名功利主义者，还组织过一个功利主义学社，1826 年解散。1823 年任职于东印度公司，经常从事文书起草工作。1830 年结识泰勒夫人，1851 年泰勒去世后两人结为夫妇。1830 年再赴法国，1835 年创立《伦敦周刊》，1836 年赴瑞士、意大利旅行。1845 年开始撰写《政治经济学原理》，1848 年该书问世。他曾当选过一次国会议员，1856 年他辞去东印度公司职务，移居法国，1873 年逝世。

约翰·穆勒在经济学上的重要贡献是将自由放任主义的经济理论加以补充完善，构成了自己的理论体系。他不属于庸俗经济学派，也不是折衷主义家。他将以前经济学家的理论中互相矛盾的地方加以统一，特别是对斯密和李嘉图的理论继承很多，在人口理论方面批判地继承了马尔萨斯的理论，在资本理论上采纳了西尼尔的许多观点。他在经济学上的影响时间比较长，直到 19 世纪末才逐渐开始减退，但直到今天，许多经济学家对他的理论依然推崇备至。

约翰·穆勒的主要著述有《略论政治经济学上尚未解决的诸问题》、《政治经济学原理》、《功利主义》、《女子服从论》等。

【内容梗概】

19 世纪上半叶，英国的资本主义发展已取得了较大进步，在对封建主义的斗争中已完全占据优势地位。于是英国社会的阶级矛盾也开始转化，由过去的资产阶级同封建贵族、地主之间的矛盾转变为无产阶级同资产阶级之间的矛盾，资产阶级为了镇压无产阶级的反抗，与封建势力相勾结，共同对无产阶级进行残酷剥削。无产阶级的力量也在不断壮大，他们在思想上开始觉悟，出现了以欧文、傅里叶等人为代表的空想社会主义者。约翰·穆勒受其影响，在思想上也带有空想社会主义倾向。

　　本书全名是《政治经济学原理及其在社会哲学上的若干应用》，原因在于穆勒认为此书不仅是在讨论经济问题，也是作为社会哲学的一部分来讨论的，二者之间关系密切，不可分割。他在书中对斯密的观点予以了修正和补充，也对李嘉图的观点予以折中评价，因此可以说是当时所有主要经济思想的集大成之作。本书是一本经济学巨著，同时，也是西方最流行的三本经济学教科书中的一本，另外两本是马歇尔的《经济学原理》和萨缪尔森的《经济学》。本书作为教科书在当时西方国家风靡一时，直到19世纪70年代杰文斯的边际效用价值论提出后才慢慢减弱了其影响，可以说是教育了一代人。

　　本书在内容上主要对生产、分配、交换几个经济学主要领域进行了研究，另外也对政府在经济活动中的作用及影响进行了分析。

　　穆勒将生产与分配分开来单独研究。他认为生产是一种自然的物质生产过程，生产的最根本是劳动和土地，但劳动在生产中所起到作用只是移动自然物的位置，而其他作用则都由自然的特性或自然力来完成，所以，生产规律就是一种自然的、永恒的、不变的规律。

　　劳动作为最根本的生产要素之一，穆勒将它划分为直接劳动和间接劳动。直接劳动是生产完成品的劳动，间接劳动则不是。间接劳动包括生产材料的劳动、生产工业或机器的劳动、保护生产的劳动以及流通性劳动，还有以人自身为劳动对象的劳动。劳动还可分为生产劳动和非生产劳动。生产劳动是指能同资本相交换的劳动，非生产劳动是指不能和资本相交换的劳动，比如保姆、清洁工的劳动。

　　资本是资本家对工人进行剥削的工具。资本可以带来剩余价值。资本与货币是两个不同的概念，因为货币既不能帮助生产，也不能带来价值的增值，只有资本才能做到这两点。资本的用途可分为三种，一是用于修建建筑物；二是用于购买机器；三是用于劳动对象。所以资本在这里被穆勒等同于生产资料，扩大了资本概念的外延。资本的来源有两个，一是积蓄，二是掠夺。如果一个人将所有自己生产的或从别人那里取得的产品全部用光就不会有积蓄，即使保留下来一些仅供下一年生产所需，也不能称之为资本，因为它不能增加财富。然而资本的根本来源还是生产，因为无论是积蓄的物品还是掠夺来的物品，它们都是在生产过程中产生的。

　　资本可以分为流动资本和固定资本两种。流动资本是指用于购买材料和支付工资的资本，它们在再生产过程中必须经常更新，故称"流动"。固定资本是指对那些在再生产过程中仍可继续使用，不必更新的生产资料的投入资本，比如厂房、机器、工具等。

　　由于穆勒将生产过程看成是一种自然力的作用过程，所以他对自然要素也进行了分析。他认为自然要素在每一个生产性行业中所发挥的作用都是无限的，所有物品都是自然的生产物。在产品的投入分析中，无法对自然因素和劳动力各自生产了多少作一评定，因为自然要素和劳动既是不可分割开来的，也因为生产要素的作用对每种商品都是无限的，无限就意味无法再比较其大小。

　　劳动、资本、自然要素共同构成了生产的三要素。那么，这些要素的生产力程度是由什么来决定的呢？不同时期，生产要素的生产力程度是不同的，不同地点，生产力程度也是不同的，有些地方的土地肥沃，有些地方的土地贫瘠，那么它们所提供的生产力程度自然也是有差别的。除时间、地点外，最重要的是安全。所谓"安全"，是指社会保护人民财产的措施完善。劳动者对于自己劳动的结果越是有保证，按照比例，劳动可望有的效率也就越大。一种社会制度的有助力如何，就看在这种制度下，每一个人劳动的报酬，怎样才能和他付出的劳动成比例，不至于出现偏向某个阶级或个人，而妨碍其他人利益的现象。

穆勒谈到了生产规模与劳动生产力的关系，他认为，生产规模越大，分工就会越细，也可以把工作人员安排得更合理，于是就会使劳动生产力提得越高。而且生产规模的扩大可以节省管理、财务等许多方面的费用，降低了生产成本，还可以在不增加工作体力消耗的前提下增加工作量。

在生产经济中，穆勒最后谈到了生产诸要素的增加法则。首先是劳动增加的法则，也可以认为是人口法则。具体来说，人口增加，使劳动增加，同时人口增加，使消费需求增加，于是生产需求也增加，由于劳动增加又为生产增加提供了条件，所以促进了财富的增加，生产力提高。其次是资本增加的法则。资本的增加在于积累和节制。所有资本都是为未来的好处而暂时不使用现有的劳动生产物，这既是一个积累的过程，也是一个节制的过程。资本也是在这种情况下才产生的。最后是土地生产力增加的法则。土地和劳动与资本不一样，因为土地面积是有限的，每块土地所能生产出来的产品也是有限的。土地生产力受土地报酬递减律影响。所谓土地报酬递减律，是指劳动量和资本的投入会使土地生产出更多的产品，但是随着劳动和资本的增加，单位劳动或单位资本的增长获得的土地产品的数量是在不断减少的。

穆勒在谈到分配时说，分配是由人类社会制度来决定的，所以分配规律不是永恒的，而是暂时的。这一点和生产规律恰好相反。财富分配决定于社会的法律和习惯。决定分配的法规是根据统治社会的统治阶级的意志来制定的。时代不同，社会制度不同，财富分配的法规也是不同的。

工资、利润和地租构成了分配理论的三大主题。工资是怎样决定的呢？工资是由人口和资本的比例决定的。在这里，人口是指被雇用的"在岗工人"的人数，资本只是指用来支付工人工资的那部分流动资本，并不是指所有资本。在竞争决定工资时，工资只有在雇用工人的总基金增多或人数减少时才会增加，反之则减少。这里的"总基金"是指工人的工资总额。工资的增加主要依赖于人口的限制，这要求劳动者自己能够清醒地认识到这一点，自觉节育。如果工资实在是太低，可以试用以下四种办法：第一，规定工资最低限度；第二，出台限制人口增长法令；第三，实行津贴制度；第四，实行配比制度。

利润可以分为三个组成部分：利息、保险费和监督人员的工资。利息是由于资本家为储蓄资本所做的节制应得的报酬。保险费源于投资具有的风险性，因为资本投入可能会失败。监督人员的工资与工人的工资是两个概念，它是指管理费用。如果资本家的全部资本由自己投入而且又承担监督任务，那么全部利润就由他获得，否则他就应该分出一部分付给债主或管理人员。

利润肯定有一个最低限，这个最低限是指在一定时期、一定地方，利润只够对运用资本所包含的节制、冒险与辛苦所提供的最低代价。一旦低于这个限度，资本家就不会去进行生产。最低限是可以变动的，特别是因为节制的不同而发生变化。利润的不同还与职业的性质不同有关。对于垄断性的职业，其利润肯定高，对于风险性大的行业，比如火药制造业，也具有高利润的回报。

地租是自然垄断的结果，因为土地不仅有限，而且肯定已被人占有，这些地主拥有土地所有权，无论谁想获得使用权，都必须得支付地租。级差地租是因为不同的土地因肥力不同、位置不同等原因而出现的等级不同的地租。级差地租是土地的收获量多于现有土地中最劣地的收获量的余额。如果使用资本和劳动耕种土地时所得到的最低报酬仅是普通资本的利润时，就不存在级差地租。

穆勒的交换理论首先是价值论。使用价值和交换价值是两个不同的概念。使用价值是指商品能满足人类某种欲望的效用，而交换价值是同价值异名同义的，但它和价格是不同的，价格是表示商品与货币交换时的价值，即指商品所能交换到的货币量，而价值或交换价值是指商品的一般购买力。这里的"一般购买力"是指商品本身所具有的，或者说它可以交换到其他商品的一定数量的能力。商品的价格普遍上涨或下跌是可能的，价格上升是因为货币贬值，价格下降则是因为货币升值。所以货币贬值时价格上升，货币升值时价格下跌。

任何物品只有在这两种条件下才有价值，第一，它必须有某种用处，即效用，没有效用的物品是没有价值的；第二，它必须有在量上有限，存在取得的困难的特点。这个困难有三个原因：第一是有些物品在数量上有限，而且几乎不可以再生产，比如土地；第二是因为虽然有些物品可以无限制地生产出来，但是在生产它时必须要付出劳动和资本；第三是因为有些商品数量虽可以无限制地增加，但当生产量达到一定程度后就不能和追加的资本的劳动成原来比例增长，而是按报酬递减规律增长，这主要是指农产品。商品的价值或交换价值是由供求关系决定的，供大于求时，价值下降，反之价值则上升。具体来说，是由供求方程式来决定的，而不是供求的比例。这个方程式虽可以解释价格变动的原因，却无法确定出一个具体的价格来。

穆勒谈到了货币的起源。货币是商品交换发展到一定阶段后，作为一般等价物而出现的，起的是交换媒介的作用，它解决了物物交换的困难。金银充当货币是由其自身特点决定的，比如最易为人接受、耐用、便于携带、价值稳定等。货币的价值是由其数量决定的，同时也和流通速度有关。

信用是随同货币出现的。信用既非资本，也非生产手段，它只是一种能使资本或生产手段转化的工具。信用可以帮助生产，它可以使资本从不生产的转化为生产的。比如它可以将社会上的闲散资金通过信用方式集中起来，再将它用于投资，从而将资金变成了资本。信用机关主要是银行。信用可以节省货币的使用，它可以代替货币执行流通功能，用票据来表示货币数额。这种票据大体上有四个类型：一是汇票，二是兑换券，三是融通票据，四是支票。

本书也对国际贸易作了论述。国际交换之所以会出现，是因为各国产品的比较成本不同，所以国际贸易就可以促进各国生产效率的都提高。它可以弥补各国在物质上、资本上和技术上的缺陷。国际贸易中商品的价值是由国际交换的条件决定的，总体来说，还是由国际间的供求关系决定的。

本书最后对政府在经济中的影响做了评价。他认为政府在保障人民的生命和财产安全方面应担当重要的责任，但政府对经济也带来了许多不利因素，比如课税太重，司法不完善等，使得贫富差距加大，人性堕落，利润率下降。于是穆勒主张放任主义。他列举的理由有：第一，干涉本身就意味着强迫，干涉费用也是强迫征收于人民的；第二，干涉使政府权力进一步扩大，影响进一步加深，导致恶性膨胀；第三，干涉使政府的程度增加，责任加重，成本也增加；第四，实行私人经营才会对经济发展起到更大作用；第五，应培养人民共同活动的习惯。

【精彩语录】

1. 所有权只包括以下各种权利，即每个人对自身才能、对利用自身才能所能生产的物品、对用它们在公平交易中换得的物品所享有的权利以及他自愿将这些物品给予他人和他人接受并享用它们的权利。

2. 所有权包括按契约取得财产的自由，每个人对自己产品的权利，包含着这样的意思，即人们去经别人同意而取得别人生产的物品时，对这种物品也具有权利。

3. 在现有的社会状态和工业状态下，限制竞争是一种罪恶，而扩大竞争，即使暂时会损害某一劳动阶层，最终也将带来最大的利益。

《政治经济学大纲》

作　　者：纳索·威廉·西尼尔
成书时间：1836 年

【作者简介】

英国古典经济学家。1790 年出生于英国一个牧师家庭。青年时代求学于牛津大学，1811 年毕业。他一直对法律很感兴趣，1819 年他终于如愿以偿，取得了律师资格。1825～1830 年，他在牛津大学任经济学教授。1830 年以后积极投身于政坛，任当时辉格党的主要经济顾问，参与了政府许多委员会的活动，担任过英国最高法院院长。1836 年出版了《政治经济学大纲》。同年还应曼彻斯特工厂主的邀请在职工大会上作报告，公开反对工人缩短工作时间的要求，反对工厂立法。1837 年将报告发表，即《论工人法对棉纺织业的影响的书信》，并视察兰开夏的工厂。1847 年重回牛津大学任教，1848 年目睹了法国革命。1857 年后任职于教育和科学振兴委员会，1864 年逝世。

西尼尔在经济学上的主要贡献在于完成"纯粹经济论"，并建立了"节欲说"。他认为政治经济学应该是纯粹的经济学，是单纯研究财富规律的经济学，包括财富的性质、财富的生产和财富的分配。他用这个理论对利润、利息、工资等问题进行了解释。他对劳动价值论进行了猛烈的批判，提出利息来源于资本家的禁欲主义，这就形成了他的"节欲说"。由于他的理论学说正好满足当时资产阶级的需要，因此使他名噪一时。

西尼尔的主要著述有《政治经济学大纲》、《论工人法对棉纺织业的影响的书信》等。

【内容梗概】

本书是西尼尔的代表作，也是英国资产阶级庸俗政治经济学的经典之作。19 世纪 30 年代，英国的资本主义经济取得较大的进步，资产阶级在政治上逐渐取得了一定的地位，当时土地贵族的权力仍然强大，于是他们两者相互勾结，共同统治着广大工人阶级和劳动人民，于是阶级矛盾不断激化，无论在城市，还是在农村，都可以看到起义和斗争。而且当时空想主义思潮也广为发展，资产阶级急需在经济学理论上建立新的构架，以掩盖其阶级本质。英国资产阶级庸俗政治经济学就在这种条件下产生的。

本书在内容上明显地分成三大部分：财富的性质、财富的生产和财富的分配。本书在结论中对政治经济学本身做了一个界定。西尼尔认为，政治经济学就是研究财富的性质、生产和分配的科学。在以前的经济学理论中，往往只重谈政治，却并不谈财富。政治经济学的目的就在于要指出使人类的劳动能在最小成本下生产出最多产品，使之最有效率；也要研究财富的积累在什么环境下最有利，财富的分配以怎样的比例才最有利。政治经济学研究的范围不好确定，一般而言，就是财富。

要研究财富的性质必先对财富进行定义。西尼尔认为，财富大概可界定为"有价值的"东西，或"可以交换的"东西。财富的要素有三个：第一是效用，它是"表示作为防止痛苦或间接产生愉快的一个手段的特性"；第二是供给有定限，是指任何事物的供给都是有限的；第三是可转移性，是指任何一件物品都是可以被他人占有的，不存在它与其所有者不可分割的情况。西尼尔认为，供给有定限是财富最重要的因素。这三个因素构成了价值形成的三个条件。

那么什么是价值？价值是指"任何事物的适宜于在交换中互相接受的那种特质，或者换句话说，是任何事物的适宜于租出或售出、租用或购入的那种特质"。价值是体现在交换之中的，价值的大小是由这种商品的供给和需求情况来决定的。一般把"需求"表示为使商品具有效用的那些原因的坚强有力，"供给"表示为限制商品数量的那些阻力的软弱。可见，说价值是由商品的供求比例决定，也就是在说，"按照分别使它们具有效用的那些原因的坚强或软弱的比例进行交换，并按照分别使它们供给有定限的那些阻力的软弱或坚强的比例进行交换"。

任何两种商品的相互价值取决于两个因素：一是这一种商品的供求比例，二是那一种商品的供求比例。商品价值的决定有其内在和外在的原因。内在原因就是指使一种商品有效用并且使它供给量有限的原因，而外在原因就是指使和一种商品交换的另一种商品具有效用并使它供给量一定的原因。

西尼尔提出了财富的生产理论，并说政治经济学有四个命题。

第一个命题是所有人都希望能用最少的牺牲获得最多的财富。当然这里讲的最多并不是指无限度，它实际上是在一定客观条件下所能达到的量的最大程度。这一命题在政治经济的地位就像万有引力在物理学或"全或无定律"在生理学上的地位一样，不可或缺，其他命题都几乎只是对它的注解而已。有一种理论和它完全对立，即供给过剩，西尼尔对此作了评价。供给过剩是指某种商品的丰富程度，供大于求，但过剩原因不是对买主购买力的估计错误，而是对买主的购买愿望估计错误了。供给过剩是常见的、自然的，与前者命题并无实质冲突。

第二个命题是世界上人口数量受到限制的原因是人们对所追求的财富在既定的习惯下不是以满足自身需要的顾忌和担心。因为每个人都不会认为他的全部欲望都已得到了满足，事实上，人总是不会满足，而且人们会随时遇到不测之事，比如天灾人祸、生老病死等，人们对这些情况持有恐惧感，这些是因为人们物质上还存在着缺陷，也就是人们的生活必需品还是不够的，特别是由于饥饿而造成死亡，这是导致人口增长受到限制的最主要原因了。"无论我们怎样刻苦耐劳，也无法防止我们的生活资料越来越匮乏，从而使我们的进展受到阻碍。"就算是其他所有的精神上的或物质上的约束我们都可以摆脱，没了战争，没了放荡的生活，在工作和居住方面也有利健康，也不会因为对贫穷和失业担心而使结婚延迟，我们也会面临唯一的一个困难：饥饿，于是人口增长就会自然受到抑制。事实上，一切制约因素，因为它们相互存在一定联系，所以一旦发生，就会相互加剧，相互推动。有时即使看起来是由某一种因素造成的，其实另外的因素也在发生间接性的作用。西尼尔将财富分为必需品、场面用品和奢侈品三种。必需品是指使人们能够保持为完成日常工作而必需的健康和体力而必需的物品；场面用品是指为了保持自己在社会上的地位而必需的物品；奢侈品是指除必需品和场面用品以外的其他物品。奢侈品对于人们保持健康和保持社会地位并不是不可或缺的，而是可有可无的。同一种物品，对于不同的国家或不同的个人而言，可以是奢侈品也可以是场面用品或必需品。

第三个命题是生产是可以无限扩大的，因为可以用生产出来的产品作为下一次生产的工具，于是技术会不断改进，生产的规模和产量都会逐渐扩大。所谓生产，就是人们通过劳动将现有的一些物质形态使之发生变化，成为另外一种物质形态。这个形态转变的即是产品，而物质本身并未得到增加或减少。生产的产品可以分为服务和商品两种，前者是非物质的，后者是物质的。如果我们主要把注意力放在生产动作的结果上，那么我们就把生产者称为商品的生产者，其产品是一种商品；如果我们把注意力放在生产者的动作本身，那么我们就把生产者称为服务提供者，他的努力则是一种服务。二者区别在于我们把服务一词用于促使事物现有状态发生变化的动作上，而把商品一词用于所变化的事物上。

消费与生产相对，消费又是生产的目的。消费也可以分为生产性消费和非生产性消费。"生产性消费是对商品的这样一种使用，由此会导成另一种产品。当然，非生产性消费是在不会导成另一种产品的情况下的对商品的使用。"

生产的手段有三种，第一种手段是劳动。所谓劳动是指人们为了生产目的的实现而在体力和脑力方面的自觉努力。第二种是不依靠人力而由自然予以帮助的要素，即自然要素所谓自然要素，是指只要其力量不来自人的劳动的一切生产要素，是一种"出于自然所提供的要素"。第三种手段是节制。所谓节制是指个人的这样一种行为，他对于自己可自由使用的那部分，要么并不用来作为非生产性使用，要么有计划地宁可用于其效果在将来而不是在现在出现的生产。节制如果和另外一种或两种手段结合起来，就可以构成资本。所谓资本，是指"出于人类努力的结果、用于财富的生产或分配中的一项财富"。资本有固定资本和流动资本之分。

第四个命题是在农业技术不变的条件下，在一块土地上的劳动增加，会使报酬递减。这是由农业本身所具有的特点而决定的，制造业则不会出现这种情况。农业中的土地有一个优越之处，在于如果增加投入的劳动就可以获得更多的土地产品，但也有一个缺陷，就是随着劳动投入的稳定增加，土地产品的增加量却在不断减少。

本书的最后一个大的主题是财富的分配。分配是靠交换来实现的。社会可以分为三个阶级——劳动者、资本家和自然要素的所有人。全部劳动产品被分为了工资、利润和地租三类。工资归劳动者所有，利润归资本家所有，地租归自然要素的所有人所有。自然要素的所有人又可称为地主。西尼尔认为，在命名上这些术语有些应该酌予修改，加进一些新的名词，将其他词的含义扩大或缩小。如果要全部正确地表达实际情况，至少须有一个包括十二个不同性质的术语的命名系统，使每一种生产手段、使用该手段的人、运用该手段的行为以及作为这一行业的报酬的分配都有一个名称。那么，适用于劳动者的命名系统中，除了已经使用的"劳动"、"劳动者"和"工资"外，还需要表示生产的手段的，因此要加上"智力和体力"。这样这个命名系统才完全。对资本家的命名系统，已有"资本"、"资本家"和"利润"，但没有表示动作的，因此要加上"节制"。对于自然要素的所有人的命名系统，常用"土地"和"地主"两个名词，应该用"自然要素"和"自然要素的所有人"来替换，以便和上面的命名系统相对应。

在阐述交换时，西尼尔对生产成本做了界定。所谓生产成本，是指生产所必要的劳动和节制的总和。他也提到了价格，不过他是用价格来代替一般价值。价格是在货币出现后跟着出现的。生产成本有生产者的生产成本和消费者的生产成本两种。前者是从事于出售某种商品或服务以使生产继续进行的一些人所必须承担的劳动和节制的量，后者是从事于购入某一商品或服务的一些人所必须承担的劳动和节制的量。前者相当于最低价格，后者相当于最高价格。原因在于如果售价低于生产者的生产成本，就无人愿意继续生产，如果消费者自己生产或由原来代他们购入的那些人在生产时生产费用比现在的价格还低的话，消费者就不会去买这种商品了。在自由竞争的市场中，两者原则上会趋于相等，受价格调节。但在现实的经济生活中，价格的调节作用会受到干扰，因为生产者和消费者都不可能对市场的情况完全地了解，所以他们的决策也往往会出现错误。

独占是在经济发展过程中出现的。独占是影响上述两种生产成本相等的重要因素。独占可以分为四种：第一，独占者并无生产方面的独占权，只有作为一个生产者拥有某些设备的独占权；第二，独占者是唯一的生产者，但他的产品总量无法增加；第三，独占者仍是唯一生产者，但其产品总量可以增加；第四，独占者不是唯一生产者，但有特殊设备，这种设备的帮助会逐渐减弱，直至消失。

地租是指对于被占用的自然要素的生产力所偿付的代价，即是说它指被占用的自然要素的产物的价格超过其生产成本的数额。地租的数额取决于两个因素，第一是自然要素所提供的绝对生产力，第二是这一要素的相对生产力，即是指在生产力上这一要素超过到处可以取得的那些要素的程度，如果自然要素的供给无限，或者这类要素不再有提供生产力的能力，这时地租都不会存在。

由于利润和工资都是牺牲的报酬，即前者是节制的报酬，后者是劳动的报酬，因此它会有一个最低的限度。利润的最低限度虽然不好确定，但要让每个资本家都自愿"节制"，由此所需的报酬，显然会超过某一设定最低报酬。工资的高低应由劳动者所获得的商品的数量和质量来决定。决定工资率的是维持劳动者的工资基金数额对被维持的劳动者人数的比率。而决定工资基金的因素有两个，一是工资商品生产的劳动生产力，二是从事工资商品生产的人数在总的劳动人数中的比例。这两个因素任一单独一个都构成了对工资基金的影响。

生产者的利润是因为节制而获取的，节制是将享受推迟。利润率是由预付资本的价值和所获收益来决定的，在量上它等于二者之比。在理论上所有行业的利润率都应该相等。但是在实际的经济生活中则会因为种种干扰因素使得各行业的利润率千变万化，并不一致。利润率是由资本家和劳动者双方的行为来决定的，资本家因为积累和竞争，利润率会下降，但劳动者人口的增加又会使利润率上升；这是一对方向相反的作用力，在它们的作用下，利润率就总是会上升或下降。

本书的主要特点在于提出了"节欲说"，由于本书掩盖了资本主义社会的阶级矛盾，将经济问题普遍化，所以广受当时资产阶级的欢迎，也受到资产阶级经济学家们的推崇，对后来的资产阶级经济学的发展起到了较为深远的影响。

【精彩语录】

1. 劳动是以生产为目的，在体力或脑力方面的自觉努力。

2. 不论是属于什么状态下的社会，绝对非生产性的消费总是属于少数，绝对生产性的消费者更加属于少数。

3. 独占者并没有生产方面的独占权，只有作为一个生产者拥有某些设备的独占权，可以在不减少设备、甚至增加设备的情况下增加他们的产量。

4. 决定资本家和劳动者对共有基金的分配比例的因素有两点：第一，在某一国家某一期间所做出的资本预付的一般利润率；第二，就各个情况来说的从预付资本到取得利润所经过的期间。

5. 在普通语言中，一般用需求这个词表示使商品具有效用的那些原因的坚强有力，用供给表示限制商品数量的那些阻力的软弱。

《政治经济学新原理》

作　　者：西蒙·德·西斯蒙第
成书时间：1819 年

【作者简介】

　　法国古典政治经济学家。1775 年出生于瑞士日内瓦一个新牧师的家庭，后移居法国，祖辈原是意大利贵族，青年时候在巴黎上大学，因家境贫困而中途缀学，后到法国里昂一家银行当职员。1792 年法国革命时他被迫回到故乡。不久父亲被捕入狱，出狱后，全家移民英国，后又移民意大利。1800 年重返日内瓦，曾参与政治活动。1803 年发表《论商业财富》而一举成为著名的经济学家，不久开始研究历史。1838 年被选进法国社会政治学院，1841 年被法国政府授予荣誉军团大十字勋章，1842 年 6 月 25 日逝世。

　　西斯蒙第是法国资产阶级古典政治经济学的完成者，又是小资产阶级经济学的创始人，经济浪漫主义的奠基人。他在经济学上的最大贡献也在于此。他的经济理论反映了小生产者的思想和要求，充满了经济浪漫主义色彩，具有典型的幻想特征，试图实现那时已经过时的不切实际的东西，力图把资本主义社会拉回到理想化的小生产者的生产方式中去。同时，他批判资本主义制度，揭露了资本主义社会的矛盾，认为资本主义经济危机的爆发是必然的，资本主义制度也不是永存的。

　　西斯蒙第的主要著述有《论商业财富》、《政治经济学新原理》、《政治经济学研究》、《自由人民之宪制的研究》等。

【内容梗概】

　　西斯蒙第生活在一个社会大变革的时代。18 世纪末，英国产业革命已将浪潮推及整个欧洲，在法国也同样发展起来。煤、铁、纺织等诸多行业由于采用了先进技术而产量猛增，这对资本主义经济的发展具有极好的推动作用。但这种机器大工业的发展只是一小部分，占人口多数的依旧是小农阶级。资本主义的发展给他们带来了巨大的冲击，使广大劳动群众破产或贫困。因此对那些小资产阶级来说，他们一方面要保护资本主义商品生产制度的基础；另一方面又反对大资本家的压力，于是幻想小生产方式阻止或延缓资本主义经济的发展，西斯蒙第正是其代言人。

　　本书内容主要是对收入分配与生产收入和人口的关系加以说明。第一次揭露了资本主义的矛盾，指出经济危机是必然存在的。

书中首先对政治经济学的研究对象及研究方法作了论述。西斯蒙第以为在长期以来的政治经济学研究中，许多经济学家都会犯同一个错误，那就是把政治经济学的研究对象搞错。人们把它看成是对财富的研究，于是单纯提出了追求财富的种种理论。而实际上政治经济学是政治学的一部分。政治学是研究人类的普遍幸福，寻找人类走向幸福的近路。幸福既包括精神上的愉快，也包括物质上的充裕，所以就有了政治经济学，所以政治经济学就是供政府学会管理全体财富的基本方法的科学。"从政府的事业看，人们的物质福利是政治经济学的对象。"人类的幸福有两层意思，一是每个人都得到最大可能的幸福；二是所有人都获得幸福，立法者既要使杰出的个人得到充分发展，又不会使其他人因此而受损。所以政治经济学研究的核心问题是收入的分配问题。而追求财富的增多只是使所有人获得幸福的手段，而非目的。而已往古典政治经济学家所犯的最大错误就在于此，他们认为财富是政治经济学的研究对象，忽略了人的作用，因此仅注意探讨财富的生产、流通、分配而不考虑消费，而实际上消费才是最重要的。

政治经济学的方法不可以用抽象法，这种方法过于空谈，因此对经济问题的研究同样要把非经济因素考虑进去，比如道德的、历史的、文化的各种因素。

西斯蒙第对资本主义制度进行了批判，他认为资本主义虽然使经济发展有所进步，但这并不意味着资本主义制度就是最好的制度。在这种制度下，财富的分配越来越不公平，贫富差距越来越大，劳动群众的生活越来越贫苦，所以资本主义是一个充满着各种矛盾的社会。这些矛盾有使用价值与交换价值、商品与货币、买与卖、生产与消费等许多个，这些矛盾是资本主义社会的顽症，随着资本主义经济的发展，不但不会消失，反而会更加深刻。自由竞争带来了经济危机，因为它导致了盲目的过量的生产，使生产过剩。

西斯蒙第对财富的分配十分强调，指出分配的不公平使得现代社会中的休息者与享乐者成为同一个人，而劳动者永远都摆脱不了被剥削的地位。企业家们的收入大多数是来自对工人的掠夺。利润的获得也不是因为企业的产值比成本大，而是由于企业家没有给工人他们应该得到的报酬，没有支付企业应该付出的全部成本。可以说，西斯蒙第对资本主义制度的批判较之其他资产阶级经济学家来说，确实更有深度，批判的也更有力度，但是由于阶级立场的局限性，他不可能找到资本主义制度的要害之处，因此他的批判仍然只是限于一种表层的现象，有失偏颇。

西斯蒙第的价值理论是劳动价值论。他认为劳动是价值的基础，交换价值是由取得这种东西所必需的劳动量决定的。可见，他未分清交换价值与价值的不同之处。他认为"财富永远是通过劳动创造出来的，为日后需要而保存起来的东西，而且只是由于这种未来的需要，财富才有价值"。价值量是由社会所必要的劳动消耗决定的，而不是一切劳动消耗都创造价值。这里所说的社会所必要的劳动消耗是指全社会的需要和足以满足这种需要的劳动量之间的比例。他认为使用价值和交换价值是矛盾的，每个人的生产目的并不是追求使用价值，而是追求交换价值，所以商业把一切东西都归结于使用价值与交换价值的对立。

西斯蒙第的劳动价值论是从消费决定生产的观点出发，这颠倒了消费和生产的关系。他认为，人首先要消费，才会为了消费而去生产，所以生产应该适应消费的要求。生产是手段，消费是目的，消费决定生产，那种为财富而生产是错误的。在正常的社会里，生产不可能无限，因为生产的动力有限，只有在不正常的社会里才有无限的生产，比如在资本主义社会里就是，它是靠缩减消费来进行的，这使生产和消费变成了一对矛盾。

将消费决定生产从个人推广到社会，就是需求决定供给。需求先于供给是因为当年的产品是用去年的产品来购买的，去年的产品代表需求，今年的产品代表供给，所以说需求先于供给。只有需求才会提供供给的可能，供给多少、供给什么都是由需求来决定的，所以需求决定供给。如果供给超过了需求，就会出现经济危机，资本主义社会就存在着这样的矛盾。

分配理论是本书的重点。西斯蒙第的分配理论是以他的劳动价值论为基础的。任何财富都是劳动的产品，收入是财富的一部分。收入通常有三种，即地租、利润和工资。这三种收入来自三种不同的源泉：土地、资本和劳动。这三种收入是分享人类劳动成果的三种不同方式。

地租是土地所有者因为拥有土地所有权而从工人劳动所生产的产品中提取的部分。工人没有土地所有权，土地又可通过与劳动的结合发挥生产能力，所以土地也应是有自己的产品部分，这一部分归土地所有者拥有，这就是地租。利润是资本家因为拥有资本而从工人生产的产品中提取的部分。在资本主义制度下，工人除了劳动以外一无所有，资本家提供的机器和原料等通过与劳动的结合生产出产品，从而也发挥了自己的生产作用，在产品中也应该有自己的所得部分，这一部分归资本家所拥有，这就是利润。"一个企业家的利润有时只是对他所雇佣的工人的一种掠夺。"工资是工人劳动产品的一部分，是工人用来维持必要的生活的费用，是其劳动的报酬，是劳动的价格。虽然工人通过自己的劳动生产出超过自己每天消耗的产品，除了拥有仅能维持自己生活的东西以外，很少有剩余。

"劳动在社会中创造了三种永恒的财富的源泉，而这三种财富的源泉又产生了三种收入。财富的第一种源泉是土地，土地的自然力永远是用来生产的，只要人们利用它来为自己服务，它便任凭劳动的支配。用来支付工资的资本是财富的第二种源泉。供应劳动能力的生活是财富的第三种源泉。因此，财富的这三种源泉都和劳动有直接的关系，如果没有劳动就决不会有财富。"

西斯蒙第将三种财富的源泉按性质及特点分为固定资本和用来支付工资的资本。固定资本同土地又结合为一类，用来支付工资的资本和劳动能力也归为一类。固定资本同土地有一样的性质，它们需要劳动的作用才能发挥自身的生产力并获取收入，供应劳动能力的生活和支付工资的资本也有一样的性质，它们维护劳动，使之可以参加生产活动。这两种力量并在一起，就拥有膨胀力。这种膨胀力能产生出一种"额外价值"，它就是资本家的全部利润，地租也是利润的一部分。于是，工人劳动生产出来的价值，就分为两部分：供应劳动能力的生活的价值和额外价值，前者为可变资本，后者即为剩余价值。

利润和地租是统一的，资本与土地也不产生矛盾，工资和利润与地租则是对立的，所以劳动与资本之间是对立的。一般而言，"支付劳动工资和保证劳动得以实现的资本，却完全没掌握在劳动者手里。因此，在资本家和工人之间的分配便多少有些不平衡。在这种分配中，资本家竭力给工人留下一点只能勉强维持生活的东西，却把工人所生产的超过他生活的价值的一切据为己有，工人方面，也为多保留一些自己通过劳动创造出来的财富而斗争"。"真正的灾难绝不是由于机器的改进，而是由于我们对机器的产品所进行的不公平的分配。"西斯蒙第在这里对分配不公平进行了猛烈地抨击，指出这种现象既不符合理论，又不符合伦理。利润、地租是对工人的一种掠夺，是一切灾难产生的根源。

西斯蒙第接下来对经济危机进行了分析，提出经济危机的不可避免性。作为资本主义制度自身的产物，经济危机是随着资本主义大生产的出现而发生的。因为资本主义大生产以及不合理的分配制度，经济危机是不可能在资本主义经济下消失的。经济危机的根源在于生产的无限扩大与消费需求的相对不足之间的矛盾。生产之所以会无限扩大，有三个原因：第一是资产阶级在思想上认为生产的目的在于积累财富，而财富积累多少是无限的，所以生产无限扩大；第二是不公平的分配使资本家的利润不断增长，为生产投资提供了资本，使生产扩大成为可能；第三是自由竞争使生产率提高，竞争双方只有不断扩大生产才能立于不败之地，于是整个社会的生产就自然扩大了。消费需求不足也有三个原因，第一是大工业生产使小生产者破产，收入减少，消费自然减少；第二是不平等的分配制度长期存在，工人阶级的收入也长期不可能提高，这也限制了消费；第三是富人的消费比例也在不断下调，他们把更多的资本用于扩大生产。可见资本主义经济危机是无法避免的。

经济危机在资本主义社会是具有长期性的，因为资本主义的生产是在年年扩大，总产品逐年增多，这种增加是不停的，所以经济危机也不会停。消费水平尽管有所增加，但比之于扩大生产的速度相差却是越来越远了。资本主义制度之所以能在长期的经济危机中还能存在，是因为有小生产者的存在和国际市场的存在。小生产者不断破产，而国际市场也在不断衰退，这些因素无法保证资本主义能长期存在，所以它必将走向灭亡。要想克服经济危机，就必须发展小生产。小生产有其自身的特点和优点，它是为消费而生产，生产是有限的，小生产的产品也不会无限增多，消费会得到满足，所以也不会出现生产的无限扩大与消费需求的相对不足之间的矛盾。在小生产条件下也不存在剥削，从而保证了人类的普遍幸福。所以要取消大生产，保存小生产。西斯蒙第同时提出，提倡小生产并不意味着反对技术进步和采用机器，而只是要使之适合于人们消费的增加，所以他反对的是机器的资本主义式使用。当然，西斯蒙第对经济危机的论述也存在着缺陷，这与他自身的阶级立场有关。

最后西斯蒙第提出了经济浪漫主义的改良政策。他认为宗法式的农民经济和城市手工业是最理想的经济状态，用此对现在的经济进行改革就是要回到这种状态中来。他主张把农村中的农场和城市中的企业，分散成为许多个小的农场和作坊，即要把各个阶级都变成为小生产者。在这种状态下，才不会有阶级区别，才能把劳动、土地和资本紧密地结合在一起，生产和消费得以平衡。西斯蒙第反对自由主义经济，主张国家干预经济。自由主义只有在社会对商品的需求不断增加时才有利于生产，否则它只会使竞争优势者优势更强，而弱者更弱，导致了贫富差距加大和两级分化加剧。国家干预就需要国家采取一整套立法和政策来调节经济。特别是对赋税制度要加以改革，实行公平原则，应该缩短工人劳动时间、实行社会保险、提高工人工资、控制人口增长等。这种浪漫主义的经济思想实质则是一种倒退的落后的思想，是根本无法实现的。

【精彩语录】

1. 从政府的事业来看，人们的物质福利是政治经济学研究的对象。

2. 一个企业家的利润有时只是对他所雇佣的工人的一种掠夺。

3. 积累起来不用于消费的劳动果实，便称为财富。

4. 政治家的真正难题是使人口和保证人类在一定空间享有最大幸福的财富之间的配合恰如其分和保持适当比例。

5. 在生产上往往不以需要为转移，而是以拥有大量资本为转移的富有的国家里……一旦生产猛超过消费，就会引起严重的贫困。

《财富分配与租税源泉》

作　　者：理查德·琼斯
成书时间：1831 年

【作者简介】

英国著名资产阶级经济学家。1790 年出身于一个律师家庭，1812 年就读于剑桥大学，1816 年获学士学位，同年任教师，1833 年任伦敦大学经济学教授，1835 年任东印度大学黑利伯里学院教授。担任过英国什一税委员会委员和慈善委员会委员。1855 年逝世。

琼斯在经济学上的主要贡献在于分配理论的研究，特别是对地租的分析，指出资本主义制度对地租的最后形态最有影响，随着资本主义地租转化成为超额利润，土地所有权对工资的直接影响就会终止，这时直接占有剩余劳动的人不再是土地所有者，而是资本家。他认为地租的相对量只取决于剩余价值在资本家和土地所有者之间的分配，而不是取决于对这种劳动的榨取本身。

琼斯的主要著述有《财富分配与租税源泉》、《关于政治的经济学的导言讲演稿》、《英格兰的原始经济》、《各国的政治经济学的教科书讲稿》等。

【内容梗概】

从重商主义的约翰·梅尔斯、托马斯·孟到政治经济学的创始人威廉·配第，再到亚当·斯密，虽然经济学理论已经取得了长足的进步和发展，但是在分配问题上却一直未达成共识。不同的经济学家的看法往往相互矛盾。琼斯于是开始着手对分配问题进行研究，对理论上的争论加以统一，从而对分配问题作出了明确的说明，本书正是基于这个目的而完成的。

在书中，琼斯对地租进行了分门别类的研究，对劳役地租向实物地租以及货币地租的转化进行了考察，也对不同国家、不同时代的劳役地租或农奴地租、分成制佃农地租等进行了考察。本书对李嘉图的学说予以了批判，认为他的学说仅仅是"抽象的推理"，是"妄想的假设"。在论述方法上，他采用了归纳法，他认为这样可以克服许多经济学家理论结构与现实相背离的难题。

琼斯首先对"财富"一词的含义作了说明。他认为，马尔萨斯对财富的定义是"缺点最少和最方便的"，他认为财富是由一些对人类是必需的有用的，或者惬意的事物构成的。琼斯在本书中也使用了对财富的这个定义。

琼斯认为，所有财富，不管它的来源是什么，都总是要由人类的劳动使之可为人所用的，即使是自然物品，也必须有劳动力的参与，不能单由自然力来使之成为财富。他认为，"一切财富一定都是首先从劳动者手里分发出来的"。

琼斯用一个过程来解释了地租、利润和工资的来源。他指出，劳动阶级的大部分人因为没有别人提供生活资料给他们，所以必须用自己的双手从土地中生产出生活资料来。如果土地不属于自己所有，就要对土地所有者"进贡"，这一份因为"进贡"而被扣除的产品则是"地租"。如果在生产中还不得不凭借其他工具辅助生产，那么就得向这些工具的所有者支付一定的使用费，这就是"利润"了。最后劳动者所留下的那一部分就是自己劳动的报酬，也就是"工资"。整个国民经济的分配都必先将产品分为这三大部分，才能在此基础上继续细分下去。

地租的起源是怎样一个过程呢？琼斯认为，在人类从畜牧业转移到农业时，人类都必须通过自己的劳动从土地中生产生活资料以免挨饿。于是他们借用别人的工具来参与生产过程，这些工具也必须用来辅助劳动，否则就会失去存在意义。这些工具的使用者借到工具时他们会要求取得土地的使用权，这样劳动者就必须有能力付给土地所有者一定的报酬，这就是地租。

在当时世界上的大多数国家，君主对他们的土地都拥有绝对的主权，人民则成了他的佃户，这构成了专制主义的"真正基础"。农业以外的任何行业中人们都不能够维持其生活的需要，于是他们就被牢牢地束缚在了土地上。

琼斯将地租分为一级地租和二级地租。一级地租是指从土地上取得自己工资的劳动者所缴纳的地租，在这里，琼斯将这些劳动者简称为农民。二级地租又叫农场主的地租，它和农民地租的不同之处在于它是农业资本家出现后农场主租用土地进行生产时必须向地主所缴纳的地租。农场主租用土地进行生产，从产品中扣除农业工人的工资后还剩下地租和自己的利润。这地租就是他向土地所有者因使用其土地而支付的报酬了。

一级地租和二级地租在某些情况下是难以区别开来的，但这并不妨碍对它的研究。从地租量的评定上看，一级地租要比二级地租简单得多。一级地租是由土地所有者与农民之间的合同来规定的，二级地租是与农场主的利润多少有关的，而与农场主和土地所有者之间的合同无关。

琼斯将农民地租又分为四大类：劳役地租、分成制佃农地租、印度农民地租和爱尔兰小农地租。本书最后部分对这四种地租进行了详细的论述。

劳役地租又叫农奴地租。由于一些地区的地主不愿做监督劳动的工作，而工人也不得不负担一份从事耕种的工作，这样地主就会指定一片土地交给工人专用，让工人从中取得生活资料，自己负担风险。而地主的要求是获得一定数量的劳动力来充当工人来缴纳的地租，地主将这些劳动力用在其他急需劳动力的产业中。这种地租即为劳役地租。劳役地租一般出现在工人半开化时期，这时资本家尚不存在。从地域上看，在印度群岛、新西兰、澳大利亚、西印度群岛都有这类或相似于这类的占有和耕种土地的方式，而范围最广的还是在东欧国家。

劳役地租的特点有哪些呢？最主要的特征在于劳动工资和地租之间关系严格。农奴的实际工资和他每年花耗的财富，由他能从土地上得到的东西多少来决定。这与土地的肥沃程度有关。但是，农奴能为自己获取生活资料而发挥的劳力却受到他作为地租缴给地主的东西的限制。于是农民名义上应担负劳役的天数，会因为各种应付项目而被折合成劳役而使实际天数增加一倍。而且地主会利用自己的权威用不公平价格"在正式欠他的劳役以外，任意占用农民的时间和劳力"。第二个特征是这种制度使工人变得懒惰，耕作效率低下。因为他们就算辛勤耕作了也无法分享到劳动成果。第三个特征是监督松懈。因为地主不愿意从事这项工作。第四是地主可以对佃户行使的权力太多，具有专断性，可随意修改租佃条件，因而使极大的权力和影响掌握在地主集团手里。

分成制佃农地租是农民地租的另一种。农民用劳动力从土地中取得自己的工资及生活。农民从土地上获得了粮食，缴纳一种产品地租给地主，而地主除了借给农民土地外，还提供农具和牲畜等辅助耕作的工具。所以农民缴纳的报酬有两个成份，"一是农具和牲畜等资本的利润，一是地租"。但资本的数量并不会太多，土地依然是主要的。

分成制佃农在本领和品格方面要比农奴高一些，所以分成制佃农制度也要比农奴地租制先进一些。从地域上看，主要在西欧，如意大利、法国、西班牙等国家。

分成制佃农地租特点在于两个有利条件，这当然是和农奴地租比较而言：第一，由于地主按耕作土地的全部责任托付给农民，因而农民的境况有了较大改善；第二，地主所得决定于产量，于是地主会尽力防止农民的精力或财力因太少而无力于耕作。

印度农民地租几乎是亚洲独有的一种形式。这种地租是产品地租，即"由一个从土地上生产出自己的工资的工人缴纳给作为地主的统治者。农民只要缴纳规定的地租，就可以占用一份土地，可见，地租多少不再由产量决定，农民的耕作积极性必然增加，因为一旦农民付不起应缴地租，就会失去这块土地的使用权"。

印度农民地租并不带来任何有害影响。地主通常是君主，拥有土地所有权，而农民只有使用权，地租数量决定于地主与工人订的合同。地租增加有两个原因：一是由于耕作效率提高而使产品普遍增多；二是君主所得地租比例上升，而产量不变，损失的是农民的一部分收入。

爱尔兰小农地租指"所有的特定由农民佃户用货币缴纳的地租，他们从土地取得自己的生活所需"。

爱尔兰小农地租在许多国家都有，只是在爱尔兰最多。其特点在于佃农不仅要为了使他能维持自己生活的土地而提供自己的一部分劳动力作为报酬，也要提供一定比例的产品。不管他的产品的数量或价值是多少，都要缴付一笔规定数目的钱给地主。其缺点在于以下 3 个方面：

1. 无任何外部控制，有人口约束，从而无法保证所有农民人口都可以养活；

2. 农民利益得不到任何保护，他们应缴纳多少地租无规矩可行；

3. 地主与农民之间无明显共同利益，以至于农民在遭受不幸时难以得到地主的原谅和援助。

关于农场主地租，琼斯主要论述了其三个来源：第一，资本的逐渐积累；第二，耕作中使用资本的效率增高，这主要是因为技能提高和农场主权力增加；第三，生产阶级（即农场主）所得份额减少，而产量不变。

【精彩语录】

1. 一切财富一定都是首先从劳动者手里分发出来的。

2. 土地的收益能力，甚至是人类最原始的劳动所能提供的，超出耕种者自己必要的生活需要的能力。

3. 最贫瘠的耕地上农产品的生产成本，将决定原产物的平均价格，而与肥沃土地上的质量差别，则决定其所产生的地租。

4. 在人类社会的进展中，地租总是起源于土地的占有，当时大部分人民必须按照他们所能获得的条件进行耕种，不然就得饿死。

《历史方法的国民经济学讲义大纲》

作　　者：威廉·罗雪尔
成书时间：1843 年

【作者简介】

19 世纪中叶德国资产阶级庸俗经济学家，德国经济学中"旧历史学派"的创始人。他出生于汉诺威，先后在哥廷根大学和柏林大学学习。1840 年开始在哥廷根大学担任讲师，1844 年成为教授。1841 年，开始从事政治经济学的教学和研究，并研究政治理论史。1848 年，他受聘于莱比锡大学，在此任教 46 年之久。

罗雪尔是德国经济学说史上的一位大师级人物，他第一个把萨维尼在法学研究中应用的历史方法引入经济学领域，奠定了德国历史学派经济学的方法论基础。他称政治经济学为"国民经济的解剖学和生理学"，把自己的研究方法称为"历史的方法"。

罗雪尔一生著述甚丰，其主要著作有《国民经济学与古典学派之关系》、《殖民地问题》、《国民经济学的历史观》、《国民经济学体系》。而《历史方法的国民经济学讲义大纲》为其《国民经济学体系》一书的纲领性提要。

【内容梗概】

19 世纪三四十年代，德国资本主义虽然获得了相当大的发展，但远远落后于英、法等国。德国经济发展的现实让国内的资产阶级意识到，他们要与英法等国的资本主义进行竞争，就必须统一并保护其国内市场，不能走英法资本主义的老路。

本书便是在这种历史背景下产生的。由于德国资本主义的落后，德国资产阶级不像英法资产阶级那样具有较为彻底的革命性。本书很明显地出现了贸易保护主义和妥协的两种倾向。

罗雪尔在序论中考察了国民经济学的研究对象。财的概念是指一切可以满足人类欲望的东西，国民经济学只研究经济财。经济财是指物、劳役和关系三类。经济就是对财产的维持、增加和利用的持续行为。国民经济是国民发展的一个本质方面。

国民经济学是关于国民经济发展规律的科学，国民经济学必须对国家做出一切有根据的判断。相比之下，政治学等各种科学通过对一切时代和国民的研究来发现国家的发展规律。二者具有本质上的区别。

考察国民经济，可从原始生产、工业和商业三个方面来加以理解。在原始生产中，游牧民族的一般特征是：生活简单，平均的生活方式，没有阶级差别，易出现人口过剩，迫使他们向外扩张。

农奴制度下劳动者以人身作抵押或转让。中世纪农民负担是徭役和实物交纳。随着社会生产的发展，徭役制度逐渐被废止，那种源于私有权和国家权力的农民负担形式不断发生改变，实物交纳向货币交纳过渡。

大农场主要的经营方法有以下几种：（1）领主直接经营；（2）庄园农场，耕作主要利用农民的徭役；（3）分佃租与再佃租；（4）领主依靠依附农民的贡纳生活，这是一种依附农民的农业经营模式；（5）分益农业经营。

从狩猎与渔业的对比来看，渔业比狩猎更为简单，更易于早一点进化到较高的文化阶段。渔业民族一般而言，具有定居性质而且靠近海滨。进入高级文化阶段后，狩猎及渔业就相对不振，趋向单纯的娱乐活动。

中世纪的都市制度与工业是伴随着经济的发展而不断向前推进的。手工业行会制度形成的原因主要有两点：一是普遍协作精神；二是中世纪的商业政策。行会制度在城市中占有越来越重要的地位，形成了所谓都市里的行会统治。从某种意义上来说，都市的形成和发展是国家发展的缩影。

伴随着国家权力的日益扩张，与此相对而言的是都市势力的日趋衰落。行会制度不可避免地走向腐化，而这一趋势又大大加快了都市的衰落。

货币与财富是两个不同的概念，二者不能等同起来。贵金属并不等于国民财富，它和其他一般商品一样，可以通过贸易在任何时候获得。必须正视这样的事实：永远的连续的贸易顺差是不可能达到的，因此，把一国的利益完全放在贸易差额上是非常荒唐的。

通过考察中世纪商业的发展历史可归纳出其特征。由于中世纪处于低级经济发展阶段，这样的历史背景决定了行商在其中占支配地位。一切商业交易都是从掠夺开始发展起来的，后来为了保证互相之间的安全，经商当中须在一定的时间、地点集合在一起，形成了所谓的行商。

生产危机在经济发展中也是不可避免的经济现象。一般而言，对好景气的过高估计会导致生产危机的发生。还有，各个生产部门的一时收益存在过度的好坏之差也会促使其产生。长期战争之后的和平以及长期和平之后的战争都会导致生产危机。纸币发行过多也是危机爆发的原因之一。

国民收入是由地租、工资及资本利息三部分构成的。它可以区分为总国民收入和纯国民收入。其中总国民收入是一定时期新获得的全部产品的总额，而纯国民收入则是总收入扣除成本以后的余额。

在消费与生产的平衡问题上，罗雪尔批评了萨伊定律，认为它忽视了社会现实。萨伊定律没有具体指明，即使生产者中的一半具有交换另一半人的产品的能力，但它还不具备有必然去交换的意志。另外，萨伊定律只是把世界看成一大经济体系，而没有看到政治的界限往往严重妨害一国的过剩与另一国匮乏之间的调剂。

财的价格决定是财分配过程中必须解决的问题。价格的决定因素是供给和需求的关系，这里的价格是指一种财的交换价值由与它相交换的另一种财的一定量来表现。市场价格一般不会过多地背离生产成本。

工资是指劳动者自身生存及其家庭生存的必需费用。生活必需品的价格变动是工资起伏的重要原因。另外，人的欲望有阶段的、国民的和地理的差别。而农业中的地租是指从土地收益中扣除工资和利息之和的余额。农产品价格由劣等地的生产费用决定。

关于国家财政的思想也是本书的重要部分。根据如何看待个人与全体的关系，其思想可分为两类：私权的观念和社会或国家的观念。共同的权利思想是国家所固有的纽带。

税收对个人而言，是其享乐的牺牲，因此，要使税收较为公平，就应该对国民收入的纯收入进行课税。所以按照这一原则，最好的税收形式应是所得税。一般情况下，税收的转嫁不可能完全实现，课税的一部分仍由纳税人负担，故一切税收开始实行时总要遇到强烈的抵制和反对。

税率和税额之间有直接的紧密的联系。降低税率，极少减少税收总额。相反，降低税率常常会使消费量增加，从而使税收总额增加。制定优良税收要考虑以下几个原则：第一，对税款、支付日期、方法应作法律规定；第二，减少征税费用；第三，负担能力的原则。

固定信用制度对于一个国家而言，不仅是必需的，而且是必要的。因为该制度可以实现税负的分摊，可以把较为集中、数额较大的税负分摊于好几个年度或世代，以此来减轻人们的负担。国家信用制度在现实生活中的实施，便是基于这一思想的。

在具体实施过程中，重税不如公债好。可以作这样的分析：第一，公债将债权人与国家政权的利害结合在一起，而重税则做不到；第二，公债根据人们的自由意志从最容易抽取的地方取得资本，这一点也优于重税。

但是，公债也有其无法克服的弊端，对此，国人应该有一个全面而清醒的认识。公债有可能使国家为了眼前的利益而牺牲长远利益，这种诱惑会使国家陷入困境，不能自拔。此外，将公债与所有一切有价证券联系在一起，会促进世界主义思想，但不会因此而减少任何战争。还有一点，公债还会在原有基础上提高食利者的人数和地位，导致财富不平等扩大。

因此，对公债应作统一、规范的管理。一般来说，公债证券的买卖分为证券市场和投机交易两种。对于投机交易应多加关注。公债的偿还方式有多种，可通过对私产临时课税来偿还，也可设立偿还基金，通过交易所买进或以秘密支付来偿还等等方式。

本书出版以后，在当时的经济学界引起了巨大的反响。罗雪尔在书中开始把历史方法运用到政治经济学的研究领域，提出所谓"国民经济学的生理学方法"，因此，本书被认为是"历史学宣言"。书中所确立的"历史方法"，不但影响了德国新旧历史学派，而且对后来的美国制度学派也有很大的影响。

【精彩语录】

1. 从思想上的动机来说，经济是以自私心和集体观念为基础的。若只有自私心，则在各个私有经济之间势必引起破坏一切伪永恒的斗争，而集体观念则使这种斗争在一个更高的有机体中，即国民经济中得到调和。

2. 国民经济同国家、法律、语言等一样，是国民发展的一个本质方面。因此，国民性、文化阶段等都会体现于国民经济之中，国民和国民经济同时成立、成长、繁荣，再而衰落。

3. 租税在巨大的资本存在时方显得重要；特权在工商业成为盈利行业时才彰明昭著。因此，领地经济（先于租税和特权）属于国家财政的最古老的门类。领地是由于征服等而形成的。

4. 任何租税都是个人享乐的牺牲。因此必须警惕那些忽视这一事实的征税立法者。在这种情况下，政治财富将为物质财富所收买。政治财富的购买的利弊得失与国家的命运有关。

《政治经济学概论》

作　　者：让·巴蒂斯特·萨伊
成书时间：1803 年

【作者简介】

　　法国著名经济学家。1767 年出生于里昂，很早就从事商业活动，曾到英国伦敦附近的一所学校读书，并接触到斯密的经济学说。法国大革命期间曾从军参加革命，雅各宾上台后，他又成为革命的反对者。1794 年，主编《哲学、文艺和政治旬刊》，发表文章批判国民大会活动。1799 年，由于被拿破仑欣赏财政委员会工作，因为反对拿破仑的大陆政策而被解职。1805 年转而从事工商业活动，1830 年任法兰西学院教授，1832 年逝世于巴黎。

　　萨伊是庸俗经济学的创始人之一，他在经济学上的最大贡献在于把资产阶级古典政治经济学庸俗化成为资本主义制度辩护的理论。同时他把政治经济学归为实验科学，从而开创了实证经济学研究之先河。他的《政治经济学概论》被选为教材兴盛一时，他在当时是经济学权威。

　　萨伊的主要著述有《政治经济学概论》、《政治经济学问答》、《政治经济学教程》等。

【内容梗概】

　　18 世纪末，法国在经济上远远落后于英国。法国人口以农民为主，工业主要是手工作坊，封建制度的残余也依然存在。法国的阶级矛盾与阶级斗争已发展到白热化，1789 年的法国大革命打击了封建制度，为资本主义发展创造了条件，但资产阶级害怕工人斗争，走上反革命的道路。在这种背景下，法国古典经济学的发展未取得进步，走上了庸俗化道路。

　　萨伊是法国庸俗经济学的创立者之一，他通过对亚当·斯密经济理论的解释，创立了"三分法"，即把政治经济学的内容划分为彼此独立的三部分：生产、分配和消费。

　　本书宣扬斯密的经济自由主义，由于与拿破仑的国家政策相违背，一度被列为禁书，萨伊也被迫辞职。在内容上，本书首先介绍了"三分法"，然后用它分别阐述了作者的三要素论、分配论以及萨伊定律等。

　　本书首先对政治经济学和政治学的区别作了介绍，因为长期以来研究者们常把二者混为一谈。只有确定了研究对象后，才能取得进展。政治学是对社会秩序依据的原则进行研究，而政治经济学是对财富的生产、分配和消费进行研究。

以前的经济学家们往往在事实未确定之前就急于建立学说，并提出了所谓的假设条件，但这些假设条件是无法在现实经济生活中实现的，因此这些理论不是切实可行的。只有用哲理推究的方法来研究政治经济学才会取得真正有用的成果。这种方法是在对事实的仔细观察的基础上作出符合客观实际的特征，再用它来指导实践，就可以获得真理。

政治经济学也和统计学不同。统计学是一种"叙述科学"，它只注重事实的存在，而忽视了事物是怎样存在以及发生的。政治经济学正是回答这些问题的科学理论，是一种"实证科学"。

只有将财富的真正含义弄清楚之后才能够对其生产、分配以及消费作出合理的解释。以前的色诺芬、柏拉图、亚里士多德，后来的重商主义和重农主义都未完成对财富含义的认识，所以他们的理论得不到任何结果。到了亚当·斯密那里，他对财富作了概念上的界定，从而在经济学研究上开创了新的局面。但斯密的许多观点都不正确，比如"只有人的劳动才能创造价值"等。事实上，萨伊的这种说法是正确的，但否定了"只有人的劳动才能创造价值"却是对斯密理论的一种"歪曲"批判了。

萨伊对价值理论进行了论述。价值是由物品的用途来决定的，如果一件物品有用，它就有价值，如果没用，则没有价值，这实际上是我们今天所说的"使用价值"概念。效用是指物品满足人类需要的内在力量，所以物品的效用是其价值的基础。物品的价值构成了财富，所以效用是财富的源泉，这就建立了他的"效用价值论"。

生产的过程是创造效用的过程。在创造过程中，不仅人的劳动参与了生产，自然力也参与了生产，所以效用是由劳动和自然力共同创造的。一件物品的效用大小与其数量即稀缺程度密切相关，如果是像阳光、空气这样的物品，因为每个人都可以无限地享用，所以价值几乎就不存在，而对于像衣服，房子这样的物品，价值就会偏高一些。提供效用的部门不仅有农业，还有工业和商业，它们都是生产性的部门，都会创造价值。

根据效用价值论，萨伊把政治经济学的研究对象分为财富的生产、分配和消费。在生产理论中，他提出了"三要素"论。他认为，任何社会生产都离不开三个要素：劳动、资本和土地。这样他就把一定社会关系下进行的生产，归结为一般物质资料的生产过程，用一般生产来代换资本主义生产。所谓生产就是三要素共同协作，使自然界的各种物质适宜于用来满足人们的需要，它不是在创造物质，而是在生产效用。物质不是人力所能创造的，物质在量上既不会增加也不会减少，人力所能做到的只不过是改变过去物质的形态而已。所改成的新形态，或提供此前不具有的效用，或者只扩大原有的效用。

既然三要素在生产中都提供了服务，创造了价值或效用，就必然有三种收入与之对应：劳动——工资，资本——利息，土地——地租。工资是劳动者在生产过程中提供服务所得到的应得报酬，他们没有受到剥削，因此不应当要求更多的产品；利息是资本主义生产过程中提供服务所得的报酬；土地供人们使用，提供了生产性服务，也应当得到报酬。萨伊的这种观点掩盖了资本主义社会的剥削实质。萨伊认为，利润可分为两部分，一是资本的利息，即对资本的效用所付的租金，也叫利息；二是使用资本的劳动的利润，即资本家经营企业的劳动报酬，也叫工资，但这个工资与工人所得的工资在概念上是有区别的。资本家的智力和才能应当得到高报酬。

　　萨伊认为，生产要素生产出效用，但会受到各种影响，只有在私有制下，才能保证三要素发挥最大生产能力。因此，任何形式的国家干预经济的政策都是有害无益的，他实际上在宣扬经济自由主义主张。这种观点在当时有一定的合理性，但因为与拿破仑的政策相悖，成为了萨伊被迫辞职的原因，也使本书在当时被列为禁书。

　　萨伊还认为，生产与销售脱节不会导致经济危机。这是针对马尔萨斯和西斯蒙第的观点提出来的。他认为，由于资本主义的自由竞争具有自我调节能力，当某种产品过多时，价格下降，利润自然减少，生产者就会减少生产量，反之就会提高生产量，价格机制保证了供求关系的平衡。利息率也可以调节供求关系，因为消费不足使储蓄增加，利息自然会下降，这样投资就会增加。

　　接着萨伊提出了著名的萨伊定律。所谓萨伊定律，指的是商品是用商品来买的这个论断。商品交换的最初形式是商品换商品的物物交换形式，付出一种生产物的同时就得到了另一种生产物。在货币介入流通领域充当一般等价物时，情况并未发生实质性变化，在产品换钱、钱换产品的过程中，货币是在瞬间起到作用，交易结束后，货币退出，物物交换完成。所以卖主即为买主，供给本身就是需求。这个定律同样是反对"生产与销售脱节会带来经济危机"论调的有力工具。

　　根据上述定律，萨伊得出了几个结论：

　　第一，在一切社会，生产者越多，产品就越多样化，产品的销路就越广。即使有些商品出现销售困难，那也是别的商品生产太少的缘故，并不是由于生产过剩造成的。

　　第二，每一个人都和社会的共同繁荣有利害关系。一个企业办得成功就可帮助别的企业成功，一个人他周围的人越发达，他就可以得到更丰厚的报酬，就越能找到工作。

　　第三，购买和输入外国货物绝不至于损害国内或本国产业和生产，因为购买外国人的东西，以本国产品付价，这为本国产品在对外贸易中的出口带来了销路。

　　第四，仅仅鼓励消费无益于商业，因为困难不在于刺激消费欲望，而在于供给消费的手段。

　　实际上，第一个结论是想否认经济危机，第二个结论是想否认阶级矛盾，第三个结论是在主张自由贸易，第四个结论是在反对官僚机构过度奢侈浪费。这些观点在西方经济史上具有较大影响，成为19世纪资产阶级政治经济学的主流思潮。但是这些论点是错误的，它把商品流通与直接的物物交换等同起来，无视货币作为流通手段所起到的巨大作用。它还把资本主义生产当事人之间的关系归结为商品流通中所产生的简单关系，否认了资本主义生产过程的矛盾。在1825年及以后经常不断的大危机爆发，这个定律也就不攻自破了。

　　萨伊在本书最后谈到了财富的分配和消费。他认为，财富的分配要首先说明价值与收入的来源。价值的评价标准是其交换价值。比如说生产者在商品交换中用一头羊换三只鸡，那么这三只鸡就是一头羊的价值。价格是由供给曲线和需求曲线共同决定的，价格的高低应该由市场机制自行决定，不可加入人为因素，比如人为地规定某种商品的最高价和最低价等。价格变动分为实际变动和相对变动。前者是指由生产力水平的提高和生产成本下降所引起的价格变动，后者是指在生产力不变的条件下由供求关系引起的价格变动。在不同的国家，价格水平不一样，价格水平低的国家比价格水平高的国家要富裕。这个结论在今天看来也是错误的。

财富的消费分两种：生产消费和非生产消费。前者是创造新价值的消费，后者是满足欲望的消费。这一部分的论述与斯密的理论大抵相同，就不在此赘述了。

【精彩语录】

1. 所谓生产，不是创造物质，而是创造效用，生产数量不是以产品的长短、大小或轻重估计，而是以生产品所提供的效用来估计。

2. 在一切国家，顾客的欲望决定产品的性质，最令人向往的产品就是需求最大的产品。

3. 物质不是人力所能创造，物质的量也不会忽增忽减。……人力所能做到的，只不过改变已经存在的物质形态，所改成的新形态，或提供此以前不具有的效用，或只扩大原有的效用。

4. 价格是测量物品的价值的尺度，而物品的价值又是测量物品效用的尺度。

《政治经济学原理》

作　　者：约翰·雷姆赛·麦克库洛赫
成书时间：1825 年

【作者简介】

英国著名经济学家。1789 年出生于苏格兰的威格敦郡，毕业于爱丁堡大学，先学法律，后转为研究政治经济学，担任过《苏格兰人》编辑，后成为《爱丁堡评论》撰稿人。1824 年担任伦敦大学教授，1832 年任英国文书局的主审官，编注过斯密和李嘉图的著作，1864 年退休，不久逝世。

麦克库洛赫是 19 世纪李嘉图学派的代表人物之一，他在经济学上的主要贡献在于对李嘉图的理论进行重新解释，加速其解体。李嘉图理论中存在两个自相矛盾的地方，特别是李嘉图提出的价值规律与同等量资本取得等量利润这二者之间的矛盾，麦克库洛赫通过对劳动含义的重新解释来解决这一矛盾，但又背离了李嘉图的劳动价值论学说，从而加速了李嘉图理论体系的崩溃。

麦克库洛赫的主要著述有《政治经济学原理》、《有关货币论文集》、《有关纸币和银行论文集》、《〈国富论〉编注》、《政治经济学文献》等。

【内容梗概】

李嘉图的理论在 18 世纪末成为西方资产阶级经济学中的主流思想，他作为英国古典政治经济学的集大成者，建立了以劳动价值论为基础、以分配论为核心的理论体系。到了 19 世纪初，形成了一批拥护李嘉图经济学说的经济学家，即李嘉图学派，他们同以马尔萨斯为首的反对李嘉图经济学说的经济学家展开了一场激烈的论战，论战核心是李嘉图理论中的两个矛盾：一是价值规律与劳动同资本相交换的矛盾，二是价值规律同等量资本获得等量利润之间的矛盾。反对者抓住这两个矛盾，试图推翻李嘉图的理论体系，拥护者则努力维护，但这种维护只能从表面现象去解释，无法从根本上加以阐述，从而导致了李嘉图理论体系的崩溃。

麦克库洛赫是李嘉图理论体系的支持者，他虽无法从根本上维护该体系，但他创作努力的本身却对经济学产生了影响。本书是他的代表作之一，集中反映了他的理论观点。

本书在内容上对政治经济学的基础内容进行了阐述，又对李嘉图理论的两个矛盾加以了解释。

　　书中提出，政治经济学指的是研究具有交换价值的，并为人所必需的有用物品的生产、分配和消费规律的科学。由于交换价值是形成财富的前提，因此，麦克库洛赫认为，政治经济学研究的实际上就是财富的生产、分配及消费三大问题，研究者力图找到一条用最小成本产出最大财富的途径。财富的生产是政治经济学要解决的首要问题，它其实不只是一种表面意义上的物质生产，从某种意义上说，是交换价值和效用的生产。因为物质是属于自然界范畴的，不存在有无价值之分，也不存在效用大小之别，只有经历过生产的财富才是有交换价值的有用的物品。可见，财富产生于劳动，劳动是财富的唯一源泉。要满足资本主义生产的目的，在具体方法上也就可理解为提高劳动生产效率，用最少的劳动生产最大量的产品。提高劳动生产效率的办法很多，比如保护私有财产、加强资本的影响和运用等。

　　财富的生产不但来自于农业，也来自于工业和商业。它们共同为创造财富起到了推动作用。因为在工业中同样可以生产出产品，而在商业中，由于商品的流通过程也会耗费一定的人力、物力和财力，所以依然付出了劳动，付出劳动就意味着产生了财富，创造了价值。

　　资本与劳动的使用一般来说是投向四个部门：农业和渔业、矿业、制造业、商业。农业与工业二者不存在本质上的区别，因为无论在农业生产还是在工业生产，都是人们给予物质的某种适于使用的特定方式。虽然农业中存在着自然力的作用，但我们并不能就此认为农业生产在生产中比工业生产有利，能生产出更多的价值，因为工业生产中也有自然力的参与。

　　传统观点认为，机器的出现并参与生产活动会提高劳动效率，从而使劳动力出现过剩。这种观点是错误的，尽管机器的使用会使劳动生产力提高，产量增加，但这并不排斥工人，也不会出现剩余产品。原因在于机器的使用提高了劳动生产率，降低了商品的生产成本，使其价值和价格下降，人们对其消费时所付出的货币就会减少，剩余的货币会投向其他行业，增加了对其他行业产品的消费需求，使其他行业的生产增加，这也提高了它对劳动力的需求。由此，麦克库洛赫得出结论说，某一个行业使用了新的机器，结果是使其他行业对该行业的剩余工人有相等的或者更大量的需求，机器生产给工人带来的影响不是劳动力过剩，而是对他们的需求增加以及职业的改变。可见，机器的使用对资本主义社会的经济增长大有好处，是增长的动力所在。

　　机器生产与利润增加并无直接联系。机器生产带来的是产品价值的降低。价值降低后价格随之下调，但消费者对这种产品的需求是有限的，特别是对于耐久的产品，虽然消费者在一段时间内会多买几件，但从长远看消费者不会因为其价格降低而多买。在经过一段时间后，使用机器的行业的剩余劳动力转向了其他行业，使社会上的绝大多数行业的生产效率普遍提高，这时社会上的产品价格都会下调。对消费者来说，更无所谓多买哪种商品的想法了，他们会逐渐适应这种价格普遍下降的趋势，在心理上不会发生太大的变动；对生产商来说，其利润是不会增加的。

　　麦克库洛赫用上述理论去解释李嘉图理论体系中的两个矛盾。他在继承李嘉图价值理论的同时，自己又提出了购买劳动决定价值和自然力与机器创造价值的观点，这与李嘉图的劳动创造价值的理论却又相悖。劳动价值论提出只有劳动才能创造价值，这个观点麦克库洛赫在本书前面已阐述过并表示认同，但后文中却提出相反意见。他认为，价值有两种形式，即交换价值与实际价值。实际价值是由生产商品所耗费的劳动来决定的，这符合劳动价值论的观点。交换价值是由一定数量的商品所购买的劳动来决定的，如果市场上不存在垄断现象，各种商品供求大致相等，这时交换价值就与实际价值是相等的。但是，供求平衡在实际经济生活中并不存在，要么也只是偶尔有过，但转瞬即逝。所以交换价值与实际价值是往往不一样的，交换价值的决定也不再是根据生产中消耗的劳动量来决定，而是供求关系了。实际上，交换价值往往会高于实际价值。因为在交换过程中，生产者总是会在交换中多得到一些，这便是他的利润所在。换言之，利润是指一定量商品购买到的劳动量高出生产它所实际耗费的劳动的那一部分劳动量。麦克库洛赫就是这样来解释李嘉图理论体系中的第一个矛盾即价值规律和劳动同资本相交换之间的矛盾的。但是，很明显他在解释的同时又背离了李嘉图的劳动价值论，因而无法从根本上来消除这个矛盾。

麦克库洛赫对李嘉图理论体系的第二个矛盾也进行了解释。他认为自然力和机器也在创造价值，它们也是一种劳动，指出这种劳动与人的劳动在本质上并不存在任何区别。这样一来，等量资本也就自然可以获得等量利润。但这种观点歪曲了劳动的含义。麦克库洛赫举例说，陈葡萄酒之所以比新酒贵，是由于陈酒存放时间长，所以自然力作为劳动依然在起作用，由于自然力这个劳动的参与，陈酒所包含的劳动量也比新酒多，价值增加，价格自然提高，这种解释更是背离了劳动价值论。

麦克库洛赫然还论述了财富的分配理论。他根据萨伊的三分法，把资本主义社会分为三个阶层：地主、工人、资本家，在财富的分配中，三个阶层的财富分别成为地租、工资和利润。地租可分为实物地租、谷物地租以及货币地租三种。实物地租是劣等地与优等地的产品价值上出现的差额；货币地租是因土地位置不同而带来的地租；谷物地租是与实物地租相联系的，谷物是实物中的一种。工资是工人耗费了的体力、技术和才能的补偿，是劳动的报酬。工资可分为市场工资、自然工资和相对工资三种。市场工资是指一定时间内一国用于雇佣劳动工人的过去劳动所积累的产品或资本的实际数量，这个数量取决于资本与人口之间的比例。自然工资是指工人生存并延续后代所需的工资，由维持工人自己和家庭生存的食物所需品来决定。市场工资不能长期低于或高于自然工资，两者要大抵持平。利润是资本的报酬，由一定量的资本支出所生产的商品超过那个资本量的多余部分构成，由用于生产的资本之比来衡量。利润率受工资、地租以及劳动生产力的高低影响。利润的增加是劳动生产力提高的结果，而不是工资下降的结果，但农业生产力的下降肯定要导致用于工资和利润分配的产品减少，农产品价格上升，所以就会提高工人工资，降低生产商品利润。

本书最后论述了财富的消费理论。消费是生产的目的所在，是劳动的寄存。消费和生产必须持平，因为产品是由于劳动的加入才有了价值，而消费正是对其价值的消费，不是对其物质形态的消费，二者在价值量上必然相等。生产和消费的平衡与否是国家经济是否繁荣的标志。如果在一定时期内国家生产的商品超过了消费所需量，就会使人口增加或人均生活水平提高，如果该国消费等于再生产，该国资本就无法增加，社会经济发展减慢直到停滞。如果消费超过了再生产，就会导致国家经济衰退和人民贫困了。

【精彩语录】

1. 在价值上，每年卖给外国人的货物，必须比我们消费他们的要多。

2. 一国的人民，不能没有货币而进行日常交易，但过多的货币，又等于没有货币。

3. 在劳动生产力最大的地方，资本的积累也最多。

4. 重商主义的原理和讨论，是绝对荒谬和错误的，但对一些非常显著的现象，还是提供了尚可过得去的解释。更值得一提的是，它们和这个论题的一般偏见是完全吻合。

《孤立国同农业和国民经济的关系》

作　　者：约翰·海因里希·冯·杜能

成书时间：1826 年　　第一卷

　　　　　1850 年　　第二卷

　　　　　1863 年　　第三卷

【作者简介】

德国著名经济学家。1783 年出生于德国奥尔登堡耶弗兰卡纳林。1799 年父亲去世，他继承了父亲的遗产并学习农业经营。后就读于汉堡附近的大弗洛特贝克农业学院，师从施陶丁格尔，并与著名农业预算专家福格特交往甚密。1803 年又结识了著名农业理论家阿尔布雷希特·特尔，同年就读于哥丁根大学，1830 年获罗斯托克大学名誉博士学位。1848 年当选为法兰克福议会议员，1850 年因病逝世于特洛。

杜能是早期农业区位理论的创始人。他在经济学上的主要贡献在于对谷物价格、土地肥力和征税对农业影响进行了一定的研究，同时他也对自然工资及其同利率和地租的关系做了深入的研究。他通过对"孤立国"的假想，来对农业问题进行研究，他承认资本主义的许多问题的存在并着手研究解决方案，提出走资本主义改良道路。

杜能的主要著述有《孤立国同农业和国民经济的关系》（简称《孤立国》三卷）等。

【内容梗概】

本书是杜能的代表作，分三卷，第一卷副标题是《关于谷物价格、土地肥力和征税对农业影响的研究》，第二卷副标题为《自然工资及其同利率和地租的关系》。第一卷出版于 1826 年，当时普鲁士政府还在进行农奴制改革，虽然改革并未从根本上对农奴制进行动摇，但改革使德国当时的资本主义经济在农业中得到了发展，在城市中手工业也得到一定的解放，但由于德国仍未统一，国内市场还不发达，在一定程度上阻碍了资本主义经济的进一步发展，于是杜能写成第一卷，对农业问题进行了研究。第二卷出版于 1850 年，当时德国资本主义已有较大发展，但统一问题依然未得到解决，阶级矛盾进一步激化，于是杜能写成第二卷，对当时的阶级矛盾进行了深入分析。杜能逝世后，遗稿由德国资产阶级经济学家舒马赫等整理加工，其中有关自然工资及共同利率和地租的关系的内容作为《孤立国》第二卷第二章，有关地租决定原理和其他问题的内容作为《孤立国》第三卷，于 1863 年在罗斯托克出版。

本书第一卷内容主要是对孤立国予以假想，再比较它与实际的不同，进而提出征税对农业的作用。

杜能对孤立国这样定义：假定有一个大城市，位于沃野平原的中央，周围没有可以通航的自然水域和人工运河。平原的土地肥力一样，每处都可耕作，最远处的平原周围，是未经开垦的荒野。这个城市四周无小城镇，食品完全由四周的土地来提供。由于该城市与外界完全隔绝，因此我们称之为孤立国。在此假设条件下杜能就对田间耕作的情况进行分析。

杜能将孤立国分为六个"圈境"，划分标准是离城市的远近程度，由近及远分别为：

第一圈境，自由农作。主要生产蔬菜，水果、牛奶等鲜货，这些鲜货经不起长途的车运，只能肩挑进城，所以只能离城市很近才行。这一圈境土地不会荒芜，加上购买肥料没有限制，土地就算不休耕养息，也不会影响地力，种植作物的收获总能近于最大限度。

第二圈境，林业。向城市提供柴薪、木材等，因为运输费很高，所以也不能离城市太远。

第三圈境，轮栽作物制。

第四圈境，轮作休闲制。

第五圈境，三区农作制。

第三到第五圈境为生产谷物的地方。

第六圈境，畜牧业。

关于这个城市的地租，杜能认为由于田庄上有房屋建筑、垣篱及其他有价值的东西，它们与土地是不同的，所以田庄的收入不仅来自于土地，也来自于这些有价值的东西所产生的利息。于是，在田庄收入项目中，扣除掉房屋、树木、垣篱等一切可与土地分开的东西的价值所产生的利息，剩余之数属于土地本身，就称之为地租。谷物价格对地租会带来什么影响呢？如果谷物的需求量增加，那么现有的耕地无法满足城市生活的需要，而市场上供不应求会使谷物价格上涨，这样，价格的上涨会使离城市最远的，历来没有地租的田庄获得盈余，从而产生了地租。

那么地租是怎样产生的呢？杜能认为，"一个田庄的地租是由于它的位置和土地比最劣品的田庄优越而生的"（但为了满足城市需要又不得不从事生产）。这一优越的价值，如果用货币或谷物来表示，就是地租量。

接着杜能比较了孤立国与现实国家的区别之处，这主要表现在四个方面：

第一，实际上并不存在着土地肥力到处都相等、物理性质也一样的国家；

第二，实际上不存在不靠河道的大城市；

第三，实际上每个国家除了首都之外还会有小城市；

第四，实际上畜产品的价格很少受供应畜产品的游牧地区的强烈影响。

杜能也对限制贸易作了分析，指出限制贸易不但会使贫困国家损失一些财产和人口而变得更穷，也会使富国衰落，对各个国家都没有好处。在本书中，他将孤立国假定为两个国家，一个富有，另一个贫穷，并由此进行分析而得出了上述结论。这一论点实际上是为了反驳当时资产阶级经济学家提出的限制贸易的主张而提出来的。

征税对农业的影响在孤立国和现实中有不同之处和相同之处。相同之处在于征收新税都会阻碍经济的发展和人口的增长。不同之处在于，在孤立国中，一旦征收新税，就会马上表现出其负作用，使资本年年减少，不用很久就不再是资本，于是田庄主不得不放弃土地耕作从而任其荒芜。而在实际中，在出现新税时，劣地的耕作并不是很快停下，而会继续下去。但是此时农民的负担加倍，首先要交纳新税，其次要承担种植劣地而带来的损失。这样长期发展，田庄主会出现亏损，这时国民资本的损失比征收新税前更大了。杜能对各种税收进行了分析，如手工业税、工厂税、消费税、人头税、地租税等，指出征收手工业税和工厂主税，会使商品价格先上涨后又跌回，但会使一部分手工业者和工厂主退出该行业；征收消费税可限制富人的奢侈享受，又不会阻碍土地耕作的扩大和资本的有利利用；征收人头税对工人是不公平的，所以对整个社会的发展也不利；征收地租税不会对农作物种植范围、人口数量、投资和产品数量产生不利影响。

在第二卷中，杜能对工资、利率等问题进行了深入分析。

杜能在对亚当·斯密关于工资、利率、地租、价格等理论的介绍后，提出了自己的工资理论。他认为工资是劳动的价值，低工资在每个行业中都是有根有据的，提高工资是不可能的。合乎自然的工资的规定，取决于对决定利息率高低和利率与工资的关系的规律的认识。

他认为利率同一切商品的价格一样，是由供求关系决定的。一个国家越富有，其国内利率就越低，反之，一个国家越贫穷，利率就会越高。所以"财富不断增长，利率则下降；财富不增不减，利率则固定不变；财富不断减少，利率则上升"。杜能还对资本、利率两个概念进行了解释。资本"是指在自然力的辅助下通过人类劳动所完成的产品，使用这种产品可以提高人类劳动效率，可以与土地相分离，虽然树木和建筑物还具有毁灭的形态"；利率是指"供方为了能在一定时期内使用资本，以归还同值资本为条件所支付的报酬"。

利率的形式是怎样的呢？"利率等于使用等劳动量（例如一年劳动）的资本所得的租金与等量劳动所得的报酬（工资）之比。"资本增长对利率的影响表现为：在资本不断增长时，利率降低的速度比租金大得多，因为工资同时在上升，租金除以工资等于利率。土地肥力和气候对利率也有影响，土地肥力下降时，利率也下降；反之则利率上升。气候不良时，利率下降，反之则利率上升。

杜能对企业高利润、勤奋的报酬和营业利润三者作了分别说明。企业家收入中如果扣除所投资本的利息、船只保险、火灾保险等保险费用和担任业务领导的、安排和监督的办事人员和经理人员的报酬这三种之后还有剩余给企业家的话，那么这就是企业高利润，这是企业家对企业经营的风险收入。"企业家由于付出较大的精力，作出了比受雇的经理人员更多的贡献，超出的部分"就是企业高勤奋的报酬。"企业家的收入超过投资的利息和管理费用的部分，即为企业高利润和勤奋的报酬"，为表述方便，将二者统称为"营业利润"。

本书对资本家和工人之间的分配规律也作了表述，杜能认为，工人有两项要求应得到满足，这也是资本家与工人之间的分配关系。

第一，用作生产资本的劳动，如果用年劳动计算，所得的租金不能超过工人年工资里扣除了必要的生活资料后的剩余用以放息而得的货币数量。

第二，工人的工资应有一个量度，以使用最低的劳动耗费生产资本租金得以实现。

具体而言，合乎自然的工资应该等于 $\sqrt{ap}$。这是杜能的一个著名论断，其中 a 表示"必要生活资料的量"，p 表示"劳动产品的量"。

总体来看，在本书中，杜能既阐述了一般经济理论，也阐述了他的农业经济理论，但在书中的结构是杂乱分布的，无法严格区别开来。杜能用抽象法假想了一个"孤立国"以方便其对经济问题的研究这也是值得赞扬的。他的工业布局有一些合理的因素，他也承认资本主义社会存在许多问题。当然他的理论中错误之处也不少，比如把工资界定为"劳动"的价值，未将劳动与劳动力两个概念分开，其写作目的也不是反对资本主义制度，而是要改良资本主义制度。

【精彩语录】

1. 在田庄收入项下，扣除房屋、树木、垣篱等一切可与土地分开的东西的价值所生的利息，剩余之数属于土地本身，我称之为地租。

2. 工业企业家所得的报酬，与手艺工人的工资相较，非常不合比例。

3. 利率同一切商品的价格一样，是由供求关系决定的。

4. 一个国家越富，利率则越低，反之，一个国家越穷，利率则越高。

《纯粹经济学要义》

作　　者：马力·爱斯普利·莱昂·瓦尔拉斯
成书时间：1873 年

【作者简介】

　　法国著名经济学家。1834 年出生于法国埃夫勒，1854 年进巴黎矿冶学校，后退学从事过记者、铁路官员和银行雇员等工作。1860 年，在瑞士洛桑"赋税会议"上的一篇论文获奖。1870 年，得知洛桑大学新设经济学系将举行聘用教师考试的消息，赶去应考，经表决，勉强被录用，这样，到 36 岁总算步入了人生的正轨。当时正是普法战争中普军逼近巴黎的前夕，他却离开法国前往洛桑。在洛桑大学期间，他于 1873 年完成其成名之作《纯粹经济学要义》。瓦尔拉斯在瑞士度过了近 40 年的学者生涯，却一直保留着法国国籍。1892 年他从教学岗位上引退，任名誉教授，1910 年去世。洛桑大学为了表彰瓦尔拉斯在经济学理论上的巨大贡献，特地在校园中为他树立了一座纪念碑，碑上刻着"经济均衡"四个大字。

　　瓦尔拉斯是洛桑学派的创始人，19 世纪 70 年代初"边际革命"的倡导者之一。一般均衡理论是瓦尔拉斯对西方经济学的独特贡献，这一理论的提出使瓦尔拉斯成为西方经济学说史上不朽的人物。这一理论的中心课题是，在存在着无穷多商品种类的市场条件下，确定各种商品均衡价格形成的条件。熊彼特曾经写道："经济均衡理论是瓦尔拉斯的不朽贡献。这个伟大理论以水晶般明澈的思路和一种基本原理的光明照耀着纯粹经济关系的结构。"

　　瓦尔拉斯的主要著述有《政治经济学和公正》、《社会理想的研究》、《纯粹经济学要义》、《社会经济学研究》、《应用政治经济学研究》等。

【内容梗概】

　　19 世纪 70 年代到 20 世纪初叶在西方经济学发展史上，被称为"边际革命"时期。在该时期内，各主要资本主义国家向垄断过渡，随着资本主义竞争的日趋激烈，也要求西方经济学加紧研究与市场机制有关的各种经济问题，以谋求垄断资产阶级的利益。

　　在这种历史条件下，瓦尔拉斯以辩护性和实用性的原则，适应垄断资产阶级的需要，在以往经济学家理论的基础上，引进了心理学和数学领域的成果，结合其以往丰富的人生阅历和教学实践，在其担任洛桑大学经济学教授期间著成了本书。

本书集中反映了瓦尔拉斯的成果，连续发行数版，在当时的经济学界享有盛誉。但是，直到 20 世纪 30 年代，人们才真正认识到他的杰出成就。

关于政治经济学的目的和对象，瓦尔拉斯作了区分。与科学、技术和伦理学的区分相对应，经济学可以区分为三个部分：纯粹经济学、应用经济学和经济伦理学，三者分别对应财富理论、工业和商品的理论以及财富分配理论。它们的研究对象和区分标准各有不同。

纯粹经济学的本质是在完全自由竞争的制度假设下确定价格的理论，它从经验中取得某些形态的观念，比如供给、需求、市场等，然后抽象出理想形态的观念，并加以推理和解释，完成之后，再以付诸实用的观念回到现实中去，这一点我们可以从日常生活中很深刻地体会到。日常中的买卖或交换现象都是在市场中进行，交换价值现象具有数学的性质，因此是可以度量的。使用数学方法及用法在这种情况下往往更有说服力，表达也更为清晰和简明。

瓦尔拉斯对重农主义者，以及亚当·斯密和詹姆斯·穆勒的经济学对象论均作了批评。他提出与财富占有有关的财富分配理论是一门道德科学，即社会经济学，社会经济学和应用经济学均不是本书要研究的对象。本书要研究交换价值理论，即纯粹经济学理论。

一般均衡理论是瓦尔拉斯经济学说的核心，瓦尔拉斯集中研究了在存在着多种商品种类的条件下，各种商品均衡价格形成的条件。在研究前，他先作了市场是完全自由竞争的假设前提，并排除了货币的作用。

本书首先分析了两种商品的交换，并以此为基础进一步分析了多种商品互相交换的情况。同时，区分了三类商品，即最终产品、服务和资本品，并区分了三类市场，即产品市场、服务市场和资本市场。根据上面的划分，经济主体也可以分为四类：地主、工人、资本家和企业家。他还运用了供求分析法和线性代数分析法作为一般均衡分析的基本工具，之中涉及有效供给和有效需求两个概念。前者是指数量确定和价格确定的商品供给，后者指数量确定和价格确定的商品需求。

在产品、服务和资本市场中，要实现商品均衡价格，必须要具备两个条件：第一，每一种产品、每一种服务、每一种资本品的有效供给和有效需求相等；第二，居民户，包括工人、地主和资本家，要实现消费效用的最大化和收支平衡，同时，企业家的产品价格和产品成本相等，并实现利润最大化。

在生产的一般均衡上，瓦尔拉斯首先区分了资本家和企业家的概念，并将企业家置于经济循环的核心地位。企业家利用从资本家那里所取得的资本、从地主那里购入的土地以及从工人那里所购入的劳动，把三者结合起来，创造出了产品。这些产品由企业家制造，再由资本家、工人和地主购买。

由此，可形成两个市场：产品市场和劳务市场，企业家把二者连接起来。在产品市场中，很明显，必须依据产品出售价格与生产该产品成本相等的条件进行出售，这一活动通过企业家追求利润的目的来实现。在劳务市场上，生产要素的所有者是地主，劳务的出售者是工人和资本家，而企业家则是作为劳务的购买者。由此，劳务作为商品在市场上进行相互竞价、减价，根据三方衡量、对比、协商的结果确定劳务的最终价格。其结果是，每一劳务的现行价格即是有效供给与有效需求相等时的均衡价格。

可以这么认为，生产均衡价格的变动是有一定规则的。在其他条件不变的情况下，一种产品或劳务的价格，必将与它的效用成正方向变化，与它的数量成反方向变动；如果一种或多种产品或劳务的数量和效用同时变动的话，仅当比率保持不变时，其价格才能不变。

在生产的理论中，瓦尔拉斯还论述了关于边际生产力的若干理论。边际生产力以报酬递减法则作为其分析的基本内容；边际生产力分配论则几乎是萨伊生产三要素的翻版，难能可贵的是，它认为生产要素的报酬等于其边际产量的价格而不是等于平均产量的价格。由此，边际生产力分析和边际生产力分配论共同组成了边际经济学派的边际生产力理论。

经济发展应该定义为在一个人口增长的国家中降低制成品的稀少性。发展有两种不同的形式，一种是经济的发展，指在生产技术不变的条件下，通过变动生产函数的生产系数的量值，从而降低土地服务的使用系数，以此来提高资本服务的使用系数；另一种是技术发展，指生产技术的发展使生产函数的系数增加了技术系数的因素。

经济发展的研究可以从土地、劳动和资本三大生产要素的比例关系的消长变动中加以考察。由于边际生产力决定着企业家需求生产要素和提供产品的基本动机，所以边际生产力法则在经济发展中有重大的不可替代的作用。

在论述资本形成和信用时，必须先假定地主、工人和资本家所需要的消费品和消费服务的值并不等于他们所提供的服务的总值，而是将总值的一部分用于对新资本品的需求。

在产品市场和服务市场的基础上，必须设想另一个市场——资本品市场，资本品在该市场中进行买进和卖出。人们之所以要买进一项资本品，可能是为了消费，也可能是为了将它出售后所能提供的服务。其中，后者是取得资本品的主要目的。资本的实质在于产生收入，收入的实质则在于直接间接地来自资本。持续使用而且能持续提供服务定义为资本。

在瓦尔拉斯看来，人力也是一种资本，是同土地和通常的资本同一意义的范畴，这样就一劳永逸地"取消了"劳动与资本是对立的这个命题，"消除了"承认劳动者受剥削的一切可能性。另外，除了土地和人力之外的资本统称为真正的或本义意义上的资本，并把这种资本的服务或收入叫作利润。

总之，土地、人力和资本是生产的三要素，同时，租金、工资和利润是相对应的三种收入或三种服务。对于三种收入或三种服务而言，每种服务的价格就是有效需求等于有效供给时的价格，在均衡状态下，当生产成本和卖价相等时，各种服务的价格同它们的边际生产力成比例，即同生产方程式的局部变量成比例。

瓦尔拉斯还考虑了引入货币后的均衡。引入货币后，对一切提供劳务的人都以货币支付，而对产品都以货币购买。资本家的储蓄，不再用资本财货交换生产性劳务的物物交换方式，而是以货币形式储蓄。于是，在家庭与企业的手中，除了各有一个为交易而用的货币量而外，还各有一个可以叫做储蓄的货币量。

人们须保持多少货币才能适应交换的需要，每个人只须考虑货币对财货与劳务的真实购买力。全社会原持有的流动现金总额，在均衡中必须等于现行的货币存量。利率的变动是达到这种均衡的机制。货币的"价格"在它作货币的非货币的用途时，必须是一样的，换而言之，货币的利率与真实的利率在均衡中定然相等。就这样，瓦尔拉斯保证了其一般均衡体系在引进货币后都不会产生扰乱。

除了考虑货币的真正价值形式之外，不可忽略信用货币和用于抵消手段的支付。信用货币是在货币使用已经习惯之后又避免了使用货币的手段，可以认为是比货币的初次出现有了更大的进步。实际上，在我们的生活中，不借助于金属货币以完成交易的情况越来越多，其所占地位在不断地增进，这些方便措施有以下几种：账面信用、商业票据、纸币和支票。

在论述经济发展的条件和后果时，瓦尔拉斯提出了自己独特的理论见解。随着经济的发展，劳动的价格即工资基本上保持不变，而土地的价格即地租将显著上升，同时，资本的价格即利息将显著下降。原因是，土地的数量是固定的，在相当长的历史时期内不可能再增加，其稀缺性只会越来越高；与此同时，人口的数量却是不断地增加，但由于其增加量慢于资本使用量的增加，所以，劳动的稀缺性正好介于土地和资本之间。

除了提出自己的见解之外，瓦尔拉斯还对马尔萨斯的人口论做了相当新颖的评论。在他看来，马尔萨斯的人口论包含了两个方面：一是人口将按几何比率增加，一是食物即生活资料的生产将以算术比率增长，二者的缺口无法弥合。他指出，马尔萨斯的第一个论点是几乎绝对正确的，根据生物界繁殖的一般规律，人口这一代到下一代会成倍地增加，如果生活资料充裕，人口的确将按几何级数增加。而第二个推断却并不含有如第一个推断所含有的正确性，未能把技术发展和经济发展区分开来，没有充分考虑到技术发展对食物生产的影响。因为，如果加进了技术因素的作用，则食物生产和人口数量均按几何级数增长，但前者略慢于后者。

接着，作者又分析了价格规定、独占和赋税的问题。自由竞争并不是经济组织的唯一可能实行的制度，此外还有如公共管理、价格规定、独占等制度。

价格管理必须在两种情况下加以区别：一种是最高价格的管理，禁止某一服务或产品的售价高于某一规定价格，该价格是硬性规定的，其价低于在自由竞争下确定的水平；一种是最低价格的管理，即禁止某一产品或服务的售价低于某一规定价格，该价格同样是硬性规定的，高于在自由竞争下确定的水平。

过去不少经济学家曾经对独占进行过分析，但他们往往把独占这个名称给予了不是在统一管理下而是在若干人各自管理下的那类企业，这是极为片面的。因此，应该从更为客观的角度来对独占情况加以考察。假如某一企业，有权随意规定他的产品的价格，但是他不能控制在任一价格下产品的需求量、销售量和消费量，这种情况，我们称为独占。

对于以追求利润为目标的企业家，只要他对产品有独占权，那他就会牢牢地守着这个价格。独占的结果在很大程度上损害了消费者的利益，并把这部分利益转移到独占厂商手中。所以，在独占的情况下，由企业家参与其中所起的作用，不仅仅在于把各种生产服务结合起来并使之转变成产品，而且为他自己的利益，勒索了交换财富中的一部分。独占是与竞争相互对立的。

要维持政府的正常运转和功能的正常发挥，必须保证其运行的费用。用课税办法征收并集中起来作为该费用来源，是一种较为现实可行的办法。

赋税只能从可供消费的资源，如土地服务、劳动服务和资本服务中收取，对于土地、个人能力和狭义资本品所构成的可供生产的资源则不应该作为课税对象，因为这些都是国家财富的根源。此外，赋税只能对收入征收，必须对一切种类的收入征收，这个就是课税的根据，而不是以凭经验作出的分类为依据。

不管政府所采用的是哪一类课税制度，事实上可供政府选择的仅有两种办法：或者在生产服务对消费品和消费服务的交换完成之前课税，或者是在这一交换完成之后课税。此外，向各种对象如地主、工人和资本家直接征收的，称为直接课税。如果总税额是由企业家预付，并由产品价格中得到补偿，地租、工资和利息就间接打了折扣，这就构成了间接课税。所以，可以这么表述：直接税是向服务征收的，间接税是向产品征收的。

【精彩语录】

1. 政治经济学还没有一个令人满意的定义。到目前为止，所有已经提出的定义，还没有一个能得到普遍和最后的认可，而这样的认可却是确定的科学真理的标志。

2. 任何现象，无论怎样复杂，只要能始终遵守由简入繁、循序渐进这一通则，就能作出科学的研究。

3. 这样的异乎寻常的经历不会时常发生，从而使数量论的反对者信服；经济学作为一门科学之所以值得庆幸，原因就在这里，通过这一门科学的推理分析，可以弥补我们经历上的模糊和贫乏的缺陷。

4. 供求规律支配着一切商品的交换，正同万有引力定律支配着一切天体的运动的情形一样。世界的经济体系终于显示出了它极度的伟大和复杂，这个体系既广大又简单，单从审美的角度来看，简直类似于整个的天体。

5. 在经济学里有些所谓证明，实际上只是无依据的论断，而一经提出以后即得到应和。正是由于这个原因，我认为经济学是不会成为一门科学的，除非使经济学家不得不承认，他们一向沾沾自喜的只是些强词夺理的说法。

《经济学原理》

作　　者：阿弗里德·马歇尔
成书时间：1890 年

【作者简介】

英国著名经济学家。1842 年出生于英国伦敦一个银行职员家庭。他自幼勤奋好学，尤其喜欢数学。大学时代在剑桥圣约翰学院攻读数学，成绩出众，这对于他后来在经济学中运用数学思维有着重要影响。大学毕业后，在剑桥大学担任了 9 年的数学讲师，后因受到斯密、李嘉图、穆勒著作的影响，转而研究政治经济学。1877 年，马歇尔转到布列斯托大学任院长兼政治经济学教授。1883 年，牛津大学著名经济学家汤恩比去世，马歇尔应邀在汤恩比之后继任牛津大学巴里奥尔学院经济学教授。1885 年，马歇尔又应剑桥大学之聘，返回剑桥任政治经济学教授，直至 1908 年退休。1924 年逝世，享年 82 岁。

马歇尔是英国乃至西方经济学说史上一位里程碑式的人物。作为英国著名的经济学家，剑桥学派的创始人，他在英法早期资产阶级经济学与当代庸俗经济学之间，起着承前启后的作用。他确立了近代资产阶级庸俗经济学一个空前庞杂的独特体系，包括研究对象、研究方法、基本观点以及理论体系，等等，为当代西方庸俗经济学各个流派提供了一个共同的理论框架，奠定了一个共同的理论基础。他的价值论和分配论在 19 世纪末至 20 世纪 30 年代的资产阶级经济学界占有支配地位，时至今日仍然是资产阶级微观经济学的基础，一定程度上影响着今日的各个经济学派。

马歇尔的主要著作有《工业经济学要论》、《经济学原理》、《产业经济学概论》、《工业和贸易》、《货币、信用与商业》等。

【内容梗概】

马歇尔所处的时代，是西方主要资本主义国家向垄断资本主义过渡的时代，其经济学说正是这一特定时代的产物。在英国，周期性的经济危机经常威胁着资本主义经济的正常运行；在其他国家，德国与美国工业发展迅速，很快成为了英国在国际贸易上的有力竞争对手。

英国垄断资本家为了维护其自身利益，加深了对工人的剥削，加深了劳动者贫困化过程，阶级斗争日益尖锐。马歇尔的阶级本能促使他对资本主义的前途深表关怀和焦虑，从而使他对当时英国的政治、社会、经济问题发生了极为浓厚的兴趣，并且进而"创立"一种"理论"去为初期垄断资本主义的残酷剥削辩护，以调和阶级矛盾。

当时，经济学中的边际革命又加速了古典经济学的解体。在这种历史背景下，马歇尔潜心研究经济学说，创立了他自己的经济理论体系，本书便是其中最有代表性的产物。

关于经济学中最基本的问题——研究对象，马歇尔认为，经济学一方面是财富的研究；另一方面，更重要的方面，是人的研究。于是，经济学的研究对象可以确定为人与财富的关系。

研究经济学必须采用寻求因果关系的一切方法，但是，令人遗憾的是，没有一种研究方法能够很恰当地称为经济学的方法。经济学是一个独特的、综合性极强的学科，运用这些方法，"必须用得适当，或是单独采用，或是与别种方法合用。"在众多的研究方法中，归纳法和演绎法尤为重要，是每位研究者都必须经常用到的。

研究经济学，旨在解救贫困和增进福利，这可从两个方面来看：第一是为求知识而求知识；第二是为解释实际问题。当然，消灭贫困的问题不能全部由经济科学来回答，这个问题的解答部分地须依靠人性的道德和政治的力量。在这方面，经济学家无能为力。但是，这个问题的解答在很大程度上要依靠经济学领域内所获得的事实和推断。

对于研究经济学的方法和基本观点，主要采用局部均衡、时间分析、静态经济、达尔文概念和连续原理等。

局部均衡分析方法是在假定其他条件不变的情况下，集中力量去分析某一部分，等到这一部分研究完毕以后，再用同样的方法去分析另一部分，直至得出整个研究的结论。时间分析、达尔文概念和连续原理的方法均是侧重从动态的角度来对经济进行分析，经济形态随着时间而变动，经济是进化的，而且是连续的缓慢地变动和进化。

人类的欲望是多种多样的，如自豪感的欲望、发挥和发展活动的欲望，等等。在此基础上，通过运用边际效用递减规律，并且借助于需求价格、需求弹性和消费者剩余这样一系列概念，就可以建立起较为科学的需求理论。

需求理论的出发点是人的欲望，而人的欲望具有边际效用递减的趋势。具体来说，一种物品对任何人的边际效用，随着其每一次增加量而递减。但是，边际效用递减规律存在一个假定条件，即在人的品性和趣味方面没有随时间而变化。

在现实生活中，每种商品都存在着需求价格，具体指消费者在购买一定量的商品时所愿意支付的价格。在其他条件不变的情况下，一个人所拥有的某种物品的数量越大，则他对此种物品稍多一点所愿意支付的价格就越小。由此马歇尔提出了需求弹性的概念。

通过对边际效用观念的运用，可以制定出消费者各种选择的一般原则。消费选择可分下列三方面：第一，同一物件的各种用途在边际效用方面趋于相等；第二，各种物品、各种支出的边际效用趋于相等；第三，一个商品的现在用途与将来用途在边际效用方面趋于相等。

一个人对某物实际所付价格，绝不会超过并且很少达到使它宁愿支付而不愿空手离开市场的价格水平。这样，他从购买中所获取的满足一般都超过他所支付的价格，于是，他从购买中获得一个满足的剩余，这个剩余可称为消费者剩余。运用消费者剩余这个观念，目的在于帮助人们对其从环境和臆测所获得的好处，加以粗略的估计。

马歇尔还讨论了供给理论，研究用于满足欲望的各种生产因素。在这些因素中，人是主要因素，也是生产的唯一目的。

生产要素可分为四种，即土地、劳动、资本与组织。从另一种意义上说，生产要素只有两个，即自然和人。资本和组织都是人在自然的帮助下，从事劳动的结果，人是生产和消费问题的中心，也是分配和交换问题的中心。

为了进一步说明问题，马歇尔又提出了负效用的概念。所谓负效用，就是人们在做完工作时所感到的疲劳。劳动的边际负效用总是随着劳动量的增加而增大的。生产一种商品过程中所付出的各种努力与牺牲称为生产那种商品的真实成本；为这些努力与牺牲所支付的货币总额，叫做生产的货币成本。其中，货币成本是以真实成本为基础的，二者既有联系又有区别。

马歇尔在供给理论方面，是以一个产业部门为范围，研究各个企业的内部经济和外部经济，分析它们的生产费用；而各个企业在这些方面的差异很大，于是创立代表企业的概念，把它作为生产企业的代表。单个企业的历史不能作为一个产业部门的历史，正如个人的历史不能作为整个人类的历史一样。可是，人类的历史是许多个人历史的结果；一个市场的生产总量，是许多企业增加或减少其产量的结果。

另外，通过对土地报酬递减规律的运用，马歇尔着重分析了供给因素。土地报酬递减规律是指，在技术条件相当稳定的条件下，收益的增加只能保持在一定的限度内，要是超过了这个限度，伴随着投资量的增加，虽然收益的绝对量仍然可能增加，但增加的投资量单位收益却呈递减趋势，以致造成得不偿失的结果。

价值理论是马歇尔经济学说中最重要的部分，这一理论主要是通过均衡价格来说明的。所谓均衡价格，是指一种商品的供求价格相一致时的价格。

价值理论就是考察供给与需求的一般关系，特别是同调节价格有关的一般供求关系；价格即供给与需求双方力量在市场上达到均衡的结果。所以市场的特征是价值理论中不可或缺的一部分。市场不是专指任何一个特定的地方，而是指供求双方商定价格、进行交易的所在。但是，在把经济理论应用到实际问题时，要确定一个地方的供求活动受别的地区的影响究竟有多大，常常是很困难的。市场的空间越大，供给与需求的调节就愈容易，结果造成了价值不易变动，而且容易与成本相一致。但是，必须看到，市场问题的最大困难在于它的时间和空间，而时间尤为重要。

市场因时间长短不同而有差异。时间长短不同，市场供需双方发挥力量使之趋于均衡的情况也有所不同。按照时间长短，均衡可分为三种状态：一是暂时的市场均衡，"暂时的市场均衡"主要是指这样一种时间，由于时间太短，厂商无法改变自己的生产量。二是正常的短期均衡，厂商可以在现有的技能、工业组织的基础上改变产量，但未能有足够的时间来增加设备、改进技能和工业组织。三是正常的长期均衡，在该状态下，由于有着足够长的时间，除了土地之外，厂商可以改变一切要素的供给量。

上面的分析基本上为孤立市场的分析，即在分析一种商品价值的决定过程时，单从该商品本身的供给和需求着眼，而排除了其他商品供需变化对该商品价值的影响。实际上，在现实生活中，各种商品之间有着相互的关系。根据其相互关系，可分为四类：（1）结合需求，指几种商品具有相互辅助的性质；（2）敌对需求，指一种商品具有多种不同用途，各种不同用途间的需求处于敌对关系；（3）结合供给，指一种以上的商品在生产过程中，共同产出；（4）敌对供给，或称综合供给，指一种需求不用各种不同的产品去满足，这些各种不同产品的供给，形成彼此竞争的关系。

在谈到垄断价格时，马歇尔认为它是由垄断者规定的价格，只按照目前利益的纯利益办事。垄断者为了其将来的发展，也可能把价格定得低一点，这对其当时的垄断收益虽然是一种牺牲，但因此而使其企业得到长远的发展。

价值理论与分配理论无疑都是整个经济学领域内最困难的部分，它们支配着其余部分，并为其余部分开辟道路。在价值理论的基础上，马歇尔又对分配问题进行了剖析。分配问题，也就是国民收入分割为各生产要素份额的比例问题。全部纯产品总量，是所有这些商品的需求价格，从而是生产这些商品所用的生产要素的需求价格的真正来源。换句话说，国民收入是一国所有生产要素的纯产品总量，同时又是支付这些要素的唯一源泉。国民收入是由各种生产要素共同努力创造的结果，在创造国民收入的过程中，各生产要素相互间处于一种共同分析和彼此依赖的关系。由于生产要素可划分为劳动、资本、土地和工业组织四种形式，因此生产要素的所得份额或者说价格也就相应地划分为工资、利息、地租和利润四项。

工资是劳动的收益，是劳动的需求和供给均衡时的价格。供给与需求双方对工资具有同等的影响，工资倾向于和劳动的纯生产物相等。劳动的边际生产率规范着劳动的需求价格。

利息为资本参加生产工作的报酬。借款人使用借款，在一定期间（如一年）内所支付的金额，此项金额对借款金额的比率，称为利息。利息可分为纯利息和毛利息两种。毛利息除了"等待"的因素之外，还要包括管理报酬和风险保险费等。而纯利息，则只被看做是"等待"的代价。

利息和利润从严格上说，是两个具有重大差别的概念。马歇尔的利润理论的研究对象，即为这种大企业，特别是公司组织企业管理的正常报酬问题。

企业管理有各种形式，并需要各种才能。使用资本的经营能力包括三个因素：一是资本的供给，其收益即为利息；二是管理企业能力的供给，其收益为管理收益；三是一定组织的供给。组织是把资本与管理才能两者结合起来去从事生产。第二、三两个因素合并起来所取得的收益，即为管理的收益。

利润为商品的正常生产费用的一部分，它的数额大小，由于替代原理的作用，使之大致等于资本的正常供给价格、管理能力的正常供给价格以及企业组织的正常供给价格三者的总和。

地租是土地的收益，地租也是受供求规律所支配的，但它又有着自己的特点。地租从根本上说，只受土地需求的影响，它取决于土地的边际生产力。原因是土地是一种不可再生的资源，其供给是固定的，没有生产费用，也没有供给价格。

在引进时间因素的基础上，马歇尔还提出准地租的概念。在短期内，生产要素的收入才带有准地租的性质；就长时间而言，生产要素的收入将逐渐恢复到均衡水平。因此，在这个时候，生产要素的收入将会成为产品价格的决定因素，准地租的性质将会消失。

【精彩语录】

1. 经济学是一门研究财富的学问，同时也是一门研究人的学问。

2. 政治经济学或经济学是一门研究人类一般生活事务的学问，它研究个人和社会活动中与获取和使用物质福利必需品最密切相关的那一部分。

3. 但是在当代的各种历史知识和要求改良的热潮中，经济科学上一件困难而十分重要的工作有被忽略的危险。经济学的流行在某种程度上有忽略慎重而严密的推理的趋势。所谓科学的生物学观的抬头，有把经济规律和经济尺度的概念抛入幕后的倾向；仿佛这些概念太严谨死板，不适用于那种活的不断变化的经济有机体。

4. 经济进化是渐进的。它的进步有时由于政治上的事变而停顿或倒退，但是，它的前进运动绝不是突然的。

5. 天才的发明家、组织者或财政家虽然似乎可以一举而改变一个民族的经济组织。但是，他的不纯然是表面的和暂时的那一部分影响，一经研究就可知道，也不外乎是使得久已在准备中的广泛的建设性的发展达到成熟而已。

《有闲阶级论》

作　　者：索尔斯坦·凡勃伦
成书时间：1899 年

【作者简介】

美国著名经济学家。1857 年出生于美国威斯康星州的一个挪威移民农业社区，1874 年就读于霍普金斯大学，后在耶鲁大学、康奈尔大学深造，1884 年获耶鲁大学博士学位。1890 年在芝加哥大学任教，1906 年在斯坦福大学任教，1911 年在密苏里大学任教。还到过社会研究新学院任教，并担任《政治经济学杂志》主编。1929 年在加利福尼亚逝世。

凡勃伦是制度学派的创始人和主要代表，本书是凡勃伦的代表作，也是制度学派的经典之作。凡勃伦在书中通过对有闲阶级的分析，以对资本主义制度进行批评，从而提出改良主张。制度学派主张社会改良，宣扬阶级调和。在内容上它主张研究制度演进的趋势，从应用心理学的角度来解释制度的起源，又用庸俗进化论来说明制度的演变，具有实用主义特征。制度学派并没有建立起一套完整的经济理论体系。

凡勃伦的主要著述有《有闲阶级论》、《企业论》、《德意志帝国和工业革命》等。

【内容梗概】

19 世纪下半叶，经历了南北战争的美国最终走上完全的资本主义发展的道路。在此后的几十年里，资本主义和美国迅速发展起来，到了 19 世纪末期，美国工业产量已跃居世界首位。20 世纪初美国向垄断资本主义转变，成为了一个垄断资本主义国家。垄断资本的发展，在美国一方面造就了部分金融寡头；另一方面使绝大多数人面临贫困，使贫富差距加大，这不仅造成了大批中小企业破产，也加剧了国内的阶级矛盾。美国政治经济学中原有的庸俗理论所强调的阶级调和已失去作用，资产阶级需要一种新的理论为其利益进行辩护，于是产生了以凡勃伦为代表的制度学派。

制度学派认为，资本主义并不是一种完善的制度，它存在着一些缺陷，因此需要改良。制度学派还极力主张国家干预经济、反对自由主义、强调政府在调节和管理经济中的巨大作用。

本书是凡勃伦的代表作，也是制度学派的经典之作。本书的写作目的在于讨论作为现代经济生活中一个经济因素的有闲阶级的地位与价值，同时也讨论关于制度的起源和演进，从而揭露有闲阶级的寄生性，对资本主义制度进行批评，但作者并不是认为资本主义制度坏到要推翻的地步，可以通过改良方法加以完善。

凡勃伦认为，一切生物和人的生活都在不断地变化和发展，而社会经济也一样，在不断进步。它们都有一个过程，但这个过程并不存在不变的发展规律，社会经济的根源在于和经济有关的制度，它又同时受制度发展的约束。可以说，社会经济发展的过程，也就是制度的发展过程。

所谓制度，是指个人或社会对有关的某些关系或某些作用的一般思想习惯。凡勃伦把私有财产、价格、市场、货币、竞争、企业、政治机构、法律和谋利行为都看成是广泛存在的社会习惯，即也是制度形式。制度本身有一个发展的过程，也是历史进化的过程，他提出了一个"历史起源法"。他认为，一切制度都是从它们远古时代的历史胚胎中产生出来的，并不断地经历着不同形态的变化。

凡勃伦在书中通过对有闲阶级的分析来对资本主义制度进行批评，从而提出改良主张。人类社会的发展可分为四个阶段：野蛮时代、未开化时代、手工业时代和机器方法时代。在野蛮时代，由于不存在经济特权和社会分工，所以有闲阶级还未出现，但有闲阶级却是从这个阶段末期走出来的。"有闲阶级制度"的存在依托于两个条件：（1）部落的生活习惯中必须要以掠夺作为生产目的，因此经常出现战争和狩猎活动，对各部落的男人而言，必须要经常用武力或策略去伤害别人，以求自己利益的维护；（2）人们的生活资料必须比较多，以使个人能够不再从事经常的劳动，照样可以获得生活资料。野蛮时代虽然不存在有闲阶级，但从历史发展来看，这个阶段只占历史时间的一小部分，到了未开化时代，有闲阶级就产生了。由于社会分工的出现，于是一部分人不再从事劳动，而且统治着别人，他们是有闲阶级。他们在各方面都掌握着主宰别人的权力，负责政治、战争等非生产性的业务，他们被认为是值得尊崇的人，他们所从事的事业也被众人认为是光荣的神圣的职业。在后来的手工业时代和机器方法时代里，由于社会分工的进一步扩大和深入，有闲阶级制度也进一步充分地发展。

有闲阶级制度的产生是与所有制的产生同步进行的。所有制导致了人与人之间在财产上的争夺，他们一方面可以通过争夺财物来确保自己生活消费有足够的物资保障；另一方面他们也是为了获取心理上的优势，因为争夺的优胜者会获得比别人高的社会地位，拥有更多的财富，这无论在哪个社会里，都是取得荣誉的依据，这恰好可以满足每个人都有的虚荣心。有了这种争夺财富的心理和行为，有闲阶级就会出现。

有闲阶级一旦拥有了大量的财富，他们必然会尽力去运用这些财富，一方面是提高自己的生活水平；另一方面则是为了炫耀，以显示自己地位的高贵。这种生活即是有闲生活。作者在这里提出了两个新名词："代理有闲"和"代理消费"。代理有闲是指有闲阶级的管家或仆人们代替主人装门面以示炫耀，从而表现主人的明显富有，由于他们表达的不是自己而是主人富有，所以称他们的行为叫代理有闲。代理方式就是主人花钱买大量妇女和奴隶，并驱使他们为自己服务。谁的奴隶多，谁就更富有。同样，代理消费也是指这个意思。有闲阶级正是通过奴隶们的代理有闲和代理消费来显示自己富有的。他们认为要享受有价值的、优美的人类生活，就应当而且必须首先要有非常多的空闲，避免跟那些为直接提供人类生活正常需要而进行的生产工作相接触。他们过的是寄生性的腐朽生活，他们所做的一切活动不是对社会有利的，相反，他们懒惰的风气、好面子的思想以及奢侈的习惯，对社会风气会带来许多不利影响。

所以，在富有人家，往往会养着许多仆从和门客，这些仆从们穿的衣服都被统一，他们住的比一般人住的房子还要宽敞，在饮食等方面都高人一等。

通过对有闲阶级的描述，凡勃伦对制度，特别是资本主义制度演进做了详细的阐述。他认为，社会结构的发展，实际上是制度方面的一个自然淘汰过程，这和达尔文的生物进化规律是完全一样的。制度是由社会风俗习惯来决定的，而这些风俗习惯又由人们的心理动机和本能决定。人类在经济生活中往往会表现出两种本能：一是改进技艺的本能，二是追求利益的本能。与之对应，人类社会经济生活中也有两种制度，一是生产技术制度；二是私有制度，前者源于人类改进技艺的本能，后者源于人类追求利益的本能。

在现代社会中，生产技术制度表现为机械操作，私有制度表现为企业经营。社会上有两个阶级，一是技术管理人员阶级；二是企业家阶级。前者包括工程师、发明家、科学家等，后者包括董事、经理、推销员等。他们在思维方式、道德情操以及生活习惯方面表现出了极大的差异性，这对社会发展也就带来了不同的影响。前者受机器生产训练，他们具有创新精神；而后者以追求最大利润为目的，他们具有保守思想，反对社会变革。这是一对矛盾，当社会发展到资本主义阶段，矛盾也就更加突出和尖锐了。这资本主义社会，有闲阶级就专指那些富有的企业家们。

凡勃伦认为，"机械操作"要求提高生产效率，生产出更多更好的产品以满足社会的需要，为此又要求各种经济活动有计划有秩序地进行，以求获取一个良好的经济环境，而"企业经营"则为了追求利润，为了竞争，往往会故意缩减生产，从而阻碍经济发展。这二者之间的矛盾构成了资本主义社会的根本矛盾，它造成了资本主义经济的不稳定和经济危机。因为"机械操作"使生产力快速提高，市场却不能相应扩大，企业家为了抢占市场，进行激烈竞争，必然会造成生产过剩，价格下降，最后导致经济危机爆发。

既然资本主义存在着这样一个基本矛盾，那应该如何去解决它呢？凡勃伦认为，可以让技术管理人员组成一个"技术人员委员会"，取代"企业经营"，控制经济规划和行为。原因在于，"企业经营"与"机械操作"都是历史演进的产物，它们之间的矛盾也会在社会的前进中自然得到解决，只要我们给它提供一些必要的条件。这个条件是："企业经营"将逐渐破坏它赖以建立并对之实施的物质基础，即"机械操作"，从而使其自身的活力和统治地位日益削弱甚至归于消灭，而被能够有力地推动生产力发展的新的组织和制度所代替。这个新的组织就是由工程师、发明家、科学家组成的"技术人员委员会"。

凡勃伦认为，垄断组织是"企业经营"的新的形式，是随着竞争的发展而出现的。通过垄断可以对生产、投资、价格等进行有计划的控制和调节，也常常可以使资本主义达到繁荣，但这样会使生产力得不到充分的发展。

凡勃伦对资本主义的分析是错误的，他的分析内容都只涉及到表面的次要的社会现象。他认为"机械操作"和"企业经营"之间的矛盾是资本主义社会的主要矛盾，用它来取代资本主义社会的生产的固有性和私人占有之间的矛盾，这也是错误的。他用技术管理人员和企业主之间的矛盾取代无产阶级与资产阶级之间的矛盾，同样是上述错误观点的继续。

【精彩语录】

1. 有闲阶级制度是足以造成下层阶级的保守性的，其方式是尽可能地剥夺后者的生活资料，使之消费缩减，精力消耗，以致更无余力从事于学习和采纳新的思维习惯。

2. 社会进化是气质与思想习惯在集体生活环境的压力下的淘汰适应过程。

3. 社会结构要变化、要发展、要同改变了的形势相适应，只有通过社会中各个阶级的思想习惯的变化。

4. 有闲阶级制度塑造人类的性格，大体上是遵循着精神上的残存与复归这个方式进行的。

《政治经济学理论》

作　　者：威廉姆·斯坦利·杰文斯
成书时间：1871 年

【作者简介】

英国著名经济学家、统计学家和逻辑学家。1835 年出生于利物浦。1846 年就读于当地的机械专科学校，1850 年就读于伦敦大学，1854 年前往悉尼，1859 年回到伦敦大学就读，1860 年获学士学位，1863 年获硕士学位。1863 年以后曾任曼彻斯特大学教授，1870年任英国科学促进协会会长，1876 年任伦敦大学教授。1882 年逝世。

杰文斯是数理经济学派早期的代表人物之一。他在经济学上的最大贡献在于提出了数理经济学说。这个学说是以人的主观心理因素为出发点，以边际效用论为基础，以数学分析为工具的学说。它把政治经济学纳入主观心理范畴，把价值论看成是以人的欲望及其满足程度出发来论述的主观效用价值论，用"最后效用程度"来决定价值量。最后效用程度是指现存商品中那极小的或无限小的最后加量或一次可能加量的效用程度。

杰文斯的主要著述有《略论政治经济学的一般数量理论》、《通货与金融研究》、《政治经济学理论》、《科学原则》等。

【内容梗概】

19 世纪初，英法两国资产阶级取得政权以后，无产阶级与资产阶级的斗争日益激化，斗争的浪潮也逐渐波及到其他欧洲国家。此时，资产阶级经济学家描绘资本主义经济的表面现象，纷纷建立各种学说，建立各种学派来为资本主义辩护，以掩盖资本主义矛盾，数理经济学派就是其中之一。

数理经济学派把各种经济事物的数量及其相互关系作为政治经济学的研究对象，用数学分析代替理论分析，把数学方法作为研究政治经济学"唯一健全"的方法。以交换作为应用数学方法的出发点，把生产、分配、消费都看成是交换的不同形态，用经济现象的函数关系代替因果关系，从而力图说明资产阶级经济学的所有理论都可以用数学方法去证明其真理性，达到为资产阶级辩护的目的。

杰文斯在写作本书时，开章明义地宣称要"尝试经济学为快乐与痛苦的微积分学，摆脱前辈意见的拘束，来定立经济学的形式"，他认为，经济学如果要成为一门科学，就应该是一门数学的科学。

　　杰文斯认为，本书的理论完全以快乐和痛苦的计算为依据。快乐与痛苦是政治经济学计算的目的所在。怎样计算快乐与痛苦呢？他认为可以根据强度、历时、确实性和远近性四个方面来确定快乐与痛苦的价值。可以用数学上的正负量来表达，所有的快乐加起来得一总和，所有痛苦加起来又得一总和，两个总和进行比较后得一差值，其差值就是所有快乐与痛苦的总和。

　　对痛苦与快乐的计算之所以要考虑确实性，是因为对未来事情的发生无法完全预判，需要用事实加之证明又太滞后，所以要在承认不确定性的情况下把痛苦与快乐做一个不确定的估计；之所以要考虑远近性，是因为不同的人对事情的发展考虑的眼光不同，理性的人会从长远来考虑，而目光短浅的人比较注重眼前利益。数学方法作为经济学研究的主要方法并不排斥其他方法的参与，事实上，在运用数学方法的同时，我们也需要用演绎法、统计学等方法来辅助研究，这些方法在有时候可以起到更好的作用。

　　杰文斯的理论重点是他的最后效用程度决定价值量的理论。他说通过"反复地思考与研究，使我得出了一个相当新奇的见解，即价值完全决定于效用"。他认为效用就是一物所具有的产生快乐和防止痛苦的性质，它表示一物对一人的快乐和痛苦的关系，因此，凡是能引起快乐或避免痛苦的东西都可能有效用。可见，他认为的效用是一种能产生快乐或避免痛苦的物品所具有的性质或能力。效用反映的是人与物之间的关系，只有当人们需要某种物品时，它才具有效用，如果人们不需要，它就不存在效用。可见，效用并不是物品本身所具有的特性。

　　杰文斯用上述观点来看待劳动，认为劳动是我们所忍受的痛苦的努力，其目的在于防止更大的痛苦，或获得净剩余的快乐。他认为劳动与效用都可归结为人的主观心理感受，但二者是有差别的，如果用数学方法来计算，效用带来快乐，是正数；劳动带来痛苦，是负数。

　　物品带来效用可用数学方法计算其大小。杰文斯提出了效用递减论。他认为，物品的效用会随着其数量的增加而减少，随着数量的减少而增加。

　　价值是由"最后效用程度"来决定的。价值以主观效用为基础，指的是对于一物的欲望强度或估价；价值量由"最后效用程度"来衡量。由于物品的效用会随着其数量的增加而减少，除了在商品的最后加量已被消费或一次加量将被消费时，人们是不会考虑效用程度的，因此，我们可以把现有物品中那极小的或无限小的最后加量或一次可能加量的效用程度称为"最后效用程度"，价值量正是由它来决定的。

　　杰文斯在这里区分了"效用程度"和总和效用。总和效用是指一种物品的各单位实际提供的效用总和，而效用程度是指一种商品在其某个增加量上提供的效用的强度，是商品增加量所带来的效用和商品增加量的一种比例。就效用对人的福利来讲，总和效用不如效用强度来得重要。

　　交换论也是本书论述的重点之一。杰文斯提出交换在效用的增加与劳动的节约上是非常重要的，因为效用是在适当的时候为它所需要的人产生的。有了交换以后，人们可以在保留一定量物品用于消费后将剩余物品用于交换，以使物品的效用增加。

　　杰文斯提出了"交换比例"的概念。他所谓的"交换比例"实际上就是指价值一词。

交换比例是一物与另一物相交换的事实，表示一物以一定比例和另一物相交换的比例关系，是一个抽象的数字，交换比例也是由最后效用程度决定的。交换是一种互利行为，双方都是用自己的数量上有剩余而效用小的物品同他人交换自己没有而效用又大的物品。交换的结果是，交换双方的效用都会有显著增加。交换的依据在于最后效用程度，因为在交换中，双方总是要比较两种物品的最后效用程度，以便决定自己应该放弃多少自己的物品来换取多少对方的物品。由于交换双方都希望交换使自己获得最大效用，其满足条件就是最后效用程度对每个交换者都正项相等。杰文斯举了一个例子对此加以阐述。比如有甲、乙两个交换者，甲只有谷物，乙只有牛肉，这时，如果用一部分谷物换一部分牛肉，对交换双方来说都会增加效用。但具体到什么比例才会使交换双方都满意呢？如果用十磅谷物换一磅牛肉，对甲来说他觉得十磅谷物不如一磅牛肉效用大，他必然乐于按此比例交换，对乙来说，他觉得一磅牛肉的效用不如十磅谷物大，他也会乐于按此比例交换，这种交换的比例会按 10：1 进行下去，直到双方都获取了最大效用为止。如再要继续下去，则会带来损失。杰文斯在此提出了一个交换原则：两个商品的交换比例，是交换完成后各个商品量的最后效用程度的比例的倒数。他认为这个命题是全部交换理论与主要经济学问题的试金石。

在本书最后，杰文斯对地租、资本利息和工资等有关分配的问题进行了探讨。但在本书中他并没有提出一个完整的分配理论。

杰文斯认为地租的起源有两个含义，一是对品质不同的土地来讲，即使投下了同样的劳动量，也会得出不同的产量结果，可见土地会由肥沃程度的差异带来利润的剩余，这个剩余来自好地与劣地的比较，它就是地租；二是对同一块土地而言，如果对它投入不同的劳动或资本量，它会同样得出不同的产量结果。多投入的土地产量高，少投入的土地产量低，通过对不同投入得出不同产量的比较，也有一个剩余，它也叫地租。

对于上述地租的第一个来源，提供剩余的较好的土地的占有成为竞争的对象，于是土地所有者就会抓住这个机会从较好的土地的耕作者那里收取支付一般工资后的全部剩余，对较劣的土地就不会提供工资，这种地也不会再被使用。对于地租的第二个来源，地租的增加量会随着资本或劳动的投入而减少，在不久就会使投入变得无益。

资本是指维持各种有工作的劳动者所必要的诸种商品的总称。资本用途并不在于为劳动者提供生活和劳动用品，而在于通过对劳动者提供各种商品使他们从事生产进而获取更多的财富，也就是说其目的在于增值。而生产产品的增加除以全部生产物就是资本的利息。可见，利息率是由生产物新加量对所用资本新加量的比率来决定的。资本额的增加会使产量增加量减少，所以利息率也会下降，直到达到一个最低水平，这就形成了最低利息率，最低利息率支配着一切资本的利息率。

杰文斯还提出了自由资本的概念。自由资本是指劳动的工资，或在货币形态上，或在实物形态上，都可以用来表示自由资本。这个概念与我们今天所讲的"自由资本"是两个不同的概念。

【精彩语录】

1. 资本的利息等于生产物的增加量被除以全部生产物。其量必迅速下降而趋近于零，除非有法继续维持生产物的增加。

2. 如果土地生产物的增加，常能和投在土地上的支出成比例，则地租不会发生。

3. 一物之所以能为人提供服务而自成为一种商品，可另用效用这个名词来解释。

4. 经济学如果是一种科学，它必须是一种数学的科学。

5. 凡能引起快乐或避免痛苦的东西，都可以有效用。

《自然价值》

作　　者：弗里德克·冯·维塞尔
成书时间：1889 年

【作者简介】

　　奥地利资产阶级经济学家和社会学家。1851 年出生于维也纳一个高级军官家庭。19世纪 60 年代末 70 年代初在维也纳大学学习法律。1872 年转入研究经济学，毕业后在政府机关任职 10 年。1883 年任维也纳大学讲师，后受聘为布拉格大学副教授，1889 年升任教授，1903 年任维也纳大学教授。1917 年进奥地利国会，同年被任命为政府商务部长，1919 年回到维也纳大学。1926 年逝世。

　　维塞尔是奥地利学派的创始人之一，他在经济学上的主要贡献在于创造了"边际"一词，首次使用了"边际效用"概念。由于这个概念的提出，使门格尔的主观价值论得到更加精练的表述，对边际效用理论的完善和发展起到了重要作用。维塞尔还首次表述了机会成本的思想，并把边际效用分析扩展到成本理论中，这在门格尔著作中是没有的。他的边际效用论和归属论，不仅使奥地利学派理论体系更加系统化，而且被后来的西方经济学派普遍接受，发展成为较为完整的微观经济学体系。"边际革命"是西方资产阶级经济学发展的一个重要里程碑。

　　维塞尔的主要著述有《经济价值的起源和主要规律》、《自然价值》、《社会经济理论》、《强权的法律》等。

【内容梗概】

　　本书是维塞尔的代表作。19 世纪 70 年代，边际效用价值理论在欧洲许多国家同时出现，不同的学派对此有不同的解释，奥地利学派也对它进行了完整的阐述。边际效用价值论主要代表人物有杰文斯、门格尔、瓦尔拉、维塞尔、庞巴维克等，它认为商品价值取决于消费者消费最后一单位该商品心理上新感觉到的效用，它割断了商品同劳动之间的联系，把价值这一客观历史的范畴说成是一种自然永恒的主观心理范畴。在当代，该理论仍是许多西方经济学理论的基础。

　　本书在内容上讲述了两大主题，即边际效用定律和归属理论。什么是边际效用呢？是指人们在不断增加消费某一物品获得一系列递减的效用中最后一个单位所具有的效用。物品效用是指它满足人类需要的能力，它取决于消费者对该物品欲望的强弱。随着消费者对某一物品消费数量的增加，每一单位该物品对他的效用是依次递减的，每增加一单位物品所增加的效用即为边际效用，也是最小效用或界限效用。它是一种物品满足"边际欲望"的能力。边际欲望是指在人们的一系列递减的欲望中最后被满足的最不重要的欲望，它处于被满足与不被满足的界限上。

在门格尔、瓦尔拉、杰文斯等以前的经济学家的理论中，边际效用的思想已经闪现出来，维塞尔使用了"边际效用"一词进行阐述，并被其他人广泛使用。他说，边际效用定律是价值的一般定律，它不但对单个物品的价值估计有用处，也对整批财物的估计有用。

维塞尔对"边际效用递减规律"也作了具体阐述。由于物品效用的大小，取决于消费者对它的欲望，因此，当某种物品越少，消费者对它的欲望就越大。随着这种物品的增多，消费者对它的欲望越来越小，该物品每一单位的效用便逐步降低。如果消费者每天吃一个梨能给他带来 10 个单位的效用，吃第 2 个梨带来的效用递减为 8，第 3 个效用为 6，第 4 个为 4，第 5 个为 2，每多吃一个梨增加的效用为边际效用。可见，随着梨数量的增加，每个梨的边际效用也在减少。若增加到一定限度，边际效用就为 0，若再继续增加就为负数了，这种现象普遍存在，我们就叫它"边际效用递减规律"。

维塞尔还对自然价值做了详细的论述。自然价值概念是根据价值与交换价值的区别来阐述的。凡不是可自由取用的物品，就是有用的，有价值的。这些财物在价值上还会依据它的现有量和需求之间的关系亦即按重要性来排定等次，这个重要性的表达同样是借助于边际效用概念的使用。社会需求，或者说各种财物数量和效用在社会上的互相比较，还要决定总价值。维塞尔把这种来源于财物数量和效用之间的社会关系的价值，叫做"自然价值"。

自然价值与交换价值有一定的内在联系。对于自然价值而言，物品只是简单地根据其边际效用来估计；而对于交换价值而言，物品却要依据边际效用和购买力二者的综合考察来估计，而购买力取决于社会制度、私有制的存在以及贫富差距的存在。所以，按自然价值，奢侈品被估计得远比按交换价值估计的要低，但必需的日用品却被更高地估计。

维塞尔补充说，自然价值概念的建立是基于对边际效用理论进行补充的考虑。因为边际效用价值论只是能够说明消费品的价值，对整个社会中的生产物品无法全部说明。

维塞尔接着提出了各生产要素在国民经济收入中的占有额，按其对生产的贡献大小来决定的归属理论。生产要素和消费财物一样，提供着效用，消费财物能够直接满足人类的某种需要，而生产财物则间接满足。其价值是根据它们生产出来的产品的价值来决定，这样，消费财物从它所提供的效用中获得了价值，生产财物也同样同它自身创造一产品的价值中获得了价值。同种生产财物获得的收益在种类和数量上都可能存在巨大的反差，我们必须要使它们都获得最大值的收益。也正是这种最大值的预期可以获得收益的价值构成了生产财物的价值基础。但如果要对收益分配问题有一个正确的判断，就必须要把收益分配和收入分配完全地区分开来。收益分配是指产品在生产出它的生产要素间的分配，而收入分配是指产品在各种生产要素所有者之间的分配。所有生产手段，一旦承认它是有价值，就等于承认了它对生产是有实际效果的影响。土地、资本，只要它们不是非常过剩，就应当归类于这种生产手段。但允许土地和资本私有，从而把来自土地和资本的收益全部转移给其所有者，对社会来说是否是公平的呢？这没有一个明确的答案，至少不能笼统的回答。

在生产中，如果土地、劳动与资本共同参与了，我们就可以计算出每块土地、每笔资本、每个劳动者所提供的服务。维塞尔用一个例子来阐述了怎样把一项生产的总收益具体分配到参与生产的各个生产要素上。比如有两块田，其中一块肥沃一块贫瘠。在这两块田里用同样多的资本和同样多的劳动来经营，会获得不同的收益，这部分收益之差归功于土地的好坏。所以如果要对一单位某种财物的价值进行估算，就不妨假设我们已经丢失了它，再算出丢失后给我们带来了多大的损失。这个损失即为该物品一单位的价值，这是门格尔提出来的。这种方法的使用是有条件的，条件是对一批种类相同的财物来说，失去一件的损失等于增加一件的收益。但如果条件是参加合作的是一批性质不同的生产财物，这种方法又是不合适的。所以维塞尔最后更正了门格尔的说法，认为在考察生产贡献的归属时，关键因素在于占有财货所取得的收益而不是失掉财物造成的损失。每一项生产要素如果要发挥其功用，就一定会与其他生产要素相结合，而且结合在一起的生产要素又是可以变换的，这时我们完全可以估算它们各自带来的收益。劳动的收益、土地的收益以及资本的收益共同构成了生产的贡献，这个贡献在价值上正好等于总收益的价值，这种收益是一种预期的。

生产中资本的自然价值和土地、劳动一样可以计算出来。资本的价值由其成果来反映，但是资本价值是小于运用资本所取得的总收益的，原因在于这部分多余的价值是运用资本而获得的剩余。我们可以通过贴现的方法计算出来，即通过资本所要转变成的产品之和减去剩余的净收入就等于资本的价值。用这种贴现的方法我们照样可以计算出劳动与土地的价值。

本书最后介绍了成本理论。在这个问题上，维塞尔试图用他的边际定律的框架去阐述成本定律。产品的价值由工资、利息和地租等因素构成，但是可以用于几种用途的生产财物的价值，则是从它们对边际产品的生产贡献中获得其价值的。这两种在产品价值与生产要素价值的因果关系似乎是对立起来的，但维塞尔认为可以把它们统一起来。各种成本理论有一个共同点，即它们都把成本与效用对立起来，这关键在于对成本定律的理解上出现了偏差，他认为，只要是成本定律发生作用的场合，效用就一定是价值的来源。就是说，产品价值决定于生产成本的论点在生产财物通常把它们的价值保持到它们所转变成的产品里去这个意义上是有效的。成本定律的内容是，在一般情况下，相同的生产财物在每一样产品中有相同的价值，而且通过生产财物的边际生产贡献附着于它们身上的那个价值，或者从产品方面可表述为，在一般情况下，一件产品的价值是用单位生产财物的价值来乘以所使用的生产财物数量所得出的复合体，或者说是这些复合体之和。受该定律所支配的产品是那些能够经常有规模大量地生产出来的产品。而对于在生产上受到生产要素垄断严格限制的那些产品，它们不会受到成本的任何影响。

对成本的估算除了要考虑资本的占用外，还要考虑资本利息的占用，原因是生产计划是以从对资本的每种使用中获得最大增值为目的的。如果不考虑资本利息，就不能把生产物品在各部门的配置调节到最佳增值状态。而地租是否应该记入成本，要考虑几种具体情况，比如级差地租不能计入成本，而一般地租则要计入成本。

【精彩语录】

1. 经济原则是要求获得最大可能的收益，也就是说，获得具有在这种情况下所能得到的最大价值的收益。

2. 对于具有多方面的有用性的财物来说，各种需要的饱和尺度之间的差别是起着作用的，每一种不同的使用都有它自己的特殊饱和尺度，都有各自特殊的最高点和各自特殊的满足过程。

3. 最富有的人的货币收入也往往不是以应付他所可能向往的一切支付。

4. 对于所有持有货币的人来说，货币总是按其交换价值来估计的。

5. 货币的用途在于人们能够用它买进别的财物，人们指望这些财物来满足那些原本就没有预先准备的需要感觉。

《利息与价格》

作　　者：克尼特·威克塞尔
成书时间：1898 年

【作者简介】

瑞典著名经济学家。1851 年出生于斯德哥尔摩一个中等食品店主家，1872 年获马普萨拉大学学士学位，1876 年获该校硕士学位。1885 年起先后赴英、奥、德、法等国留学。1895 年获博士学位。1900 年任佳德大学副教授，1904 年任该校教授，1917 年任斯德哥尔摩经济学家俱乐部主席。1926 年因病逝世。

威克塞尔是瑞典学派的创始人。他在经济学上的最大贡献就在于此。该学派又称北欧学派或斯德哥尔摩学派，是 19 世纪末到 20 世纪 30 年代创立和发展起来的，以瑞典经济学家为主的西方经济学的一个重要学派。威克塞尔经济学说的中心内容就是威克塞尔累积过程理论，该理论是他的货币价格理论，也是他的经济周期理论。他不仅是瑞典学派的创始人，还是凯恩斯主义的先驱，在西方经济学的发展中占据了重要地位。

威克塞尔的主要著述有《价值、资本和地租》、《理论财政学研究》、《利息与价格》、《国民经济学讲义》等。

【内容梗概】

20 世纪初，随着资本主义进入垄断时期，经济危机和失业现象日益突显，传统的经济学比如以充分就业为前提的静态均衡理论体系等已不能解释资本主义新时期的经济停滞、产品失控、价格大幅变动以及失业等问题，于是瑞典学派产生了。该学派的特点在于反对李嘉图的劳动价值论，主张边际效用价值说，继承瓦尔拉斯的一般均衡理论，在分配理论上附和边际生产力论和归属论，强调价格机制在经济活动中的重要作用。

威克塞尔的经济理论基本上是来自于边际效用价值论和一般均衡理论。他对利息、货币、价格、经济周期等问题的分析，就是来源于这两个理论。他在货币利息理论方面强调货币因素对社会经济的影响，将实物分析与货币分析相结合，将利息率区分为两种：一是货币利息率，二是自然利息率。

本书是威克塞尔的代表作之一，它所倡导的货币经济理论，给凯恩斯、哈耶克等西方经济学家以很大的影响，从而形成了西方经济学者在经济理论和货币理论研究上的一大潮流，本书也是瑞典学派的经典著作之一。

　　威克塞尔认为，价格变动包含着两种变动：一是相对价格变动，二是一般价格水平变动。相对价格变动的原因在于各生产部门的生产条件和技术条件的变化，使得生产要素在各部门之间的流动得到调整；一般价格水平变动原因比较复杂，它对经济所带来的影响也要比前者大得多。相对价格的变动对经济生活是不利的，价格上升使大多数人的经济收益遭受损失，还会导致投机行动的增多，信用也会极度膨胀，带来的经济混乱是不堪设想的。价格下降又会使失业人数大幅增加，经济陷入萧条境况。相对价格变动不是人力所能控制和改变的，因为它决定于自然因素。而一般价格水平变动则可以通过人力来调控。所以，最理想的局面就是使相对价格变动不受干预，保持一般价格水平不变。怎样才能做到这一点就是价格理论研究的目的所在。

　　威克塞尔指出，在价值理论的范围里，现代经济学的研究对商品的交换价值或相对价格的起源和确定作了很多说明，却在货币理论方面，对货币价值和货币价格未作过尝试性研究。传统经济学认为，商品价格下降的原因在于商品生产成本的减少，运输的改进等，威克塞尔指出事实上并不在于此，应该从货币市场中去寻找答案。货币价格变动的原因一般认为有两种，货币生产费用论认为，商品货币价格变动是因为商品生产成本和作为货币的黄金的生产成本变动而导致的，但这种观点是不对的，因为货币价值应取决于它能购买商品这样一种主观边际效用，不是商品的生产成本，而且，黄金生产费用的变动是长期的因素，而价格问题应限于短期的研究才有意义；货币数量论认为，货币价格变动是因为货币数量的变动。对此威克塞尔持赞成态度，但指出这一理论有两个缺陷：一是强调货币流通速度是一个固定量，二是强调硬币和纸币在交换中的作用，忽视了信用票据在交换中所起的重要作用。总而言之，威克塞尔还是坚持以货币数量论来解释价格水平的变动，但他将货币的范围扩大了，也使流通速度的分析更精确化了。

　　威克塞尔对"中性货币"也进行了阐述。所谓"中性货币"，是指在真实分析或静态分析中，必须要除去货币的干扰因素，这时候货币就被假定成为应具有交换职能的货币，它就被称为"中性货币"，如果引进货币的其他职能时，货币就"非中性"了。

　　威克塞尔将自己对利息、货币、价格以及经济周期等问题的研究通通纳入自己的累积过程理论中去，这个理论也正是本书的重点。他将货币因素引入一般均衡论中，强调应在商品市场与货币市场同时均衡时，经济均衡才会实现，这个均衡就是货币均衡。货币均衡的实现有三个条件：实际货币利息率与自然利息率相等；投资与储蓄相等；价格稳定。

　　利息率可分为两种：货币利息率和自然利息率。所谓货币利息率是指金融市场上的实际借贷利息率。所谓自然利息率是指假定一切借贷都不使用货币，而是用实际的实物资本形式来进行时，由这样的资本的供给和需求关系所决定的利息率，它实际上是指投资的预期利润率，是资本的边际生产率或资本的边际利润率。自然利息率并不是一个固定不变的量，它会受生产率的变化影响，还会受固定资本和流动资本现有数量的变化和土地供给量的变化的影响，它的变化一般都是连续、渐进、不断发生的。而货币利率的变化会受价格波动、经济兴衰等因素影响，其变化一般是非连接性的，或者人为而造成的突发式上升或下降。

　　当市场处于均衡状态时，货币利息率与自然利息率就会相等，这时的货币就是"中性货币"。当二者不一致时，经济均衡则被打破，货币也不再"中性"了，它将通过利息率的作用对生产和价格起作用，往往会是自然利息率变动而货币利息率不变引起的。

当货币利息率低于自然利息率时，企业家就可以获取更多的利润，于是就会增加投资，通过扩大生产规模来加强竞争优势。这时，企业对原材料、劳动力和土地的需求增加会导致其价格上涨，进而使原材料生产者、劳动者和土地所有者的收入也增加。因为这时货币利息率不变，他们的收入虽然增加，却不会用于储蓄，而是用来消费，因此对消费品的市场需求量也会增加。加上由于一些生产要素被转移到资本货物的生产部门，又使消费品生产量减少，从而消费品因稀缺而价格上涨。当然，企业家面对上升的消费品市场需求，自然会增加投资。于是整个经济就会处于一种扩张状态。这种扩张持续带有累积性质，直到因资本供给减少到极度，对资本的需求又增加到极度时，使货币利息率上升而停止。

若货币利息率高于自然利息率时，资本家就会无利可图，还要遭受损失，于是他们就会减少借款，减少投资，减少生产量，使利润下降，工人的工资也下调，人们对生产资料和消费资料的支付能力的需求也下降，从而使物价下降，这是和上一个积累过程相反的向下的积累过程，一直到工资和原材料价格的下降使生产成本下降，使得自然利息率和货币利息率相等时才会停止。

威克塞尔用这两种利息率的不一致对经济周期进行了说明，也说明了经济扩张的原因，说明了物价的上涨与下跌。这种说明和传统的货币数量论所说的流通中的货币数量决定物价水平，并通过价格变动影响经济活动的进程是不同的。他认为在两种利息率相等时货币是"中性"的，不相等时货币是"不中性"的，前者对物价不产生影响，后者则要对物价产生影响。可见，他的货币理论不再是货币数量论，而是货币均衡理论了。这里的货币均衡，就是指货币利息率和自然利息率相等的情况。

威克塞尔还讨论了国际价格理论。他认为，在国际市场上各国的国内价格水平与其他国家特别是与它有贸易往来的国家的国内价格水平存在着一定的相互影响的关系。国内价格上涨，会导致进口增长，出口减少，货币外流，但外国货币增加，外国价格上涨，而国内价格则下跌。当然，国际市场上各国的价格也可以达到均衡状态，只不过这种均衡的恢复很快。进口的增加和出口的减少会直接或间接地对国内价格带来一种压力，迫使它向以前的水平恢复。

最后威克塞尔提出了自己的经济政策建议和主张，这实际上是上述理论在实际经济生活中的应用。

要改变银行利率以调节经济发展过程中的宏观货币改革。银行利息率对生产和物价的调节是自发的、盲目的，其作用有可能是消极的、负面的，因此，必须要以正确的理论来指导才可以完全发挥有利作用。于是银行就应当通过改变利息率，使货币利息率与自然利息率相等。

威克塞尔从流通过程去寻找经济周期的原因，提出调节利息率的主张，企图去解决资本主义的经济问题，这是一种片面的理解，回避了对资本主义生产关系的分析，未能从深层次去挖掘原因。但是，他的理论在西方经济学说史上还是起到了重要的作用，其理论中也有一些合理的成分，比如他认为可通过调节利率来实现经济均衡，这是自由主义经济理论中没有的，是向国家干预主义过渡的重要标志。

【精彩语录】

1. 利率的降低，即使是偶然的、暂时的，也将促使价格作确定的上涨，不论其涨势是大是小，即使在利率回复到原来价值以后，仍将作为一个长久的特点持续下去。

2. 货币利息率比自然利息率可以高一些，也可以低一些，但并没有理由说希望这两者之间相吻合到一个足够的程度，从而防止物价的巨大波动。

3. 当货币利息率低于自然利息率时，企业家就可以获取更多的利润，于是就会增加投资，通过扩大生产规模来加强竞争优势。

4. 如果利率停留在低水平上，持续到一个相当长时期，其对于价格的影响必然是累积性的，那就是说，在均一的时间间歇，在完全相同的条件，这种影响将反复地继续下去。

《政治经济学的国民体系》

作　　者：弗里德里希·李斯特
成书时间：1841 年

【作者简介】

德国著名的经济学家。出生于 1789 年，早年就读于图宾根大学，1817 年在该校任教。1819 年他倡议建立了德国工商业协会。1825 年，由于政治原因被迫移居美国，在美国曾印发《国民时报》阐述经济理论和政策建议。1832 年以美国驻来比锡领事身份返回德国生活。1941 年，被委任为《莱茵报》主编，由于健康原因，未能成行。1846 年，英国废除"谷物法"，这对主张贸易保护主义的李斯特是一个打击，随后，他建立英德联盟的计划没有被理睬，参与德国关税同盟工作的愿望也未能实现。1846 年自杀。

李斯特是历史学派的先驱者，他在经济学上的最大贡献就在于开创了历史学派。同时他是德国第一位提倡关税保护的经济学家，他认为只有实行严格的关税保护政策，国家才能实现财富的增加，经济的繁荣。他的这个主张对以后的经济学家在关于关税和经济发展关系的研究上具有启发作用。

李斯特的主要著述有《美国政治经济学大纲》、《政治经济学的自然体系》、《政治经济学的国民体系》、《德国政治经济的国民统一》等。

【内容梗概】

19 世纪中叶，德国依然是一个农业国，保留着封建主义国家所具有的种种特征，各种封建势力从维护自身的利益出发，极力扼制国内工业和商业的发展，统治者对外则采取保守主义，德国在当时的国际环境中已处于落后挨打的被动局面，其中最主要的表现就在于关税问题上。由于英国和法国的工业、商业已发展到较高的水平，它们急需对外扩张，以获得廉价原料和产品销售市场。它们把目光投向了德国，德国面临内外双重压力，为了寻求解决问题的方法，李斯特写下了本书，提出了关税保护的观点。

本书从历史、理论、学派和政策四个大的方面论述了实行关税保护的重要性，成为了历史学派的第一本理论书。

李斯特认为，纵观西欧其他发达国家和美国的经济发展历史，我们不难发现它们在成长阶段都不是采用了自由贸易政策，而是采用保护政策。它们的成功取决于找到了正确的发展路子，根据本国的具体实际，制定了适合于本国发展的计划，总结起来有如下五点：

第一，经济发展首先要取得政治上的独立与自由。它们二者之间有着相互促进、相互制约的逻辑关系。一项经济政策的制定和实施离不开国家政府的支持，离不开公正的法律和正确的外交政策，这些政治上的因素对经济的发展都会带来影响，有时甚至是巨大的、致命的，哪怕其中的一个小小环节没有处理好，都会带来不良结果，从而阻碍经济的发展。他列出意大利的统一对意大利的经济带来的巨大的推动作用，美国由于法治建设，国内和平，经济也取得了较大的发展。相反，在经常发生战争的国家，经济状况却明显衰退，他甚至建议荷兰与比利时、莱茵地区和德国北部联合起来，在政治上一致对外，这样就可以与英国抗衡。经济一旦发展，对一个国家的政治也有决定性作用。国家在国际上的地位会自然而然地提高，相反，国家越落后越贫困，就越容易处于挨打地位，很难有自己政治主权上的完全独立，也容易遭到外来强大势力的侵略和压迫，现在的德国正是这样的一种境况。而在法国，由于实施柯尔培尔的政策，引进了人才，统一了税率，废除了关卡，兴办了交通，这些都促进了法国政治力量的强大。

第二，经济的发展要求必须实行关税保护政策。关税保护对一个国家的经济发展起着关键性的作用，特别是对于德国的经济现状，显得尤其重要。目前，德国是一个农业国，工商业不发达，统一的国内市场尚未形成，如果不实行关税保护政策，任由英法等国的廉价产品进入德国，对德国国内势弱的工商业必然带来致命的打击，使德国经济发展条件更加严峻。因此，实行关税保护刻不容缓。英国在以前实行过保护政策，造就了英国今天的强大，比如英国人曾禁止使用印度造的任何产品，哪怕是一根线，英国作为新兴大国，其工业进步何尝不是保护政策实施的结果。

第三，经济发展需要各国根据其发展水平施用不同的经济制度。一个国家的经济发展过程可分为三个阶段，各阶段都有自身的发展需求。在起初发展阶段，应该对比较发达的国家实行自由贸易政策，以便使自己及早摆脱愚昧落后，开阔视野；在发展到成熟的时期，则应实行保护政策，限制外国商品的大量进口，确保本国的工业顺利发展，稳步前进；在成熟阶段，由于本国经济实力已大大增强，在国际上处于领先地位，这时可逐渐取消保护，恢复到自由贸易的方式上去。目前德国刚好处于第二个阶段，自然应该实行保护政策了。

李斯特还介绍了几种经济学理论：一个是国家经济学理论。即政治经济学的研究对象应该是国家，而不是由许多国家组成的整个世界。因为每个国家有自己各自的特征和当前利益，因此，对不同的国家因所处经济发展阶段的不同而应采取不同的方针政策。这与他前面论述的三个阶段理论是联系在一起的。他说，国家的性质是处于个人与世界的中介体，他的理论无一不是以国家来作为研究对象的。

另一个是生产力理论。李斯特认为，社会经济的发展不单是与价值、交换价值有关，更与生产力有关。生产力发展到什么高度是决定国家经济发展程度最主要的因素。至于财富积累的多少，并不是真正重要的因素。作为一种财富，它是不能增值的，而作为一种生产力，却可以在原有财富数量上使其增加。生产力水平越高，财富增加就越多，反之则越少。事实上，是生产力把象征财富的货币转化为了可增值的资本。生产力是指一切能带来增值的劳动，它当然包括明显的简单的体力劳动，也包括不明显的复杂的脑力劳动。比如教师、医师、法官等，他们的生产力体现在保持了生产力的延续，他们不是生产那些可直接使用的物品，而是生产新的生产力。

当然，生产力的发展也有其内外两方面的影响因素，无论是土地、科技，还是思想观念和风俗习惯都构成了影响生产力的重要因素，其中影响更大的是看不见的思想和习惯。一个国家的生产力要发展，依赖于国民经济各部门的平衡协调的发展，只有工业而没有农业的国家是不能得到持续发展的生产力的，只有农业而没有工业的国家同样如此。

李斯特提出了生产力发展的稳定和有续原则。有续原则同劳动分工及生产力联合的法则一样，都是一种自然法则。李斯特还指出，不管是什么国家，它们所做的努力都是为了生产力在国内的结合，其次是对外形成国际结合。如果这种国际结合在方向上出现了分歧，那么就会使社会生产难以进步。

物质工作与精神工作之间是相互联系相互影响的，物质生产中的工作划分和生产力协作最主要的内容都是农业和工业间的划分和协作。

第四，李斯特进一步提出了保护关税的主张。在以前，人们长期深信亚当·斯密所提出的自由贸易主张，但李斯特指出这是不对的，保护关税才是解决问题的唯一办法。关税作为建立和保护国内产业的手段和保证，它对国家经济繁荣进步所起到的作用将会是举足轻重的。在一个新兴产业发展的初期，由于受关税的保护，其产品价格会较高，并且不会无销路，一旦这个产业发展到比较成熟的水平，达到了可与国际上其他国家同类产业竞争的程度的时候，其产品价格会自动下降，这时就不再需要关税的保护，而需要冲出国内范围，在国际竞争中占据一席之地。

第五，李斯特提出了经济发展阶段论。这在上面也提到过，只不过他更具体地描述了各个阶段的特征。他认为经济发展的整个过程有以下几个阶段；原始未开化时期、畜牧时期、农业时期、农工业时期。这几个时期前后相互承接，代表了各自的特点。

李斯特还对经济学派进行了分析，他说：重商主义是被误解了的一种工业主义，它并没有自己明确的定义，只是执行着某种政策而已；重农学派的理论有其正确性，农业应该被解放出来，国家经济才有发展前途；斯密的学说有其可取之处，但它只是一种私人经济学说，而不是关于国家的学说，它是一个价值理论，但它是用"店老板"的眼光来看问题的，关于国家的经济发展并没有得出深刻的理论。

李斯特认为自己的学说才是纯"重商主义"，而柯尔培尔主张的不过是"工业主义"而已。萨伊所做的只是把斯密的材料系统化、通俗化，在理论上并没有多大的建树。可见，李斯特对自己的评价是非常高的。他所主张的关税保护政策也得到了采纳。

李斯特指出，德国在本书完成的近 10 年里的发展可以用突飞猛进来形容，其主要原因在于执行了关税同盟的政策，对各种日用品实行了不同程度的保护政策，国内已经形成了统一的市场，市场竞争机制日趋完善，各种封建残余势力正在被消除，这些都对抵制外国经济掠夺带来了强大力量。如今，德国已经由过去的弱国、落后国发展成了今日的经济强国。之所以产生这么大的奇迹，无一不是实行关税保护制度所带来的福音。可见，李斯特对国家的现状已经由写此书时的不满变为今天的欣喜，他不仅仅是为国家经济的繁荣富强而兴奋，同时也是为自己的建议被采纳并取得成功而高兴。

作为历史学派的先驱，李斯特所做的贡献不仅是理论上提出了新的观点，对当时世界各国的经济政策、贸易政策也带来了巨大的影响。本书是他关税保护主张的集中反映。

【精彩语录】

1. 财富的原因与财富本身完全不同。财富的生产力比之财富本身，不晓得重要得多少倍；它不但可以使已有的和已经增加的财富获得保障，而且可以使已经消失的财富获得补偿。

2. 一个单独的城市或一个小邦进行竞争时，绝不能成功地建立或保持保护政策。

3. 在保护制度下，国内工业有了保障，国内市场由此获得的利益是人人可以自由享用的，绝对不是一种不公开的垄断，而是一种特有权益，这种权益凡是我国人民都可以获得。

《金融资本》

作　　者：鲁道夫·希法亭

成书时间：1910 年

【作者简介】

1877 年出生于奥地利，1901 年毕业于维也纳大学并获医学博士学位，1902 年加入奥地利社会民主党。1918 年任德国独立社会民主党机关报《自由报》主编，1922 年成为德国社会民主党的中央委员之一。后出任魏玛共和国财政部长。1941 年逝世。

他在经济学上的重要贡献在于对马克思主义的帝国主义理论进行了深刻的研究，对资本主义发展前景进行了分析，认为当时资本主义社会出现了许多新的现象，应该用马克思主义理论加以阐述和解释。但他在理论上也有错误的地方，他试图将马克思主义与机会主义相结合，走中间道路。

希法亭的主要著述有《金融资本》、《历史的问题》、《关于资本主义最新发展的研究》等。

【内容梗概】

在 20 世纪初，资本主义经济得到了进一步发展，新的经济现象大量涌现，比如垄断的产生，这在自由主义竞争时期是不曾有过的，显然资本主义发展已进入了一个新的阶段。希法亭敏锐地观察到了这一点，对此进行了深入的研究，证明资本主义社会已进入了帝国主义时代。他将帝国主义与以前的资本主义进行了对比，对新的经济现象加以解释，从而写成了本书。

本书是希法亭的代表作，他在书中把各种新的经济现象纳入了古典经济学的理论体系之中，指出垄断形成的原因有两个：一是卡特尔、托拉斯的出现，这是从表象上看的；二是银行资本与产业资本相结合的产物，这是从经济学理论角度来分析的。这两个原因构成了帝国主义的新的特征。希法亭对金融资本做了重新界定，指出以前的金融资本仅指借贷资本或者银行资本，而他现在所说的则是指银行资本与产业资本的综合物，是资本发展到新阶段的结果。

本书首先对货币和信用进行了分析，希法亭认为信用同样是银行资本、产业资本结合的一种形式，但只是一种初步的形式，金融资本是高级形式。之所以要用对货币问题的研究作为本书的开场白，是由于以下原因：

第一，银行资本与工业资本之间关系的发展产生了金融资本，这种关系却又是由生产资本和货币资本的关系发展而成的，为了说明金融资本，必须谈到它的起源，所以也就必然会谈到货币资本，而且在信用与货币之间也有着密切的关系，因为信用同金融资本一样是银行资本与产业资本的结合物；

第二，货币制度的发展促使了新的货币理论的出现，这些货币理论是资产阶级经济学的维护者，所以应该进一步研究货币制度，用真理来驳倒他们；

第三，货币问题一直就是经济学研究的重要课题，是与价值理论密切相关的，因此通过对货币理论的研究也可以证明马克思的价值理论，反驳资本主义经济学家的攻击。

希法亭接着论述了信用。在这里他认为信用有两个主要形式：流通信用和资本信用。二者是不同的概念，作用也不相同。

流通信用是赋予资本家的商品资本以货币资本的形式，它的作用主要表现为用信用货币和它的交易，使用于商品流通的现金大大减少。这样许多大的交易都是一种无现金形式的交易，减少了交易风险，也节约了交易成本，这是商业发展的一种新的趋势。

资本信用的作用则在于能将闲置货币转化成为可以使用的货币，即通过利息、股利等多种形式使闲置货币用于投资以求增值，从而使货币供给量增加。

可见，流通信用与资本信用是不同的两个概念。希法亭的这个论述对后来经济学家对信用的研究上具有很大的影响作用，但是他背离了马克思货币理论的一些基本观点，与其说是发展还不如说是在某种程度上歪曲理解了马克思的货币理论。

希法亭还对股份公司、证券交易所等相关问题做了详细的论述。他认为，金融资本就其产生而言，是以股份制为起点的，金融资本是随着股份制的发展而发展起来的，相反，没有股份制，就没有金融资本。

希法亭对创业利润进行了解释，他认为股票的票面值的总和表明了股份公司在生产过程中实际收到的资本量，而在股票交易市场上，票面值却与实际交易价格有出入，表现为价格总是围绕着票面值上下波动，在多数情况下，是交易价格多于甚至远远高于票面值。希法亭对这一部分高于票面值的价格部分作了界定，指出这不是欺诈而来的，而是合理的经济现象，是处于独特经济范畴的现象，可以用创业利润来专门替代它。创业利润是股票两次资本化的产物，是在虚拟产业资本化后又进一步虚拟借贷资本化的结果。这个阐述还是具有一定科学道理的。

造成创业利润出现的原因是交易所的存在。在交易所出现之前，股票仅仅代表全部实际投资总额带来利润的虚拟资本，股息是其平均利润。交易所出现之后，股票成了可能通过卖出且可以收回的虚拟借贷资本。这种借贷资本的平均利息率规模在发生作用过程中，股票就可以带来利息，成为一种资本。因为这个利息收入或利润被股份公司的创业者在股票发行时就占有了，可以理解为是创业活动的收益，所以叫它创业利润。创业利润和我们观念中的利息、利润都不是一回事，它是专指创业者收益的一个名词，是一种特殊的虚拟资本。

银行资本进入股份公司是一种新的现象，从目的上来看，银行资本的界入是想分享创业利润。银行资本进入股份公司的直接方式就是充当股份公司的创业者。它通过大量购买企业股票，把银行资本一步步渗入到工业资本中去，使二者紧密结合，而股份公司是欢迎这种渗透的，因为这样可以使它们有更多的资本扩大生产规模，兼并其他小企业，打击强大的竞争对手。这种一拍即合就产生了一种新的资本即金融资本。由于公司的规模更大，公司在行业竞争中处于控制地位，也就自然地形成了垄断。

希法亭认为，垄断是资本家为了消除利润率平均化障碍的必然产物。因为金融资本的形成使大工业企业的资本规模扩大，经营规模也扩大了，所以企业的利润分配必须要符合新的形势。以往由于股东分散，利润分配一平均，留给企业的利润已变得很少，而当银行资本收购大量股票后，又与企业融为一体，所以利润分配时大部分落入银行，银行又用这些利润追加投资到企业，最终企业就保证了资本的快速增加，垄断也就有可能形成。这样运作对银行和企业来说，无疑达到了双赢效果，最终是皆大欢喜。

作者还对经济危机形成的原因做了深入的探讨，对资本主义社会发生的工业危机、信用危机及货币危机之间的关系进行了论述。他对以伯恩斯坦为代表的修正主义的经济危机论进行了严厉批判。但他也同样犯下了致命的错误：看不到危机产生的实质是生产过剩，看不到危机产生的原因是资本主义的基本矛盾，因此，他的论述在关键问题和方向把握上都与马克思主义的经济危机论相背离，从而也导致了他无法对经济危机作出合理的判断和解释，甚至提出了许多错误的观点。

本书最后讨论了经济政策问题。希法亭对贸易政策的调整、资本输出和争夺经济区、金融资产阶级以及无产阶级和帝国主义等问题都做了分析和论述。他以金融资本的经济实体为突破口，对帝国主义的国际关系以及经济政策都进行了深入的研究。指出，自由贸易必将转向保护主义，国际自由竞争必将转向国民经济扩张和资本输出，自由主义必将转向帝国主义、自由放任必将转向国家干预，并用理论加以解释说明。但他所提出的帝国主义与马克思主义中的帝国主义二者之间存在着一定的区别，并不是一致的。

希法亭提到了民族垄断和国际垄断。民族垄断是一种保护主义，目的在于发展本国的民族经济，所以一旦民族经济发展到可以和世界其他国家竞争时，民族垄断会自动消失，但国际垄断却不是如此，它会越演越烈，一刻也不会停止，除非资本主义制度灭亡。

【精彩语录】

1. 投入商业的资本，首先等于年社会产品除以商品资本的周期次数，再乘以社会产品到达最终消费者之间历经的中间阶级数。

2. 商品流通大部分无需借助现实的货币也能进行，这是生产业资本家彼此提供和抵消的相互间的信用。

3. 产业资本家的利润取决于他的全部资本，不管这种资本是自有资本还是借入资本，它们完全一样，因为它都是生产资本。

4. 商业利润是生产中创造的全部剩余价值的一部分。如果其他情况不变的条件下，归于商业资本的部分越大，归于产业资本的份额就越小。所以，在产业资本和商业资本之间存在着利益的对立。

《国民经济学原理》

作　　者：卡尔·门格尔
成书时间：1871 年

【作者简介】

奥地利著名经济学家。1840 年出生于奥匈帝国的加利西尼。1859 年就读于维也纳大学，后又在布拉大学和克拉科大学学习。1867 年获克拉科大学博士学位。毕业后曾为《维也纳日报》撰写经济论文，任职于内阁新闻局。1871 年因出版《国民经济学原理》而一举成名。1876 年受聘为皇太子鲁道夫的宫廷教师。1878 年任教于维也纳大学，并参与政府的通货审议会，1900 年被选为奥国上议院终身议员。1921 年因病逝世。

门格尔是奥地利学派的创始人，在经济学上的主要贡献在于对边际效用价值理论的阐述，同时也在于他在研究经济问题时所使用的方法。他认为要想对国民经济现象的基本形态及其相互关系有一个全面的认识，必须借助于理论研究，不能采用历史归纳法，而应采用抽象演绎法。在边际效用价值论方面，他认为只有经济财货才有价值。

门格尔的主要著述有《国民经济学原理》、《关于货币理论和货币政策论文集》、《社会科学和政治经济学方法的研究》、《德国经济学的历史主义谬误》等。

【内容梗概】

在 19 世纪下半期，经济学界一直在思考如何用有限的物质来满足人类无限的欲望这一问题。我们知道，人类欲望的存在和满足欲望的物质是人类经济生活中的两个基本要素。人的欲望是与生俱来的，人们从一开始是为了生存而奋斗，在生存问题解决了以后，人们又开始梦想生活质量的提高，这些想法都很自然，符合人的本性，而且人的欲望是无限的，层次也是越来越高。然而，满足欲望所需要的物质条件是有限的，因为人们生活在一个有限的物质世界里，很多事情是无法完成的，至少是当时还没有形成足够的条件去满足。这里面存在着巨大的反差，这就是经济学所要解决的问题。本书也正因为这个原因而产生，书中就上述问题进行了全面的分析。

首先，门格尔提出了财货概念。门格尔认为只有弄清什么是财货，才能进一步弄清什么是经济财货。财货是指满足欲望的物品。当抱有欲望的人们发现某种物品与满足自己欲望有关，并且自己也能够对这种物品使用时，这种物品就是财货，可见，物品要成为财货，要满足以下三个条件，缺一不可：

1. 人们对这种物品有支配欲望；
2. 这种物品确实能满足人们的某种欲望；
3. 人们有能力支配这种物品。

财货在种类上可分为许多等级。等级划分的标准是财货与人类欲望之间关系的亲疏程度。具体而言可表示如下：

一级财货：能直接满足人们的欲望，如面包，牛奶等；

二级财货：能间接满足人们的欲望，如设备、工具等；

三级财货：生产二级财货所必需的物品；

四级财货：生产三级财货所必需的物品；

依此类推，财货可分为无数个等级。大体来分，也可分为高级财货与低级财货。低级财货对满足人类欲望有直接关系，高级财货对满足人类欲望有间接关系。高级与低级是相对而言的概念，比如三级财货相对二级财货就是高级财货，而二级财货相对于一级财货也是高级财货。高级财货的间接作用在转化为直接作用时会受到补充财货的限制，而且，它的性质要以低级财货的性质为转移，高级财货与低级财货又同以人类欲望的存在而存在。如果人类的某种欲望一旦消失，与之相关联的任何财货也都不再是财货了。

门格尔从财货进而谈到了经济财货。凡是供不应求的财货即是经济财货。经济财货进一步论证了有限的物质条件无法满足无限的人类欲望，这也正是经济财货产生的根源。在人们发现某种财货的供给量无法满足所有人的需求总和时，他首先想到的就是先让这些财货满足自己的需求，于是他们就会通过各种办法去占有它。由于人们大多有利己主义思想，所以为争夺经济财货而发生的冲突也就不可避免了。占有经济财货的人会通过法律或其他强制性手段去保护自己的财货，而未占有经济财货的人也同样会争取获得财货，这就是现代法律秩序的经济根源了。

也有些财货，由于其供给量大于需求量，就不会发生争端和冲突，这种财货我们称为非经济财货。这种财货不是人类经济生活的对象，比如空气、阳光等，它们不具有排他性。

在经济财货与非经济财货之间并没有一条明确的界限。它们之间可以相互转化。由于二者在区别上是以供求关系为标准的，所以财货的经济与非经济特点，都不是它本身的属性，而是由人们的主观欲望来决定的，反映的是人的欲望与财货数量上的关系，所以经济财货与非经济财货是可以转化的。

门格尔由经济财货谈到了价值理论。他认为，价值起源于经济物品的效用，这种效用是主观的，所以价值的本质也是主观的。但有效用并不等于就有价值，也就是说，只有人们意识到欲望的满足及其满足程度是依赖于他们对某种财货的一定量的支配时，这种财货对于他们才有价值，可见，只有经济财货才有价值。效用必须和经济物品在数量上的有限相结合，才有价值形成的条件。比如，在沙漠绿洲里，如果居民社会用的水不存在稀缺，可任意使用都不会枯竭时，这水是没有价值的，也不是经济财货，但是，一旦这水在量上有限，不能满足居民的所有需求时，它就具有了价值。所以，价值是既不附属于财货，与之没有必然联系，也不是财货本质上的属性，更不会独立存在。

门格尔也指出，价值在其决定上也是主观的。不同的财货，其价值的大小是因为它们在满足人类欲望时所具有的意义有大小之分。一方面，各类欲望的满足对人类福利也有不同的意义，比如满足衣食住行的欲望相对于满足享乐的欲望而言，其意义更为重大；另一方面，同一欲望的不同满足程度对人类也有不同的意义。比如食物满足虽然对我们很重要，但并不等于所有食物都有保持生命的意义。其中有一部分肯定是有，但也有一部分却只是用来保持健康的，还有一部分却是没有用处的，相反，如果人们在吃饱后再去"使用"这一部分，只会带来疾病，可以说是得不偿失了。所以，门格尔指出：在每一具体情况下，如果人们所支配的财货数量中的一定部分量，与各种欲望满足中最小意义的一个欲望满足相互依存，那么他所支配的财货数量的这一部分的价值，一定等于各种欲望满足中那个重要性最小的欲望满足。

高级财货价值的决定，一方面是以边际效用为基本原则的，同时也有以下几个因素：

第一，对于低级财货，其价值不是由生产它所用的高级财货的价值决定的，但对于高级财货来说，其价值是由它所生产出来的低级财货的预期价值决定的；

第二，生产物预期价值减去资本利用价值和企业家活动的价值，才是高级财货现在所实际具有的价值；

第三，生产一种低级财货，必须有能够相互补足的一组高级财货，但就算缺少其中一种或几种高级财货，其余高级财货也不会没有价值，它们可以用于生产其他低级财货；

第四，掌握了高级财货价值决定的规律，我们就可以来认识土地利用、资本利用以及劳动力价值等。

门格尔接下来对交换和价格进行了论述。指出交换的起源在于人类追求欲望满足要有较大效用。在交换过程中，每一方都会认为自己的物品的价值小于对方，因为不同的人有不同的需求，因此就有不同的价值观念。也正是在这样一种条件下，交换才会存在。门格尔指出，亚当·斯密所认为的交换是因为人们有交易癖好的说法是明显错误的，他对此进行了批判。交换有其界限，当双方都认为自己的物品的价值不低于对方时，交换就不再进行下去。

价格就是交换的比率，是人们进行交换和其他经济活动中的一个偶然现象，只是人类经济中所形成的经济平衡的一个特征。价值既不是由所交换的物品在生产上所花费的劳动来决定，也不是由生产这些财货的生产费用来决定，它是由买卖双方讨价还价来决定。在这一点上，门格尔看到的只是表面现象。

本书最后，门格尔论述了商品的概念和货币的产生。他认为，商品是用来交换的所有经济财货的转移。商品在性质上不是指财货的属性，只不过是财货和经济主体之间一时的关系。所有财货是其所有者用来和其他经济主体的财货相交换的，商品指财货在脱离其所有者到其他经济主体的转移过程中的财货。可见，商品的存在只是一瞬间，只是交易中买卖双方谈判价格后进行交换的一刹那，没有了交换，商品就无从谈起。

货币的起源也来自交换。在越来越多的交换中，直接的物物交换存在的局限性越来越突出。于是交换双方都想在时间和空间上把交换分割开来时，就需要有一种被普遍接受的媒介物来充当临时财货。他们可以把自己的财货换为这种媒介物，在别的地方或者在另外的时间再用这种媒介物去换取自己所需要的财货，显然，这样做大大方便了交换的操作，也使买卖双方都能获得自己最想要的财货，而这种媒介物就是货币。可见，货币的出现是与交换相联系的，是为了方便交换的进行，它起到了确定价格指数的作用。

【精彩语录】

1. 一般来说，垄断财货的价格越高，不能享受垄断财货的个人和人口阶层就越多，从而这些人口阶层的生活也越贫苦，而垄断者所销售的垄断财货数量也越少。

2. ……垄断者无论是根据其向市场提供的财货数量来规定价格，还是根据一定的财货单位价格来决定给予提供的财货数量，在这两种场合的任何一种场合之下的财货分配，都只受着一定规律的支配。因此由此产生的经济现象，就绝不是偶然的，而是具有规律的。

3. 商品性质不仅不是财货的性质，而且还不过是财货与经济主体间的一时的关系。

4. 价格则不过是他们进行经济活动和财货交换时的一个偶然现象，不过是人类经济中所形成的经济平衡的一个表征。

《资本实证论》

作　　者：欧根·冯·庞巴维克
成书时间：1889 年

【作者简介】

奥地利著名经济学家。1851 年出生于奥地利。早期毕业于维也纳大学，后留学德国，1875 年在德国海得尔见格大学学习经济学，又到过莱比锡大学以及耶拿大学学习。回国后 1880 年任维也纳大学讲师。1881 年受聘于茵斯布鲁克大学。1889 年受聘于奥国财政部，1895 年、1897 年、1900 年三次出任财政大臣，1904 年离职返回维也纳大学，1911 年任奥地利科学院院长。1914 年逝世。

庞巴维克是奥地利学派的代表人物，他在经济学上的主要贡献在于提出了时差利息理论，认为利息是现在物品的价值高于同种同量的未来物品价值的差额，利息来自现在与未来的时差，利息楞分为借贷利息、企业利润和耐久物品利息三种形式。

庞巴维克的主要著述有《利息理论的历史和批判》、《资本实证论》、《财货价值的最后尺度》等。

【内容梗概】

门格尔创立奥地利学派后，庞巴维克和维塞尔将其发扬光大。奥地利学派的核心理论是主观价值论，即"边际效用价值理论"。

本书的核心部分是利息理论，同时还对作为利息理论前提的资本理论和作为利息理论基础的价值理论和价格理论做了详细的阐述。

什么是资本？从狭义上讲，是指用来作为获得财货的手段的产品，从广义上讲，是指可以生产利息的物品。消费是人们满足需要的过程，人们的需求是不断的，并且总是希望得到最大的满足，即指达到最佳消费状态。于是人们必须要获取满足消费的财货。在获取过程中，由于人力的参与形成了可用以消费的财货，这种参与即是生产。

生产的方式可简单分为两种，一种是直接方式，这是一种"由手到口的生产"，这种生产不需要其他工具的帮助；另一种是迂回方式，即指先制造生产资料，再用它来制造消费品，比如我们要想获得衣服，就先得开采煤矿，用以制造机器，建造发电厂发电，再造船把外地棉花运来，再将它加工成为布料，才可制成衣服。这里面要经过许多环节，而像机器、电力、钢铁、船舶等这些产品我们称之为中间产品，它们都构成了生产消费品的资本。这就是庞巴维克所解释的资本，所以他认为资本既非一定量的货币，也非不断增值的价值，而是指被生产出来的生产手段。他还说，资本可以更广泛地定义成可以生产利息的物品，也是指"获利资本"或"私人资本"。

资本产生后具有自己的作用。由于资本是人力参与到自然物品的活动结果，所以，资本不是独立的生产力，它无法直接创造出消费品，但它又具有生产的功能，所以人们可用迂回的生产方式来利用它。资本用来生产，就会带来两个方面的后果，一是有利的，一是不利的。有利的后果是说它可以比直接方式生产出更多更好的消费品。不利的后果在于"迂回"本身浪费了时间。

既然生产工具成为了资本，生产工具是人力与自然力的综合产物，所以要想得到生产工具，必须要进行生产，可见，生产是资本形成过程中不可缺少的条件。他这样来解释资本，就掩盖了资本的实质，从而抹煞了资本家对雇佣工人的剥削。

庞巴维克进而对价值理论进行了全面的论述。他认为价值学说是国民经济理论的核心，所有一切问题，比如分配、地租、工资、利息等都是围绕它来论述的，有必要对价值理论做"精确解释"，从而他提出了主观价值论。所谓主观价值，是指一种财货对于物主福利所具有的重要性。它与客观价值的区别在于客观价值只是一种财货获得某种客观成果的力量和能力。客观价值不属于经济学的范畴。

一个物品对物主福利具有重要性，不仅仅是因为它具有使用价值，即客观价值，而且还因为它不能无限制地"挥霍"。可见，要形成价值，财货必须有两个特点，一是有用，二是稀缺，二者缺一不可。

那么财货在具有价值后其价值量是由什么决定的呢？庞巴维克认为是由它的边际效用来决定的。效用指的是财货对人们具有满足某方面需求的能力，边际效用指的是人们在不断增加消费某一物品所获得的一系列递减的效用中最后一个单位所具有的效用。人们在使用财货时，首先会用来满足最重要的需求，在这个需求满足后进而满足其次重要的需求。因此，如果人们失去了某种财货，得不到满足的总是一切需求中最不重要的那一个了。可见，决定财货价值的不是它的最大效用，也并非中间效用、平均效用，而是其最小效用，即边际效用。所以，任何财物其数量越多，决定其价值的边际效用就越小，数量与价值负相关。正所谓"物以稀为贵"，就是这个道理。

庞巴维克在其价格理论中，提出了边际对偶论，对价格形成问题和影响价格变动的因素进行了全面分析。他从财货的交换规律中推出价格规律的根本问题。交换财货的目的在于，当事人通过交换得到利益。所谓利益，就是指换进的财货的效用大于换出的财货。同样，交换对方也会作出这样的估计，因为不同的人有不同的主观价值观。如果交换双方对所要交换的财货估价一致，则交换不成立。他认为，劳动价值论关于交换的商品价值相等一说是可笑的，因为价值不相等才能进行交换。现代社会是分工社会，任何企业都在大量生产并非自己直接消费的财货。于是，如果一种财货卖剩有余，其估价就低。相反，与之相交换的财货的估价就高，因而能进行频繁交换。

庞巴维克把交换分为四种情况。其一是在孤立交换中形成价格。这是买方一人对卖方一人进行的交易。假设买方甲对一匹马估价为 100 单位，卖方乙估价为 50 单位，交换则可行。最终这匹马的价格会在 50 到 100 单位之间，具体价格无法知道，要看双方讨价还价的结果。

其二是在买方单方面竞争中形成价格。即买方有至少两人，卖方则只有一人。这时买方之间会形成竞争，价格会提高，一直到交换能力较弱的买主被淘汰为止。

其三是卖方单方面竞争中形成价格。即卖方有至少两人，买方仅有一人。这时卖方之间会形成竞争，价格会降低，一直到交换能力差的卖方被淘汰为止。

其四是买卖双方竞价中形成价格。这是很常见也很复杂的一种状况。最终结果是：在双方竞争中，最后以勉强参与竞争的双方估价和被淘汰的卖方中交换能力最强者为最高限，以卖方中勉强参加交换而能力最弱者估价和被淘汰的买方中交换能力最强者估价为最低限，市场价格形成在这上下限之间；这种在边际有四个交换者的情况，叫做边际对偶。

既然价格决定于边际对偶的评价所规定的上下限之间，那么这个上下限又受什么来决定呢？庞巴维克认为从需求方面看有两个因素，即对物品需要的数目和买主对物品评价的数字；从供给方面看，也有两个因素，即提供出售的物品的数目和卖主对物品评价的数字。

本书最后对利息理论做了论述，提出了时差利息论。庞巴维克认为，利息不仅指借贷资本的收入，也指利润、地租等剩余价值的各种具体形态。利息理论表明了一个事实：财货在现在比未来更有价值，因此人们要使用它，必须弥补由时间差所带来的损失，这就是他的时差利息论的根本观点。之所以会出现财货在不同时间的不同价值，原因在于：

第一，供求关系在将来会发生变化，而且越来越发展为供大于求，因为既然人们要急于使用这件财货，根据主观价值论，他对该财货的评价也会高，而到了后来则必然会降低估价，财货价值也就下降了；

第二，人们对现在往往高估，而对未来发展持悲观态度，因为人们心理上对人生的无常，人生的短促的考虑，而持有得过且过的心态；

第三，现在的物品在技术上有优于将来的特性，人们会认为，随着技术的发展，产品会越来越多，越来越新，现在的财货在将来会贬值。

利息由于现在财货与将来财货相交换而形成多样化，使自身形式也多样化。利息有如下几种形式：

第一，借贷利息，这是最普通的一种形式，借是因为对现在财货价值的高估；

第二，企业利润，企业生产就是为了获取利润，而生产中的生产资料则被预先购置，在以后的使用中方能产生效益，这种时差上的价值差别也是一种利息形式；

第三，耐久物品利息，耐久物品购置后，长期使用，它所发挥的效用比其价格要大，这个效用差额由于是损失时间而换取的，同样是一种利息形式。

【精彩语录】

1. 价值学说，可以说是整个国民经济理论的核心，所有一切问题——收入分配、地租、工资、资本利息等重大问题的依据都是围绕着这个中心展开的。

2. 如果我们按照维塞尔的说法，把满足最小的经济欲望即边际欲望效用称为边际效用，就能以极简单的公式表达财货价值大小的法则，即财货价值取决于其边际效用的大小。

3. 社会有权选择自己的代表，这是一件好事，但是，如果在每一次选举中，由光棍和小政客的随意之举而不是爱国的深思熟虑来决定多数的话，那就不是一件好事了。

4. 像其他人类制度一样，利息也许要比大多数的制度更容易招致夸大、诽谤和中伤等危险。

《财富的分配》

作　　者：约翰·贝茨·克拉克

成书时间：1899 年

【作者简介】

美国著名经济学家。出生于 1847 年。早年在安默尔斯特大学读书，1872 年毕业于阿赫斯特，前往德国进修经济学。回国后一直出任各大学教授。1893 年担任美国经济学会会长，1895 年再任哥伦比亚大学教授，1925 年退休，仍致力于经济学研究。1938 年逝世。

克拉克是美国理论学派的创始人，该学派强调理论研究，反对只重具体问题分析。克拉克在经济学上的最大贡献就在于创建了理论学派。他主张基本理论是研究经济学的钥匙，是经济学发展的根基，是研究一切具体经济问题的指导思想，因此，反对只注意论述具体事实，认为是研究具体问题是错误的，它会导致经济学的无逻辑发展。因此经济学家应该把更多的精力放在对基本理论的研究上。克拉克可谓是同时代经济学界的泰斗，对当时的经济学发展起到巨大的影响作用，对后来的各位著名的经济学家的理论都有深远的影响。另外，他对边际效用也有一定的研究，并得出许多有影响的研究成果。

克拉克的主要著述有《财富的哲学》、《财富的分配》、《政治经济学要义》等。

【内容梗概】

在克拉克所处的时代，即 19 世纪末期，资本主义生产力已经发展到较高的水平，长久以来形成的地主阶级与资产阶级的斗争已大大减弱，甚至地主阶级和资产阶级相互支持，一个出地，一个出资，共同剥削工人阶级。随着经济的发展，工人阶级逐渐觉醒，开始不断反抗资产阶级，并通过各种方式对资产阶级予以打击，资本主义社会的主要矛盾不断激化。在这样的条件下，资产阶级经济学家也纷纷建立各种理论企图掩盖问题，宣扬资本主义的优越性。克拉克作为资产阶级经济学家的一员，响应了这次反击。于是本书在这种背景下产生了。

书中在内容上先谈财富的分配，再扩大到经济学整体，思路还是比较清晰的。

财富的分配问题是经济活动中必不可少的一个环节，它与生产和消费都有着相互影响、密不可分的关系。作者就是要说财富的分配是由"自然"规律决定的。规律的自然性自然就不存在人为性和社会性了。这与马克思主义观点恰好相反。在这些自然规律作用下，所有财富都会有自己合适的去向。但这个自然规律是什么呢？

克拉克认为这个自然规律是将作为社会收入三大组成部分的工资、利息和利润的来源各自归位的原则。也就是说，在这个规律的作用下，由社会劳动创造的工资、由社会资本创造的利息、由企业家职能创造的企业利润三者在总收入中的份额是与劳动、资本和企业家职能三者在生产量上的份额比例相等的。当然，在现实经济生活中，由于这条自然规律发生效用会受到各方面或大或小的影响，所以这个比例往往也会出现一些差距，但这些都不能掩盖规律的存在。关于福利他认为，工人阶级的福利情况不好并不是因为工人阶级受剥削的结果，而是由于工人阶级的劳动生产量少而造成的。劳动生产量少，由于自然规律的作用，工人阶级所获自然也少，其福利情况不好也就成为必然现象，与受剥削是无关的，因为受剥削与否关键看的是劳动者是否得到了所有应该得到的财产，二者之间的评价标准是不同的。由此可见，克拉克是在极力维护资产阶级利益，粉饰资本主义制度。

除了为资产阶级辩护以外，作为一名经济学家，克拉克也将财富的分配问题在纯粹经济学领域进行了探讨。克拉克指出，虽然财富的分配受某种自然规律支配，但是这种支配并不是简单地直接地支配，就对劳动、资本和企业家职能三者而言，它们并不是直接决定了分配的份额大小，因为首先三者比例是难以在现实中确定的，其次这种分配只是简单化、理想化的方式，毕竟在分配过程中，有些人就算知道应该得到多少，但由于采用的获取方式不同而会出现一些偏差。当然，他们的所有权是应当予以保护的。

在讨论了财富的分配后，克拉克由此展开去，深入到整个经济学的知识范围。在这个大的部分里，克拉克是围绕着经济学的分类来展开的。关于经济学的分类，由来已久都是把经济学分为生产、分配、交换和消费四个部分，即所谓的四分法。生产、分配、交换和消费四者之间密不可分，生产决定了分配，它决定了分配的产品种类，也决定了该如何分配，分配多少。在每个人拥有分配后的产品后，可自由用于交换，交换是生产分工的必然要求。每个人获得自己真正想用的物品方可进行消费，消费反过来又会促进生产，因为消费需求越大，生产就会扩大规模、增加生产量以满足消费。可见，四者之间构成了一个循环的四个环节。克拉克在此指出，这种分类方法是不科学的，四个环节并不能平等对待。他认为交换是生产社会化的要素而已，因为，生产量和生产种类一旦实现后，在社会的流通中就已经决定了交换的内容。他还认为分配不过是生产的另一个过程而已，在生产过程中，投入多少就必然按比例获取多少回报。分配多少、分配什么也就自然早已被决定了，因为交换和分配都由生产来决定，二者不过是生产过程中的两个环节而已，它们本身不能成为生产之外并与生产并列的经济学范畴。

既然经济学中传统的四分法是错误的，那么经济学又该如何来进行分类呢？克拉克提出了三分法，这一方法分类标准与四分法是完全不同的。克拉克的三分法是指经济学中的第一部分是客观存在的自然形成的不可人为改变的基本经济规律。这些经济规律是普遍存在的，属于自然性规律，第二部分、第三部分都属于社会范畴。第二部分是经济社会中的静态现象，所谓静态，就是虽依靠人为因素来进行但与社会进步无关，它是一个社会发展截面的反映。第三部分是经济社会中的动态现象，即以生产方式的变化或其他对社会结构有影响的因素的变化为研究对象的经济学。简单地说，经济学可分为三部分，分别称为一般经济规律、静态经济学和动态经济学，这是克拉克按三分法对经济学进行的分类。

第一，一般经济规律。是经济社会中的自然部分，是人为因素基本不可能影响到的经济规律。作者在此列举了生产力递减规律，其实在经济社会中这类规律是非常多的，比如等价交换规律，它在任何社会形态下都是适用的，商品交换如果违背了它则会出现混乱现象。这些规律从内容上讲大多数是关于价值论、利息论等方面的，是对经济社会最一般现象的总结。

第二，静态经济学。静态经济学是交换经济的一部分。所谓交换经济，是指研究交换的产生、结果及影响的经济学，可分为静态经济学和动态经济学。交换经济中的理想的部分就是静态经济学。它既不对社会结构变化进行研究，也不对社会分工进行研究。它不会受到人口数量增加、资本增加、生产方式改善、产业组织形式改变和消费者欲望改变的影响，这是趋向于动态社会的，是经济社会发展过程中某一个时点上社会的状况研究。静态分析是经济学家不可缺少的分析方法，因为经济社会是复杂易变的，要把它进行深入研究并把握规律，则必须要将某些变动因素假设为不动，即不予考虑它们，这样才能化复杂为简单，才能把握经济社会中的本质问题和内在规律。静态分析的目的正在于发现某一时间的社会自然状态。在静态经济学的理想状态中，也包含一些实际上存在的东西，所以，也不是脱离现实的假想或不切实际的空想。

第三，动态经济学。动态经济学是交换经济的另一部分，是最复杂的经济学。动态分析就是不仅要考虑静态分析中的各种因素，而且要考虑人口数量增加、资本增加、生产方式改善、产业组织形式改变和消费者欲望改变等因素，把各经济现象的变化放在动态的分析中。动态分析不对经济社会进行任何理想化的假设，它的研究对象是实实在在的现实社会，重在对不同时点上社会状态的变化情况，也就是把每个时点上的静态社会串联起来考虑。在动态分析的对象里，社会结构，社会分工都是考虑的重要因素。动态经济学是经济分析的最复杂的经济学，也是经济分析的终端经济学。

最后，克拉克分析了最后生产力规律决定工资和利息的标准。克拉克分别对劳动和资本的各自产品的标准予以界定。认为边际产品是各种工资新趋向的标准。所谓边际产品，是指在生产过程中的最后一个产品。要确定这个标准，就要排除其他因素创造的价值，比如资本、土地。其次，克拉克阐述了最后生产力决定工资和利息的理论。克拉克认为，劳动和资本是经济社会中永恒不变的生产要素，但二者之间存在相互影响的关系，一旦在这二者之间的关系问题上处理不好，就会出现生产效率的下降，因此二者要相互适应，相互协调，保持着一定的合适的比例，一方的变动必然引起另一方的变动。所谓最后生产率规律，它是对资本和劳动在一方不变动的条件下，另一方的变动决定了其产品的标准。即在劳动量不变的条件下资本的最后一单位的产量决定了利息的标准，同样，在资本投入量不变的条件下，劳动量投入中最后单位的劳动量决定了工资的标准，这是克拉克的又一个重要贡献。

综观全书，克拉克首先谈到财富的分配问题，进而对传统经济学中的四分法予以批判，并提出了自己的三分法，改变了分类标准，最后，简略地对最后生产力规律决定工资和利息的标准进行了讨论。本书对动态经济学的研究是克拉克一生的重大贡献。

【精彩语录】

1. 任何工具的租金就是它的净生产量。租金无一例外的都是生产的成果。

2. 市场价值所依据的那些衡量效用的标准，是由商品中最后增加的单位来决定的，而一般不是由全部商品来决定的。

3. 如果一种消费品一个单位一个单位地连续不断地供应，它的效用就会越来越少，同样，生产者的工具或各种形式的资本，如果是由一个人使用，那么数量越多，生产能力越低，最后一个工具对人所能增加的效用，比先前那些工具来得少。

《就业、利息和货币通论》

作　　者：约翰·梅纳德·凯恩斯
成书时间：1936 年

【作者简介】

英国著名经济学家。1883 年出生于英国剑桥城。父亲是剑桥大学一位有名的伦理学家和经济学家，母亲担任市参议员和市长。小时候数学才能过人，从伊顿公学毕业后进入剑桥大学。1905 年毕业后被分配到印度事务部工作，1908 年由马歇尔介绍成为剑桥大学讲师。1911 年曾主编《经济杂志》，1913 年任皇家经济学会秘书，后改任主席。1915 年任职于英国财政部。1919 年参加巴黎和会，由于强烈反对向德国索取巨额赔偿而愤然辞职。1919 年再回剑桥大学开设"和约的经济意义"受到广泛欢迎，后出版成书，使他成为欧洲经济复兴问题的中心人物。世界经济危机期间主持英国财政经济顾问委员会，"二战"后任英格兰银行董事，1942 年获皇家授予的"勋爵"爵位，1944 年作为英国代表团团长出席在布雷顿森林召开的联合国货币金融会议。后又任国际货币基金组织与国际复兴开发银行的执行董事。1946 年因心脏病逝世。

凯恩斯在经济学上的主要贡献在于他创立了新的就业、利息和货币理论，掀起了经济思想史上的"凯恩斯革命"。他的学说由"异端"转入正统，最后被奉为解决经济萧条的经典理论。他从维护资产阶级利益的目的出发，提出充分就业、改进分配制度等方法，对西方各国战后刺激经济增长具有重要的指导作用，也对摆脱经济萧条起到了明显的作用。但他的理论仍然无法解决根本问题，于是他的"治标不治本"的政策主张在 20 世纪 70 年代末 80 年代初转趋衰败。

凯恩斯的主要著述有《印度的通货与财政》、《和约的经济后果》、《货币改革论》、《货币论》、《就业、利息和货币通论》等。

【内容梗概】

20 世纪 30 年代，资本主义世界爆发了全球性的经济危机。这次危机无论在广度上，还是在深度上和持续时间上都达到了历史最高峰，整个资本主义陷入一片恐慌之中。以前的新古典政治经济学的理论也不攻自破，自由主义主张受到了打击，而资产阶级对资本主义制度也开始怀疑起来，这时需要有一种新的理论能提出解决危机的办法。凯恩斯正是在这种背景下写成本书的。本书的出版使凯恩斯成了资本主义的救世主。

本书是凯恩斯主义理论的集中表现。本书刚出版时，受到许多人的误解因而遭到批评，被视为"异端"，但在"二战"后实践证明了它的适用性，从而确立了本书的正统地位，使它成为各国政府制定财政货币政策的指导思想，甚至被公认为是当时经济学思想的经典之作。本书在内容上主要有有效需求和就业理论、三大心理规律、乘数原理、工资和物价理论以及危机理论等，目的在于强调国家干预。

凯恩斯就业理论的目的在于实现充分就业。于是他先谈到了有效需求原理。在资本主义社会里，就业量和社会投资在可变资本上总额是密切相关的，资本剥削率一旦确定，可变资本总额增加，就业就会增加，反之就会减少。资本家想尽办法扩大投资，以获取更多剩余价值，但如果他的产品卖不出去就不能实现目标。然而在资本主义制度下，社会上的有效需求严重不足，凯恩斯认为正是有效需求造成了资本主义社会的经济危机和失业严重。所以要研究失业问题，就必须先研究有效需求问题。有效需求是商品的总供给价格和总需求价格达到均衡状态时的总需求，即"总需求函数与总供给函数相交点时的需求"。总就业量决定总需求，失业就是因总需求不足引起的。在这里，总需求价格是指所有资本家对其产品总价格的需求量的估计，总供给价格是指所有资本家对其产品总价格的收入的估计。

在总供给价格和总就业量之间有一个函数关系，同样在总需求价格和总就业量之间也有一个函数关系。如果在就业量上总供给价格和总需求价格正好相等，那么两个函数相交点就是最佳就业量，这一点所表示的总需求价格也就是有效需求价格。这是在数学范畴对"有效需求的解释"。

有效需求表现为对收入的消费，如果就业量增加，收入也就增加。社会实际收入增加也就意味着消费的增加。因为消费增加速度不及收入增加速度快，所以有效需求就不足。只有通过增加社会投资才能刺激有效需求增加，从而扩大就业量。

为什么消费增加速度不及收入增长速度快呢？这是由以下三个基本的心理规律而决定的：心理上的消费倾向；心理上的灵活偏好；心理上对资本的未来收益的预期，即资本边际效率。

所谓消费倾向，是指消费在收入中所占的比例。社会产品分两类，一类用于生产，一类用于消费，消费品的有效需求不足就叫消费不足。随着资本主义经济的发展，消费倾向在不断下降，导致了消费不足，从而使有效需求不足。

心理上的灵活偏好是指人们在现金和其他物品之间作出选择以保持部分财富时，更愿意把现金留在手中这样一种心理特征。人们的这种偏好越强，资本家就会付出更多的利息率。一旦资本家觉得超过自己的计划时，就不愿意借款投资，使得投资需求不足，通过连锁反应，也就使得有效需求不足。

资本边际效率过低也会导致投资不足，进而导致有效需求不足。一般而言，资本家对未来收益的估计都偏低，于是他们不愿意冒风险去投资。同时，资本边际效率低也是因为在投资增加过程中，由于产品增加而价格下跌，收益减少而导致的。

凯恩斯认为，第一个原因导致消费不足，第二、第三个原因导致投资不足，由二者共同构成的有效需求也自然会不足，低于社会的总供给水平，从而使社会就业中存在一部分为"不自愿失业"。三个原因中，资本边际效率低是最主要原因。

"乘数理论"一词最早由经济学家卡恩提出来。意思是讲：投资变动给国民收入总量带来的影响，要比投资变量本身大得多，往往会是后者的几倍。比如政府某项公共事业增加投资，会吸引一些劳动力，从而增加了就业量，由此又会导致其他相关的行业的投资增加，也会吸引一些劳动力，就业量进一步扩大，如此推广下去，政府的投资所带来的就业量增加远比它投资的那项公共事业所需要的劳动力多得多，而且成倍数。凯恩斯运用这个原理作为就业理论中的一个分析工具。他认为这个原理是整个就业理论中不可或缺的一步，有了它，假设消费倾向不变，我们就可以在总就业量、总所得与投资量之间建立一个确切的数学关系。

根据上述原理，要扩大就业，就应当扩大投资。投资扩大后根据乘数原理，既可以使投资行业就业人数和收入增加，还可以相应地使消费品行业和流通领域就业人数和收入增加，如此下去，最终使一份的投入获得了成倍的产出，就业人数越来越多，最终就可以达到充分就业，进而消除经济危机。

应该说"乘数理论"在一定限度内是有正确性和实用性的，但它并不是完全客观存在的，而且这种乘数作用也并不像凯恩斯所说的那么大。

凯恩斯在说明就业问题的同时也对利息、货币、工资等问题作出自己的解释。传统理论认为在经济危机中可以通过利息率的下调来增加就业，凯恩斯对此提出了异议。他认为，经济危机中，利息下调过多时，就会出现投机商借此机会集聚货币以求利息上升时赚取利润。这时利息下调越是低，投机商集聚的货币量就越多，这就会陷入一种"流动性陷阱"。可见，单靠降低利息解决就业问题是无济于事的，甚至是会起负作用。

关于工资问题，凯恩斯同样反对传统经济学所主张的用降低货币工资率的办法来解决经济危机时的失业问题的理论。他认为，这种方法只会使情况更糟。降低货币工资率确实可以使单个企业利润上升，投资增加，但对整个社会的经济则有负效应。工资降低，工人消费水平降低，对产品的需求也降低，从而使市场更加萎缩。降低工资还会引起工人的不满，这也对政局稳定带来麻烦，使原来已经不妙的社会状况更为恶劣。对此，他提出了"工资刚性"一词，主张实行"刚性货币工资政策"。降低货币工资对经济不利，说明货币伸缩性不强，具有"刚性"，但如果不降低工资，资本家投资就不会增加，也对经济不利。他主张通过名义工资上涨实际工资下降的办法来解决这个难题，一方面使资本家实际利益增加；另一方面使工人不反抗。具体方法就是实行通货膨胀，再提高工人名义工资，但提高的幅度不会高于实际工资下降的幅度。

凯恩斯的价格理论分析了总需求的变动和价格变动之间的关系。总需求的变动实际上就是流通中货币数量的变动。货币数量的变动不会直接对价格产生影响。原因在于如果货币数量增加则会降低利息率，资本家的利润会增加，从而投资也会增加，那么对投资物的需求也会增加，这是使价格上升的一方面，但也会带来使价格下降的另一方面，即因为货币数量增加就意味着国民收入的增加，根据乘数效应，对消费的需求和供给都会增加，供给增加会使价格下跌，可见物价最终是涨是跌并不确定，它受到了两个方向相反的作用。

总结上述分析，凯恩斯认为，危机产生的原因还是在于资本边际效率的变动。资本边际效率由新投资的资本物所获得的未来收益和自身成本来决定。而资本物的未来收益的预期又取决于它本身的稀缺程度和资本家的形势估计。经济危机往往是在经济繁荣时期产生，就是因为人们对资本物的未来收益过于乐观的估计，随着资本物的数量增加这种估计依然未改，物极必反，人们一旦产生失望时，就会大幅度缩减投资，使经济崩溃一发不可收拾。可见，资本边际效率才是经济危机的最主要产生因素。

综上所述，凯恩斯提出了自己的政策主张，总的来说就是强调国家干预经济活动。因为单凭市场上的自发调节不足以使资本边际效率提高，国家却正好可以弥补这一缺陷。具体来讲，包括如下几点措施。

第一，国家应干预对外贸易政策。国家应重视国内利率和贸易顺差或逆差。由于政府不能通过控制利率来增加国外投资，也不能通过直接进行其他手段来吸引国外投资，所以只有一个办法，那就是增加顺差。顺差增加既可以使国外投资增加，还可以间接减低国内利率，达到两全其美的效果。

第二，政府应扩大财政支出，增加有效需求，应该通过降低税率，减少财政收入，同时将现有财政收入大量用于投资。凯恩斯打了个比方说，假设财政部用旧瓶子装满钞票，再将这个旧瓶子按合适深度埋藏在废弃不用的煤矿里，再在煤矿里装满垃圾。这时把这块地皮的开采权租给私人企业，并不再过问，让私人企业把这些钞票挖出。这样，就不存在失业了，因为私人企业要吸收许多劳动力去挖这个煤矿。可见，政府虽然在财政上支出很多，但它所带来的效应却很明显，而且收获会按乘数效应成倍增长。政府财政支出越大，效果更好，凯恩斯甚至对侵略战争大唱赞歌，认为没有比这更好的办法了。

第三，提倡发行公债，增发货币。由于上述第二条主张，政府支出过多，必导致财政赤字。财政赤字本身亦非好事，应加以消除，办法就是发行公债和增发货币。增加税收虽然也可以使赤字减少，但会遭到人民反对，而且会影响消费。发行公债是弥补财政赤字最好的办法。公债是"自己欠自己钱"，债权与债务可以抵销。这实际上是实行通货膨胀，因为公债的买主主要是银行、企业等。增发货币实际上还是通货膨胀政策，他认为这有许多好处，比如可以弥补财政赤字，这是首要的，还可以提高资本边际效率，鼓励资本家投资，实现充分就业等。

这些政策主张被西方资本主义国家广泛接受并采纳，也取得了暂时的成效。但由于这些政策主张本身所具有的局限性，不能对形成资本主义经济危机的根源予以消除，所以只是临时性的有效。事实也证明，到了20世纪70年代末80年代初，资本主义世界出现了"滞胀"，这是凯恩斯主义所无法解决的，于是，曾经红极一时的凯恩斯主义也逐渐走向了衰败。

【精彩语录】

1. 金矿与战争都对人类进步有贡献，因为没有更好的办法。
2. 资本不能永久离开消费而独立存在。反之，如果消费倾向一经减弱，便成为永久习惯，则不仅消费需求将减少，资本需求也将减少。
3. 一切生产的最终目的都是满足消费者。
4. 就业机会必受总需求的限制，总需求只有两种来源：现在消费，现在准备消费。
5. 贸易顺差，实在是一箭双雕。

《区域贸易与国际贸易》

作　　者：伯特尔·俄林
成书时间：1933 年

【作者简介】

瑞典著名经济学家。出生于 1899 年，青年时就读于瑞典伦德大学和斯德哥尔摩大学。1922 年赴英国剑桥大学读书，后又去美国哈佛大学。1924 年获斯德哥尔摩大学博士学位。1925 年任哥本哈根大学教授，1930 年任教于斯德哥尔摩大学，1965 退休。曾任瑞典皇家学院院士，1969 ~ 1975 年担任诺贝尔经济学奖委员会主席，1977 年获诺贝尔经济学奖。1979 年逝世。

俄林在经济学上的主要贡献在于他对国际贸易理论的研究。他论证了生产要素的相对禀赋决定国际贸易和国际分工的形式，对国家之间的资源配置、相对价格和收入分配等方面的问题也进行了深入的讨论。要素禀赋是指一国拥有的生产资料的相对丰饶程度。他创立的生产要素禀赋模型与赫克雷尔的模型合称为"赫克雷尔 - 俄林定理"，该定理具有划时代的意义。

俄林的主要著述有《对外贸易与贸易政策》、《区域贸易与国际贸易》、《重建国际经济》、《就业稳定问题》、《对外贸易政策》等。

【内容梗概】

国际贸易理论的形成和发展已有相当长的历史，早在 17 世纪，托马斯·孟就在《英国得自对外贸易的财富》一书中阐述了自己的贸易理论和观点。贸易对一个国家的发展具有重要作用，但对于一个国家是否应该实行对外贸易以及采取怎样的对外贸易形式，不同的经济学派有不同的观点。重商主义大力鼓吹对外贸易的好处，而重农主义则对此不感兴趣。到了 20 世纪初，各国都认识到了对外贸易的重要性，这时贸易理论争论的焦点已不再是是否应采用对外贸易政策，而是应采用怎样的对外贸易政策了。

1919 年瑞典经济学家赫克雷尔发表了《对外贸易对收入分配的影响》一文，对贸易形式进行了阐述，形成了自己的观点，受此启发，俄林写成了本书。本书将生产要素禀赋概念纳入一般均衡价格体系之中，从而建立了考察贸易形式和贸易条件的理论框架。

本书在对古典的价值理论和贸易理论进行了一番批评之后，在此基础上形成了自己的贸易理论。

俄林指出，古典的劳动价值论已经不被现代的经济学所采用，这是由于劳动价值论自身的不足造成的。他对李嘉图的劳动价值论做了分析和批判。李嘉图为了使劳动时间成为商品价值的标准，采取了一系列的假设条件，在这些条件中，他以边际生产上的成本作为计算的依据，将地租排除，他假设各种商品生产中使用的劳资比例是相等的，也假定劳动与其相对报酬之间的比例存在固定的关系，还假定生产成本不变。这些假定条件使他建立了自己的劳动价值论。但是，一旦回到现实，我们会发现这些假定条件是不可能存在的。因而他的理论也就不可能会反映经济问题，指导经济决策了。

具体分析这些假定条件可发现，现实中各个工业中资本和劳动成本之间的比例并不相等，而且李嘉图关于各种劳动与工资间存在固定比例的假设排斥了像社会各阶级相对地位变动这样的基本问题进行研究的可能性。这样的假定不可能对劳动与资本的相对综合和相对价格的相关变动做一个圆满的分析和解释。关于成本不变的假设也不适合于对价格运动的一般规律的研究，因为一种商品一旦对它的需求发生变化，它的价格和成本必然会跟着变化。既然这些假设条件都不真实，那么李嘉图的劳动价值论也就是站不稳脚的。连李嘉图本人也不得不说自己的劳动价值论是相当近似的。

古典的贸易理论以劳动价值论为基础，所以也是不正确的。根据其理论，只有相对价格的变动才会对国际贸易产生影响，但实际上每种商品里包含的资本是不等的，各国的利率也有差异。对较低利率国家来说，可以廉价地生产出需要大量资本的商品，这样既会对生产带来影响，也会对贸易带来影响。

古典经济学家认为以劳动计量的生产成本不会随产量的变动而变动，即认为用货币表示的成本仅仅随工资的变化而变化，而国外需求的增加，除了会使工资上升之外，对价格不会产生任何其他影响。但是在现实的经济生活中国外需求的增加肯定会使国内各种生产要素的稀缺性受到影响，在出口工业中使用较多要素是有利的，这也会使新兴工业调整自己的要素组合。于是，发生变动的就不仅仅是出口商品，还包括其他新兴商品。

俄林还提出，古典经济学在研究方法上也有许多不足之处，这些缺点同样导致了古典经济学的不科学。古典经济学在研究由需求、技术等因素引起的国际贸易变动时，只考虑进出口商品的交换关系受到的种种影响和哪个国家获得了较大的好处等问题，却忽视对国际需求的变动和国内价格体系的关系的研究，对国际贸易的利益与整个经济生活的关系也不予考虑，这样使国际贸易理论建立于不健全的理论框架之中。古典经济学只用两个国家、两种商品的模型作为立论根据，认为以劳动日计量的比较成本决定了进出口的结构和交换条件。而实际上，这种模型不具有现实性，如引用三种商品就会发现需求对国际贸易同样具有较大的影响，仅仅对供给进行分析是片面的。古典经济学还在研究中不考虑货币作用，只以相对成本作为计量单位，但是实际情况是一种商品经常由几个国家共同完成生产，于是相对成本的比较是不可能的，也是无意义的。

可见，古典的劳动价值论和贸易理论存在着巨大的缺陷和不足，对现实的社会经济活动不具有指导意义，因而是无用的。尽管后来的李嘉图和约翰·穆勒都试图对它予以修正，但由于其自己的特点是先天形成的，现在修正只能起到局部的作用，无法根本上改正其错误，弥补其缺陷。

基于以上对古典经济学的批判，俄林提出了自己的贸易理论。他首先指出，价格决定的因果关系既非从成本到价格，也非从价格到成本，事实上商品和生产要素的价格是由包括供需法则的一般均衡体系共同决定的。在价格决定理论中，我们不仅要考虑时间的重要性，也要考虑空间的重要性。要素的供给对工业需求的适应能力是有限的，所以，工业活动必须要适应各地的要素的供给情况，于是自然就应该对价格机制的空间因素作出分析。空间因素的引入，使俄林的贸易理论归属于区域贸易体系。

在现实中，价格之间的差距小于克服运输和其他障碍所花费的成本，这表明存在的市场并不止一个。在对这几个市场进行研究时，传统理论只考虑地租因素。诚然，不同的市场地租存在差异，但仅仅考虑地租却又是不够的。

俄林对区域贸易和国际贸易作了论述，指出生产要素可以看做是位于某些区域的，不同的区域，生产要素的价格不同，影响价格的因素也是多方面的。所谓区域，需要符合两个条件：第一是区域之间要素的禀赋各不相同，第二是区域内部要素的禀赋具有某种同一性。在传统经济学那里，国家之间被假定不存在要素的流动，从而对要素流动的意义未作充分的认识，只注重了资本和劳动等要素在国内的自由流动性。这种视角是不对的，就算在一个国家内部，其实也存在区域分割，所以也就使要素缺乏一般的流动性。只是说，这种区域分割比起国家之间的区域分割，界线要模糊一点，重要性也要小一点。但不管怎样，二者都属于区域分割，应该都被列为现代经济学研究的对象。

区域贸易需要的条件，是各区域的商品和生产要素的相对价格之间存在差异。如果价格相等，自然不会发生区域贸易。商品的价格其实是与生产要素的价格共存于价格机制之中，二者互相依存，互相影响。俄林指出，如果价格机制一直处于均衡，那么下面这组关系总是成立的：

1. 每种商品的供求状况恰好处于平衡状态；

2. 一旦技术条件固定，那么生产一定量的商品需要一定量的各种要素，所有工业对每一种要素的需求和供给相等；

3. 技术系数是由生产的物质条件和要素价格决定的，而无法预先给定；

4. 商品的生产成本等于价格；

5. 商品的需求量由其价格与个人的收入及偏好共同决定；

6. 收入决定于要素价格和所有权的状况。

在上述各组关系中，第4和第5点是决定需求的需求条件，第6是决定供给的供给条件，三者同时确定了所有的价格。

在贸易中，区域内的价格体系尽管在质上没有差别，但就每一种要素的总需求来讲，它不仅来自为国内消费而进行的国内生产，而且来自于为出口而进行的生产，国内消费也有一部分是由进口来满足的，诸多因素一起发生作用，使得需求和供给之间出现了偏差。这时，就需要考察一个新的变量，即汇率，用它就可以直接比较商品的价格与成本了。一个区域的商品也许成本低，价格低，应该出口，但是这会受到汇率的限制。在某一固定的汇率下，如果用货币来表示，则有可能这一区域的商品的价格并不比别的区域低。汇率的决定因素不仅有孤立状态下的相对价格，而且也有相互之间对对方商品的需求。

本书是国际贸易理论发展史上的一部重要著作，其影响作用在当代的经济学理论中依然存在。

【精彩语录】

1. 一国内一种商品只要对其需求有变化，其价格也会随之变化，成本也一样。

2. 李嘉图的劳动价值论是一种理想主义，他所设立的许多假设条件在现实中都不存在，甚至是恰好相反的。

3. 古典经济学在对由需求、技术等原因引起的国际贸易变化的研究中，最大的不足就在于只考虑进出口商品的交换关系所受影响，而对国内需求变化与国际价格体系的关系未作论述。

4. 古典的劳动价值论存在的不足连李嘉图、约翰·穆勒等人自己都已发觉，并做了一些修正。

《没有财产权的权力》

作　　者：汉道夫·贝利
成书时间：1959 年

【作者简介】

美国著名经济学家。1895 年出生于波士顿，1916 年毕业于哈佛大学。曾是美国前总统罗斯福的智囊团成员、国务卿助理、美驻巴西大使。并且，他还担任过许多大公司的法律顾问和美国糖蜜公司的董事长。

作为制度学派的代表人物，贝利在经济学方面的主要贡献在于，他在制度学派和新制度学派之间起了承上启下的作用。他所提出的经济思想和政策主张，对新制度学派的影响很大。他创造性地提出资本主义制度下财产占有权和财产所有权可以分离的经济理论。

贝利的主要著作有《现代公司和私有财产》、《政治力量的自然选择》、《20 世纪的资本主义革命》、《没有财产权的权力》。

【内容梗概】

随着资本主义资本市场和股份经济的发展，资本主义经济出现了一种新变化，投资者对经营决策的影响力日益减小，分散的股权又导致财产管理权慢慢的由占有者手中过渡到经营者手中。传统的财产权和财产占有权不可分离的经济思想开始受到严峻挑战，显然已不符合现实的经济情况。这需要有另外一种经济理论来解释这种现象，并对现象背后深层次的东西进行理论探讨，揭示出经济未来的发展趋势。本书的出版正是适应了这种需要，力图对财产权和管理权之间的内在逻辑关系进行重新定位、重新评价。

在本书中，贝利试图告诉我们这样一个事实：传统对"资本"的理解已经不适用于当今的社会经济现象，"资本"应重新定义、理解。古典经济学认为，"资本"是储蓄的结果，储蓄是减少消费以后的剩余，再把储蓄投入永久性的生产设备中，就会形成新的生产力。也就是说，企业的投资主要来自其内部积累，只有维持适当比例的积累，才会形成储蓄，才会有"资本"的形成。资本总是和储蓄联系在一起的。但是现代资本主义社会的变化表明，"储蓄者"正一步一步地退到不重要的地位上去。就在储蓄者后退的时候，一种新型的经济制度正在走上经济舞台，开始占据显著的地位，同时引发了一场革命。这不仅仅是现象的，更是理论的、思维方式的变革。

对美国 1919～1947 年这 29 年的资本来源情况进行考察发现，企业投资资金的来源，来自企业内部所保留的利润积累的比重越来越小，来自银行信贷、个人投资的比重越来越大，也就是说传统的认为企业内部积累是"资本"来源的思想已经不适合于新经济的现实，企业外部资金显得越来越重要了。企业的发展日益依靠外部资金，必然导致另一种结果，财产权不再集中到原来的企业主手中，而是分散给众多的投资者。由此可以说，财产权已经分散化了，权力因素和财产分离了，并且集中在较少数人的手上。一方面，投资者虽然拥有财产所有权，但对财产使用决策的影响力日益减小，以至于可以认为财产和权力并不天然地统一在一起；另一方面，经营者利用投资者投入的财产，充分地行使自己的经营权力，对经营决策拥有越来越大的影响力。这种结果，不能单纯地理解为证券的转移，它比股权转移要重要得多。这是一种崭新的社会经济结构，它们的影响实质上是政治性的。这里所说的权力集中到少数人手中，是指公司的控制权掌握在经营者手中；而提到的权力分散化，则指持股权力被分解为更小的份额。

传统上对财产权的理解是，财产权本质上就是个人和有利财产或无利财产之间的关系。事实上，财产的标准形式都被认为是能够被占有的物质，也就是能够归所有者控制的物质。如果公司制度没有发展的话，这可以被认为是正确的。但经济的发展、公司制度的发展，使得经济生活中出现了有悖这一思想，似乎很"另类"的东西。两三个人的企业成为法人组织，这两三个人成为企业的股东，同时也是公司的董事和经理。此时，公司有了法律上的财产所有权，而作为经理，他又实际占有公司的财产。公司规模的限制，使得财产权和经营权仍然归于一体，但可以看出一种趋势，财产权正一步步走向分裂。只要公司规模达到一定程度，财产权的分离就会成为现实。这种分离不仅仅是表面的，也更是实质的。在比较大的公司里，公司作为法人组织，在法律上被认为是财产的所有人。所有者对物的关系自然要通过人来处理，于是这些少数人就实际上掌握着财产经营权，对财产的运用、处置施加最直接的影响，他们是公司的董事、经理、高级职员，但不一定是股东。传统经济学认为的，占有权是一个所有权的凭证，现在都转移到经理们身上了。

由此，贝利指出，财产经营权和财产所有权的分离可以得出这样一个结论：对于财产有发号施令的权力是一回事，而占有它却是另外一回事。占有的意义已经被冲淡了，或者说，通过占有财产而获取收益成为占有者唯一可保留的东西了。在公司制度下，对财产权应当重新理解，财产权已不再是人对物的关系，而是一个人对另一个人的关系。这里所说的另一个人具有对物的实际控制权，从而使得原来意义上的财产权走向分裂。

财产权的分离、分裂让我们重新认识权力。权力可以认为至少包括两个方面：一是内部的即中心集团对组织之内的个人所运用的权力；二是外部的，亦即虽非组织内部成员但其事务却受组织活动的影响的各部分社会人士。内部权力涉及组织之内的个人，主要通过雇佣或被解雇以及决定雇佣条件等权力或职能来行使的。外部的权力包括六个方面：业务活动的权力；购买劳务、供应品或原料的权力；决定产品的权力；规定并实施价格的权力；发放或不发放股息的权力；捐赠慈善事业的权力。

企业规模的扩大，也会使得权力更加集中到少数人手中，少数人的权力也相应得以加大。此时，就会涉及道德风险问题，经营者会不会滥用权力，而给财产占有者带来损失呢？这就需要另一种制度对权力进行限制。对权力的限制措施应包括：（a）竞争的多元化，即对抗组织竞争对权力产生的抵消力量；（b）对利润的控制，要求组织在利润制度的一般范围内活动；（c）社会评判，根据社会公众的评判，调整、限制组织的权力；（d）政治干预，通过超经济的强制行动来限制组织的行为，影响经营者权力，防止出现权力的滥用。

贝利对权力集中、权力限制精辟、辩证的分析，为其创建美国经济结构的企图提供了理论依据。他设计出一个"经济共和国"的新型经济结构。在这个社会中，既有私人的权力和责任为中心的市场经济组织，又有相应的国家控制机构，以防止某些滥用权力的弊端。在这种经济结构中，政府调节居于主导地位。"经济共和国"并不是真正意义上的共和国概念，它不仅仅是一个经济概念，还是一定政治组织的基础。这种经济社会结构意味着政治思想的一种新的应用。为此，他列举了现实中类似"经济共和国"的例子，"欧洲原子能委员会"、"欧洲共同市场"都可以看做是经济共和国。它们是独立的政治实体，但从概念上、名称上却都是"经济政府"。这些组织既有独立的自治会议来决定政策，又有委员会、管理小组，甚至法院解决仲裁争议。它们的任务是保证相关组织，适当地、不断地履行所规定的经济职能。

在贝利看来，理想中的"经济共和国"应履行下述职能、满足社会公众的下列要求：（a）提高各国的经济增长率；（b）实现持续性的充分就业；（c）使任何人都能立刻通过工作而参加国家的经济生活。满足上述条件，充分发挥政府的调节功能，就能最大程度地发挥"经济共和国"在社会经济发展中的推动作用。

当然，本书所得出的结论并不是完全正确、永远符合社会现象的。但它所提到的思维方式，新的理念是值得当时、直至今日诸人所借鉴、学习的。

【精彩语录】

1. 如果投资在一个陌生领域，例如原子能领域，就可能产生预料不到的后果：可能获得梦想不到的利润；也可能遭受损失，一败涂地。其原承担风险的冒险资本充当着拓荒事业的急先锋。没有冒险资本，也就开辟不出不论物质上的或科学上的新领域来。

2. 当我们原来的一个有产者首先进入公司制度之后，他们握有股票——几张废纸。这几张纸带给他们若干非常有价值的特权。

3. 我们的真正困难之点在于确切地发现我们所希翼的是什么；我们的左右为难的处境在于我们往往想要得到互相矛盾的东西。

4. 一个人可能梦想一种安静的田园生活。可是结果发现，在达到目的以后，我们大多数人也需要商店、电影院，以及接触各种各样的只有在城市里才能找到的生活方式的机会。

《经济学》

作　　者：保尔·安东尼·萨缪尔森
成书时间：1948 年

【作者简介】

　　美国著名经济学家。1915 年出生于美国印第安纳州的噶里城，祖籍波兰。1935 年毕业于芝加哥大学经济系，同年入哈佛大学深造。1936 年和 1941 年先后获得哈佛大学硕士和博士学位。1940 年任麻省理工学院经济系助理教授，1947 年提升为教授，一直在该校任教，直到退休。同时他还担任过许多社会职务，1941 年任美国全国资源计划局顾问，1943 年任职于战时生产局，1951 年任美国经济计量学会会长，1965 年任美国经济学会会长，并历任美国数届政治财政部、经济顾问委员会、联邦储备系统、预算局等机构的顾问和肯尼迪总统的经济顾问，还曾担任美国《新闻周刊》杂志经济专栏撰稿人。因为在经济学上作出的杰出贡献，1970 年成为第一个荣获诺贝尔经济学奖的美国人。2009 年逝世。

　　萨缪尔森是新古典综合派的代表人物。他在经济学上的主要贡献在于把凯恩斯主义和传统的微观经济学说结合起来，开创了"新古典综合派"的理论体系；其创造的"社会福利函数"以及对比较成本学说中的"赫克雷尔 – 俄林定理"的补充，为发展经济学和比较经济学的发展作出了贡献；此外，他对乘数和加速数联合作用的分析，揭示了经济增长因素之间的内部逻辑关系。

　　萨缪尔森的主要著作有《经济分析基础》、《经济学》、《线性规划与经济规则》、《萨缪尔森论文集》等。

【内容梗概】

　　现代西方经济学教科书是一种组合的作品，这种教科书的作者自己并没有系统的理论，他们往往把较流行的经济学理论组合在一起，凑成一个"理论体系"，然后在"理论体系"的骨架上，填上一点有关的经济资料。本书出版之前，许多西方经济学教科书都把马歇尔为代表的传统经济学作为自己的"理论体系"，而本书的经济体系则是萨缪尔森提出的"后凯恩斯主流经济学"，意即是以马歇尔为代表的传统经济学与凯恩斯主义的复合体。

　　以马歇尔为代表的传统经济学把单个的消费者、单个厂商和单个行业作为分析的出发点，而凯恩斯主义是用大量的总量概念，比如消费、投资等来对经济学进行研究。因此，人们将二者分别称为"个量分析"和"总量分析"。在本书里，萨缪尔森将这二者综合起来，自成一派体系。

本书在内容上对经济学和混合经济体制进行了研究，提出了政策主张，即赤字理财和扩大预算支出。本书在出版之后，被西方经济学界奉为经典。"后凯恩斯主流经济学"成为西方经济学的经典和大多数西方经济学家所信奉的教义。

作为教材，萨缪尔森认为经济学研究是基于两个基本假设之上的，即资源的稀缺性和人的行为是追求自身利润最大化。这两个基本假设是许多经济理论、经济研究的出发点。所谓资源的稀缺性是指社会经济中存在的生产要素和资源的量都是有限的。技术的知识也会有一定的限度，只能生产有限的生产量。因此生产什么、如何生产和为谁生产就成为经济学研究的关键。经济学研究所要做的，就是通过分析、比较，寻求有效的经济生产方式，使资源能够达到最大限度的利用。如何提高资源利用的效率成为经济学研究一个不变的主题。

基于两个基本假设之上，萨缪尔森提出了自己对经济学研究的看法。他认为，经济学研究人和社会如何作出最终抉择，在使用货币的情况下，使用可以有其他用途的稀缺的生产性资源来在现在或将来生产各种商品，并把商品分配给社会的各个成员或集团以供消费之用。它分析改善资源形式所需的代价和可能得到的利益。生产什么商品，生产多少，如何进行生产，应该为谁来进行生产成为经济学的核心问题。实际上，这就涉及生产目的、生产手段、分配问题。在解决这些问题的方式上，萨缪尔森认为没有必要从社会制度的差异方面来研究，经济学上的一些规律应为普通性的规律，适用于分析、解决一般性经济现象、经济理论。当然，经济学分析、研究的问题的关键是基于一种价格制度。

萨缪尔森在本书中主要讨论了"混合经济体制"的理论模式。他认为，"混合经济体制"的模式是不断发展、完善的。"混合经济体制"也是萨缪尔森在理论上的一大创造。事实上，这也是他对传统微观经济学和凯恩斯主义经济学的综合的体现。在这种模式的经济体制中，主张在充分发挥市场机制下强调政府在经济活动中的作用。针对凯恩斯主义经济政策并不能完全解决经济运行中出现的新问题，一些经济学家提出回归自由经济、自由竞争的主张。萨缪尔森却持有不同看法。他认为，在当时情况下，重新回到自由竞争的老路上是不符合实际情况的，因为凯恩斯主义积极干预经济的作法已经渗透到国家经济政策中，已经很大程度地影响到经济的每一部分。况且，事实证明，凯恩斯主义在调节市场失灵、市场缺陷方面能够发挥出积极的作用。因而，他继承了凯恩斯主义的思想，在此基础上，对微观经济学和宏观经济学进行综合、分析，创造出自己的理论体系。他依然强调政府的经济作用，他认为，政府在现代混合经济中具有日益扩大的作用，这可以从政府的行为中体现出来：（a）政府支出的数量得以增长。（b）政府通过财政补贴、税收等政策对国民收入进行再分配。（c）政府直接调节经济生活，这包括经济手段、行政手段或者是法律手段。"混合经济体制"一方面主张资产阶级用他们控制的政府对经济实行有效干预，以扩大利润，增加赋税；另一方面也主张提供一些福利措施以解决社会表面的矛盾，因为自由市场竞争很难自发地达到社会福利的公平化。只有通过政府的社会保障措施，才能解决市场机制的"灰色地带"。政府调节经济可以补充某些人的收入，可以给公民提供医疗和失业补贴，还可以提供公共服务，满足居民对公共产品的需要。

在本书中，萨缪尔森提出了"垄断和竞争的混合制度"模式。针对凯恩斯主义失灵、失效的情况，他试图从市场经济中寻找出路，同时又对自由企业制度进行肯定。他认为，强调政府在经济中作用的同时，不能忽视市场机制的自身作用，政府的行为应以不干预市场机制自身发挥为前提。政府的干预只能在那些市场机制失灵、无效的领域，如社会公共产品领域等。为此，他全面介绍了马歇尔的"均衡价格论"。经济运行主要依靠的应是市场机制与价格机制的作用，而政府只是起调节经济的作用。过分地强调政府作用，只能走向另一个极端，导致集权、专制。

对完全竞争，萨缪尔森认为这只是一种理想。事实上，现实世界中，竞争又是"不完全的"。这主要是因为：（a）信息的不对称性，信息的传递并不是完全理想化的。厂商不知道消费者的爱好在何时发生变动，发生多大程度的变化，因而只能根据自己的判断，这导致市场上的商品不可能完全符合市场需求的状况。（b）生产成本不能降到最低点。这是由于厂商之间的生产工艺、生产流程并不是相通的，厂商之间要互相降低生产成本确有实际的困难。（c）市场上的价格并不能总是均衡的价格。由于垄断的存在，常常形成错误的价格决定。基于以上原因，萨缪尔森认为，一切经济生活都是竞争成分与垄断成分的混合物。最普遍、通行的经济运行方式是不完全竞争，而不是完全竞争。社会所争取的目标只是要让经济运行最接近于完全竞争的状态。

对"混合经济"模式能否给资本主义带来永久的繁荣，消除"滞胀"痼疾，他认为这需要时间的考验。当然，混合经济模式不能完全解决资本主义经济运行中的所有问题。

萨缪尔森在本书中最有创造性的贡献也许就在于他开辟了"新古典综合派"这一全新的理论体系。"新古典综合派"也被称为"后凯恩斯主义主流经济学"，体现了凯恩斯主义与传统的新古典经济学的综合。

传统经济学以马歇尔的理论为基础，探讨了完全竞争条件下以"均衡价格"为出发点的经济理论。20年代末30年代初的世界性经济危机，对完全竞争的经济思想提出了挑战。当时，凯恩斯为解决当时失业和有效需求不足的问题，提出了自己的一整套理论。凯恩斯主义认为资本主义社会常常会出现有效需求不足的情况，也就是总供给和总需求的不均衡是资本主义经济的常态。但凯恩斯主义所指导的一些经济政策、经济思想在现实中证明不能完全解决经济运行中出现的问题。在这种情况下，极需一种经济理论、经济思想在前两种主流经济学基础上进行创新、突破。萨缪尔森主张按新古典学派的办法对自由竞争和凯恩斯主义思想进行综合，他基本上继承了凯恩斯主义的立场，并加以发扬、补充和完善，认为在混合经济中所运用的宏观经济学可以使传统经济学的微观经济理论再度适用。萨缪尔森对凯恩斯主义中的财政政策和货币政策给予很高的评价，利用财政和货币这两种政策工具可以有效地调节经济活动，以此理论为前提的"混合经济"就有可能保证充分就业，有可能实现理想中的一般均衡。他认为，要实现财政政策目标，财政当局必须有工具可供操作，财政政策工具是财政当局为实现既定政策目标所选择的操作手段，政府调节支出和收入的财政政策工具主要是：变动政府购买支出、改变政府转移支付、变动税收和公债。财政政策对国民经济会起到乘数作用，对国民收入这项经济运行指标起到目标作用。当然，财政政策的实施要根据经济运行的特点、需要进行"相机抉择"，只有这样才能达到宏观调控的目的，才会发挥政府在经济中的作用。另外，通过实行适当的适时的货币政策也可以达到干预经济，保证经济的健康运行。他指出，各国的中央银行可以通过控制供应量以及通过货币供应量来调节利率，进而影响投资和整个经济，以达到实现一定经济目标的行为，这种行为就是货币政策。货币政策也和财政政策一样，也能调节国民收入以达到稳定物价、充分就业的目的，实现经济稳定增长。二者不同之处在于，财政政策直接影响总需求的规模，这种直接作用是没有任何中间变量，而货币政策则还要通过利率的变动来对总需求发生影响，因而是间接地发挥作用。货币政策一般也分为扩张性的和紧缩性的，前者通过增加货币供给带动总需求的增长。对于货币政策，主要有三大工具，再贴现率政策、公开市场业务、变动法定存款准备率就是这三大货币政策工具。萨缪尔森提出的利用财政政策和货币政策来调节一国经济的主张，实质上就是对凯恩斯宏观调控理论的继承和吸收。利用这两个政策手段，可以使总需求与充分就业条件下的总供给相等，从而达到一般均衡。基于对财政政策和货币政策有效性的充分信任，萨缪尔森建立了新古典增长模型，认为资本主义可能长期稳定增长。

在本书中，萨缪尔森的理论政策主张处处体现出"新古典综合"的痕迹。这种综合是体现在现代资本主义经济中国家管理的公共经济部门和市场机制发挥作用的私有经济的相混合，这种混合一方面由政府实行需求管理，以实现充分就业，这就需要凯恩斯理论和政策；另一方面必须充分发挥市场的作用，追求好的效率，这就需要新古典的微观经济理论。这就是说，现代资本主义的"混合经济"既要国家的宏观调节，又要发挥市场机制作用。因此只有把凯恩斯的宏观经济学和新古典的微观经济学综合起来，形成一个整体，才能解决混合经济中的种种问题。萨缪尔森声称，这样是符合凯恩斯思想的，因为凯恩斯曾说过，假如实行需求管理以后，总产量接近充分就业产量时，经典学派理论还是对的，这实际就肯定了新古典经济理论在充分就业条件下是正确的。他认为，凯恩斯的理论和政策主张产生于 20 世纪 30 年代大萧条的特定环境，而第二次世界大战以后，经济形势有了变化，出现了一系列问题，不但要求扩大凯恩斯理论的适用范围，而且也需用微观经济理论的供给分析来补充凯恩斯理论的需求分析。凯恩斯的宏观经济理论与新古典的微观经济理论的相互补充、相互协调都体现在本书中。例如对总需求的分析，采用了凯恩斯主义的观点；对总供给的分析则采用了传统经济学的工资理论和工资下降刚性的假设。

本书带有一些传统的庸俗经济学的思想，但内容也不全部属于庸俗经济学的范畴，书中的许多概念和方法都是对现实经济生活问题的反映，提出的经济主张对现实也有一定的指导意义，比如关于"银行制度可以创造存款"的观点。本书指出在当时条件下，西方国家的确可用对银行准备金的控制这个方法去使银行存款增多或减少，这是一种现代西方金融市场的事实情况。但并不能将这个增加或减少的作用吹嘘得太厉害，也不能就此而认为西方国家金融当局就可以用货币政策来有效稳定经济，减少其波动了。

作为一本教学参考书，本书也确实有其自身特点和独创之处。本书之所以能成为西方经济学中最具代表性最经典的教科书，是因为它比较全面而又准确地反映了全部西方经济学的理论。

【精彩语录】

1. 自然率并不是最优失业率。没有任何经济学者曾经证明：一个备用工人，如同一条备用轮胎一样——对于经济社会的价值等于这个工人由于没有工作而使社会失去的产业。

2. 因此，政治经济学虽然认识到美国已经变为富裕社会这个含有一些重要理论的说法，经济学仍然必须和稀缺相周旋，把稀缺当作生活中一种基本事实。

3. 相对于其他不变入量而言，在一定的技术水平，增加某些入量将使总产量增加；但是，在某一点之后，由于增加相同的入量而增加的出量多半会变得越来越少。

4. 人口的加倍和再加倍正好像地球一倍又一倍地缩小一样，一直到最后，它会缩小到食物和生活必需品产出降低到维持生命的必需的水平以下。

5. "不完全竞争者"在经济学上的定义是：由于买进或卖出数量足够巨大的某一物品，以致影响该物品的价格的人。

《动态经济模型中的统计推理》

作　　者：加林·查理斯·库普曼
成书时间：1950 年

【作者简介】

美籍荷兰经济学家。1910 年出生于荷兰格拉韦兰。1933 年毕业于荷兰乌得勒支大学物理系，1936 年在荷兰获哲学博士学位，曾先后任国际联盟的财政秘书、保险公司经济员、美国芝加哥大学教授、考尔斯委员会理事等。1975 年，获诺贝尔经济学奖。

作为计量经济学和线性规划的创导者之一，库普曼在经济学上的主要贡献在于创造性地应用数学和统计方法解释经济具体问题。因此，他与康托罗维奈同获诺贝尔经济学奖。同时，库普曼独立开创的线性规划学科日益为经济学家所应用，为经济现象的研究提供了有效的工具。

库普曼的主要著作有《经济时间序列的线性回归分析》、《油船货运率及油船建造》、《动态经济模型中的统计推理》、《关于经济学状况的三篇论文》等。

【内容梗概】

经济理论的发展，对经济研究工具提出了更高的要求。经济学家力求从经济现象、经济数据中找出规律性的数字来，以验证经济理论的正确性。在 1944 年及其以后年份的年度报告中，考尔斯委员会提出要把统计方法发展为适合于经济数据的特殊性和经济研究的目标，认为经济学家的目标类似于工程师，而经济数据要表现为类似于气象学的数据。库普曼的这本书就是适应这种需要而出版的。

库普曼认为，经济现象、经济数据在数学上存在着一种规律性的东西。相互联系的经济变量之间可以用方程表现出来。因此，他针对量解经济方程的方法和应注意的问题进行了探讨。

他首先对联立方程技术问题进行了讨论。他所提出的联立方程模型，主要是离散时间多时期扰动项模型，模型由变量、扰动项及扰动项的分布函数构成。在该模型中，变量又分为内在变量、滞后内在变量、外在变量和滞后外在变量四大类，其中后三类变量又总称为前定变量。根据一般性的假定，不同时期的扰动项互相独立。由于扰动项是实际被检测数据和利用方程求出的估计数据的区别，因而该假定具有合理性。同时，这个假定保证了把内在变量作为被预测变量，把前定变量作为预测变量时，方程的结果就可接近于现实情况。这个假定是重要的，如果没有这个假定，经济计量学很多方面的研究就难以成立。当然，要记住这样一个原则：变量的观察时间间隔不能太短，这样才会保证前提假定的合理性。

当然，由于本书对经济研究方法、经济数据的探讨具有开创性，这就要规定一些概念性的东西。库普曼又把联立方程模型的原始表达方式称为结构式。当从结构式中把内在变量表达为前定变量的函数时，所得模型表达式叫简化式。如果把内在变量关于前定变量的条件期望表达成前定变量的函数，则此函数叫回归函数，其系数叫做回归系数。在此规定基础上，本书对方程模型有效性的判断，以及对方程模型中参数估计、计算方法都进行了深入的分析探讨。

库普曼认为，找出一个有效的、合理的方程模型来判断、分析经济数据，这是经济计量学研究的关键。怎样识别一个联立方程模型的有效性呢？他指出，一个模型对应的结构参数不一定是唯一的，因此，用此模型进行经济预测的结构也就不一。这样的话，预测就失去了意义。因而，只有寻找出一个方程模型，其结构参数是唯一的，这样才会满足要求。此种模型被称为模型唯一识别，否则称为模型不可识别。显然，在结构参数不可识别的情况下，对经济数据的估计是不可能办到的。但这并不能说明该经济现象、经济趋势不能用模型表现出来。我们不能因为一个模型的不适用性而否定模型这种研究方法。对于不合适的模型，我们可以通过增加新的变量，以使得结构参数唯一确定。添加新的变量、新的信息是一个重要的方法，可以很好地解决模型的适用性问题。当然，实际应用中并不一定要求结构参数全部可识别。有时，只要求部分结构参数可识别。

在联立方程参数估计中，回归参数的估计是很有用的。通过对回归参数的估计，可以估计出内在变量在预测期的条件分布，对经济预测的准确性起着重要的作用。当然，进行参数估计时，并不一定要求估计全部参数，应从应用的角度出发。有时，部分结构估计同样重要，也是可能。只要估计的结构参数叮以识别，即使其他参数不可识别也不要紧。有些情况下，根据结构在预测期变化的可能性和应用的要求，选出一些结构方程进行参数估计，具有明显的实用价值。当然，结构在预测期的变化可能性往往事先难以确定。因此，常常要估计全部结构参数，方能保证预测、控制的准确性。

结构参数估计的方法有很多，有最大似然估计法、点估计法、最小二乘法，等等。而在本书中，库普曼讨论最充分的为最大似然法。最大似然估计，就是把变量的观察值的联合概率密度看成是结构参数的函数，使得该函数达到最大的参数值就为所得结果，似然估计量具有很多优良的性质。例如，通过对一个完全线性模型的估计，可以使方程模型内在变量形成一个平稳过程。当然，对结构参数的最大似然估计不一定要根据完全的方程推出，可以根据简化式对每个结构方程分开估计，但要保证该方程可识别。由于简化式有时会简略掉一些时法结果能起到一定影响的结构参数，因此这种方法的估计量一般不如使用全部信息的方法产生的估计量有效。

关于估计方法的选择，库普曼认为要遵循这样的原则：一方面是数学上和计算上的简单性；另一方面是可获得信息的利用程度。当方程只有一个时，简化式方法显然比完全模型估计方法简单。但完全模型方法和其他方法相比，具有独有的优点：它利用关于模型的全部先验信息和全部变量的观察性。因而，完全模型方法在准确性、有效性方面要强于其他方法。具体要选择哪一种估计方法，研究者就需要在数据预测的简便性和准确性之间作出抉择，这就要根据具体预测工作的特点和需要决定。

在书中，库普曼首次专题讨论实际研究过程一个困难的问题：发展合适的技术以解决完全信息最大似然估计过程中遇到的计算量过大的问题。当模型为单方程时，利用极大似然估计可以得出一个正规方程组，它与被估计量之间存在线性关系，此种情况下，计算并不是一项烦人的问题。但当模型由两个或两个以上方程组成时，方程组将变得复杂得多。这些参数估计量将是非线性的，因此，把这些方程直接解出有困难。由此，本书提出了一种逐步回归的方法来解决这一问题，其精度可以达到任何近似程度，从而为利用计算机技术提供了方便。

本书介绍了时间序列中的特殊问题，主要讨论动态模型在一些特殊情况下的估计问题。第一个问题是讨论动态模型的时间趋势和季节性波动的特点，主要是构造可变系数的随机过程并对其参数估计问题进行研究。通过技术性分析，检验经济数据中是否存在时间趋势或季节性波动。先根据实际预测需要，决定是否剔除时间趋势或季节性波动，再对方程模型进行分析、拟合。同时，库普曼也提出了一种新的观点，这种观点强调减少对经济理论的依赖性，认为估计结构参数不是关键，关键在于检验时间趋势或季节性波动的存在。另外，库普曼也讨论了放松关于联立方程技术的假设所产生的后果。由于方程模型建立在大样本及模型为平稳过程的假设基础之上，如果放弃这种假定，采用短期单变量序列情况下，自回归系数估计会和结构参数有严重偏倚。因此，坚持模型构造过程中的假定只有在大样本的情况下，方程模型的研究才有意义，才会为经济预测作出实质性的贡献，否则，经济预测、控制就失去了准确性、有效性两个基本准则，也就失去了意义。此外，库普曼对连续时间问题也进行了探讨。他强调，在方程模型中应当把变量看成是连续时间的函数，不要把时间分成一段一段的区间。在联立方程技术的讨论中模型是否存在滞后，是决定该模型能否识别的关键。如果模型中存在时间滞后，单方程最小二乘估计量会存在偏倚。即使是一天时间的滞后也会带来估计量性质的很多差异。但是，随着时间单位的缩小，扰动项序列无关的假设越来越不可接受，这就需要在两者之中作出选择，分析好各种差异、偏差存在的原因。

库普曼重点强调了模型的选择问题。他认为，对结构参数施加的约束可以有多种选择，对函数形式及扰动项分布的选择也多种多样，这就决定了对模型选择的多样性。怎样对这些模型的可接受性进行检验呢？库普曼认为，对每个模型，都可以根据现有方法进行检验。但我们要努力探讨、寻求新的技术，来加快、方便我们的检验。例如，可以参考刚发展起来的非参数估计理论来解决函数形式多样性的选择。当然，随着电子计算技术的日益发展，可以借助于计算机，为灵敏模型的选择提供方便。

库普曼认为，在经济学的推理中仍存在着一些重要问题未解决。这些都会使模型存在着自己的缺陷。例如，模型中未引入观察值的误差、多个互斥假设的检验问题、变量的解法问题、连续随机过程中的问题、小样本结构估计问题、非线性模型问题。这些问题的解决和探讨，要依赖统计、计算工具的发展。

【精彩语录】

1. 静态模型及其有关假设的缺点是明显的。因此，必须有能够解释内在变量时间路径的动态模型。这些时间路径可以说明趋势和波动。只有动态模型才能适应这种需要。

2. 通常，动态理论是通过把一定的时滞引入静态理论中的办法得到的。虽然形成动态学基础的静态理论能够从极大化假设中导出，但时滞的方式并不需要根据各具体单位在全部时间内都使某个值极大化的假设来导出。

3. 计算出线性计量经济模型的参数用于不确定情况时的最优反馈控制方程的解析解及其期望福利损失。

《经济增长理论论文集》

作　　者：埃弗塞·多马
成书时间：1944～1956 年

【作者简介】

美国著名的经济学家。1914 年出生于波兰罗兹。1939 年获加利福尼亚大学学士学位，1941 年获密执安大学硕士学位，1943 年又获哈佛大学经济学硕士学位，1947 年获哈佛大学博士学位。1943 年在联邦储备系统管理委员会任职，1947 年任芝加哥大学副教授，后为麻省理工大学教授。1970 年担任美国经济学会副会长以及比较经济学会会长职务。曾获"约翰·康芒斯奖"。1997 年去世。

多马是"哈罗德－多马"模型的创始人之一，在经济学方面的主要贡献在于通过对经济增长理论及其模型的研究，与哈罗德共同创建了"哈罗德－多马"模型。该模型对经济增长理论的发展作出了重要的贡献，对经济增长模型的构建进行了一次创新，至今在经济学学术界都保持着较为深远的影响。

多马的主要著述有《经济增长理论论文集》等。

【内容梗概】

多马一直在经济学方面从事于经济增长理论以及模型研究，在 1944 年他发表第一篇有关论文后，到 1956 年一共发表了 9 篇。这 9 篇论文在当时经济学界产生了巨大的影响。于是，多马将这 9 篇论文汇集出版为本书。在多马出版此书前，历史上也有许多经济学家在经济增长方面作过研究，比如斯密、约翰·穆勒等，也出现过一些经济增长模型，但这些模型并不完善。多马的研究成果和哈罗德的研究成果合在一起被人们称为"哈罗德－多马模型"，这个理论模型对经济增长理论提出了新的假设，对现实经济增长问题进行了深入的研究，因此把经济增长理论予以了完善，这个模型对西方经济学至今依然有着深远的影响。

本书因为由 9 篇论文组成，也就顺理成章地分成了 9 个部分，每一个部分由一篇论文构成，本书内容较为繁杂，涉及到许多问题，下面对这 9 篇论文分别加以介绍。

第 1 篇论文阐述了两个关于经济增长理论方面的观点，第一个是对于经济增长问题的研究要从供给与需求两个方面入手，不得偏废。在这里多马是在对前人对经济增长问题研究中出现的问题予以修正。经济增长体现在社会商品价格总量的增加，而单位商品价格是由供求关系的相互约束来决定的，在凯恩斯以前的经济学家偏重于供应角度，凯恩斯本人偏重于需求角度的分析；第二个观点是必须从经济增长这个角度来对经济问题进行研究。因为有些结论虽然在静态体系中可能是正确的，但被用到一个增长的体系中就可能变成错误的结论。多马列举了一些这种类型的观点，比如资本的积累必然会要求利润率的降低，比如国外投资的出超将会被还本付息而产生的入超代替等。同时多马假定生产能力的增加与投资有关而总需求的增加又与投资增长率有关，那么收入的提高和投资的增长就成为客观要求。因为这样才能保证经济的稳定发展，充分就业的实现。经济稳定和充分就业一直是经济发展的外部保证，是政府行为的追逐目标。它们的实现借助的是运动中的经济收入与投资的平衡增长，二者缺一不可。

本书第2篇论文介绍的是债务负担和国民收入。这里的债务指的是国家的债务，作者认为债务和国民收入之间存在着一种函数关系，可建立起债务对国民收入的函数。显然，投资增加在理论上会增加就业，但如果一味地去采取税收和其他手段来迫使人们增加投资减少储蓄时，实践上并不能完全做到充分的就业，这是为什么呢？因为政府有时不得不保持"赤字财政政策"。赤字财政政策是必须的，因为负债可增加国民收入，而且是倍数增长，所以财政赤字政策不需要增加投资。由这里可以看出，赤字财政政策并不可怕，相反是有利的，它发挥作用的关键在于是否能确保国民收入的成倍增加。可以说债务负担问题实际上也就是收入的扩张问题。债务负担要实现收入扩张，成功的条件有两个：一是分析货币支出的总额要按国民收入增长比率的增长，二是支出总额里必须有充分的一部分花在增加生产效率方面。

然而负债在量上与国民收入的增长程度在函数关系上是反比例关系。即指国民收入增加得越多，负债就越轻，反之负债就越高。因为国民收入要增加，投资则要跟着增加；国民收入增长时，假如失业问题出现，并阻止了收入的增长势头，就需要加大投资比例，以弥补失业所造成的损失，投资增加即意味着债务减少，所以债务与收入增加反比例增长。

综合起来，上述理论可归纳为两点：第一，国家负债有利；第二，国家负债求少，负债与国民收入的增长成反比例关系。

第3、4篇论文是围绕着投资与就业问题而写的，这两篇是本书的重点部分。多马在此重点强调了投资的二重性。

投资的二重性实际上是把投资的作用从供给和需求两个方面予以区别。从供给角度看，投资能够增加生产能力，而从需求方面看，投资又能创造收入。投资创造收入而且是成倍地创造，这是凯恩斯的投资理论中的结论，但凯恩斯的投资理论显然是有缺陷的，主要就是它忽略了投资在供给方面的作用，忽视了投资的二重性。而在后来的较长时期内，投资的性质仅仅被认为对资本总量的扩大有用，又忽视了投资在需求方面的作用。

投资的二重性是对长期以来投资理论中的误区的纠正，改变了经济学界对经济增长理论长期以来形成的各种错误理解。作者从投资的二重性为分析切入点，展开了对就业问题的讨论，得出了保持充分就业的满足条件，当经济发展处于稳定而又充分的就业状态时，供给应和需求是相等的。从政府的行为角度看，要保持经济环境中的充分就业，政府必须要保证投资的增长率是一个常数。这个常数可以控制投资增长的快慢和幅度，以投资和就业的关系来最终影响就业状态，做到充分就业。因为投资增长要保持一个常数比率，所以投资就要求货币的投入逐年增加，不能保持不变。多马关于货币的论述是投资理论的进一步延伸和具体化。

之所以要利用投资来保持充分就业，是因为它是经济稳定增长的一个必要的外部条件，同时它又是经济发展的手段之一。经济发展最终是要实现人们在物质上的满足，如果不能充分就业，在当前竞争激烈的社会中，失业者就不可能得到物质上的满足。

本书第5篇论文是关于资本积累问题，根据前面两篇论文中得出结论，经济稳定增长要维持货币投资按一个常数增长率年年增加，但这可能会导致利润率降低从而"投资机会"减少，这是传统的经济理论中一个存在争议的问题。多马在本书中对这个结论进行了反驳。他指出投资机会是否减少，关键要看收入水平的增加量是否大于货物需求的增加量。要看个人收入水平和国民收入水平是否保持在一定的高度。显然他的理论和传统理论恰好相反，他是从收入角度来说的，传统的理论是从投资的角度来说的。多马同时也承认，政府对收入的控制使问题变得复杂，可能难以控制，但如果政府有决心和勇气去实现，最终会使投资增加，收入增加。

本书第6篇论文讨论的主题是国外投资对收支差额的影响。多马的观点是国外投资每年必须保持对还本付息数量要多，这样才能实现国民经济的不断增长。因为国外投资额增长率越大，资金的流入对流出比例就势必变小，出现资金"入超"现象。资金的"入超"现象存在与否，又要看增长率与利率的相对增加值。作者提出了一个分式：（还本率＋利率）／（还本率＋增长率）。显然，如果增长率大于利率，则比例小于1，这时该比例作为利息和还本对国外投资的比例的根据，显示了国外投资大于利息和还本，从而资金入超不可能出现。反之就要出现。资金入超消失，国民经济才会不断增长。

本书第7篇以折旧和重置为出发点对资本增加展开了讨论。多马认为，折旧和重置对经济发展、资本增加是有重要影响作用的，而传统的经济增长理论却往往忽略了这一点，对折旧和重置很少去考虑。其实，在多马以前的许多经济增长模型中，他一直也是把折旧已扣除作为假设条件的。在这里多马反过去把投资增长率假定在某个固定值上，对折旧和重置二者之间的关系进行了分析。他得出结论说折旧与重置之间并不能划等号。由于经济在不断增长，投资也在增长，这表示重置时必然要加大投资份额，不但要把折旧部分予以弥补，而且也要为满足经济增长而不断加大重置力度，所以重置份额一般都要大于折旧份额。也正因为二者之间存在差额，才会使投资不断增长或保持在一个稳定的增长率上。

本书第8篇论文着重讨论了加速折旧的问题。作者指出，企业要生存，就必须不断发展，投资要增加，技术也必须不断更新。这就要求不断地折旧，加速地折旧。加速折旧可以使企业减轻一部分税收负担，因为政府的税收政策也在为实现新企业的出现和发展以最终实现经济增长和技术进步为目的。当然，作者指出，加速折旧只是使企业减轻税收负担的方法之一，不能死抱着这个方法不放，更何况它是在企业直接免税不可能条件下的间接方法。另外，加速折旧并不是越快越好，越多越好，在一般情况下，它会增加投资，这是明显的，但如果企业在利润率不高或为零时，再实行加速折旧无疑会对企业造成资本上的负担，加重了企业生存和发展的压力，起到了负面的影响。

本书第9篇论文用数学方法研究经济增长问题。多马在此特地举出了菲德尔曼的理论。多马认为菲德尔曼的理论以及相关模型虽然有一定的贡献，但存在一个明显缺点就是未在模型中加入利息这个因素。而利息因素的加入是必要的、重要的。实际上，多马是想把菲德尔曼的模型加以改造，使之成为与自己的模型相似的模型。他也正是通过对菲德尔曼模型的研究来阐述自己的经济增长理论和思想的。

【精彩语录】

1. 经济增长决定于社会的基本结构，所以广泛的增长理论应包括物质环境、政治结构、动机、教育方法、法律体制以及对待科学、变动和积累的态度——这只不过举出几种而已。

2. 最幸运的是投资并不单决定于资本额的利用程度。技术进步、人的变动、新办企业、嗜好变化等都起着重要作用。

3. 劳动生产率在理论上并不是技术进步的函数，但技术进步却体现在资本财货的数量上。

4. 即使没有技术进步，资本积累也会提高劳动生产率，至少在某种程度上是这样。

5. 从静态观点来看，技术进步以及其他变化似乎是不稳定的因素，而实际上可能被证明是一个增长中的经济的主要稳定器。

《福利经济学》

作　　者：阿瑟·塞西尔·庇古
成书时间：1920 年

【作者简介】

英国著名经济学家。1877 年出生于英格兰怀特岛赖德。1900 年毕业于英国剑桥大学，并获文学学士学位。毕业后便一直留校讲授经济学，先后担任讲师和研究员。1908 年他才31 岁就继任马歇尔担任经济学讲座教授，成为该校历史上最年轻的一位经济学讲座教授，他担任这个职务长达 35 年之久，直到 1943 年才退休。1920 年写成名著《福利经济学》。庇古从小喜欢登山，在他的研究室里挂满了登山时拍摄的照片。1927 年他当选为英国科学院研究员。1903 年他还曾获得亚当·斯密奖。他也担任了许多其他社会职务，比如国际经济学会名誉会长、英国通货外汇委员会委员、英国皇家新学说委员会委员等职。庇古 1959年去世。

庇古是新古典派的继承者，剑桥学派的代表人物之一。他在经济学上的最大贡献在于创建了福利经济学，他也由此被誉为"福利经济之父"。他的福利经济学是以经济学家边沁的功利主义为基础的，他认为经济福利只是社会福利的一部分，他主张在追求经济幸福的同时，必须顾及非经济的幸福可能受到的阻碍。他的福利经济理论有一个假定的基础，即是个人的单个效用可加以计量，从而其加减合计便能测定整个社会的福利。这个理论已被希克斯和萨缪尔森所继承，在西方经济学中占有很重要的地位。

庇古的主要著述有《财富与福利》、《福利经济学》、《失业理论》、《公共财政研究》、《就业与均衡》等。

【内容梗概】

本书是福利经济学的经典之作，它奠定了福利经济学的理论基础。在 20 世纪初，英国工人运动正轰轰烈烈地兴起，革命的浪潮汹涌澎湃，加之英国资本主义的国际地位也发生了很大的变化，被美国、德国等国家赶上并超过。面向海外市场发展使英国受到阻碍，而新的技术革命又导致劳动者大量失业，英国面临的社会问题越来越多也越来越严峻了。庇古的福利经济学便是为肩负解决英国必须面临的这些经济问题、实践问题而提出的。

由于阶级矛盾的激化，财富的再分配便成为庇古最为关心的问题。要想改变资本主义社会的不公平，必须修正分配关系，但却不能为此而降低整体的生产力。如何才能既不造成社会混乱，又能解决资本主义的矛盾呢？唯一可能的办法就是产业和谐。因此庇古的福利经济学就是围绕这个中心来展开的。本书的宗旨是要制止环绕我们的贫困和肮脏、富有家庭有害的奢侈以及笼罩在许多穷苦家庭朝不保夕的命运等罪恶。

什么是福利？福利是指幸福。一般而言人们对福利有两种解释，第一种是认为福利的要素是一些意识形态，或者说是意识形态之间的关系。第二种是认为福利可以"置于较大或较小的范畴之下"。显然，第一种"福利"包含的内容不仅仅是物质财货，也包含了知识、情感等主观的东西，但这种福利我们无法具体的研究，因为我们无法对它进行计量。第二种"福利"则可以，因为它是与货币直接挂钩的，在研究它时，可以将其表示为一定量的货币，进而进行比较、选择，这种福利叫经济福利。本书的目的就是研究在现代社会实际生活中影响经济福利的重要因素。

经济福利指的是经济的幸福，那么经济的幸福又是什么呢？庇古列举了国民福利的三个条件，这也是庇古福利经济学的三大命题，它们是：

1. 国民收入的提高；
2. 国民收入的分配公平；
3. 国民收入稳定而变化少。

要满足这三大命题，必须具备下列经济条件：

1. 要满足第一个命题，必须将社会资源按边际生产力均等化原则分配给各个产业部门；因为具备多生产要求的边际生产力均等时整体社会的生产力才会最大；
2. 要满足第二个命题，收入分配必须与各种生产要素的边际生产力相称；
3. 要满足第三个命题，应该尽可能地缓和景气变动。

接着庇古提出了边际效用基数论，目的在于将经济福利数量化。他认为，满足即为效用，一个人的经济福利就是由效用构成的。一种商品对人的边际效用是递减的。如果一个人的需求不变，当他拥有少量的某种商品时，这时这种商品单位增加量中的边际效用就较大，随着这种商品的数量的增多，其单位增加量的边际效用就会越来越小，一直到零，甚至为负数。人们在购买商品时，他手中的货币是一定的，他购头的目的就是用有限的货币换取效用相对最大的商品，于是他就会对各种商品的效用大小进行比较，以使手中的货币可以合理地花费在不同的商品上，实现效用最大化目标；同时要使各种商品的边际效用和商品的价格成比例。这样，边际效用就成了可以计量大小的量。一种商品边际效用的计量单位就是商品的价格。既然效用可以计量，我们就可以用它来计量个人的经济福利和将个人福利加总起来形成整个社会的经济福利。

庇古认为货币的边际效用也是符合边际效用递减规律的。但我们在用货币计量商品效用时，经常是假设货币的边际效用不变。先假定购买者的货币收入不变，再假定他用于购买商品所支出的货币量在他总的货币收入中占的比例不大，以至于不会对他的实际货币收入带来影响。因此货币对购买者来说，边际效用的变化是微乎其微的，自然就可以假定它是不变的，这时再用货币去购买商品时，我们就是考虑商品的边际效用的变化。

在货币的边际效用不变这个假定前提下，用货币去衡量商品边际效用的大小成为了可能，由于不同的人对同一种商品的需要欲望不同，所以同一种商品对不同的人而言，边际效用是不一样的，但我们可将其用货币表示为具体的量，于是不同的人对商品的需求欲望也可以借助于货币来比较大小了。同时，庇古认为，一定量的商品在任何个人与其他个人之间，而且在不同集团代表成员之间，也得到同样的满足，即可以来比较边际效用的大小。这里的集团往往是指阶级，将这个研究扩大到阶级领域，就使福利经济学才真正成为了大众经济学而不是对个人的经济学了。

关于整个社会经济福利的具体表现，庇古沿袭马歇尔的经济理论，用"国民利得"来表现，即是指一定时期里一国物质的和非物质的产品的纯流量。它是用真实单位表现的国民收入，也相应于经济福利。所以要使经济福利增加，就得增加国民利得或国民收入，消除其分配不均的状况。经济福利和国民收入是对等的，对其中之一的内容的任何表述，就意味着对另一个内容的相应表述。庇古通过商品的购买和价格的计量使国民收入成为"主观满足的客观对应物"。

为什么在考虑国民利得或国民收入时，还得考虑分配问题才能使经济福利增大呢？在这里，庇古对收入的转移进行了分析，提出了"收入均等化"理论。该理论是从边际效用递减规律出发，认为收入越多的人，他的货币边际效用越小，而收入越少的人，他的货币的边际效用就越大，即使国民收入不变，如果以某种方式将富人手中的货币转移一些到穷人手中也可使整个社会的经济福利增大，直到人人的收入均等为止。收入均等化的实现办法就是政府向高收入者征收所得税，并用税收收入贴补给收入少的人。在这里，庇古不再将货币的边际效用假定为不变，而是运用货币边际效用递减规律来论证他的收入均等化理论。

之所以收入高的人的货币的边际效用低于收入低的人，庇古认为，任何人在任何时候所享受的经济福利，都取决于他所消费的收入，而不是他所得到的收入。一个人越富有，他的消费在他的总收入中所占的比例就会越小。因此，如果一个人的总收入是穷人的20倍，那么他所消费的收入就可能仅仅是穷人收入的5倍，所以收入高的人对消费并不看重。

收入经过这样一转移，达到了相对平均化，那么结果如何呢？就收入高的人而言，他们从收入中所得到的满足，只是收入的相对量而非绝对量。即使所有高收入者的收入均减少一定量，那么它们的相对关系依然存在，所以原有的满足并未消失。再来看收入低的人，由于他们与收入高的人在享受能力和爱好方面的不同，所以即使他们的收入在转移后有一定增加，但他们未必就用这些增加的收入来享受，他们会储存起来，使社会总的财富无法增加。

庇古还认为即使两个集团所掌握的购买力数量不变，即不发生货币转移，也可能会使收入低者得到好处而使收入高者遭受损失，即达到转移收入的目的。这种情况是指，收入低的人的主要消费品的生产技术得到改进，使价格降低，而收入高者的主要消费品的生产技术不变或变坏，价格不变或上涨，但相对于收入低者，会花费更高比例的货币，这一部分货币有一些会转移到收入低者，但这种转移是隐蔽的，在表面看来，货币不曾转移。

前面已经指出，经济福利的第一个命题是国民收入增多，它所反映的要求就是指必须向各生产部门投入各种资源，使它们的边际生产力相等。这意味着资本家将其资本投入各自的产业部门时，分配要使收益相等。这里所说的收益是指边际净产值。而边际净产值是指从其产业减少处于边际位置上的劳动或资本的一个单位时，在总产量上估计产生的差额，这个边际净产值是生产资料的收益。资本家所考虑的是这个意义上的私人收益，庇古把它称为边际私人净产值，并与边际社会净产值概念对立起来，讨论了经济福利问题。边际私人净产值是资本家增加一单位生产资料所增加的私人净产品乘以其价格之值，边际社会净产值是全社会增加一单位生产资料所增加的社会净产品乘以其价格之值。

在计算社会净产品时首先不考虑它的增加部分归谁人所获得，再是计算私人净产品时就得考虑它的生产所间接带来的好处或间接带来的坏处。边际私人净产值和边际社会净产值不完全一致。如间接带给别人的利益，肯定是后者大于前者。如是间接带给别人的损失，又必然是后者小于前者。个别资本家的生产给社会带来的不利影响就是边际社会成本。在完全竞争条件下，各方面投入的生产资料所形成的边际社会净产值可以相等，同时它们的产品价格也等于其边际成本，此时生产资源的配置即达到最优化。

即使在这种情况下，个别边际私人净产值也可能与边际社会净产值有所背离，有的是前者大于后者，有的是前者小于后者。原因有以下三点：第一，某些有耐久性的生产设备的使用权和所有权不归于一个或一个单位会导致这种背离；第二，"外部经济"也可以导致这种背离；第三，收益变动或者成本变动也会引起这种背离。

由于这种背离完全依赖市场机制的竞争是无法彻底消除的，因为个别资本家从自利出发只关心自己的边际净产值，不会去关心他给别人间接带来的利益或损失，这时候政府就应该采取措施进行干预，以消除这种背离现象。比如对间接给别人带来损失的资本家征税，对给别人带来间接利益的资本家予以补贴，这样就可以使生产资源从边际私人净产值较小之处转移边际私人净产值较大之处，缩小边际私人净产值与边际社会净产值之间的差距以增加经济福利。

庇古的福利经济学存在一些不足之处。首先，他的经济福利是建立在基数效用基础之上的，认为效用可以衡量，这是一个典型的错误。他的研究主题是经济福利，必须从真实条件出发，他自己也一再这样强调，但怎样把真实的经济福利转形为货币福利就不得不接触到效用及其衡量问题，他自己也未能对这个问题予以解决，这也是他的福利经济学被后来新的福利经济学取代的主要原因所在。其次，他对福利与经济福利二者概念上的区别也不够严格。因为经济福利已持有许多有利的和不利的外在影响在内，这些影响中有不少很难确定是经济性质的。再次，他把理论建立在完全竞争的基础之上，但同时又认为完全竞争不能达到社会资源的最优配置，使他自己陷入了两难境地。如果市场的完全竞争机制还无法实现资源的最优配置，那么人为的干预则更难实现了，因为外在影响所造成的社会成本是无法准确计算出来的，根据不准确的估计所作出的改革决策，很可能使边际私人净产值与边际社会净产值更加背离，更难以实现经济福利的最大化了。

当然，庇古的福利经济学也并非一无是处。首先他提出了许多新的经济概念，使经济学理论更加丰富。其次，他所建立的福利经济学具有一定的独创性。再次，他较一些传统经济学者更强调以政府干预实现收入均等化的观点，对资本主义制度而言是一种空想，但对整个人类而言不失为一种值得争取的理想。还有就是庇古在分析边际社会净产品时，将外在不利影响计算为社会成本，这个观点在以后成为现代经济学家的极为关心的新的研究课题。福利经济学因为庇古的提出而逐渐发展为新兴的经济学流派。

【精彩语录】

1. 经济学所致力于完善的复杂分析，并不是单纯的练功，它是用来进行人类生活改革的工具。

2. 效用就意味着满足，一个人的经济福利就是由效用构成的。

3. 任何人在任何时期所享受的经济福利，都取决于他所消费的收入，而不是他所得到的收入，一个人的收入愈高，他的消费在他的总收入中所占比例就愈小，因此，如果他的总收入 20 倍于较穷的人，他所消费的收入可能只是 5 倍于较穷的消费者。

4. 即使两个集团所掌握的购买力数量不变，也就是对生产资源的支配能力不变，那么也有可能使穷人得到好处和使富人受到损失。这是指：如果穷人的主要消费品的生产技术得到改进，而富人的主要消费品的生产技术变坏了，那么就会发生这种情形了。

5. 要想增加经济福利，就得增加国民利得，消除分配不均的状况。

《后工业社会的来临》

作　　者：丹尼尔·贝尔
成书时间：1973 年

【作者简介】

美国当代著名经济学家和社会学家。1919 年出生于美国佛罗里达州。先后执教于芝加哥大学、哥伦比亚大学和哈佛大学，主要讲授社会学。1964 年任职于美国总统"技术、自动化与经济进展委员会"。1966 年，任美国文理科学院的"2000 年委员会"两主席之一，并是《新领袖》和《幸福》杂志编辑和撰稿人。1976 年任经济合作与发展组织"国际未来计划"的政府间顾问委员会美方代表，后任美国总统"80 年代议程委员会"委员。2011 年去世。

贝尔在经济学上的主要贡献在于提出了"后工业社会"的概念并建立了相关理论。这个概念是用于描述高度工业化社会进一步发展的趋势和目标的，出发点是描述资本主义国家工业化后的社会发展。贝尔把人类社会分为前工业社会、工业社会和后工业社会。后工业社会的重要意义在于它加强了作为社会基础结构所必需的科学和知识的作用，使科学家和经济学家更直接地参与经济活动，因而社会可以顺利发展。

贝尔的主要著述有《后工业社会》、《走向 2000 年》、《后工业社会的来临》、《今日资本主义》、《资本主义的文化矛盾》等。

【内容梗概】

从 20 世纪 50 年代起，贝尔就开始研究工业社会的内部结构问题，并提出"后工业社会"的概念与传统的工业社会相区别。贝尔指出，之所以写作本书，是因为在本书完成后的 30～50 年之间，我们将会看到本书中称之为"后工业社会"的出现。正如他所说，这首先会从社会结构的变化开始，其结果在具有不同的政治和文化构造的社会中产生不同影响。但是作为一种社会形态，"后工业社会"必将成为下个世纪美国、日本和西欧社会结构的主要特征之一。

整个国民经济体系大致可以分成农业、工业、制造业和服务业四种产业。整个社会的经济形态在后工业社会中将会从产品经济转化为服务经济，这主要表现在社会上的绝大多数劳动力将不会再从事于农业和制造业，而是从事于服务业。接着，贝尔将人类社会发展分为三个阶级：前工业社会、工业社会和后工业社会，然后分别予以叙述。

在前工业社会里，个人的存在取决于集体对自然的斗争，生产力水平低下，经济生活表现为不同利益集团之间的互相冲突。人们按照传统的方式，单纯从事体力劳动，人们对自然条件具有很强的依赖性。绝大多数劳动力是用于采掘和收获自然资源。

在工业社会中，人们对自然的依赖较少，技术的统治代替了自然界的统治，人们在互相冲突的目标中，最妥善地分配资源，进行大批的商业生产，形成一个以个人物质满足程度为衡量标准的"经济化"生活方式。能源与机器代替了体力，改变了劳动的性质，使劳动生产率得到了一定的提高，技术分工越来越细，而过去的手工业者也渐渐被工程师和半熟练工人所替代。

当后工业社会来临时，人际关系成为主导因素，生活变成了人与人之间的竞争。后工业社会注重社会关系，依靠信息并以服务为基础。具体来说，后工业社会具有以下特征：

第一，在经济结构上出现从商品生产向服务的转化。

第二，在职业领域上，专业性和技术性逐步加强，专业技术人员组成的集团，成为后工业社会的核心。

第三，理论成为社会改革和制定政策的依据，而且政治也将对资源分配、经济决策产生较大影响。

知识是社会发展的一个不可缺少的因素，在后工业社会里显得更为重要，但这里所需要的不再是点点滴滴的知识，而是形成体系的理论。理论与工业社会里所强调的经验是有区别的。在以前的许多伟大发明中，像电话、电报等，这些发明的确对工业社会的经济起到过巨大的促进作用。但这些发明是靠天才的经验试验出来的，它们并不是理论的产物。在后工业社会，理论将会取代经验成为社会进步的关键。知识的作用就像中轴一样，这就是贝尔提出的"中轴原理"。

第四，从今后的发展方向来看，原工业社会可以通过开辟新的技术领域来维持生产能力和较高的生活水平，又可以通过对技术发展和应用的控制，来减少经济计划的盲目性。

开辟新的技术领域主要是指创造新技术。技术是社会时代划分的主要依据，后工业社会理应在技术方面更胜一筹。技术进步意味着人们进一步摆脱了对自然的依赖，同时，它对于人与人之间的社会关系也带来了一定的影响，使人们观察世界、认识世界的方法发生转变。具体来说，有以下几种：（一）技术可以提高人的生活水平，方便人的生活习惯，同时可以使生产成本降低，人们的消费力增强；（二）技术使一个新的社会群体出现，那就是专门使用技术的工程师和技术人员；（三）技术使"合理性创造"有了新的解释，它是一种新的思维方式，它可以使生产效率大大提高，将功能完善化；（四）技术使运输更为快捷、方便，使通信产业飞速发展，把整个世界纳入一个整体系统之中，而且不仅仅是依靠以前的自然力关系来联系；（五）技术使人们对空间和时间有了新的见解，因为技术使空间变得更小，时间变得更快。

技术进步的后果有好有坏，好的方面主要可分为两个大类：第一，从它对经济发展所带来的影响看，技术已使经济发生了一场革命。技术进步创造了一种新的生产函数。生产函数是指投入与产出的关系，表明的是任何时间里从已知的生产要素总量所能得到的最大量的产出率。第二，技术进步给社会关系和社会结构带来了冲击，引起了后者的变化以适应技术进步的步伐。使人们对成就的认识翻新，使社会联系方式变化，使人的道德观也会发生一些变化。

技术进步并非带来的全是好处，其弊病同时随之而来。技术进步使自然环境遭受巨大的损害，环境污染已成为一个不可忽视的不良现状，使生态环境遭受破坏，这些现象最终会反作用于人类自身，带来更大的恶果。

贝尔在书中专门谈到了智能技术。智能技术是一种新兴技术，与传统的机械技术相比，它的着眼点不同，其内容也大相径庭。机械技术是运用知识对物质加以改造，而智能技术的改造对象却是人的思维与知识本身。智能技术的出现和发展势必会给人类的生活、工作、思维等带来新的局面。由于是用系统理论来替代直观经验，所以智能技术可以确定出理性的行动并能找到最合适的行动方案，将成功率增加到最高点，使成本降到最低点，使风险性减少到最小。

既然技术进步对人类社会既有好处，也有负面影响，那么我们就应当对它进行控制和规划，使其长处得以发挥，短处得以限制。在运用一项技术的时候，都要对其进行全面分析，找出其长处和短处，合理规划，使其效用发挥到最大值，危害降低到最低点。

第五，在制定决策上，有组织的综合系统的管理技术得到显著发展，使人们可以利用合理选择的策略，来指导人与自然、人与人之间的竞争。

管理对现代生产力的发展所起到的作用之大是不言而喻的。管理本身就是对知识的归纳总结，是一种智能技术。管理不仅仅是一种技巧，而且也是理论的功效。特别是经济管理，它是许多经济学家所提出的理论的直接实践，像凯恩斯所提出的国家干预经济的主张，这个主张为弥补储蓄与投资之间的缺口提供了理论上的指导，并使之成为更可以操作的政策。

贝尔指出，如果认为经济管理只不过是某些理论派生出来的技术分支，那是科技治国论者的想法，这种想法是错误的。其错误之处就在于尽管经济政策的公式并不是一种绝对精确的公式，但是，这个公式是根据理论而制定出来的，它肯定存在自己的理论依据，而理论是一种科学的思想。

理论如此重要，以至于在现代社会中，那些以科学为基础的工业在制造部门中的地位就越来越重要，有的已占统治地位，在产品循环中成为了先导。这个工业包括计算机、电子、光学等。它们是新兴技术的代表，是后工业社会的发展动力。

在现代社会中，科学、技术和经济学已经结合在了一起并发挥出了更大的作用，生产者在投产之前就必须依靠理论研究来规划和控制。在后工业社会，每个生产领域的发展，都有赖于理论工作的优先发展，并且这种依赖性变得越来越强。通过理论汇集整理出已知的内容，同时为经验验证指明了方向。实际上，理论知识已成为了社会发展进步的一个"战略源泉"，这就是前面提到过的中轴原理。那么中轴机构就是大学、研究机构、知识部门等，它们是汇集和充实理论知识的场所，在未来社会中将发挥出自己越来越重要的作用。

可以说，后工业社会概念的提出和对它的理论构思是贝尔的独特贡献，这个概念提出后立刻得到西方资产阶级经济学家的认可，这个词也被广泛引用。它对人类社会的阶段划分也具有一定的合理性，强调了技术这个最重要的生产力的作用。

【精彩语录】

1. 一个领域的发展，日益依赖于理论工作的优先发展，它汇集整理出已知的内容，同时为经验验证指出方向。

2. 认为经济管理只不过是某种理论模式派生出来的，那是科技治国论者的想法。关键错误在于，虽然经济政策的公式并不是一种绝对精确的公式，但它是根据理论制订的，而且通常必须有理论依据。

3. 技术进步带来的不全是好处，其弊病同时也会随之而来。

4. 智能技术不同于机械技术，它的着眼点不在于发明本身，而在于发现发明的方法。

《价值理论》

作　　者：杰拉德·德布鲁
成书时间：1959 年

【作者简介】

美籍法裔著名经济学家，1983 年诺贝尔经济学奖获得者。1921 年出生于法国，1941年成为法国国家科学研究中心的研究助理。1950 年前往美国。1951 年任考尔斯委员会副教授。1962 年以后任加利福尼亚大学教授，1969 年至 1971 年任国际计量经济学会主席，1970 年为美国科学院院士，1975 年入美国国籍。2004 年去世。

德布鲁在经济学上的主要贡献在于对数理经济学的研究，他帮助建立了我们现在理解的生产、消费和一般均衡的经济理论的大部分基础。他对整个经济科学也有卓越的贡献，由他及其他人首先倡导的一般均衡分析领域，已用作我们现在所理解的大部分微观经济理论的统一构造。他在资本理论、区位理论、金融理论等方面也有独到见解，做出一定贡献。

德布鲁的主要著作有《价值理论》、《数理经济学》、《资源效用的系数》、《竞争经济均衡的存在性》等。

【内容梗概】

19 世纪 70 年代，数理经济学就已经产生。数理经济学是指运用数学方法对经济现象及其相互依存关系进行表述、论证和推理的科学。它一般以一定假设为前提，利用数学推理导出经济理论的结论。

本书是德布鲁的代表作，它提供了对适用于今天的一般经济均衡理论的最简洁、最优美的表述。内容主要是按明确的逻辑形式组织起来的，从基本数学工具的评述到商品和价格的概念、生产者行为、消费者行为，均衡存在性以及均衡和帕累托最优关系之间的讨论，最后到不确定性的讨论，均遵循自然的进程。

德布鲁在序言中指出了本书研究的中心问题，第一是要对商品价格的含义进行阐释，指出商品价格是私有制经济条件下经济主体在市场上相互作用形成的；第二是对最优经济状态中价格所起的作用进行阐释。

本书首先对一些数学概念予以介绍，以方便于对本书后面内容的阐述。他分别介绍了集合、函数的对应、次序关系、实数、连接函数等概念，这些都属于数学内容，在此不进

155

行详细表述。

在谈到商品和价格时，他认为，经济被认为是属于一定的时刻，称作现在时刻的经济。而"商品是由其物质属性，可供的时间和地点加以描述的"。"商品的价格是人们对得到一单位这种商品，现在必须付出的数额，在这里作者没有提出货币概念，而是假设经济是在不存在作为交易中介的货物的帮助的条件下运转。这样，在价格承担的作用下，每一种商品都会和一个实数，也即是这个商品的价格有关。"当一个经济主体人接受一定数量商品的交换，这个量与商品价格的乘积是一个实数，此实数计入其账目的借方，称这个数是主体人付出的数额。"

为了把价格概念和它的通常意义即价格是因商品在某时间某地点可得到而付出的货币代价联系起来，德布鲁认为必须要引入在某时间、某地点价格的相应概念。只要对不同时间同一地点的价格进行比较，就可以得到贴现率和利息的概念，只要对不同地点同一时间的价格进行比较，就可以得到汇率的概念。这些概念可以用来构成区位理论、金融和国际贸易理论、资本理论以及宏观经济理论等，而这些理论因为有这些概念作为内在联系就可以用来建立一般均衡理论。用这种方法建立起来的一般均衡理论具有广泛性和抽象性，当然也具有适用性，它可以对经济生活中几乎所有问题作出合理的解释。

商品和价格两个概念在测度选定了后，它们就有唯一的数量形式。这种数量形式是经济学理论中都要用到的，它因为有数量形式也有利于用数学方法来研究经济学。数学方法可以将经济问题具体化、量化、标准化，对有些经济问题的研究还是必不可少的。

一旦可以用数学方法建立经济理论，那么不同的数学基础也就可以建立不同的经济理论。德布鲁的数学基础是怎样的呢？一个有限商品的经济，因为其商品有限，那么经济主体的经济行为就可以被描述了，方法就是列举出这个经济主体对各种商品的投入和产出。如果这个经济主体里商品数量种类无限，当然就无法描述了。比如将投入用正号表示，产出用负号表示，相反也可，就可以把经济主体的行为用商品空间中的一个点来表示了。用这种方法，还可以将一个有限商品的经济的各种商品的价格用价格空间来表示。

上述的两个空间，商品空间和价格空间是德布鲁自己建立的新名词，他就是用这两个空间来帮助自己建立一般均衡理论的。这两个空间是用数学方法建立起来的数字结构，他认为，这对于将经济理论数学化作出了巨大的贡献。

接着德布鲁阐述了他关于生产方面的理论。他指出，经济不是一个人的事，是由许多个经济主体人来构成的。每一个主体人在经济中的作用就是在对行动计划进行选择，这些行动计划是完整的。具体来讲这个选择就是决定作为其投入或者产出的每一种商品的数量。于是我们就可以根据选择的限制和选择的标准来描述这个选择者，亦即经济主体人。生产者也是这些选择者之一。

每个生产者都有自己的生产计划，这个生产计划用数字表示就属于一个给定的集合，这个集合是一个外部条件，表示的是生产者的技术知识的限度或范围，它决定了生产者的思考方式。如果固定一种价格，生产者就在这个集合即知识范围里思考怎样才能做到利润最大化，并根据这个目标制定出生产计划。至于这个利润最大化是否符合客观事实在这里是无法确定的，它只是生产者眼中的"利润最大化"。这个利润是指所有收入与所有支出的差额，生产者是指承担选择生产计划作用的经济主体人。生产的投入包括在不同时间、不同地点的原料半成品、土地、设备等的使用，还包括工人、监工和行政人员的劳动投入。生产产出包括的不止商品一种，还有前期投入的土地、设备等，因为它们并不是一次就用完的，在下一次生产中，它们又会作为投入参与生产，那么它们也应在下一次生产前看成前期生产的产出，只不过因为磨损等原因在量上不再等于前期生产投入它们时的量。

关于消费者的理论，德布鲁也作了介绍。消费者是继生产者后的第二种经济主体人，在经济活动中他们同样是一位参与者，而非旁观者。消费者在经济活动中作为一种经济主体人，他所起的作用就是选择一个完善的适合于自己的消费计划。那么，对消费者也可以用他的选择的限制和选择的标准来描述他。消费者的消费计划同样属于一个给定的集合，这个集合用来表示消费者的消费知识空间或范围，他就是要在这个空间里根据给定的商品价格或其他条件制定出最优消费计划。这时的"最优"也只是该消费者眼里的最优，并不代表客观实际的最优。德布鲁认为，消费者的选择受两个方面的限制或者说是影响，第一是预先给定的约束，比如消费者的生理特性等，第二是消费品的价格和消费者的财富拥有量。所以，消费者的最优消费计划要受到两个方面的限制。消费者一般是指个人，也包括家庭、集团等。

基于对上述理论的阐述，德布鲁自然地谈到了均衡理论。前面的理论都是为阐述均衡理论做准备的。不过，德布鲁指出在介绍均衡理论前还得引入另一个概念：总资源。所谓总资源，是指预先给定的不同可用商品的数量。简言之，就是指 m 个消费者，n 个生产者的总资源。均衡理论是经济的中心理论，引用总资源可以对它进行更明确、更简便的说明。

经济状态是反映经济情况的晴雨表，经济在处于每一种状态时都是经济主体行动的结果，同样我们也可以根据经济状态来说明每个经济主体的行动。如果每一个经济主体的行动对他个人来说是可行的也是能做的，而且所有生产者与消费者（即 $m+n$ 个人）的行动与总资源不矛盾，则称这种经济状态是"可达"的。这种可达状态是经济理论追求的目标。

一个经济的总资源是对经济主体有用的商品或由经济主体给出的有用商品的数量。对经济主体可供的数量可用正数表示，由经济主体供给的数量可用负数来表示，这样，总资源就可以由商品空间中的某一点表示。总资源包括经济在现在时刻的总资本，比如所有的土地、建筑、矿藏、设备、货物的库存等现存的而且可用的东西。由于这些东西都是过去的遗物，我们称之为"先验给定"。

如果有两个可达的经济状态，现在让同一个消费者分别在两种状态下消费，他会觉得他的消费在其中一种状态下大，而在另一种状态下小，那么我们就可以认为两者可达的经济状态中前者至少和后者一样好，或者就是更好。我们称前者优于后者。在各种可达的经济状态中，必然有一个最优的经济状态，我们可以将它定义为：在消费集合、生产集合和经济的总资源状态三者的有限约束下，如果不减少满足另外消费者的偏好，就不可能更好地满足任何消费者的偏好。

如果给定一个价格系统，每个消费者不增加支出就无法更好地满足消费偏好，每个生产者也没有增加其利润，我们就认为可达经济状态在这个价格体系下是均衡的。如果经济的可达状态是最优的，则存在与这个状态有关的价格系统，使此状态达到均衡。总而言之，可达经济状态是最优的，当且仅当存在全部主体人按照上面叙述的方式行动的一个价格体系。

【精彩语录】

1. 给定经济的两个可达状态，如果每个消费者希望消费的欲望在第二种状态下至少比第一种状态下大，则认为第二种经济状态至少和第一种状态一样好。

2. 消费者是继生产者后的第二种经济主体人，在经济活动中他们也是参与者，而非旁观者。

3. 经济状态是反映经济情况的晴雨表，经济在处于某一种状态时都是经济主体行动的结果，同样我们也可以根据经济状态来说明整个经济主体的行动。

4. 生产者的生产计划属于一个给定集合，这个给定集合主要表示生产者有限的技术知识。

《统治经济学》

作　　者：阿巴·勒纳
成书时间：1944 年

【作者简介】

美国著名经济学家。1903 年出生于俄国，成长于伦敦，1932 年获伦敦大学学士学位，1943 年获该校博士学位，1978 年获美国西北大学荣誉理学博士。1935 年任伦敦经济学院助理讲师，1940 年任美国堪萨斯市立大学助教，1942 年任美国社会研究新学院教授，后又分别在罗斯福大学、密执安大学、加州大家伯克利分校、纽约女王学院任教授。1978 年任佛罗里达州立大学教授。1932 年任伦敦经济学院研究评议员，1955 年任职于以色列财政部，1963 年任美国经济学会副会长。1980 年任大西洋经济学会会长。1982 年逝世。

勒纳在经济学上的主要贡献在于对统治经济学的创立和对福利经济学广泛的研究。他是新福利经济学的代表人物之一，该学派主张国家干预经济，以增加社会福利。勒纳指出，只有统治经济才是最理想的经济制度，才能达到最充分的福利状态。

勒纳的主要著述有《统治经济学》、《就业经济学》、《经济分析论文集》、《价格稳定时期》等。

【内容梗概】

新福利经济学是指自 20 世纪 30 年代以来，围绕国民收入分配在社会福利中的意义问题对庇古福利经济学的补充和发展。其特点在于，在分析工具上用序数效用论取代了庇古的基数效用论，并重新讨论了在 20 世纪初提出的所谓帕累托最佳状态的问题，即关于生产资料在社会生产中是否达到最优配置，以使集体效用达到最大值的问题。

本书的副标题是"福利经济学原理"，勒纳指出，在本书中我们主要关心的问题是，为了人们的福利要怎样来统治我们的经济。在内容上，勒纳对统治经济学进行了详细的介绍，此外还包括与之相关的许多经济问题。

什么是统治经济？所谓统治，就是指慎重地实施最能促进社会利益的一切政策，而不是预先判断集体所有和经营或某种形式的私人企业这个争论问题。在这里，勒纳对计划经济提出了相左的见解，但我们并不能以此来认定他是主张自由主义经济的，因为这里的"统治"本身就含有计划的因素，他只不过是认为在做计划决定时不可过于死板。

他并不要求政府一定要实现社会生产资料的最优配置，也不主张离开政治统治的完全自由经济。

福利问题一般就是指收入分配问题。这个问题是统治经济的一个主题。分配可分为两种大的类型：第一是收入在各个消费者之间的分配，第二是将现有货物在各个消费者之间的分配。勒纳认为，社会福利经济就是要使福利达到最大化，而福利最大化还是要靠收入的分配来实现，就是在实行平均化收入分配方案，使人人都得到尽可能多的收入。勒纳列举了一个统治经济下的分配例子：将不同量的金钱分给不同消费者供其消费，让其在商店里自由随意地购买各种货物。于是在需求方面的变化使得价格波动，而价格波动又来调节需求和供给，最后价格不再波动时，供求关系也就达到了平衡状态，这时也就是统治经济的最佳状态。当然，这里有一个必要条件就是不存在任何的垄断和剥削，而是在一种完全自由的状态下通过交换而自动完成的。一旦政府干预或垄断出现，这种均衡状态就难以实现。

生产类型可分为简单生产类型和复杂生产类型两种。前者是指用单独的、统一后的和可分的稀缺生产要素，生产一种单独的、统一后的和可分的消费品。在集体主义经济条件下，一种要素在各种不同用途下的最恰当分配是边际产品价值大于或等于其他随意一种边际产品价值时的分配。要满足这个条件，就需要有与之相适应的价格机制和一个能出售消费品和生产要素的自由市场，而且可以按照某边际产品价值的大小，即看它是大于、小于或等于这个要素的价格最终决定是扩大还是减少或保持现有的生产产量。在这种情况下就可以使社会的和私人的边际机会成本相等，因此，个人在实现自己最大利益而花费其货币收入时，把自己在另外的产品上的牺牲减少到最低点。在自由竞争的资本主义经济条件下，因为生产是私人企业的活动，它们自然要追求利润最大化。在这种情况下，可以用福利方程来说明实现每种要素在各种不同的产品之间的最优分配。

这个福利方程有六个因素：边际社会利益、边际产品价格、边际私人利益、边际私人成本、边际要素价格和边际社会成本。当边际社会利益等于边际产品价格时，已产货物的分配就达到最优状态；当边际产品价格等于边际私人利益时，产品销售则达到了完全竞争状态；当边际私人利益等于边际私人成本时，则利润达到了最大化程度；当边际私人成本等于边际要素价格时，要素购买则达到了完全竞争状态；当边际要素价格等于边际社会成本时，则表示在要素替代过程中满足了前面四个等式。如果这五个条件都得到满足，那么在资本主义经济条件下要素在不同产品间的最优配置就已经实现了。但在资本主义经济的实际情况中，由于交换不大可能达到完全的竞争，所以这五个等式不大可能同时得到满足，也就是说这种要素在不同产品的最优配置是不大可能实现的。

对于在生产中使用两种或两种以上稀缺的生产要素，或是工厂提供两种或两种以上的产品，而各种不同的生产要素或不同的产品必须按照由生产技术决定的比例配合的复杂生产类型，它也要有产品和生产要素交换的自由市场，并且按照某边际产品的价值是大于还是小于或等于该要素的价格来决定是扩大还是减少或保持生产的产量。对于要素间与产品间的比例是可变的，不过仍应保留生产要素与生产过程二者的可分性的复杂生产类型。如果使集体主义经济条件下所有生产者都遵守简单生产中所提出的那些规则，则要素也会在各产品之间达到最优配置。

　　有一些要素具有不可分性，它们只能在大单位才适用，比如航船、盖楼等。这时，完全可分性的理论就不会对其起到实践意义。如果放弃可分性假设，如果企业扩大到完全能摧毁完全竞争时，不可分性的重要性就会显现出来了。在完全竞争条件下，它可以使成本降低，企业规模扩大和完全竞争条件破坏，即形成了垄断。

　　勒纳对产业规模的调整也进行了分析，并提出短期概念。他认为短期是指不会长到可进行随意调整的时期。往往人们会将固定要素的收入与土地的地租进行类比而将其也称为地租，由于许多要素是会在短期内固定，所以称之为准地租。无论是地租，还是准地租，都是指支付了其他要素的报酬后留下的余额。有时即便是付给它们的报酬极少，它们依然可在偶尔被雇佣的地方加以利用并能够在它们成为"固定要素"的短期之内继续使用下去。它们之所以可以得到高于最低要求的报酬，是因为存在着竞争。对每个企业来讲，所有报酬都是必要的。于是竞争使得固定要素因具有使用价值，而占有因需求增加而产生的所有剩余。如果竞争变成了垄断，这个剩余就不复存在了。但剩余的再分配并不对资源的最优配置产生任何影响，相反它正是完全竞争的一个自然结果。如果垄断组织仅仅将剩余不付给固定要素作为其目的，那么资源配置还是可以达到最优状态的。

　　以上是对生产要素的卖者所得到的剩余进行分析；勒纳指出，我们同样可用相对称的方法对任何物品的买主进行分析。

　　勒纳接着对统治经济的调节手段进行了论述。统治经济的调节手段就是机能财政。他认为，对一个国家来说，内部债务并不重要，重要的是外部债务。外债过多会使国家贫穷。所以征税的目的不是筹款，而是减少纳税人手中的一部分钱，并用印钞票方式满足其需要。借款的目的也不是筹款，是使公众持有更多的公债和较少的金钱，并且会降低政府公债的货币价值，进而使利率提高。

　　统治经济中的机能财政手段有六种：征税、花费、借债、贷款、购买和销售。政府用这六种手段可以有效地影响消费水平和利率水平，对投资和就业加以调节。政府应将总需求控制在一个合适的量上，因为总需求增加会导致通货膨胀，减少又会导致失业。总需求的各个要素间的变化可以促使更好地利用资源，用在生产中的不同产品或用在不同投资的一些资源之间的调节要看某边际产品价值是大于还是小于或等于该要素的价格来决定。

　　消费和投资的调节由政府的投资政策来完成。这个投资政策是通过利率来制定的，利率又是通过政府的借贷来调节的。政府花费在不同目的上的投资应该尽可能地调节，使各种不同用途中的边际社会利益都相等。各种赋税的边际社会成本也应该相等，以使纳税人所受损失减少到最低点。

　　本书最后对统治经济的对外贸易进行了详述。勒纳反对闭关自守，主张大胆同外国进行国际贸易。对外贸易应坚持自由主义，有时宁可使用补偿手段也不可改变这一宗旨，这一点是很重要的。

【精彩语录】

1. 我们利用追加的第二个假定——收入边际效用渐减原理——就可使努力追加的目

标略有实现的可能性。

2. 每个人从他的收入中获得的满足的数量，取决于他的收入的大小，因而他的收入越大，他越能获得更大的满足，如果他原来的收入是比较高的，他从其收入的一定增加量所获得的额外满足就要小些。

3. 如果我们考察一下小额收入从一个人到另一个人的转移，就会知道，一个人的所得和另一个人的所失要等于各个人的收入对他们的边际效用。

《繁荣与萧条》

作　　者：戈特弗里德·冯·哈伯勒
成书时间：1937 年

【作者简介】

美国著名经济学家。1900 年出生于奥地利维也纳。1918 年获维也纳大学学士学位，1922 年获硕士学位，1925 年获博士学位。1928 年开始任维也纳大学讲师。1936 年任哈佛大学教授，1957 年任盖伦·斯通国际贸易讲座教授，1965 年任美国财政部顾问。1995 年去逝。

哈伯勒在经济学上的主要贡献在于他对经济周期的研究。他将前人的经济周期理论加以归纳和总结，纳入自己建立的经济周期理论框架中，从而完善了该理论。他用经济周期理论对通货膨胀进行了分析，分析其原因，寻求解决这个资本主义社会顽症的办法，从而维护资产阶级的利益。

哈伯勒的主要著述有《国际贸易》、《国际贸易理论及其在商业政策上的应用》、《繁荣与萧条》、《经济增长与稳定》等。

【内容梗概】

关于经济周期的理论，在政治经济学发展史上早已出现，但是，由于资本主义经济自身存在着不可解决的矛盾，所以资产阶级经济学家关于经济周期的研究无法真正解决通货膨胀的问题。而且由于认识上的差异，他们所建立的经济周期理论也存在着不同之处。与此同时，资本主义经济危机不断出现，通货膨胀也更为严重这种背景下，就急需一种完整而又实用的经济周期理论来加以解释，哈伯勒承担了这个任务，写成了本书。

哈伯勒在绪论中指出：本书所研究的范围只限于对现有的各种经济周期理论进行分析，进而对经济波动的性质以及其产生原因作出全面的解释和说明。本书写作目的在于寻求解决经济危机的原因及方法。

在以前经济学家的经济周期理论中存在差异，最主要的原因在于侧重点不同。侧重点的不同导致了他们在理论上的分歧，有时甚至会出现分歧和矛盾，这些分歧的经济周期理论是无法正确解释经济危机的。经济危机的爆发出自于多种原因，如果要加以解决，不能只从某一个侧重点着手，应当整体把握，各个突破。所以，如果要正确全面的解释经济危机并使之对实践有效，就应该将这些经济理论加以综合，排除它们的矛盾和误解之处，吸取各自的长处，形成完整的经济周期理论。

这些经济周期理论都是对经济周期的研究，因此我们可以先确定一些共同之点，以做为研究考察的主题，再将各个经济周期理论进行对比，并以这些主题为对比的内容，这些主题有：经济周期的一般特征、经济高涨的原因、对经济高涨转折点的解释、经济低落的原因、对经济低落转折点的解释，等等。哈伯勒对这些经济周期理论分别进行了分析，这些理论有"纯货币理论"、"投资过度论"、"消费不足论"、"心理理论"和"收获论"等。

纯货币理论是经济学家霍特里提出来的，是经济周期理论中的重点理论。这个理论把经济周期解释成一种纯粹的货币现象，是从货币的角度去分析经济周期的。货币流动既可以使经济繁荣，也可以使经济萧条，在它们相互交替之间，就形成了一个个连续的循环，即所谓周期。经济繁荣是由于货币累积的信用扩张所致。信用扩张又是有一定限度的，当达到极点时就会收缩，于是经济也就跟着从繁荣走向萧条。在积累性的信用收缩过程中，经济萧条越来越严重，但是，信用收缩也是有一个限度的，当达到这个限度时，信用收缩停止，又转为了积累性的信用扩张。经济也从萧条开始转为繁荣。所以说经济周期中繁荣与萧条的交替，也就是货币扩张与货币收缩的交替。哈伯勒对这一理论提出了看法，认为它在对扩张过程与收缩过程的累积性这一点的论证分析上与其他经济周期理论并无差别，从货币角度分析经济周期是它的一个特点，但是否是优点，却无法肯定。

再看投资过度论。这一理论认为在生产生产资料或资本品的工业和生产消费品的工业之间相比较，前者的发展有过度现象，它受到的经济周期的影响也比后者严重。在这一大前提下有三种不同的解释：

第一种是货币投资过度论。以哈耶克、马克路普、米塞斯、罗宾斯等为代表。认为经济周期是因为某种信用机构形式上活动的货币力量而产生的。与纯货币理论相比，二者有相似之处，都是从货币角度来分析经济周期的，但也有区别，它不把经济周期看成是纯货币现象，而是有货币参与的多种因素而导致的。这里的信用机构多指银行系统。

第二种是非货币投资过度论。以斯庇索夫、卡斯耳为代表。认为经济的繁荣与萧条不是货币因素导致，而是货币其外的其他生产范围内的因素导致的。比如新发现、新发明等，它们是为新的投资提供了机会。经济萧条就是因为商品的生产过剩而消费品的生产不足。

第三种是制成品需求变动论。以阿夫坦利万、庇古、比克达柯为代表。认为投资过度是由制成品需求变动所导致的。具体而言是指在技术变更时，消费品生产的变动使一般生产品生产也发生变动，而且变动的更加猛烈。特别是固定资本设备的生产，它所发生的变动是最猛烈的。这也是庇古等人所提出的"派生需求加速与扩大"原则。

最后哈伯勒又对"消费不足论"、"心理理论"和"收获论"进行了分析，这些理论从影响角度看，不及前面两种，在此不一一介绍。

哈伯勒对经济周期的性质和原因发表了自己的见解。当然这些见解是对前面的经济周期理论的综合而已，从内容上看，并不存在多少新的东西。

什么是经济周期？是经济繁荣和萧条的交替过程。经济周期具体来说可以从几个方面去定义，比如就业、消费、生产等，这样定义才更具有全面性和深刻性。经济周期的概念也存在一般定义和学术上的定义两种，它们各自适用于不同的使用范围，二者并不存在冲突。经济周期可分为四个阶段：高涨、低落、危机、复苏。它们交替出现，循环进行，构成了经济发展必然的规律。经济周期有两个特征，第一是生产和货币的平行动向，第二是产品价格猛烈的波动。

经济的扩张与收缩过程是交替进行的，在扩张的过程中，由于劳动力的供应充足，使得投资与消费也扩大了需求，二者互相促进，并使价格、成本与利润同时增加，固定资本的投资也越发明显，这对经济的扩张转入收缩埋下了隐根。在这一扩张过程中，必须要有充分的货币流通量，因为新的投资在不断的出现。这会使以前的储蓄货币更加少直到缺乏。资金的稀缺必然导致通货膨胀。这又为经济收缩埋下了隐根。随着经济的扩张，投资者信心更大，于是使货币借贷更为广泛，债权人也对未来充满信心，对降低利率也坦然接受，总之，这一过程使经济发展速度越来越快，同时也预示着它会由盛及衰地转变。原因有对制成品需求扩大、预期、劳资比例扩大等。这个过程是累积性的，自行加强的。

经济的收缩过程也是一个累积过程。这一过程中以货币计量的商品总需求在不断减少进而导致了相对的生产过剩，这是经济收缩的主要原因。对资本的需求也会减少，投资减少，使得个人贮藏黄金和纸币，使得商业银行信用收缩，债务人被迫出售资产，诸多因素加剧了经济收缩。

经济周期有两个转折点，分别为：危机与复苏。经济危机出现的原因很多，局部干扰引起总需求减退可以导致经济危机，政府与银行实行收缩通货政策也可导致经济危机，甚至于成本增加而引起的局部衰退也会导致经济危机。危机这一转折点是怎样形成的呢？经济扩张有两个保证条件，如果它们得不到满足，经济扩张就会失败，进而转入危机。这两个保证条件是：弹性的货币供应和弹性的生产资料供应。一旦货币供应和生产资料供应缺乏弹性时，经济扩张也就到了极限了。扩张过程本身存在的缺点也是一个因素，比如生产结构在一定程度时也会失调，信用收缩和生产因素对派生需求影响力不足，等等，这些都会导致经济危机。简单的说，经济危机就是生产过剩而导致的。

经济复苏的原因很多，比如生产者投资加大、可供投资资本供应增加、对可供投资资本需求增加、对投资的某些刺激和消费支出增加。之所以经济收缩到一定程度会转而复苏，在于生产要素供应随着收缩的演进开始有了弹性，使经济收缩减少了动力。加之收缩过程本身的缺陷，值得投资者信心增加，需求也增加，这些原因都会从不同角度使经济收缩转向复苏。

经济周期也受国际方面的因素的影响。国际间经济周期受以下几个因素影响：第一是运输成本，它使得繁荣和萧条从一个区域延伸到其他区域，使得范围越来越大，逐渐国际化；第二是投资、信用与银行业务地方化；第三是国家的通货自主。哈伯勒对金本位、汇兑本位和自由汇兑三种条件下的资金国际化转移和经济周期对不同国家的影响都进行了详细的分析。

本书最后哈伯勒对当时经济理论的一些观点和经济周期的发展情况进行了概括介绍，认为有些理论对实际因素看得太重，忽略了货币等因素。

【精彩语录】

1. 货币与信用，在我们的经济体系中占着这样重要的地位，以至于几乎可以断言，不论是作为一种推动力或决定因素，在促成经济周期方面都起着重要的作用。

2. 资本在国际方面的移动，不但由于会加速或推进信用的扩张或收缩，从而影响到纯货币局势，而且对生产结构也会发生影响。

3. 繁荣与萧条，只是在程度上的不同，而不是性质上的不同。

4. 收缩过程跟扩张过程一样，也是累积性的，自行加强的。

《经济发展》

作　　者：查尔斯·P. 金德尔伯格
成书时间：1958 年

【作者简介】

美国著名经济学家。1910 年出生于纽约。1932 年毕业于宾夕法尼亚大学并获学士学位，1934 年获哥伦比亚大学硕士学位，1937 年获该校博士学位。1939 年任国际清算银行业务经理，1940 年成为联邦储备委员会委员。1945 年任美国国务院奥德经济事务组主任。1948 年后一直任教于麻省理工学院，1951 年成为教授，1976 年退休并任该校名誉教授。1966 年还兼任美国经济学会副会长。1983 年获得亚当·斯密奖。2003 年去世。

金德尔伯格在经济学上的主要贡献在于他对发展经济学的研究，他对发展经济学各主要流派的理论观点做了详细的介绍和精辟的分析，并重点对影响经济发展的各因素进行了深入的研究，他的介绍和分析都具有一定的权威性。同时，他在对国际经济的研究上也有一定成就。

金德尔伯格的主要著述有《西欧金融史》、《国际经济学》、《国际短期资本移动》等。

【内容梗概】

到了 20 世纪中叶，发展经济学已经发展到一个较高的水平。各种理论和分支学派纷纷出现，有必要将这些理论进行归类整理，本书正是为完成这个任务而产生的。本书并不是由金德尔伯格一个人完成的，他还有一个搭档，叫布鲁斯·赫里克。

金德尔伯格认为，尽管科学技术已经发展到了一个较高的水平，但世界上的贫富差距丝毫没有缩小，相反，发达国家凭借强大的经济实力进一步巩固了自己的利益并取得长足的发展，而发展中国家的科技水平落后于发达国家几十年，由于各种条件的限制，面临的困难也更大，发展经济的步伐也越来越慢了。因而发展经济学也成为一门重要的学科。

发展经济学是对发展中国家经济的研究，它的任务是艰巨的。因为发展的含义包涵很多，不仅是指产量的增加，还指收入的增加、就业的增加等，不仅是指经济方面的发展，还指社会文化方面，比如家庭、阶级、种族等。发展经济学的任务之所以艰巨，是因为发展中国家发展道路的坎坷曲折，也是因为影响它们经济发展的因素太多了。这些影响因素主要有七个方面：

1. 土地。由于发展中国家的生产技术水平还很低，农业依旧是国内的主要产业，因此土地对其经济的发展具有很大的影响。土地在一定条件下确实可以和资本、劳动相互替代，但发展中国家不具备这种条件。而在发达国家，由于有强大的资本实力作后盾，就完全可以摆脱土地的束缚。发展中国家的土地使用往往也是低效的，这倒不是因为缺少劳动力，事实上劳动力已呈过剩状态，而是缺少必要的技术和资本。再加上土地本身具有一定的缺陷，比如不可转移，受气候、季节影响大等，这些困难无一不是发展中国家不想面对而又不得不面对的现实，唯一的办法就是增加资本投入，提高生产技术，摆脱土地的束缚，提高土地的使用效率。

2. 资本。从上述就可以看到，土地影响经济根源是由于资本的匮乏。其实，资本的不足所带来的影响远远不止这一个结果。资本是经济发展中不可少的条件。在发达国家，资本也是稀缺的，但其稀缺程度却比发展中国家低得多。如何形成更多的资本是发展中国家整日思索的问题。资本的形成受许多因素的影响，哪一种方式才是最佳的呢？传统经济学界认为应当把资本投放到那些能使单位收益最大化的部门，这种观点是错误的，因为投资者把目光紧紧盯在了产出比率上，而这个产生比率是临时的，是带有功利性的。但一个国家的经济要发展，却不能这样进行投资。经济的发展是各部门共同努力的结果，如果某一个环节未处理好，尽管其他部门会取得较好的效益，但总体来说都是有害的，投资的标准应该是使用资本的边际生产率，这样至少可以在数量上考虑了互补的生产要素的稀缺性，作者还指出，发展中国家稀缺的不只是资本，在许多方面，它都存在着不足，比如说技术。

3. 劳动力。劳动力对经济发展的影响主要是因为劳动力本身的差异性。在发达国家，同样需要一定的劳动力。但是，在劳动力的教育层次和技能水平上发达国家与发展中国家存在着巨大的差距，发展中国家的劳动力并不缺乏，关键问题在于劳动力素质不高。原因在于国家对劳动力教育和培训的投入不高。但随着工业化的进步，科技的发展，劳动力的素质越来越重要，它将直接影响到经济发展的可持续性。对发展中国家来说，简直就是当务之急了。

4. 组织。组织是刚被人们重视的一个因素。在发展中国家的组织中，人们开始只看到私人企业、政府的重要性，后来通过观察，觉得银行、工会、协会等组织也对经济发展有很大的影响。事实上，到了现代社会，各种各样的新的组织在不断地出现，它们都具有不可替代的用途和功能，只看到个人忽视组织的做法将一去不复返了。

5. 技术。技术是一种生产力，对世界上每一个国家来说，技术无疑都是提高本国综合实力的强有力工具。技术有先进和落后之分，先进的技术可以提高生产率降低成本从而使收益增加，相反，落后技术则意味着停滞不前。怎样才可以得到先进技术呢？科学发明和技术革新都是很好的路子。同时也可以引进外来先进技术，但引进技术有一个前提条件，就是要符合本国国情，避免盲目引进。作为发展中国家，光靠引进技术也是不可取的，关键是要形成本国的一条刺激技术进步的机制，这可以通过奖励等方式来完成。

6. 规模。经济发展本身就反映了一种规模，但经济规模的大小对经济发展的速度是有影响的，规模大了，就形成了规模经济，体现在生产成本的降低，生产效率的提高，产品价格的优势等多个方面。相反，规模小的企业很容易被挤出竞争圈，因为它实力单薄，竞争力差，市场占有份额低。

7. 结构。结构是反映规模形式的一个标志，在经济发展到一定程度下，经济结构必然要加以调整。但对发展中国家来说，这是十分困难的，因为结构的调整需要足够的资本、完善的机制，它所带来的影响也是双重的、全方位的。

在如何解决发展中国家所面临的诸多问题上，不同的学派有不同的观点。概括来说有以下主要的三种：

新古典主义学派。这个学派认为，经济发展是有其内在运行机制的，不必要人为加以干预，这个运行机制就是价格机制，它可以自动调动资源的配置并使其达到最优状态。

激进经济学派。这个学派认为，发展中国家可以通过阶级斗争来实现经济发展，资本主义是一种历史现象，最终必将灭亡。

结构主义学派。这个学派认为经济发展自身存在着不足，难以达到均衡经济状态，因此，必须要实行政府干预才可以解决。

在发展中国家究竟应该采取哪一种经济政策呢？作者提供了以下几种方案：

1. 计划－市场机制。即在经济发展过程中，既要重视市场机制本身所具有的巨大优点，也要采取计划的形式加以完善。因为，绝对没有计划的自由主义市场经济，存在着许多不足，比如它会导致生产的无目的性。价格作为一种市场信号，它总是在供求不平衡后再停留一段时间才会变化，这时才会引起生产厂商的注意，但已经给他们带来了一定的损失，所以价格的反应有滞后性。但单纯依靠计划来发展经济也是不可取的。一个国家的计划政策往往由中央政府来统一制定，这种"统一"本身就不对，它忽视了不同地区有不同的具体情况，同时，它制定的计划具有长期性，也就是说一旦制定出就在短时间内不会改变，但经济发展是瞬息万变的，所以计划无法满足对突发事件的解决。可见，市场与计划两种机制都有其自身的优点和缺点，我们在发展经济时，就可以发挥各自的优点，避免其缺点，互利互补，共同促进经济的进步，这种政策即为"计划－市场"政策。

2. 产业组织。在一国的经济结构中，应当确定哪些是主导部门，哪些是次要部门，这样确定下来后就形成了一种产业组织。不同的国家产业组织是不同的。选择主导部门也是有一定标准的，要看各部门之间的联系，要看产业的价格与收入弹性的大小。

3. 货币、财政政策。发展中国家发展的货币政策主要用来控制通货膨胀，财政政策则是用来解决效率问题、收支平衡问题、收入分配问题，也用以解决通货膨胀问题。

4. 人口政策。发展中国家人口往往超过实际的需求量，并且人口的增长未能得到很好的控制，以至于出现了大量的失业人口和过剩人口。这对社会稳定、经济发展都会带来不良影响。国家的人口政策就应当在控制其总量增长的同时力求增加就业机会，扩大社会福利。

5. 就业分配政策。就业和收入分配都是会对发展中国家带来直接影响的因素。增长就业就意味着社会稳定，同样收入分配的公平也有此意义。发展中国家的就业政策应当注重以工资为杠杆来控制就业状况，包括职业选择、就业规模等。

6. 对外政策。作者提供了几种模型，有些模型主张发展中国家的对外政策应把对外贸易放在首先，有些模型则强调进出口的平衡。不同的模型适用于不同的国家。

本书在结构上很清晰，介绍了影响发展中国家的因素、发展中国家发展的理论以及发展中国家的政策。本书对发展经济学的发展作出了重要贡献。

【精彩语录】

1. 外援是一种额外的资源。只要它能改善资源的稀缺性，受援国资本形成的能力就会提高，从而可能获得更高的产出和更快的经济增长。

2. 要给土地下一个明确的定义是困难的，因为一方面要把它同资本相区别；另一方面又要把它与技术相区别。

3. 即使在穷国，新技术也可能优于其他技术，但是在这些国家使用劳动密集程度更高的技术显然是可取的。

4. 技术变动是提高生产率和产出的一个关键因素。光有发明是不够的，必须使技术变动生效。

《货币和资本理论的研究》

作　　者：埃里克·罗伯特·林达尔

成书时间：1939 年

【作者简介】

　　瑞典著名经济学家。1891 年出生于斯德哥尔摩。1919 年获隆德大学博士学位，1920 年执教于隆德大学，1932 年任哥德堡大学教授，后又分别于隆德大学和乌普萨拉大学任政治经济学教授。同时他还担任过瑞典财政部顾问、瑞典中央银行顾问、国际经济学家协会主席等职。1939 年因写成《货币和资本理论的研究》而声名大噪。1960 年因病逝世。

　　林达尔是斯德哥尔摩学派的代表人物之一，他在经济学上的主要贡献在于对该学派的创立起到了重要作用。斯德哥尔摩学派又叫北欧学派或瑞典学派，该学派形成于 20 世纪 30 年代，主张国家干预经济，比较系统地阐述了资产阶级改良主义并提出了政策主张。林达尔在自己的理论研究中，还修正、补充并发展了威克塞尔的累积过程理论。

　　林达尔的主要著述有《谬论的公正》、《货币政策的范围手段》、《货币和资本理论的研究》、《就业稳定的问题》等。

【内容梗概】

　　20 世纪初期，资本主义发展到了帝国主义时代，资本主义世界的实践证明，以充分就业为前提的静态均衡理论体系已经瓦解，因为充分就业在这个阶段更成为不可能的事实，资产阶级追求高利润，必须降低成本，为使劳动力价格下降，肯定会保持一部分人失业，这样工人才会饥不择食地去争取哪怕报酬很少的一份工作以保证自己生活得以维持。这时候也正在酝酿着一场从自由放任主义到国家干预的革命，因为自由主义的主张已经越来越不能适应经济发展的需要了，特别是垄断经济。瑞典学派正是在这种情况下产生的。这个学派继承了威克塞尔的学术传统，运用动态一般均衡分析、过程分析以及部门结构分析等研究方法来建立以客观货币政策和财政政策为中心的国家干预经济生活的客观动态经济理论。

　　本书是林达尔的代表作，也是全面阐述斯德哥尔摩学派思想理论的经典之作。本书由三篇论文构成，由林达尔在 1929 ~ 1939 年完成。

　　第一篇论文介绍了动态经济理论。林达尔指出了动态经济理论的重要性。作为一种经济理论的产生，它必然是和当时社会的经济发展相联系的。产生的目的在于说明经济现象并对将来可能发生的经济现象进行预测，因此它应该是包括一切对处理历史与现实问题都适用的理论。但是在传统的经济学说中，人们却忽视了理论的时代性，只注重考虑经济体系建立应该有什么样的假设前提，这是一种"静态"的理论，它在过去经济不发达，发展缓慢的时代也确实起到了一定的作用，但现在资本主义经济已经发展到了垄断经济时代，这些传统的老化的理论也就到了需要被替代的时刻，应该用一种"动态"的经济理论去重新解释现在的经济现象，分析目前经济的发展方向及趋势。

动态经济理论的特点在于它借助于方程式的建立，确定一个时间函数，将影响经济发展的所有因素都作为函数的变量，它们共同影响函数的数值，这样就可以说明经济发展的变动与发展情况。如果在动态理论的函数中选取某一个时间点，这时就不考虑时间变化，这个函数就可以阐述静态经济理论了。可见，静态经济理论是被包含在动态经济理论中的，可以说是动态经济理论的特殊情况。

人类的经济活动，无论是什么性质的活动，也不管是长期活动还是短期活动，都有自己已制订好的计划。经济计划具有普遍性，无论是政府、公共团体、企业还是私人，都具有某种形式的计划。从经济计划这个核心出发，动态经济理论可划分为以下几个部分：

1. 研究制订计划所依据的原则和制订计划所依据的社会制度、生产技术、社会心理等各种客观前提；

2. 研究计划的执行结果，即研究计划执行时经济发展的动态过程；

3. 研究制订计划的原则。计划理论中最困难的部分就是计划的修订原则。

他设想了资本主义有三种计划经济：私人计划、厂商计划以及公共计划。其中公共计划对社会经济发展也有巨大影响，因此国家应当实行积极的财政政策，大力举办公共工程以扩大就业，实行补偿性财政预算以刺激经济，从而发挥财政政策的周期作用。

第二篇论文讨论了利息率与价格的关系，于1930年发表。林达尔在论述中，修正、补充和发展了威克塞尔的累积过程理论。他认为，利息率对物价水平的影响是通过对个人收入、储蓄比例、消费品供给量的影响而间接实现的；此外，利息率还通过对生产资源再配置的影响和对生产、投资、就业的影响而影响个人收入和商品的数量。但威克塞尔的累积过程理论只单纯地考虑利息率对投资的影响，有失偏颇。

在考虑利息率的变动对物价水平的影响时，人们的预期作用和是否存在闲置的生产资料极为重要，只存在人们对未来的物价变动没有预见到或不能完全预见到时，而且还存在着闲置的生产资料，这时才可有发生威克塞尔理论中所说的积累过程，利息率的变动才可能对物价水平发生影响。但物价水平下降所带来的灾难比物价上涨的灾难还要大，因为它会造成经济萧条和失业率上升的严重后果。

在完全预断的情况下，也就是说人们对将来物价水平的发展可以完全预见到的情况下，物价水平的变动的主要动力在于人们对将来的预期。由这个动力引起的物价变动，对经济发展不会带来任何影响，既不会使生产要素和消费品的相对价格上升或下降，也不会使生产的范围变化，方向转变，在这样的结果里，积累也就不会变动了。国家在财政政策上要采取一种被动的放款利息率政策，即通过对人们的预期施加某种有利或不利的影响以使自己与预期的物价发展相适应。

在上面已经提到的另一种情况下，即在人们对将来物价水平的发展的预期不完全或无法预期的情况下，个人预期不再是引起物价水平实际变动的原因了，即使有影响，那也是微不足道的，原因何在呢？在于货币管理机构执行货币政策的各项措施，特别是放款利息率，它构成了物价水平变动的主要原因。

通过对上述两种情况的对比，可以发现，完全预期是更符合实际情况的，利息率对物价水平的影响也就更加重要。但利息率的变动可能有许多复杂的因素，那么这些众多的因素又是怎样具体地影响物价水平的呢？林达尔认为，作为消费品而言，其价格水平受两个因素的决定，一是消费和储蓄的关系，二是消费资料产量和生产资料产量的关系，这两个关系是受到利息率水平和人们对物价水平的未来预期决定的。

降低和提高利息率对生产发展来说都是有坏处的。一旦出现可利用的有闲资源，就会出现累积的不良后果。威克塞尔的物价累积变动理论也是这样阐述的，可见，威克塞尔的理论并不是完全错误的。林达尔对威克塞尔的理论加以补充修正，最后纳入自己的理论体系中去。

第三篇论文发表于 1929 年，它较前两篇写得都早。本篇论文讨论的主要是价格决定理论。

由于在传统的静态经济理论中没有考虑时间变化的因素，因此，它所解释出来的价格决定理论就是静态的价格理论。在动态经济理论中，有必要对价格决定理论进行重新解释。解释的关键也就是要加入时间因素。一旦把这个因素加进去，价格决定过程就会变得更加复杂。林达尔从资本理论的观点出发，研究价格决定中的那些和资本、利息理论相关又和物价的一般理论相关的问题。这个理论是林达尔的又一贡献，它对于价格问题和价格理论的研究都有重要意义。

林达尔首先需把瓦尔拉、威塞尔等人的传统价格决定理论同庞巴维克、威克塞尔等北欧学派的资本利息理论结合起来。在威克塞尔的用以说明价格决定过程中的方程式体系里，都不曾考虑过时间因素以及由此而导致的各种复杂情况。瓦尔拉在分析时已引进了这个因素，并将其和资本、利息问题结合起来论述价格决定问题，但他阐述的比较模糊，不够清晰，在理论深度上也做得不够。但庞巴维克则完全不一样，他不仅加入了时间因素，而且在用它去解释价格决定时将其作为一个很重要的原因在考虑，因而论证的既全面，又深入。

动态问题因为加入了时间因素所以比静态问题要复杂得多。如果把连续的动态过程看成是无数个静态的集合，即将其划分为若干个时段，并假设在每个时区里物价都不变，还假设人们有完全的预期，那么就等于把动态问题简化为静态问题了。这样简化后，对价格决定的研究也就更加容易了。

本书是 20 世纪 20 至 30 年代斯德哥尔摩学派经济理论的集大成之作。对于斯德哥尔摩学派的形成起到了非常重要的推动和建设作用。

【精彩语录】

1. 这似乎是一个规律，金本位制往往会增加采用应付循环的预算政策的需要，但同时它却会使这种政策的实行变得比较困难。至于独立币制，情形恰恰相反。

2. 由于中央银行的利息政策及国币与外币的比率跟国内经济情况有紧密的关系，所以，在我看来，应当消除的商业变动都应当使用货币措施来消除。

3. 国家资产的提高必定对工人阶级有利，只要由此产生的捐税减轻，不被资本的逃避或资本的其他损失所抵消。

《不发达国家的资本形成问题》

作　　者：雷格那·纳克斯
成书时间：1953 年

【作者简介】

美国著名的发展经济学家。出生于 1907 年，早年在爱沙尼亚的塔克特大学读书并获得学士学位和硕士学位。1935 年游学于国外大学。1934 年开始在国际联盟从事分析工作，1947 年在美国哥伦比亚大学任教授，退休后坚持不懈地研究不发达国家的经济问题，直到 1959 年在美国逝世。

纳克斯是发展经济学早期的代表人物和创建人之一。他对经济学的最大贡献在于他提出了两个著名理论：贫困的恶性循环论和资本决定论。他强调资本对于发展中国家的重大作用，为不发达国家寻求摆脱贫困的路径作出了巨大贡献。这两个理论对发展经济学的发展起到了重要的推动作用，后来的经济学家纷纷引用它们并不断加以完善，至今依然保持着影响和发挥着作用。

纳克斯的主要著述有《通货膨胀的原因和控制》、《不发达国家的资本形成问题》、《世界经济的平衡和发展》，等等。

【内容梗概】

纳克斯作为发展经济学的一位代表人物，在国际上享有崇高的荣誉，他对不发达国家经济问题的深入研究在经济学上有重大影响。各国经济学界纷纷邀请他去讲学。他的许多书都是由他在各地讲学时的演讲稿汇编而成的。本书也同样如此，他在哥伦比亚大学任经济学教授期间，应邀去巴西讲学。在里约热内卢发表了许多演讲，这些演讲在当时产生了很大的反响，于是汇编成了本书。本书是由 6 篇重要的演讲稿汇编而成，另外还加入了一篇论文。本书是发展经济学说史上的一部重要文献。

本书在内容上重点就如何使不发达国家形成自身发展所必需的资本展开了讨论。纳克斯认为贫困是不发达国家的特征和弱点，必须要形成资本扩大生产，不断发展富裕起来。并就不发达国家应采取什么样的措施来形成可利用资本措施阐述了自己的观点。

资本形成对不发达国家来说至关重要，它是发展本国经济所面临的实质性问题。面对这个资本"瓶颈"，各国纷纷采取尽可能有用的方式来解决，以增加资本积累，从而进一步发展。但由于缺乏正确的理论指导，这些不发达国家往往走了很多弯路，甚至找不出办法。纳克斯挑起了这个担子，就这个问题进行了深入研究。

关于为什么不发达国家很难发展起来，即为什么很难形成真正的资本积累，作者认为是因为贫困是恶性循环的。这是本书整体理论的基石。因为贫困的恶性循环，所以在资本积累上如果不能形成足够以冲破这个循环圈子的力量，就不能形成对恶性循环的制止。就好像要拦截波涛汹涌的河流，如果没有足够多的石头或其他物品，最终结局会是石头被冲走，水流并不能停下来。贫困是不发达国家的循环，表现的最明显的是人均收入太低。过低的收入必然引起储蓄与消费都得不到满足，根据简单的经济学理论推导可知，储蓄不足自然会投资不足，投资不足又导致资本形成不足；另一方面，消费不足也会引起对生产厂家扩大生产的消极作用。厂家不扩大生产，员工收入就会上不去。所以，贫困会引起恶性循环，贫者更贫，困者更困，难以得不到解脱。

纳克斯通过研究发现，贫困的恶性循环并不是不可解脱的，关键在于形成足够多的资本，对国内经济的各个部门进行同时投资，提高生产率，扩大市场容量从而使供求两旺，这样就解决了贫困问题。为什么要有足够的资本就能解决贫困呢？因为少量的资本投入国民经济的某一个部门，只会引起与该部门相联系的其他部门与该部门的相互作用的一点点改善，对该部门并不会有所提高。所有国民经济的部门，都是为经济发展服务的，它们之间存在着千丝万缕的关系，牵一发而动全身，所以对一个部门投资也就意味着对所有相关部门的投资，所以，少量投资在被所有部门"瓜分"后，所剩无几，不会对改变贫困状况有何帮助。因此，作者强调对所有部门要形成同时投资的巨大规模，使各部门同时大步发展，共同进步，变恶性循环为良性循环。投资扩大后，各部门、各企业的生产率可以因技术力量投入加大而提高，生产的产品大幅度呈倍数增加，市场容量自然扩大。所谓市场容量，就是指生产率和生产量的水平。市场容量扩大，员工收入增加，再由上段所根据的经济理论进行推导，按良性循环发展，最终是需求与供给同时扩大，市场不断繁荣，国家自然会摆脱贫困。

从上面论述中我们可以找到一条简单明了的思路：资本形成后投资扩大，投资扩大后生产率提高和生产量扩大，即市场容量扩大。市场容量扩大后市场形成良性循环，各企业、各部门平衡发展，最终实现全面提高而摆脱了贫困。

资本形成的作用已显而易见，但上面所讲的贫困的恶性循环和资本形成重要性都仅是理论性的东西，在实际操作过程中，如何积累资本是实实在在的问题，需要有切实可行的方法去解决。纳克斯认为，资本形成从国内来讲，就是要扩大资本积累、减少消费份额；从国际来讲，政府要采取合适的贸易政策，吸收外来投资，国内外两方面入手，共同促成资本形成的最终实现。

扩大资本积累、减少消费份额是一个指导思想，具体来讲，在农村要挖掘储蓄潜力。因为相对人口较多的农村，即使抽取一部分农民去从事非农业活动，农产量不会降低。这些相对多余的农村劳动力完全可以转移到其他地方进行其他类型生产活动，为社会创造更多的财富。多余的农村劳动力参与其他行业后，不但解决了这些行业的劳动力缺乏问题，而且会产出更多的产品，创造出更多的价值。价值增加，资金形成也就水到渠成，不再成为问题。当然，如何转移这些多余的农村劳动力，则是一个至今未解决好的问题，只有国家采取强行措施才有更好的效果。这个方案也有一个不足，它对农村劳动力少的国家是不适用的，因为劳动力较少的情况下如再抽去一部分，势必会导致农业产量减少，可能会导致得不偿失的恶果。因此要谨慎考虑，全面分析国家农村劳动力的情况。

当然，在扩大资本积累的同时也要注意减少消费份额，杜绝超前消费。所谓超前消费，就是不顾本国生产力水平的相对低下和经济状况的相对薄弱，提高消费水平，从而大大超过本国平均消费水平。超前消费是不合理的，因为它首先是建立在无视本国国情而盲目追求高消费的基础之上的。其次，它会导致资本的浪费和资本积累的减少。超前消费扩大了储蓄水平和消费水平的差额，一旦储蓄水平低于消费水平，资本积累不仅不能形成，反而会导致资本的减少，贫困的状况不仅得不到改善，反而使其恶性循环加剧。

资本的积累与否与积累额度从上面的论述中可知是由储蓄水平与消费水平的相对比较来决定的，对一个国家，特别是不发达国家而言，政府的职能在摆脱贫困的恶性循环这个角度讲就是既要挖掘本国潜力，增加国内资本积累，又要限制国内消费水平。后者需要国家进行指导，通过行政手段或财政手段进行强制性限制。这是十分困难的，需要全面提高国民的认识水平，也要求政府能制定出完整系统的制度，有一个高效率的机制，能严格地去执行。

资本积累也有国外因素。资本积累本来就要求广积财源，从别的国家或单位能获取投资，也是一种资本积累的积极因素。为什么要强调国外因素，因为国内在贫困的前提下短期内积累大量资本是不大可能的。这里的国外投资与我们现在理解的国外投资是有区别的，区别在于前者并不是真正可行的。不发达国家的市场是不完善的，市场环境依然未得到改善，政府的调控能力未能充分的展现和实施，所以对国外投资的吸引力并不大。有的认为也可以通过国外贷款来获取资本，但对不发达国家来说，大量举债会带来巨大的债务压力，而且并不一定会真正实现资本积累。因为外债是可以使储蓄水平提高，但也容易导致消费水平的提高。在储蓄水平和消费水平共同提高的情况下，根据二者之高低可确定资本是否确实增加，一旦消费水平超过储蓄水平，这样不仅不会增加资本积累，反而会使积累额下降，产生反面影响。面对这种情况，又需要政府通过外贸政策加以控制。

政府对外来资本的控制是全方位的。外来资本对本国经济带来的影响既有好的方面，也有坏的方面，政府控制外来资本的宗旨就是限制或消除其不利方面，确保其有利方面的可行性。

具体来讲，外来投资对不发达国家的不利影响是它会对国内产业带来冲击，特别是对基础薄弱的新兴行业和幼稚行业。这些行业虽然有自身问题，但它们都是国家机构运行的基础，是国民经济的大动脉，需要国家对其采取特殊政策加以保护。外来资本引进后对这些行业的冲击因其脆弱而会增大。外来投资的另一个不利影响是进出口方面体现出来的。当外来投资以物品形式进入国内市场后，对国内市场势必会带来影响。如果引进的是国民经济发展所必需的产品自然是好事，但事实上大多数是奢侈品。我们已经知道，不发达国家在经济落后的条件下如果进行奢侈品消费就是超前消费，而超前消费是明显不利于资本形成的。外来资本对不发达国家的有利因素体现为带来事实上的国内资本的增加，对国家摆脱贫困是有巨大推动作用的。

政府对待外来资本不仅表现为保护基础薄弱的行业，限制奢侈品的进口，鼓励本国产品出口，也体现在对外来资本的利用上的正确引导。要让外来资本用在能真正有利于资本积累的行业或产业，杜绝外来资本的无效使用或浪费。

综上所述，本书实际上讲了三个问题：第一，贫困对不发达国家不利，会带来恶性循环，必须摆脱；第二，资本形成对摆脱贫困是有决定意义的；第三，怎样实现资本形成，理论上关键是要保持积累水平大于消费水平，积累水平越高，消费水平越低，资本形成就越多，操作上要充分发挥政府对经济的调控作用。

【精彩语录】

1. 农业剩余劳动的存在和农业生产方法的改进，构成和创造了增加国内储蓄的机会。

2. "资本形成"的意义是社会不把它现有的生产活动全部用于目前消费的需要，而是把其中的一部分用来制造资本品。

3. 不同国家实际收入水平的不相等，往往会使贫穷国家增加消费，或者打算增加消费而不是增加投资。

4. 一个国家的储蓄增加率是经济发展的决定因素。

5. 资本形成实在是经济落后国家发展问题的核心。

《价值与资本》

作　　者：约翰·希克斯
成书时间：1939 年

【作者简介】

英国著名经济学家。1904 年出生于英国沃里克，1917 年就读于克里夫顿学院，1926 年获牛津的巴里奥尔学院硕士学位，1932 年获博士学位。1935 年任剑桥内维尔与凯厄斯学院研究员，1938 年任曼彻斯特大学教授，1952 年任牛津大学教授。1942 年任英国科学院院士，1948 年任瑞典皇家科学院院士，1952 年任意大利林西科学院院士，1958 年任美国科学院院士，1961 年任英国皇家经济学会会长。1972 年获诺贝尔经济学奖。1989 年去世。

希克斯在经济学上的主要贡献在于他提出了新的主观价值学说和一般均衡理论。他通过对前人的理论的研究，批判了长期以来被奉为教条的边际效用理论，从而提出了"边际替代率"这一新概念，同时他用这个概念创立了独特的消费者选择理论。此外，他在福利经济学和国际贸易理论方面也有独到见解，他还创立了一些新的经济学研究方法，被后来的经济学家广泛运用。

希克斯的主要著述有《价值与资本》、《需求理论的修正》、《经济史理论》、《动态经济学方法》等。

【内容梗概】

20 世纪 30 年代，资本主义世界爆发了历史上规模最大、范围最广的经济危机，整个资本主义经济体系遭到了严重的打击，大量企业倒闭，工人纷纷失业，一系列的连锁反应也导致了社会矛盾的激化，反对资产阶级的呼声越来越高。在经济学理论界，经济学家开始认识到过去奉行的自由主义学说已经不能适应时代发展的需要了。他们纷纷著书立说，建立自己的理论，为资本主义世界走出萧条出谋划策，希克斯在这种背景下写成了本书。

本书在写作目的上有两点：一是研究如何使资本主义经济从危机中振兴；二是对过去的自由主义理论进行批判。

本书在内容上根据以前的经济学家们提出的价值理论，用无差异曲线建立起了以序数效用理论为基础的一般均衡理论。所谓无差异曲线，又称"效用等高线"，表示两种商品的各种不同数量组合使消费者得到的满足程度相等的曲线。这个概念是英国学者爱奇渥斯在 1881 年提出的，1909 年由帕累托引入经济分析。所谓"序数效用论"是指用先后顺序或优劣对比来表示、分析效用的理论。效用作为一种满足，不能用绝对数值来计算，但可以用序数来分析。比如，面对三种物品，消费者不能确定其效用在数值上究竟有多大，但可以排出一个序列，指出哪种物品对他最有效用。

希克斯的均衡理论是在前人的"局部均衡分析"、"动态均衡分析"和"一般均衡分析"基础上将三者综合而成的。均衡是指经济体系中的各种相互对立或相互关联的因素在变动中处于相对平稳而不再变动的状态。一般均衡和局部均衡是两个相对的概念，前者是指整个经济体系中各个市场、各个商品的供求同时达到均衡的状态，而后者是指在不考虑经济体系中某一局部以外因素的影响下，这一局部所达到的均衡状态。动态均衡是指在时间过程的经济变动中，由一种均衡过渡到另一种均衡状态。

希克斯将三种均衡分析统统纳入自己的"动态一般均衡理论"中去，吸取各种分析的优点，弥补其缺点。他首先排除了生产和时间两个因素，来对消费者的需求定律进行研究。消费者的个人需求会因价格的变动而变动，同样，市场也存在交换的一般均衡。然后他再引入生产因素，论述出"生产的一般均衡"。进而又引入时间因素，建立了动态的交换和生产的一般均衡理论。

希克斯提出了自己的价值理论。他认为，商品的效用是无法直接计算和衡量其数值大小的，只有效用的大小之分，根据不同物品满足人们的效用的大小可以进行排序。在对几种物品同时消费时，不同的数量组合可以满足人们同样大小的需求，即它们的效用是一样的，于是就可以用"无差异曲线"加以分析。他借用了边际替代率这个概念去取代边际效用。所谓边际替代率，是指消费者在保持同等满足程度时增加一种物品或劳务的数量与其必须放弃的另一种物品或劳务的数量上的比例关系。根据无差异曲线的定义，一条无差异曲线上的各点表示能够提供同等满足程度的两种商品的不同数量组合。在一条无差异曲线上，从左到右其边际替代率在不断下降，这就是"边际替代率递减"。显然，这个规律与边际效用替代规律有不同之处。希克斯也正是用它来代替了边际效用替代规律，从而对前人的均衡理论进行了修正，比如马歇尔提出的基数效用论，基数效用论是和序数效用论相对的概念，认为效用的大小如同物体的重量一样，可以用绝对数（基数 1，2，3…）加以衡量，并可以加总求和，计量单位是"效用单位"。比如一个苹果可以满足人的 2 个效用单位，而一本书可以满足人的 6 个效用单位，那么一本书的效用就是一个苹果效用的 3 倍。在这样的前提下，马歇尔用边际分析方法来分析消费者行为，认为人们欲望满足程度的提高依靠消费数量的增加，每一单位物品所带来的满足因消费量的增加而减少，从而他得出了边际效用递减规律。由于效用是一种主观感受，无法实际计量，所以希克斯提出了序数效用论后，立即为众多经济学家所接受。

希克斯还区分了替代效应与收入效应，以更好地说明自己的理论。收入效应是指由于价格变动而引起的消费者实际收入的变动对商品需求的影响，替代效应是指由于商品价格变动而消费者又保持原有消费水平时对该商品需求量的影响。可见，两者是不同的概念，不能混为一谈。

经济学有动态与静态之分，静态经济学是指不引入时间因素的经济理论的总称，相反，动态经济学是引入了时间因素的经济理论的总称。静态经济学是一种不真实的理论，只有动态经济学才能有助于解决实际经济问题。在动态分析中，希克斯把一个星期假设为一个最短时间，在这个时间里，价格变化是可以忽略不计的，即一个星期价格不变。他以星期、计划和肯定的预期作为本书动态分析的基础，认为资本主义经济在短期内经常是"暂时均衡"的，但在长期里不处于不平稳状态。在星期一，生产商以过去的资源作为基础拟出生产计划，以对他们现在的行为和在以后星期里的行为作出计划，这就决定了资源和劳动的当前需求和供给，也决定了将来需求和供给的目的。当前的计划自然要按当前的价格和预期的价格为基础，而当前价格是由当前供求关系来决定的，这也是计划的一部分。所以在星期一确定的一组价格并不能使所有的市场供求相等时，当前的价格就会变化，计划的制订也要变化，供求就会导致平衡状态，可见，在短期内经济体系是经常处于平衡状态中的。

但从更广泛的意义上说，经济体系通常处于某种程度的不均衡状态中，导致这种现象的原因有：第一，不同的人对价格的预期不一致；第二，价格预期即使一致，但计划不同；第三，即使价格预期一致、计划相同，但人们无法对自己的需求有个正确的预见。或者无法对生产的技术过程的结果有一个正确的估计。解决不均衡的办法中，期货交易、减少风险、改善人们的预期等可以起到部分作用，但主要办法还是发展资本主义计划论，以使在私有制下通过计划来调整预期，形成良性循环，从而实现了长期均衡。

利息问题是一个很重要的问题。货币是广为人们接受的，它代表的是"最完全证券"。其价值等于面值，而其他证券却是不完全的，带有部分的货币成分，因为不足值，所以有一定风险性。利息就是对这种证券的"货币性"的衡量。货币变为不完全的证券，就是一种投资，其风险报酬就是利息。

动态体系本身是在运动的。企业和个人在动态体系中的行为要受两方面影响，一是现在的价格；二是利率以及价格和利息预期。在考察其行为时，不仅要考察其供给和需求商品的行为，也要考察其供给和需求证券的行为。

本书最后提出了资本积累问题。资本积累的形成原因在于企业家在一定时期内使用的某些进货量，不但是想保持出产量和进货量，也是想使用较少的进货量换取将来更多的出产量，这个出产量与当前进货量之间的差额即为资本积累。资本积累在资本主义社会是不可避免的，因为每个企业家都想扩大企业的经营规模，以提高竞争实力。但这种积累对经济发展有不利影响。比如，如果收入大于消费时，积累会导致价格下跌，需求刺激降低。资本积累也有其有利之处，因为如果不把资本多余量用于积累而用于投资，未必能保证可以节约劳动，增加就业。

经济周期形成过程中，经济发展阶段也是资本积累很快的时期。由于资本积累过多，企业家不能把多余资本用于投资或放贷，只能用于积累。但随着投资机会的消失，需求从对商品和生产要素的需求移向对货币的需求了，这时资本过分用量，会使物价下跌，失业人数增加，经济走向萧条。一旦出现新的刺激资本积累的动力，经济会重新发展起来并走向繁荣。如此循环，形成了经济周期。经济周期中出现的经济波动对经济发展本身带来不良后果，所以要尽力维持经济的平稳发展，就要在经济发展阶段予以抑制，在经济萧条阶段予以刺激，这需要由政府来完成。

【精彩语录】

1. 一般来说，未来的不确定以及人们愿意不受拘束以应付这种不确定两种因素，限制了资本主义远期贸易的限度。

2. 没有一个经济体系曾经呈现过长时期的完全均衡，然而在某些时候会比之在其他时候更临近于这一理想境界。

3. 即使价格预期一致，计划也一致，人们对他们自己的需要的预见仍可能不正确，或者生产的技术过程的结果估计错误。

4. 凡以现在的货物或劳务换取在将来交付货物或劳务的约定，它们间的任何交换都是有贷款的经济上的性质，但是在实际上整个货款交易都被一种特殊的东西所支配，即交易双方都以货币形式出现的一种交易形态。

《货币均衡论》

作　　者：冈纳·缪尔达尔
成书时间：1933 年

【作者简介】

瑞典著名经济学家。1898 年出生于瑞典古斯塔夫教区。1923 年毕业于斯德哥尔摩大学，并从事律师工作。1927 年获斯德哥尔摩大学博士学位并任讲师。1931 年任国际研究学院副教授，1932 年任教于斯德哥尔摩大学。1934 年当选为瑞典国会参议员，1936 年任瑞典国家银行副董事长，1938 年获哈佛大学名誉博士学位。1945 年任瑞典商业部长，1948 年任联合国欧洲经济委员会执行秘书长。1974 年获诺贝尔经济学奖。1987 年逝世。

缪尔达尔早期创建了瑞典学派，后成为新制度学派的重要代表。他在经济学上的主要贡献在于提出了货币均衡论的新观点和创立了"循环积累因果原理"，他的理论和政策主张成为瑞典在 20 世纪 30 年代反萧条政策的理论依据。他还是现代资产阶级经济学家中较早从事客观经济分析，并主张国家干预经济的著名经济学家之一。

缪尔达尔的主要著述有《经济理论发展中的政治因素》、《货币均衡论》、《人口问题的危机》、《反潮流：经济学评论集》等。

【内容梗概】

20 世纪 30 年代正是资本主义经济大危机爆发的时刻，整个资本主义体系面对着巨大的崩溃危险。失业人数达到 3 000 万以上，同时，垄断经济也发展到一定的规模，一些金融寡头利用国家机器加强对国家经济的干预。于是，传统的经济理论中所宣扬的自动充分就业和自由主义经济政策理论都不攻自破，为了维护资产阶级政治地位和经济利益，瑞典学派诞生，缪尔达尔写成了本书。

本书是缪尔达尔在一般经济理论方面的代表作，也是西方经济学宏观理论的经典之作。本书是由缪尔达尔为日内瓦问题研究所和斯德哥尔摩大学所作的一系列关于货币理论的演讲稿的基础上修改而成的。

缪尔达尔首先对威克塞尔的货币理论作了评价。他认为，威克塞尔的货币理论的优点在于把传统理论中的货币理论和价格理论结合起来，这对解决经济周期等实际问题具有实践上的指导意义。在传统的经济理论中，货币理论和价格理论从来都是分开来讲的，认为这两者之间不存在内在的联系，所以是不能结合起来的，货币理论却只被看成价格理论的一个附属部分。但威克塞尔弥补了这个缺陷，他将货币理论和价格理论看成是密不可分的一个整体。货币不仅仅是一种支付手段，同时，它也构成了相对价格形成的因素。

作为一种货币理论，在要求其简单的同时还得要对货币进行全面的分析，这是一个矛盾的地方，要二者统一存在着一定的难度。传统理论对货币理论的论述要么过于简单，要么太模糊，只有到了威克塞尔这里，才将二者统一了起来，这是他的成功之处。

威克塞尔提出了"自然利率"概念，这是相对于"货币利率"而提出的。自然利率是指实际资本的边际生产率，亦即在自然经济中由实物资本的供求关系来决定的利息率；货币利率是指在一定时期内支配单位资本的成本，亦即在货币经济中由借贷资本的供求关系来决定的利息率。这个概念的提出在对积累性的商业循环的解释中起到了很好的作用。

威克塞尔提出的累积过程理论也有一定合理性，但是在有些部分上是错误的。积累过程理论认为，只要"自然利率"和"货币利率"不一致时，资本的价值就会增加，生产方面亦会随之变化，这种变化正是积累过程持续的保证。一旦技术变革不能将货币利润调整到与之适应的程度，积累过程就会自动中断停止。

基于上面对威克塞尔的货币理论的评价，缪尔达尔指出，威克塞尔的货币理论有其成功之处，但也存在许多缺点和不足之处，需加以完善和修正。于是他提出了自己的货币均衡论，他的理论正是以威克塞尔的货币理论为基础，并通过对它的分析和批判来论述的。

威克塞尔的货币均衡概念里提出了三个均衡条件：（一）正常利率要等于实际资本的边际生产率；（二）正常利率要和储蓄的供求相等；（三）正常利率要保持价格稳定。三个条件中前两个有一致性，但是只适用于静态经济分析。货币均衡这个概念是威克塞尔货币理论的核心，但是在他的理论中并未对之加以详细说明，给人的感觉是模糊不清的，有必要对其进一步阐述。

缪尔达尔提出了"事后"与"事前"两个概念，以说明动态分析，弥补威克塞尔货币均衡三条件的静态倾向。他认为，"资本价值"等变量是直接的时点上的量，而"收入"、"成本"等变量则是一个时期上的量，就需要计算出后者其所处时点。货币理论就是要解决储蓄投资等式的分离趋势是如何发展为事后平衡的这个问题。储蓄和投资的变化既会牵涉对报酬、成本、得失的事后计算，也要牵涉对未来收益、风险、资本价值等的事前计算。因此，在计算所得、储蓄和投资等问题时，预测和回顾在方法上存在巨大区别，在这两种方法之间，也必须划分出相应的理论上的区别。于是，根据新研究的时期终点的计算来确定的数量也可当作是事后的，根据该时期的起点所计划的行动来确定的数量，可当作是事前的。

货币均衡和一般均衡二者是有区别的。表现为：

第一，一般均衡的假定前提是指偏离均衡状态后会自动恢复，因而均衡是长期的稳定的，货币均衡在背离均衡状态时并无这种恢复的动力，反而会使背离运动继续下去；

第二，一般均衡的满足要排斥相对价格，因此不会引起价格波动，但是货币均衡却恰好相反。

这两个区别正好说明了静态下假设无法将理论用于实践，证明了动态分析的必要性，与缪尔达尔前面所表达观点一致。

在对货币均衡概念作了界定后，作者对其条件进行了论证。第一个条件是实际资本的收益率，即自然利率。由于自然利率只存在于无货币交易、无货币使用的社会之中，然而现实并不是这样，实物资本及其产品在不同的未来时期可能会有不同的数值，所以，要把自然利率假定在每一时间上和从那一时点开始的同一预测时间，这样才能真实地反映客观事实。由于资本收益率的计算涉及到时点和时期两个问题，而且积累过程是通过企业家的行动而反应的，所以只有预期的收益率才对分析有用处，其他的都无法使分析有说服力。

第二个条件是储蓄和投资相等。这个条件有利于从资本市场均衡的要求来对利润均衡进行估计。这里所说的投资，是对储蓄的需求，也就是实际的投资；这里说的储蓄，是对投资的供给，是收入中的一部分，在消费需求中尚未使用的那一部分。如果货币利率能够用实际投资总额与储蓄加上实际资本预期价值获得的总额，也就是加上现有实际资本的预期减少的价值，再减去它预期增加的价值二者相等，这种货币利率就是正常的。储蓄增加，必然会引起货币均衡的破坏，在其他情况不变的条件下，增加储蓄会使经济萧条加剧。

第三个条件是价格稳定。基本均衡条件牵涉或者是决定于某些现实的和预期的价格关系。如果均衡的价格关系得到满足，就可以使绝对价格与之一致，任何变动都不会对货币均衡带来任何影响。可见，货币均衡条件本身和价格变动没有任何关系，并容许一般情况下的价格波动。同时，各种价格的波动会不一致，这样，由于预期的不确定性和价格变动的惯性，价格体系中的有些价格被停止变动，所以价格体系的变动也不是平行进行的，这就要求价格政策做一番调整。价格水平的作用可以被看成是一种指数，如果这个价格指数的稳定是为了保持货币均衡，那么，对其定义会给一个尚未解决的问题增加压力，而不是提供解决它的办法。

货币均衡观念不但是一种理论，也应该运用于实践，成为制定货币政策的指导工具，可以帮助货币政策完成消除或缓和"商业循环"的目标。

但是货币政策有其自身局限性，经济过程的性质十分复杂，不同的社会集团有各自不同的利益追求，所以不能只凭借继续满足货币均衡条件来完全消除商业循环。货币政策的重点就是要通过不断地改变利率，来调节预期的总资本价值，使之与实际资本投资的总成本相适应，货币均衡条件可能不断地获得满足，因为实际投资的资本总成本和货币政策是无关的。

货币政策一方面要实现价格稳定，另一方面又要消除商业循环，这是无法同时满足的，因为二者存在总矛盾，无法使两个目的统一于一种政策之中。所以，货币政策只能最大可能地缓和商业循环，最大可能地防止价格变动。货币政策之所以要追求价格稳定，因为价格只有在稳定后才能稳定企业家对未来的预期，从而使由预期变化决定的变量波动缓和。

本书在理论上对货币理论的发展作出了巨大贡献，它最早引入了预期因素，使宏观动态分析成为一种新的分析方法为广大经济学者所引用，让研究人员不再局限于微观经济研究。在方法论上，本书注重具有实际效果的方法研究，适应了当时资本主义国家急需解决经济危机的需要，另外还提出了许多新的概念。

【精彩语录】

1. 商业循环的主要原因是引起自然利率的变动的技术变化，不能把货币利率调整得和它相适应，自然便迫使这一情况成为商业循环。

2. 货币理论中要解决的真正问题是：储蓄投资等式的分离趋势是如何发展为事后平衡的。

3. 在计算所得、储蓄和投资等经济数量时，预测的方法和回顾的方法存在着重大差别，在这两种可供选择的规定这些数量的方法之间，也必须划分出相应的在理论上的重大区别。

4. 货币分析，假如要向前发展，必须同时动用这两种定义的体系，并考察它们之间的相互关系。

《经济政策和充分就业》

作　　者：阿尔文·汉森
成书时间：1947 年

【作者简介】

美国著名经济学家。1887 年出生于美国南达科他州。1910 年获杨克顿学院学士学位，1915 年获威斯康星大学硕士学位，1918 年获该校博士学位。1910 年任教于杨克顿学院，1915 年任教于威斯康星大学，1916 年任教于布朗大学，1919 年任教于明尼苏达大学，1933 年任美国国际经济关系政策委员会研究主任。1937 年任哈佛大学教授，同年任美国统计协会副会长，次年升任会长，1940 年任联邦储备局特别经济顾问。1975 年逝世。

汉森是凯恩斯学派的主要代表人物，他在经济学上的主要贡献在于对经济周期和失业问题的研究，提出失业是由于私人投资不足以吸收充分就业造成的。而私人投资不足与技术进步、人口增长等长期动态因素和短期的经济周期波动有关。

汉森的主要著述有《经济周期理论》、《财政政策与经济周期》、《经济政策和充分就业》、《货币理论与财政政策》、《凯恩斯学说指南》等。

【内容梗概】

1936 年凯恩斯《就业、利息和货币通论》（简称《通论》）一书的出版，对当代西方经济学理论的发展产生了重大的影响。自 20 世纪 30 年代后期到 60 年代中期，许多经济学家纷纷著书立说以解释、发展和完善凯恩斯《通论》中的经济理论，从而奠定了战后凯恩斯经济学的主导地位。从 50 年代中期开始，随着货币学派和各种自由主义经济学派的兴起，在西方经济学界，围绕着凯恩斯经济学的理论争论更加尖锐和激烈，信仰凯恩斯主义者则称为凯恩斯学派。

凯恩斯主义认为，第一次世界大战以后，英国经济的黄金时代已一去不复返，单独依靠自由主义和资本主义市场机制的调节，资本主义难免出现长期的大量失业，因此提出了一套旨在消除资本主义失业，实现充分就业的理论和政治主张，认为失业的最终根源，并不是资本主义基本矛盾发展的必然产物，而在于产品缺乏"有效需求"。有效需求由消费者的消费支出和资本家的投资支出共同构成，主张政府对经济实行宏观调控。

汉森作为凯恩斯主义的代表人物之一，其基本观点来源于凯恩斯理论，他对凯恩斯理论基本部分表示赞同，但对若干理论持有异议，他并不生搬硬套凯恩斯的理论，因而成为美国经济学界的一名名人。

本书是针对一些经济学家激进收缩政策主张而提出来的，汉森认为，战后的通货膨胀的确给美国经济带来冲击，但还存在一个更大的危险，人们都往往予以忽略，那就是市场不足，所以充分就业应当成为政府政策的重要目标。充分就业是指凡愿意在现行工资率下参加工作的人都已就业，也就是说当对劳动产品的有效需求增加时，总就业量不再增加。充分就业并不意味着不存在失业现象，在两种情况下会出现失业：（一）摩擦性失业，即因劳动供求关系变化，工人在转业过程中出现的暂时失业；（二）自愿失业，指工人认为现行工资率低于其劳动的边际负效用，因而不愿意接受工作以致失业。

汉森认为，通货膨胀的确对社会经济的发展不利，不仅使经济萧条，失业增加，还会给人们带来心理上的压力。但也因为这种心理上的压力太大，以至于人们对它过于敏感。实际上，通货膨胀并不是想像的那么严重，它只是战后的一种暂时现象。当然，政府也应该将如何治理通货膨胀作为政策的一个目标，但这是可以避免的，那么什么才是最可怕的呢？是总需求不足，亦即失业。

政府必须有一个清醒的认识，失业比通货膨胀更危险，要解决通货膨胀，必然要先解决好失业问题。那么，政府能在保证充分就业问题上起到什么具体的作用呢？

国家要负责保证公民都享有充分的经济机会，在现代社会，由于就业已成为每个公民的要求，民主政治国家也应当在这方面担负起责任。在任何国家，失业都是不可避免的，而充分就业是不可能存在的。在市场经济下，就业机会多必须要保证对货物和劳务的充分需求，这里面有一个相互促进的机制。充分就业后生产规模才会因劳动力的增加而扩大，生产规模扩大后生产的产品也自然会更多，其价格也会因成本降低和规模效应而降低，对消费者来说，以前买不起的商品现在买得起，自然会增加消费。消费一旦增加，又会刺激生产，对劳动力的需求也就更大。

解决总需求不足有两种可行方法，一是通过自发行为；二是由政府实行宏观调控。第一种方法是无法起到太大作用的，先靠私人的自发支出，不可能提供足以达到维持充分就业的总需求量。而政府可以，政府可以利用不断扩大的公共支出来抵补私人支出的不足，进而保证人们对货物和劳务的总支出充足到可以提供不断的充分就业的程度。

汉森针对美国当前的经济情况，对如何解决就业不足的问题提出了自己的建议：（一）广泛而灵活的公共支出计划；（二）全面的社会安全制度；（三）所得税税率的随时变动。通过这些措施，就可以把过去的自由主义转向有控制的经济状态。

汉森最后提出了保证充分就业的几点政策主张，首先是租税政策。汉森认为，租税政策在当今经济社会里发挥的作用明显地是越来越大了，特别是对充分就业有很大的影响。他认为，如果对举债、补偿税收政策、修正的所得税方案等进行有限度的控制，可以使充分就业得到进一步的保障。

举债的结果并不会产生使货币减少的结果，相反，它会使居民手中的货币增加。只要对举债进行有限度地控制，会达到单纯的征税筹款方法所无法达到的效用。一旦举债形成为一种习惯，居民心里的安全感就会得到进一步提高，于是会提高消费比例，减少储蓄。

补偿税收政策如加以有限度控制，同样为充分就业提供保障。减免税收、变动税率对反萧条也有良好作用。税率一旦取代利率发生作用，就会对商业循环起到抑制作用。商业循环是一种不良经济现象，不利于经济的发展。

修正的所得税方案就是指将所得税税率的变动定位于维护充分就业的目标上来，让其对充分就业的实现起到促进的作用。

利率政策也可保证充分就业。利率政策必须要加以调整，因为原有的利率政策已无法对抑制和消除商业循环起到良好作用。因为在经济繁荣时期如果提高利率，不但无法有效制止商业投机行为，反而会使经济中的健康部分受到打击。而且，在繁荣时候提高利率，到了萧条时期就难以降下去，从而影响经济的复兴。加之利率的频繁变动对财产价值的确定增加了难度；影响了新投资和消费支出总量的增加。因此，汉森主张降低利率水平，认为这样才可以刺激投资，维护充分就业。

在谈到工资政策时，汉森从工资对利润的比率是偏离的这一假定前提出发，指出均衡问题有静态和动态两种分析方法。如按静态分析的方法削减工人工资，就会使工人不满，为通货膨胀埋下祸根。如按动态分析的方法来改进生产技术降低生产成本并提高总需求；就可以恢复均衡和增加就业机会。当然，工资率不能无限制地提高，它会受到生产率提高的限制。如果一味提高，就会带来通货膨胀，反而使就业机会减少了。

在谈到消费政策时，汉森引入"消费函数"这一概念。"消费函数"又叫"消费倾向"，表示消费在收入中的比例，反映消费支出与决定消费支出的各种因素，特别是国民收入之间的依存关系。从长期来看，消费函数是稳定的，但这并不意味着储蓄和投资问题已得了解决。汉森认为，举债筹款不会减少消费支出，所以对充分就业不产生影响，而用租税结构方法则会引起消费函数的变化，不利于充分就业的实现。

关于私人投资政策，汉森认为私人投资有三类：机器设备、住宅和其他，对于投资不足，可采用如下政策：（一）调整一部分或全部公共投资；（二）变动消费函数和储蓄函数；（三）调整租税水平。在私人投资不足时，刺激其投资于机器设备上的方法有三种：（一）充分就业；（二）增加科研经费；（三）鼓励性的租税政策。

最后是公共投资政策。公共投资是充分就业实现的一个必要条件。增加公共投资的方法有两种：（一）征收累进所得税；（二）适当的公债。

汉森认为，上述政策主张对实现充分就业无疑会有很好的作用，但它们也不是万能的，在制定政策时还要考虑到各种具体情况，有选择地采用。

【精彩语录】

1. 私人分配上的不平等往往趋向于缩小私人消费支出计划——"消费函数"——因为收入往往不按比例地流入那些欲望早已充分满足因而只须从其收入中支出一部分用于消费品和劳动者之手。

2. 国民收入流入低收入家庭越多，那么用于私人消费的总支出就将上升。

3. 对稳定就业的社会重要性的广泛了解，将使企业在稳定它们私人资本支出的问题时增加兴趣。

4. 即使关于稳定私人投资的事已说到，甚至都已做到，毫无疑问，变动仍然是会发生的。

《社会选择与个人价值》

作　　者：肯尼斯·J. 阿罗

成书时间：1951 年

【作者简介】

美国著名数理经济学家。1921 年出生于美国纽约市，1940 年在纽约市学院获学士学位，1941 年和 1951 年在哥伦比亚大学先后获数学硕士、博士学位。1942 年在美国空军工作，1949 年任斯坦福大学教授，1956 年任国际计量经济协会会长，1962 年担任肯尼迪总统的经济顾问，1963 年任管理科学研究会会长，1968 年任哈佛大学教授。1972 年获诺贝尔经济学奖。

阿罗是西方经济学界公认的数理经济学的代表人物，在经济学上最主要贡献也在于对数理经济学的研究。他擅长用数学工具研究经济问题，在运用新的数学工具研究一般均衡理论、不确定条件下如何进行最优决策和社会选择理论等工作中作出了杰出的贡献。另外，他在组织经济学、信息经济学方面也有独到的见解。

阿罗的主要著述有《社会选择与个人价值》、《最优投资决策》、《一般竞争分析》、《资源配置过程研究》等。

【内容梗概】

本书是阿罗研究社会选择问题的代表作。他第一次运用了数理逻辑的分析工具，对社会决策和民主程序设计之间的关系作了形式化的深入研究，是把数学应用于社会科学研究的杰出典范。

在 20 世纪中叶，人们在解决社会问题时往往采用福利经济学的一些观点，但是在现实操作过程中往往达不到预想的效果，出现了许多人们开始并未注意到的问题，所以福利经济学开始被人们所怀疑。那么怎样来解决这些必须重视的社会问题呢？特别是社会选择问题，由于社会选择与个人选择之间必然存在着分歧，就必须将二者进行协调，使之尽量统一在一条线上，至少不能发生冲突。有人认为，当然是应该按照"少数服从多数"的原则来进行了，但这种长期被人们奉为真理的原则是否真的可以解决现实中的社会选择问题呢？在本书中，阿罗对此进行了反驳，并以集合论作为推理工具，提出了著名的"不可能性定理"，对经济学的发展作出了重要的贡献。

本书在开始对社会选择进行了论述，然后重点论述了"不可能性定理"，结构清晰。

阿罗指出，在资本主义民主制度下，社会选择有两种基本类型：一是以市场机制为特点的选择，二是以民主投票为特点的选择。在非民主社会里也有两种选择方式，社会决策有时由个人或小集团作出，有时则依赖于特定环境下的社会传统，比如说风俗习惯等，可概括为独裁与传统。在资本主义民主社会里，我们看到，一个社会的选择往往是由许多个不同的个人选择所汇集而成的。这样，社会选择就面临着两个重要问题：

第一，是否存在着这样一种评判标准，依靠这种标准我们可以准确地评价出两种"社会状态"的优劣；

第二，如果已经有一定的价值判断，是不是就有一个社会机构存在并执行这些价值判断。

这两个问题是针对"投票博论"提出来的，阿罗认为投票决定是不科学的，它根本无法做到使社会选择与个人选择协调一致，相反，它加深了二者之间的分歧。社会选择一旦由多数人的个人选择来决定，就必然存在与少数人的分歧，而且，多数人的选择是否真的代表符合价值判断的观点也不一定，这样决策出来的社会选择是不科学的。

那么，怎样才能做到社会选择与个人选择的完全统一呢？我们知道，一个人的选择往往是根据个人的主观判断来决定的，他喜欢什么就选择什么，如果两样物品他都喜欢，他就选择他认为对自己带来效用更多的那一种。这种主观的判断无法用精确的刻度来衡量，只能通过比较得出一个主次顺序。每个人的偏好顺序都是不同的，如果把不同的人的偏好统一起来，就构成了一个社会偏好。社会偏好也就是最终的最优选择标准。但怎样来确定这个社会偏好呢？这里明显地存在一些难度，因为每个人的评价标准不一样，评价效果也不一样，在数学统计上很难实际操作。但如果把社会福利作为社会选择的标准，则可以比较轻松地完成偏好排序，因为社会福利是按照客观价值对偏好排序，不再考虑主观因素。是不是用社会福利作为社会选择标准就一定能完成社会选择呢？这关键是要看是否可以找到一个与产出量适度的社会福利函数，如果找到了，就能作出有助于社会选择的社会排序。这样一个函数需要满足五个条件：广泛性、一致性、独立性、非强加性、非独裁性。这五个条件彼此独立，且需全部满足，才能使社会选择真正有效。但要找到这样的函数，同样也是不容易的。接着，阿罗提出了"不可能性定理"。

由于上述五个条件对社会福利函数来说都是不可或缺的，都是必要的构成条件，否则，就不能为社会选择作出明确的排序，所以它们都必须要得到满足。然而，在现实经济生活中，这种同时满足五个条件的社会福利函数是不存在的。因为影响社会经济发展的因素实在是多不胜数，有确定性的因素，也有许多不确定性因素，根本无法全部统计出来。在理论分析上我们可将它们忽略，假设它们不存在，也许能够产生出这样的社会福利函数。所以，这种函数是不可能存在于现实经济生活中的。

阿罗的"不可能性定理"包括以下主要内容：

第一，如果候选对象是两个，多数决策方法就是一条社会福利函数，它满足条件的第二到第五个，条件一必须要改为对象二，并且对每一组个人序关系，都可产生出两个候选对象的社会序关系。

第二，如果至少有三个候选对象，社会成员可任意对之排序，则对任何一条社会福利函数，若它既可满足条件二、条件三，又能产生出符合选择的社会序关系，都必然会是强制的、或独裁的。

可见，阿罗所提的五个条件是相互矛盾的，所以不可能同时满足，这样社会福利函数就不可能是真正有效的函数。

阿罗甚至指出，就算我们可以把消费者的偏好由广泛的个体排序表达出来，那么集体理性学说和公民主权学说就是相互矛盾的。可见，福利经济学的研究是陷入了进退维谷的境地。之所以会陷入这种困难，原因在于由于个人主义的假设，导致了社会态度具有了差异性。因此，对于社会福利的判断（即寻求一个社会福利函数），取决于各个个体对于各种可能社会状态的态度的异同性。但由于个体的判断各种各样不统一，故而社会福利的判断与选择也自然显得困难以至于"不可能"了。

接下来阿罗又提出了一个问题：由于社会选择是单个个体选择的结果汇集而成的，那么除了我们所知道的选择目标本身的确定性之处，每一个个体对于选择对象是否有相同或相似的偏好呢？也就是说，是否存在社会普遍的态度？是否存在"同质"的社会？

阿罗对上述问题做了肯定回答，认为在人类社会肯定存在着共同的目标，比如每个人都热爱和平，反对战争，每个人都希望拥有更多的财富，每个人都希望自己健康长寿等等，这些都是一种普遍的认同。相反，如果每个个体之间不存在这样的相同的选择和判断，那么对社会选择问题的研究就只是多余的了。要形成一种真实有效的社会判断，就需要有这种类似的对待社会的态度。

阿罗在这里提到了布莱克的研究。布莱克也在社会福利函数方面做过深入的研究，他认为如果事先把每个人的个人趣味限制在某一个类似性的范围里面，就可以从数学形式上发现一条合适的社会福利函数。阿罗认为，布莱克的理论有一定道理，并对其数学报道中的那些限制条件逐一解释，同时也按照自己的看法做了一些局部的修正，认为应该把各个个体对某些选择存在一致性作为假设条件，但这个条件只适用于某一范围，因为有些选择也不一定是一致的。通过部分一致性的假设分析，就可以弥补其理论缺陷，从而将其引上数学的形式化、公理化的道路上来。这样阿罗实际上是完善了布莱克的理论，并引为己用了。

阿罗通过上述论述进一步指出，源于一致性作为社会活动的基础的任何观点都会承认市场机制不可能用来做社会福利函数。因为市场机制不能顾及利他主义的动机，而这种动机的存在恰好又是一致的保证所在。

阿罗还对辨别能力和集体理性做了专门论述，指出人的辨别能力有大有小，这对社会选择带来了困难。而集体理性指的是社会选择具有的公正性、普遍性和合理性。具有集体理性才可能做到社会选择的正确性。在集体理性的概念中，应当注意的是它作为社会选择的一个原则所具有的深刻意义，也应注意到这种理性本身的评判标准。

阿罗的"不可能性定理"是对传统的"少数服从多数"理论的一次冲击。它以集合论作为理论工具，将数学应用于社会科学，这些都是具有首创性的。该定理中的第一条在某种意义上也构成了美国实行两党制的逻辑基础。该理论探讨的是一项法则能否在逻辑上保持内在一致，采用了社会福利函数的形式，以此来评估各种社会状态的优劣，这是阿罗在经济学研究上的特色，也是他的贡献。

本书作为福利经济学的主要著作，开创了数理论证介入社会问题研究与分析的先河，在方法论上也给后世作出了新的榜样。

【精彩语录】

1. 如果消费者的价值观能由相当广泛的个体排序表示出来的话，那么公民主权学说和集体理性学说就是相互矛盾的。

2. 为形成真正的社会判断就需要有类似的对待社会备选对象的态度。

3. 源于一致性作为社会行动的基础的任何观点，自然等于承认了市场机制不能用作社会福利函数。

4. 构选一个社会福利函数的困难来源于由个人主义假设所带来的差异社会态度。因而，社会福利判断的可能性，依赖于各个体对备选社会状态的态度之异同性。

《制度经济学》

作　　者：约翰·康芒斯
成书时间：1934 年

【作者简介】

美国著名经济学家。1862 年出生于美国俄亥俄州，年轻时当过排字工人。1882 年就读于奥伯林学院，1888 年毕业。1890 年，先后执教于奥伯林、印第安纳、锡拉丘兹大学，1904 年在康斯威星大学任教授。他参加了许多社会活动，如在美国工业委员会、康斯威星产业委员会、美国劳工立法协会、美国消费者联合会等机构，他都任过职，他还担任过美国货币学会会长、美国经济学会会长等职。1945 年因病逝世。

康芒斯是早期制度学派的代表人物之一，他在经济学上的主要贡献在于对制度经济学的研究。制度经济学是一个主要在美国流行的资产阶级经济学流派。康芒斯是制度学派中法律学派的代表，认为法律制度是决定社会经济发展的主要力量。他同凡勃伦、米契尔一起成为早期制度学派的杰出代表。

康芒斯的主要著述有《财富的分配》、《工联主义和劳工问题》、《带工与管理》、《资本主义的法律基础》、《制度经济学》等。

【内容梗概】

19 世纪末 20 世纪初，制度学派在美国产生并开始发展成为一个主要的资产阶级经济学派。其产生的背景在于：随着资本主义经济的发展，垄断经济出现并取得了长足的发展，在这个发展进程中，资本主义的许多问题开始显现出来，矛盾冲突也越来越激烈，以前的经济学已无法对这些现象进行充分合理的解释，需要一种新的经济学派来重新阐述资本主义经济发展的现状，于是制度经济学应运而生。制度经济学强调制度因素在经济发展中的巨大作用，从制度的角度去挖掘经济发展的内在因素。

制度经济学早期有三位杰出的代表人物：凡勃伦（社会学派）着重从社会结构的发展来论述制度对经济的作用，米契尔（经验统计学派）用统计分析的方法来分析经济，康芒斯则代表了制度经济学中的法律学派，他提出了"法律居先于经济"的论断，认为资本主义社会存在的许多冲突都可以用法律方式加以解决，主要是依靠法院的调节作用。

本书是康芒斯阐述其理论的代表作。康芒斯认为本书带有这样一个显著特点：它具有浓厚的经济学说史色彩，即是指在经济学说史的研究中来阐发自己的观点，通过很详细地研究经济学说史上的历史变迁，为现代的交易关系、业务规则以及运行中的机构等奠定理论基础。在写作方法上，本书仿效自然科学教科书写法书中所列的每种观念都要追溯到它的创始人，然后陈述这种观念是怎样修正和发展的，并且将每个观念早期的双重或多重的意义区分开来。

本书在内容上很乱，结构不是很清晰。首先他认为传统经济学界对财富的概念一直处于混淆状态，从来没有弄清楚过，一会儿认为财富是一种物质的东西，一会儿又说财富是物质的所有权。这两种观点本身就是矛盾的，因为所有权就意味着限制产品数量以保护价格不变的权力，但"物质的东西"这种界定则产生于利用生产来增加产品的数量。可见，两种界定是无法统一到一起的。应该说物质与所有权是相互联系的两个概念，有物质才有所有权。那么为什么传统经济学界没有把上述两种界定区分开来呢？原因在于这些经济学家把经济关系单纯地理解成人与自然的关系，而忽视了人与人之间的关系。这种单纯的理解把经济学对财富的研究限制在一个片面的区域里面。要把对财富的研究上升到人与人之间的关系才能够获得正确的答案。人与人之间的关系表现为财产权的相互转让。这种转让需要有一定的法律或伦理观念来加以协调才能维持下去。法律的产生也正是这个原因。法律在解决人与人关系时发挥了重要作用，它解决了所有权的问题，也就解决了交换中的利益冲突。

但法律的作用决不是单纯为了解决利益冲突的，因为人与人之间的关系不仅表现为对立，也表现为合作。大家相互依赖共同生存，才有了繁荣的今天。在冲突和依赖之中，人与人之间还需要建立起一种秩序。这种秩序是协调冲突、维持依赖的一种手段，是一种对将来的预期机制，能将未来发生的事纳入到现在的机制之中，使之不会出现大的冲突、康芒斯认为，冲突，依赖和秩序是人类活动的三项原则，只有"交易关系"才能同时体现这三项原则。交易是一个法律上的名词，指的是所有权的转移，所以它和交换是不同的。交换是指商品的实际转移。二者共存于一个过程之中，交换的同时也就完成了交易。

交易有三种类型：买卖的交易、管理的交易和限额的交易。买卖的交易是指在法律上、经济上地位平等的两者之间的所有权转移，而后两者是指一种上级对下级的关系，但二者也有区别。管理的交易指的是上级是一个或几个人的组织，它具有某种特权，可以通过命令方式强制要求下级执行；限额的交易中上级是一个集体的上级或正式代表人。

在执行手段上，买卖的交易是通过劝诱或强迫；管理的交易是通过命令和服从；限额的交易是通过强制和暴力。

这三种交易共同构成了制度。制度可解释为："集体行动控制个体行动。"制度经济学的研究对象就是集体行动。集体行动已成为近代经济生活中一个重要的现象，但它在过去却被经济学家们忽视了。因为传统的经济学向来以孤立的个人活动为研究对象，他们的理论基础是一个绝对自由的个人，他了解自己的利益，如果让他自由行动，所有一切行动的总和自然会是利益的协调，但现实生活中却不是这样。

集体行动在范围上，实际上包括了经济的各个方面。康芒斯之所以强调要用它来控制个人行动，是基于两个原因，一是人们之间的利益冲突广泛存在并需要解决；二是由经济资源的稀缺性所决定的，而后者是更主要的原因。因为经济资源的稀缺，它们的取得就由集体行动加以管理，由集体行动规定财产和自由的权利与义务，否则就会使社会陷入无政府状态。可见，集体行动可为每个人的私人行动确立一个行为规范，指导他们该做什么不该做什么，以达到个人行动有利于或不伤害集体利益。也因为有了集体行动控制个体行动，个体就不会再生存于强迫与威胁之中，每个个体之间都是平等的，所以与其说是集体行动控制个体行动，还不如具体说成是抑制、解放和扩张了个体行动。

具体行动一旦确立下来，就成为了个体行动所必须遵循的规则，成为了一种习惯。如果某个个体不愿意遵循，必将受到集体行动自发的"惩罚"，因为它背后有强有力的来自利润、损失和竞争的制裁。

康芒斯再次强调，个人是不可能优先于集体的。因为个人从出生开始，就要接受各种社会风俗习惯，最基本的习惯就是语言。个人在生长过程中还要学会合作，学会服从，最终发展成为可非常顺利适应制度的人。可见，个人是一刻也未离开过制度的影响，只是有些影响连个人自己都不会明显地感觉到。所以个人优先于集体是不可能的，相反，是集体优先于个人。而传统经济学由于长期以来只注重对个人经济活动的研究，使之越来越不适应经济的发展了。因而将研究对象转向为集体经济活动已经成为经济学说发展的必然趋势。

康芒斯在本书中的重点是宣扬"法律居先于经济"这个论调。在经济社会中，利益的冲突越来越严重，解决冲突的要求也越来越急迫。解决利益冲突的方式不外乎三种，即经济方式、伦理方式和法律方式。在这三种方式中，法律方式是最重要的，法律居先于经济。但在传统经济学的研究中，从来不把法律放在重点地位来分析，忽视了法制在社会经济中的巨大作用。他们往往把眼光局限于经济领域，只看到经济的作用，这也是他们的局限所在。

纵观整个资本主义发展的历史，法律在每一个阶段都起着关键性的作用：资本主义制度建立时，法院保证了资本主义法律的胜利，为资本主义的发展铺平了道路；在资本主义发展过程中，无论是从商业资本主义时期发展到工业资本主义时期，还是进而由工业资本主义时期发展到金融资本时期，各个时期的交换其动力依靠主要来自于法律。因此，法制是资本主义生产关系的基础，如果这个基础被破坏，那么资本主义制度也就走到了尽头。

法律决定论是康芒斯制度经济学的核心理论，他指出，制度经济学是对商品、劳动或任何其他经济量的法律上的控制，但传统经济学却只涉及主观物质的控制，这是二者的区别所在。

康芒斯进一步指出，资本主义是法制促成的结果，尽管在现在暴露出了许多缺点和弊病，但它们又都可以通过法制来解决。他举例说，美国的公司法解决了早期资本主义时期的缺点，反托拉斯法限制了垄断资本主义目前的弊病。

康芒斯接着提出了"合理价值"的概念。合理价值是指当私人企业和社会之间在虚拟资本价值问题上出现分歧时，由法院规定虚拟资本的价值，这个价值即为合理价值。之所以合理，是因为法院在规定它时，完全从社会的总体利益出发，他认为合理价值在经济学史上具有重要意义，它是法院调节社会经济的一个范例，反映了法律对经济活动的决定性意义。

本书最后以法制决定论作为出发点对美国资本主义的发展前景进行了展望。他认为美国的金融资本主义的伸缩性和效率也更高，但同时他也指出，美国的金融资本主义会引起更多的失业。

【精彩语录】

1. 交易或预测的货币和物价学说，是一种讲预期物品的所有权的转移的学说，不是讲物品的转移，因为物品是以后才到来的。

2. 买卖不是一种物质的交换和交换程度。它是一种有关价格和以后用劳动程序来实际交换的数量的商业的谈判程序。

3. 生产的能力是创造财富的脑力、体力和管理的能力，而讨价还价的能力是所有权的能力。

4. 如果我们要找出一种普遍的原则，适用于一切所谓属于制度的行为，我们可以把制度解释为"集体行动控制个体行动"。

5. 制度经济学和工程经济学及家庭经济学有别，它的研究对象不是商品，不是劳动，也不是任何物质的东西——而是集体行动。

《经济成长理论》

作　　者：阿瑟·刘易斯
成书时间：1955 年

【作者简介】

　　美国著名经济学家。1915 年出生于原英属西印度群岛圣卢西亚岛（现为卢西亚共和国）一个黑人移民的家庭，1934 年就读于伦敦经济学院，1938 年任该校讲师。先后获曼彻斯特大学硕士学位和博士学位，1948 年升任该校教授。1958 年出任英国西印度学院院长，并担任过加纳、尼日利亚等国的经济顾问。1963 年任美国普林斯顿大学教授，同年受封为伯爵，1970 年出任加勒比地区开发银行总裁，1979 年获诺贝尔经济学奖。1991 年逝世。

　　刘易斯在经济学上的主要贡献在于他所提出的经济增长理论。该理论对经济增长进行了全面的阐述，包括经济增长的途径、前景等。这也是他获诺贝尔经济学奖的原因所在。同时，他在国际经济理论方面也有重要贡献，他还提出了许多其他重要观点。

　　刘易斯的主要著述有《西印度的劳工》、《今日经济问题》、《增长与波动》等。

【内容梗概】

　　本书被誉为"第一部简明扼要地论述经济发展问题的巨著"。经济发展是各国追求的目标，但在刘易斯之前，论述经济发展的著作并不多，原因之一在于经济学家们对经济发展的各个因素以及它们之间的关系不能完整把握，并且对经济增长的途径没有明确的认识，而刘易斯在深入研究中从一个独特的角度出发，较全面地把握了经济发展的每个因素，开创了新的知识领域。本书也是刘易斯获得诺贝尔经济学奖的代表作之一。

　　本书的视野比标题所显示出来的更为开阔。它不仅讨论了资本积累、技术进步与人口增长的问题，而且也讨论那些综合在这些问题之上的地理、社会结构、文化价值观、政治制度以及有关人类动机的心理学等问题。由于他专注于低度开发国家，所以本书也在与该社会各个发展阶段有关的基本水平上，关注经济增长与社会变迁的问题。不过，本书的目的在于将该主题既有的知识加以综合，而不是进一步提出新的观点。

　　本书在附录中提出了一个深刻的问题：经济增长真的那么令人向往吗？他回答说，经济增长的好处，并不是借着财富来增加人类的快乐，而是通过它来增加人们选择的范围。

　　刘易斯认为,一个国家人均产值的增长受到两个大的方面的影响:自然资源和人类行为。自然资源是有限的,人类行为则是主观可变的决定经济发展的原因可以分为直接原因和间接原因两种。

　　决定经济发展的直接原因有三个,即人们从事经济活动的努力、知识的增长与运用和资本的积累。所谓经济活动,是人们为经济发展而做的种种努力,比如降低生产成本、节约交易费用、提高生产效率等。经济活动是社会经济的细胞。经济活动的努力程度在不同的国家是不同的,在同一国家的不同历史时期也是不同的,其原因在于人们对物质财富及其获取方式的评判不同,在于可利用的自然资源的稀缺程度不同,还在于经济制度的制定所具有的实用性不同。比如,在经济落后、思想保守的国家,传统的道德观、伦理观尚未得到解放,人们的生活受到严厉的限制,人们鄙视金钱,看不起对物质财富的追求,他们只相信所谓的高尚的道德和权力的尊贵,这种状况下人们对物质财富的评价是很低的。他们就算很穷,也只会得过且过,根本缺乏对工作的热情,不愿意去承担任何风险。这种情况在落后国家普遍存在,也是其经济落后的原因,因为只有观念上的改变才有其他方面的发展。自然资源的稀缺同样会阻碍经济的发展,国家的不同,其自然资源的稀缺程度也不同,所以,许多国家只有根据本国的自然资源结构来制定经济发展计划。这样的计划,其合理性、有效性都要受到自然资源的客观限制,无法真正做到经济的协调发展。经济制度的实用性是另一影响经济增长的原因。经济制度规定了一国经济发展的模式和进程,合理的经济制度会促进经济的发展,反之则阻碍经济的发展。

　　决定经济发展的第二大直接原因是知识的增长和运用。知识是包罗万象的,对于经济来说,经济知识包括技术方面的和社会方面的,前者是内在的经济知识,后者是外在的,但同样对经济发展有影响。知识的增长是一个漫长的渐进过程,人类社会的发展过程就是知识不断增长的过程。随着科学技术的发展,越来越多的新知识涌现出来,它们是经济发展所必需的,因此现代人都应该努力去获取更多的知识。获取知识是为了运用知识。运用知识就是要将它转化为实实在在的生产力。虽然知识的运用会受到各种不利的因素限制,但有用的知识最终会发挥其作用的。那么如何使人们获得更多的系统的有用的知识呢?刘易斯认为,应当发展教育。教育是一种人力投资,教育可以对国民素质的整体提高起到根本性的促进作用。教育的方式多种多样,内容也有很多种类,这些都是经济发展所必需的。现代教育应当具有以下特点:

　　1. 教育重点将提高识字率为目的基础教育转向中等教育、技术教育和成人教育;

　　2. 教育要逐渐走向农民阶层,对他们实行必要的技术培训;

　　3. 教育方式由过去单一的学校教育转向建立技工学校、学徒制度以及在职教育等;

　　4. 教育内容上将增加管理知识的比重。

　　资本的积累是决定经济发展的第三大直接原因。资本只有不断增加才能给经济发展注入活力,资本就犹如经济活动的血液一样。资本的积累要解决好三个方面的问题,一是资本的需求量和资本结构;二是资本的来源与运用;三是资本的转化过程。刘易斯认为,资本的需求量要由资本收益率来确定,具体来说,会受到来自资本成本、资本使用效率、技术水平、投资环境、人口状况等多方面因素的影响。在资本的来源上,为了解决发展中国家的资本不足情况,鼓励居民储蓄就是一种有效的办法,同时也可以争取外国投资。资本的转化过程就是指将储蓄转化为投资的过程。这是资本积累的最后一步，也是最关键一步，如果它没有完成，那么储蓄再多，也无法成为资本。资本的转化有时需要采取强制手段，也可以通过"有限责任制"的方式，降低投资风险，以吸纳更多的资本。作为政府，同样可以作出贡献，比如可以建立新的财政金融制度，以填补投资后私人资本市场留下的缺口，进一步解决储蓄转化为投资的后顾之忧。

上述三大因素是决定经济发展的重要因素，但并不是说这三个条件改善到最佳状态时，经济发展就达到了最快速度。事实上，上述三个因素的作用效果究竟怎样，与一国经济制度有关。经济制度才是影响经济发展的最终原因。经济制度与经济发展之间存在着密切的关系，它们是相互促进的，也是相互影响的。这种相互促进，特别是经济制度对经济发展的促进要受到环境的限制，其实质在于是否能在最大限度里给人们的经济活动加以激励、协调，使其自由地进行。经济制度也会随着经济的发展而显得落后而需要改变，在这个改变过程中，由于制度的缺陷，在一定程度上又影响了经济的发展。二者的相互影响表现为社会制度的变化是呈周期性轨迹的，它和经济发展的加速、回升、停滞紧密综合在一起，是互动状态。

在落后国家，其社会制度是不完善的，表现为它既有资本主义的成分，也有非资本主义的成分。前者适应了经济发展的需要，而后者却阻碍了经济的发展。在这种社会制度的改革中，就需要清除封建经济的残余，变革旧有的农业组织形式，同时对农民的利益加以保护，使其在摒弃旧的生产方式后对新的生产方式同样喜欢而且更感兴趣，这样就可以使社会制度得到彻底改观，才能真正适应经济发展。

总之，要想使经济顺利快速发展，就需要在制度上创造让其自由增长的环境。这些创造包括的内容有：让个人可以有权改变自己的社会地位和职业，有权使用资源参与竞争，要对社会地位的变化取消来自种族、信仰、出身等方面的限制等。

最后，刘易斯论述了影响经济发展的其他几个因素：人口问题、国际经济关系问题以及政府的职能问题。

人口问题具体是指人口增长阶段、人口规模以及人口的职业结构等方面的问题。一个国家的经济发展需要不同的人口规模和职业结构。比如，在不发达国家，由于人口规模过大，人均收入和生活水平自然下降。人口规模具体的衡量标准就是看该国的资源条件与产出情况，只有当人口规模的任何变动都无法使总产出增加时，人口过剩才会出现，也就是说，人口规模超度了。

国际经济关系对经济发展的作用，体现在它构成了经济发展的外部因素。在实行自由贸易的国家，由于国际分工合理，专业化程度提高，自然会在经济上得到发展。因此，不发达国家应该合理运用外部条件来促进本国经济的繁荣，比如可通过降低成本、增加补贴、关税调节等方式增加国际竞争力。

政府职能的执行会对经济发展带来影响，但政府职能有合理的，也有不合理的。刘易斯列举了几种合理的，比如提供公共服务，引导公共舆论支持经济发展，建立经济制度等等。但也有的政府行为阻碍了经济的发展，比如战争等。在不发达国家，由于不能只搞经济放任，所以职能就更显得重要了。

【精彩语录】

1. 一旦制度开始变化，它就会以加强的方式变动，旧的观念与关系改变了，新的观念与制度逐渐变得更加相互适应，并按同一方向继续变化。然而，情况并不是增长一旦开始就将一直持续下去，也不是衰落一旦开始就永无终止。

2. 一个社会是否允许某些集团把政权用于限制增加的目的，在很大程度上取决于人民在政治与经济事务方面所受的教育如何。

3. 如果制度变化被推迟到很长时间以后，那么，由于许多原因中的某个原因而产生的经济增长的加速或减速就并不是产生于制度变化本身。

《经济思想史》

作　　者：埃里克·罗尔
成书时间：1938 年

【作者简介】

英国著名的经济学家。1907 年出生，青年时代在伯明翰大学读书。1935 年任伯明翰大学教授，1939 年出任英国粮食部助理秘书，后又担任英国驻北大西洋公约组织公使和代表、英国驻布鲁塞尔欧洲经济理事会代表、英国驻华盛顿财政部代表、英格兰银行董事、经济事务部常务次长等职务。并被授于勋爵头衔，以表彰他对国家作出的巨大贡献。

罗尔在经济学方面的主要成就在于他对经济思想发展史有较深的研究。在伯明翰大学读书的时候，他就对欧美经济思想的演变发展有极其浓厚的兴趣，并立志投身于这方面的研究。在担任各种职务的同时，他运用实践知识，通过实证分析对经济问题进行了深入的探讨。通过不断地撰写论文，逐步表达了完整的经济观。

罗尔在经济学方面的著述有《工业组织的一个早期经验》、《货币论》、《经济思想史》、《经济学的用途与滥用》等。

【内容梗概】

在近代社会，特别是罗尔所处的那段时间，人们对经济思想史的研究并不是很多，原因是人们并未认识到研究经济思想的演变对经济学的用途究竟有多大。同时也是由于研究经济思想史是一项非常艰巨的工作，需要投入大量的时间，并查找阅读大量的经济思想文献。还有一个原因是，人们对经济思想史的研究尚处于开始阶段。因此，前人在对经济思想史的研究上并未取得实质性的进展，这既表现在对经济思想史的研究只停留在表层知识上面，其内容和观点都稍显肤浅，不够深刻；也表现在对经济思想史的研究缺乏系统性，只注重某个时代或某个思想家的思想，而忽视了整个历史的演变过程，因而使人们很难对整个经济思想史有一个整体的把握以及对各个时代之间前后承接中所表现出来的继承与批判也不够了解。本书的产生无疑弥补了上述的两大缺陷，它的贡献及其重要意义也就显而易见了。

本书在内容上线索极为清晰，它以时间先后顺序把经济思想发展的整个历史划分为几个阶段，如早期人类的经济思想、前古典政治经济学的经济思想、古典学派的经济思想、近代经济思想以及现代经济思想。从时间上来看，这个体系包含整个人类经济思想的发展历史，在对各个时代、各个学派的经济思想作阐述的同时，罗尔又重点对该时代、该学派的代表人物的思想作了介绍，使读者一目了然。

罗尔在阐述早期经济思想的产生过程时，重点分析了经济思想的产生原因。作为一种思想，肯定是与当时的历史背景紧密相关的。经济思想的产生也同样是这样的。但它产生的原因与现在已大不相同了。现在人们创立一种经济思想是用以对当前的经济现象、经济制度加以解释，而早期的经济思想的萌芽和产生却不存在这样的科学性，它只是一种零碎的、偶尔提及的思想火花，首先是不成体系的，其次它是为了解决当时的问题，而不是用来解释的。从早期到现在，可以说经济思想已经发展到另外一个面貌，但这两者之间的前后关系却是不能割裂的。

经济思想的产生是与私有制和社会分工相联系的。在原始社会，由于是公有制，不需要考虑经济问题，虽然社会分工出现了，但由于交换尚不盛行，私有化的程度并不高，人们所能拥有的可以用来交换的剩余产品也不多，因此，经济思想也不具有产生的条件。随着技术的发展，社会分工更细，剩余产品更多，私有交换开始盛行，经济思想也就应运而生了。

在古希腊时代，由于森严的等级制度限制了经济的发展，新兴的商业阶层力图冲破这种制度发展商业经济，与贵族发生了冲突和斗争，其代表人亚里士多德成为经济思想发展的奠基人。亚里士多德是经济思想的开创者，是他首先对经济问题进行了研究。但他认为财产上的贫富差异是由于管理不当而造成的，而不是由于制度的原因。相反，在公有制与私有制的比较中，私有制下的财产被更好的保护，关键在于管理。有些人有这方面的天赋，有些人在这方面肯下功夫，勤劳细致，那么他们拥有更多的财产，这与制度无关。那么，应该怎样才能够使更多的人能平等地享有处理财产的权力呢？这需要更开明、更自由地去运用私有制财产，这是解决问题的关键所在。可见，亚里士多德对经济问题的研究确实开创了理论的高度，其正确与否并不重要，因为我们看到了一位开创以后整个经济思想史的经济学家。

罗尔对前古典政治经济学作了阐述。这个时期从时间范畴上来划分属于中世纪末到《国富论》出版这之间的三个世纪。这个时期的主要代表思想就是重商主义。其代表人物是英国的威廉·配第和法国的魁奈与杜阁。

重商主义的产生是由于商业的不断扩张受到封建制度的重重阻挠，商业的发展对传统的农业带来了巨大的冲击，摧垮了封建统治赖以生存的经济基础。对外贸易不断发展，商业资产阶级产生，他们为了自己的利益，为了建立一种新的社会经济制度而提出了重商主义。重商主义在当时无疑是进步的，其作用是双重的，既对封建经济予以了打击，又对商业经济的发展给予了推动。

威廉·配第是古典政治经济学的创始人，他为古典政治经济学的产生和发展铺平了道路，对当时以及后来的英国经济学家都具有重要的影响。

魁奈是重农学派的创始人，重农学派是古典政治经济学的一个重要经济思想，是对重商主义的一次反驳，但它的目的却是为资本主义经济的发展进一步铺平道路。

杜阁是重农学派的发扬者，他把魁奈的重农主义思想加以发挥、解释，并综合自己的观点，从而使重农学派更完善更成熟。

罗尔还对古典学派进行了阐述。这个时期是从18世纪到19世纪的交替期间。这个时期内，由于经济的发展导致了其他各个方面都有所变化，需要新的经济理论加以解释，于是亚当·斯密写了《国富论》一书，大卫·李嘉图写了《政治经济学及赋税原理》一书，二者共同建立了古典学派。

古典学派最大的特点在于以严肃的经济分析对社会的经济体制予以揭示。从内容上看，古典学派是第一次对资本主义本身的制度进行了分析，既分析其运行基础，又分析其产生原因，从而把资本主义制度的本来面目展示出来，进行自我反思，自我调节。

亚当·斯密的《国富论》的作用在于把经济问题的研究进行了主题分类，如生产、价值、分配等，使以后的经济分析有了共同的主题，因此也就有了统一的理论框架，当然，在经济思想上，他也提出了许多新的观点。

大卫·李嘉图是在亚当·斯密的成就上加以发挥，使之更加完善。

罗尔对近代经济学也进行了阐述。

在这个时期，在资产阶级经济理论界内部，也掀起了一场思想运动。罗雷尔、希尔德、布兰德和克尼斯等创立了历史学派，用效用价值论取代了传统的劳动价值论；奥古斯丁·库尔诺则为行为学派经济学奠定了理论基石，原来瓦尔拉的储备价格概念，帕累托的无差异曲线都是在其基础上加以运用而产生的。加入这场变革运动中的经济学家远不止这些，还有詹姆斯·穆勒、麦克库洛赫、劳埃德、西尼尔等人，他们都是这次运动的主角。

最后，罗尔就现代经济学进行了阐述。现代经济学是指 19 世纪末至今的经济理论。这里面包括边际效用理论等。

边际效用概念不只是经济理论的一种补充，也被人们看成是研究经济科学的一个很重要的新方法。其代表人物有杰文斯、门格尔、瓦尔拉、马歇尔、维塞尔、庞巴维克和帕累托等。

其中引人注目的是美国经济学的突飞猛进的发展。这与美国经济实力增长有关。比如克拉克、凡勃伦等人，他们都对边际效用理论的发展作出过杰出的贡献。

在一战和"二战"之间，经济学的发展更加复杂，一部分人维持研究选择和生产学说的主要理论，也有人投身于实际的事务，对货币稳定、商业循环等进行研究。希克斯、张伯伦和琼·罗宾逊等是其中的代表。当时最主要的理论是凯恩斯主义。凯恩斯的《就业、利息和货币通论》是在战争中诞生的，也是为了应付战争给经济带来的冲击而产生的。凯恩斯主义当时响彻全球，对战后各国的经济复兴起到了巨大的作用。

凯恩斯主义又是建立在别人的理论之上的，最主要的就是计量经济学，其代表人物有米契尔和库兹涅茨。

后来又产生了福利经济学、宏观经济学等。宏观经济学是对失业、经济不稳定、通货膨胀以及经济增长等客观问题进行研究的一门科学。

【精彩语录】

关于希腊史上的英雄时期我们几乎一无所知，但是根据现在的神话和提修斯宪法这类传说，似乎在那个时期部落的衰退就已经很厉害了，已经出现了土地私有制、高度的分工、贸易——特别是海外贸易——以及货币的使用。

《福利经济学及国家理论》

作　　者：威廉·杰克·鲍莫尔
成书时间：1952 年

【作者简介】

美国著名经济学家。1922 年出生。1942 年获纽约市立学院学士学位，1949 年获伦敦大学博士学位。1949 年在伦敦经济学院任助理讲师，后又在普林斯顿大学任教授，1971 年在纽约大学任教授，1978 年任东方经济学会会长。

鲍莫尔在经济学史上占有重要地位，最大贡献在于对新派福利经济学的发展起了推动作用。福利经济学从历史角度讲发展较晚，是社会发展的必然要求。鲍莫尔在这方面进行了深入研究，对旧福利经济学中的不足加以补充，把体系加以改善，使新福利经济学作为一门新的学科逐步发展完善。另外，鲍莫尔在工业结构、管理科学方面也作出了杰出的贡献。他一生积极探索，广泛涉猎，孜孜不倦，这种勤奋探所的精神依旧为世人所称道。

鲍莫尔的主要著述有《微观经济学》、《企业家精神》、《管理学》等。

【内容梗概】

本书是福利经济学说史上的一本名著，在经济学界享有崇高的地位，对新福利经济学的发展产生了巨大的影响。本书是鲍莫尔根据其在伦敦大学的博士论文修订而成的。他写此书的背景是当时对理想产量的误解很多，不能形成统一的认识，对当时经济学理论界造成了混乱局面。本书出版后，在经济学界产生了不小的波澜，促使了更多的经济学家转向福利经济及国富理论的思考和研究。鲍莫尔本人也由此被公认为新福利经济学的代表人物之一。

本书在内容上有一个明显的线索，那就是先谈理想产量，再由此推至福利经济学中的几个重要问题，进而阐述国家理论。作者首先对理想产量进行了界定，指出理想产量并不是简简单单的一个名词，需要对它进行全方位深入理解。所谓理想产量，就是为达到社会最佳状况使各种经济资源在工业部门间最佳配置而需要的产量指标。这个产量是一种概念中的数值，在具体实践中并不能随时都能达到，理想的评价标准之一是资源的最优配置。作者在分析理想产量时采用了无差异曲线分析法，这种曲线较难理解，在此本文不予详细介绍。

　　理想产量这个概念之所以重要，是因为它的衡量标准是不相同的，而且在现实经济中难以分辨。理想产量的标准不唯一，是由无差异曲线分析得到的，理想产量难以确定是现实经济生活中的常见现象。人们往往会由于这样或那样的原因，对理想产量作出过高或过低的估计。产生估计困难的原因一是理想产量的标准不同，二是由于确定理想产量的技术问题不能得到解决。在市场经济的大环境下，经济变量纷繁复杂，而且随市场变化而迅速随之而变化。而人们对各种变化的数量指标难以及时了解，而且这些数量指标也难以测定出来，这自然造成了理想产量难以正确确定。

　　理想产量难以确定也是由于经济生活中的垄断行为这一个较为深层的经济原因引起的。垄断产生的恶果是使社会生产不能达到最优化，因为垄断行为的目的仅仅在于个别人或个别单位企业的私利。垄断是资本主义社会不可避免的现象，它虽然是经济竞争的结果，但反过来却限制了竞争，使资源不能合理分配到各部门。而在理想产量方面由于垄断的存在自然会出现偏差。

　　鉴于理想产量确定的困难性，怎样才能消除理想产量的偏差，排除各种因素，达到真正的理想呢？在传统的经济学中，历来有两种截然不同的观点，一种是认为采取计划形式强制实现；另一种观点认为放任市场，让市场来自发形成。

　　主张计划方式的观点认为，对理想产量的确定并不是难事，只需知道理想产量的偏离方向及幅度，就可以计算出理想产量的数值，然后通过计划方式，其中包括征收赋税，限制过于夸大的方面，奖励过于不足的方面对其进行补足，实现产量的理想。这种想法实际上本身就是一种理想主义，是不切合实际的。经济规律是在市场中发挥作用的，市场又是不断变化的，作为计划方式执行的主体，中央政府对市场的认识首先是不足的，其次有滞后性，再有就是控制未必到位。认识不足是因为政府职能部门在执行过程中加入了每个执行者的个人因素，许多人的认识必然不同，而执行中只能在取得共识之后进行。何况市场庞大，体系复杂，政府不可能全部掌握市场信息。认识滞后是因为市场千变万化，政府大多数情况下都是在市场行为发生后才会通过各种渠道知道，才开始去研究对策，再执行调控手段，这里面有一个明显的时间差。政府控制不到位是因为大多数政府都有一些不良习惯，比如官僚主义、经验主义等，在执行调控手段时必然会和预订方案有出入，所以会有不到位的情况。

　　主张市场方式的观点认为，市场是资源配置的主要方式，是多种经济现象出现的大舞台，自然要担负起纠正理想产量偏差的职能。但这种观点忽略了政府的作用。市场是盲目的、散乱的，政府却可以弥补这两方面不足，政府有庞大的监控体系，对市场各零散部分进行整体监视，再通过其行政地位加以强制干预，可以解决许多市场不能解决的问题。虽然，这里说的问题依然是理想产量的偏差问题。

　　作者在前面既界定了理想产量，又对它的产生原因进行了分析，进而指出了两种解决方案的利弊，接下来就说到了福利经济学理论。福利经济学一直处在理想和现实的矛盾中间，最优福利状态就好像理想产量一样是一种理想的东西，而在现实生活中却往往难以做到。解决现实中做不到的难题，同样有政府干预和市场自发调节两种方式，作者在这里明确地阐明了自己的立场，强调政府干预的作用，即国家理论。

　　作者对政府干预有一种天生的好感，认为政府在社会经济中发挥了重要作用，它既对资源配置状况进行监督，同时对良好的社会经济状态加以保护。很明显，作者是在反对自由主义，强调政府干预理论。福利经济学中经常会出现很多问题，不仅仅是现实与理想的偏差问题，也存在许多两难问题，作者举出了失业这个例子。失业是经济社会较为常见的现象，严重的失业会给国家带来巨大的损失，在这种情况下，政府可以采取扩大内需的方法扩大对产品的需求，进而使工人有活可干，这样可以制止失业严重的势头，但是，如果在出现通货膨胀现象时（事实上这两种经济现象会伴随着出现），政府应该采取限制消费的方式来制止通货膨胀。两种现象同时出现时，政府要采取相反的两种手段去控制经济发展，防止走向恶化，这是一个两难问题，政府如果没有翔实的调查、合理的措施，是难以做到兼顾的，往往会顾此失彼。所以，政府干预的作用是显而易见的重要。

政府对福利经济问题的干预是通过法律、财政和经济三种手段来实现的。政府的法律手段是采取强制措施保证最优福利状态。法律是每个国家都具备的，是公正无私的，政府运用法律手段，就是按既定的法律条款办事，认真执行各项法律所规定的在经济方面关于福利经济的条款。政府的财政手段就是通过征税奖励等方式去争取最优福利状态的实现。政府的经济手段则十分广泛，政府需要在按市场规律办事的条件下执行多项任务，比如维持社会经济秩序的安全，进行公共事业建设，等等。这些方式保证了实现最优福利状态的各个细要环节的具体小目标。比如，进行公共事业建设，它的目标就在于给社会上的成员提供一个便捷的条件，给市场上激烈竞争的各个市场主体创造一个良好的竞争环境。公共事业的作用在短期之内虽然难以看得清楚，但从长远角度看，它的作用是巨大的，政府就有义务承担起这个任务，因为个人或企业是不会在公共事业方面投资或参与的，他们追逐的大多数是短期目标，尽管他们也会明白公共事业在长期内的作用。但这对一个个体来说还是不合算的。而政府却不同，政府是国家利益的追求者，是从整个社会整个国家的大局来考察的，它就要为社会个体创造成长发展的有利条件，最终在公共事业方面的投资都能加倍的回收回来，因此政府也是非常乐意去参与公共事业的。

福利经济学研究的一个目标就在于使社会上每个成员都能实现最佳收益，即处于帕累托状态，从福利经济学角度上讲即是指最优福利状态。福利经济学是经济学的一个分支，作者在这里强调国家理论，即政府干预的重要性的学说，发展了福利经济学，对传统的福利经济学中的一些观点和看法予以了修正，形成了另有特色的新福利经济学。新福利经济学的"新"体现的一个方面就是国家理论。

作者明确地说，他所提出的国家理论等福利经济学的问题也许是不够完善的，他所建立的理论框架也有要改正的地方，但他理论的作用也是明显的，在一定程度上促进了新福利经济学的发展。他在研究方法上注重实践，反对空头理论；强调慎重，反对轻率结论，这些也是他提出的理论的可贵之处。

从作者对本书的构思上我们可以发现，作者对福利经济学的研究态度是端正的，内容上注重创新，全书结构紧凑，浑然一体，从理想产量到国家理论构成了本书的两个大的主题，理想产量的介绍是为福利经济问题作铺垫，而谈到如何解决这些问题时则提出了国家理论，这就是本书的大体结构。

【精彩语录】

1. 人们彼此不抢不骗是社会集体，也是个人最大的利益，但并不是说根本不需要以法律来惩罚强盗和骗子。

2. 某种行为即使一致认为是普遍的利益，但并非总能使坚持这种行为成为人民中每一个人的利益。

3. 如果消费者支配资源的权力，同别人对其本人资源的使用无关，如果每个人所得到的满足又只是决定于他所消费的货物和劳务，那么他就没有理由去注意别人是不是把他们的资源使用得最为满足。

4. 人人不干抢骗的勾当虽然是每个人的利益，但当一个人放任一切别人来抢他骗他，而他却不去抢骗别人，那就不利于自己了。

《小的是美好的》

作　　者：E. F. 舒马赫
成书时间：1973 年
版本推荐：商务印书馆

【作者简介】

英国著名经济学家。1911 年出生于德国。1933 年毕业于美国哥伦比亚大学，后留校任教，曾做过记者。1946 年任德国控制委员会英方顾问，1950 年任英国国家煤炭委员会经济顾问，1963 年任该委员会统计研究所所长。1966 年创立英国中间技术开发公司并任董事长。1970 年任巴德公司总裁，同年任英国土壤协会会长。1975 年任曼彻斯特大学名誉研究员。1977 年因病逝世。

舒马赫在经济学上的主要贡献在于提出了"中间技术"概念，"中间技术"是指适宜当地发展需要、能促进充分就业的小型技术。因与以往的原始技术相比生产效率高，与现代高级大型技术相比所需投资少，处于初级技术和高级技术、原始技术和现代技术之间，所以叫中间技术。其特征有：（1）应用现代科学知识加以设计；（2）符合生态规律；（3）劳动密集；（4）设计简单；（5）面向当地资源和市场。

舒马赫的主要著述有《出口政策与充分就业》、《经济增长的根源》、《小的是美好的》、《经济学有没有用》等。

【内容梗概】

"二战"后各国经济纷纷走上复兴之路，并取得了巨大发展。科学技术的巨大成就滋长了这种发展力量无穷的幻想，而这种幻想同时也带来了生产问题难以解决的幻觉。人们以为现代工业已经转向了完善，已经不存在深层次的问题。针对这种现状，舒马赫以为，生产问题并没有得到解决，现代工业体系尽管拥有它全部体现深度潜力的先进技术，但却去摧毁自己赖以生存建立起来的基础。化石燃料、自然界的容许储备量、人类本身等，这些都面临着巨大的危险。当前的生产方式不仅使资源枯竭，还在蛀蚀工业和人的本体。那么，针对这种现状，我们应该怎么办呢？本书正是为回答这个问题而写的。

舒马赫以为，在农业方面，我们应当合理利用土地，可以把注意力放在适合生物学要求的生产方法完善上，放在增长土地肥力及提供健康、美好与安定的环境上；在工业方面，可以把注意力放在发展小型技术，比较非暴力性的技术、"具有人性的技术"上，使人们在工作的同时也有机会享受乐趣，而不是单纯地为工资而工作。我们不仅要学会同人和平相处，而且还要学会如何同自然界和平相处。

经济学的任务是什么呢？舒马赫认为，经济学的影响之深远是无可置疑的，因为它提出了什么是"经济"，什么是"不经济"的标准，任何其他标准对个人与团体的行动以及对政府的行动影响都不能超越这一套标准。一种事物不能赢得足够的现实利益就是"不经济"，如果能得到现实的利益就是"经济"的，经济学就是要研究怎样达到"经济"效果，避免"不经济"的学问。但经济学的评价是一种极其片面的评价，现实生活中在作出一个评价之前，必须综合观察许多方面才能进行评定，而经济学只提出了一个方面——对从事某项活动的人来说，是否能从中赢得现实利益。在方法上，经济学也是片面的，它忽视了人对自然的依赖，一种活动尽管会破坏环境，却可能是经济的；而一种活动如果在付出一些代价去保护环境，就是不经济的。因此作者提出了"超经济"概念，由于经济学所涉及的是人，而"超经济"包括两个部分——一部分涉及的是人，另一部分涉及的是环境。这样就弥补了经济学的不足。因为世界上的自然资源有限，如果一味地用"经济"头脑去从事生产活动，忽视环境、资源因素，最终必将会给自身带来危害，只有将人与自然二者兼顾去进行生产活动，才可以使人类生活永远稳定和谐地持续下去。如果经济学家忽视研究趋势经济学，或者更糟，至今还不明白经济学计算方法的选用性是有限的，那人就可能犯错误，起到破坏作用。

作者对规模问题进行了探讨。指出长期以来，人们都认为一个国家要繁荣，就必须扩大，越大越好，这看起来是正确的，因为"规模经济性"也被人们广泛认同，认为工业与公司应该和国家一样，有一种受现代技术决定的不可抗拒的趋势，机构应该越大越好。但是事实上并不是这样，虽然今天的大型机构比历史上任何时候都高，也更大，但小机构的数量也在增加。大与小两种规模谁好谁坏呢？具体到行动，我们会要求小组织，因为行动主要是个人的事，一个人在任何时候都只能与数量很有限的人同时接触。人类的需要具有双重性，没有单一的解决途径，要做到"规模合适"即可，规模合适取决于我们要做什么。当人们尝到了盲目崇拜巨大规模的苦头时，就会强调采用小规模的优越性了。其实，每一种活动都有一个合适的规模，活动越是活跃和秘密，能够参加的人数就越少，而联系安排的次数就越多。关键在于我们要能够识别，将事物分开，知道哪些活动需要怎样的规模。

作者谈到了资源。资源有许多种，最大的资源是教育，其次是土地、工业用资源等。

舒马赫指出，全部历史以及当前的全部经济都说明了一个事实，最基本的资源是人而不是自然提供的，一切经济发展的关键因素都是从人脑中产生的。果敢行为、首创精神、发明创造等不是在一个而是在许多领域一下子突然迸发出来，无法知道从何而来，但可以看到文明是教育来保持和加强的。所以，教育是一切资源中最主要的资源。教育的首要任务是传授价值观念，传授如何对待生活，而传授技术知识虽然也是必需的，但它是第二位的。教育的实质是传授价值标准，但是价值标准并不能帮助我们选择生活的道路，除非它们已经变成我们自己的，比如说变成我们思想的一部分，就是说，这些标准不只是公式或教条，而是我们思考和感受的工具，是观察世界、解释世界和体验世界的工具。在教育方法上，要注重形而上学和专门化。

土地是一切物质资源中最大的资源。文明的人类几乎总是能够暂时成为他的环境的主人，他的主要苦恼来自误认为他的暂时统治是永久的。人类无论是文明的还是野蛮的，其实都是自然的孩子，而不是自然的主人。然而，历史上人们很少注意到土地的重要性，他们几乎没有认识到人类大多数帝国与文明的命运主要取决于土地的利用方式，文明人正在不断地耗尽和破坏自然资源。只要把土地看做不过是"生产因素"，就无法逃脱这种混乱。土地确实是生产因素，是达到目的的手段，但这是它们的第二性，而不是第一性，它们是超经济的，因此，可以说在某种意义上它们是神圣的。人们没创造过它们，也无法创造它们，当人们把土地同自己创作的东西一样的方式和态度来处理时，那就不合理了。

工业用资源在整个工业体系和社会发展中无疑起到了重要作用。但是，在现代工业中，最突出的一点就是对它需求太多，而创造的又太少了。美国的资源也不比别的国家少，但是许多资源业已开采并沦为了废墟。何况美国的工业系统并不是单独靠国内的资源来生存，还不断地向外扩张，以攫取外国的原材料。在未来几十年里，美国将越来越依赖于外国原料和燃料的供应，因为住在美国的占世界 5.6% 的人口需要大约 40% 的世界一次性资源来维持。人们也许会认为，原子能时代已到来，它将给人类提供用之不竭的能源。但是，事实上并不是说的这么简单。大规模核裂变无疑是最危险、最具有深远影响的，离子化辐射已经变成最严重的环境污染物质和人类在地球上生存的最大威胁。如果科学朝暴力的方向发展，那就预示着人类将要被毁灭了。

"中间技术"是本书提出的一个新概念。舒马赫认为，现代世界是按照它的哲理塑造而成的，哲理形成了现代世界的教育，教育又孕育了现代世界的科学与技术。所以，如果说现代世界是技术塑造出来的，如果技术所塑造的世界呈现病态，那么，明显是技术本身出了问题。如果感到技术变得越来越非人性，我们不妨考虑是否有可能找到更好的技术——一种具有人性的技术。由于现代技术不受任何自我限制的约束，使之塑造的现代世界同时陷入了三个危机之中：（一）人性反抗非人性的技术形式、组织形式和政治形式，感到这些形式使之窒息和衰弱；（二）维持人类造成了危害；（三）资源正在枯竭。这三个危机，任何一个都可以使世界灭亡，我们应当对其进行消除，这就需要具有人性的技术。这种技术可以促使双手与大脑具有更大的生产能力，能够充分利用现代的知识和经验，能够适应生态的规律。能够不使人成为机器的奴仆，能够使大众的幸福都得到增加，但并不是指产品的大量生产。

在谈到组织与所有制时，舒马赫认为克服文明世界危机还必须重置和对所有制实行不流血的革命。这种革命的内容是建立一种国家分享公司股权，分得股息代替税收，并派官员参与企业监管，享有财产权，不参与企业管理的新的所有制形式。

【精彩语录】

1. **市场是个人主义与不负责任的制度化。买者与卖者除了对自己负责外，对任何事**

都不负责。

2. 规模问题在今天极为重要，在经济、社会和经济事务中如此，在其他一切事务中也如此。

3. 资源有许多种，最大的资源是教育，其次是土地、工业用资源等。

4. 如果感到技术变得越来越不人性，我们不妨考虑是否有可以找到更好的技术——一种具有人性的技术。

《平等与效率——重大的抉择》

作　　者：阿瑟·奥肯
成书时间：1975 年

【作者简介】

美国著名经济学家。1928 年出生于美国新泽西州，1949 年获哥伦比亚大学学士学位，1956 年获博士学位。1952 年任教于耶鲁大学，1961 年任肯尼迪总统经济顾问委员会委员。1963 年任耶鲁大学教授，1964 年任约翰逊总统经济顾问委员会委员，1968 年任该委员会主席。1969 年任布鲁金斯研究所高级研究员，1979 年获"福克兰·塞地曼奖"。1980 年因心脏病逝世。

奥肯在经济学上的主要贡献在于对平等和效率的选择理论的研究。另外，他创立了"新经济学"，并提出了"奥肯定律"，对西方经济学理论的发展起到了重要作用，同时也对当时美国政府的经济政策具有较大的影响。

奥肯的主要著述有《可能的 GNP：它的测量方法及意义》、《繁荣政治经济学》、《平等与效率——重大的抉择》和《价格与数量——一项宏观经济分析》等。

【内容梗概】

奥肯在经济学的研究上一向重视宏观经济，他对以前经济学家在这方面的研究都进行了考察，从而使他成为当时一名著名的宏观经济学专家。在理论上他对凯恩斯主义颇为认同，也适应了当时的思想潮流。这使他得以成为两届总统——肯尼迪和约翰逊的经济顾问委员会的委员，这给他的理论研究带来了许多方便，特别是在数据资料方面使他得以对当时美国经济有一个比较全面而客观的了解。

奥肯对美国社会的结构进行了研究，这是本书首先谈到的问题。他认为美国社会的结构是双层的，一方面美国的政治制度和社会制度在权利分配方面表现出了公平和平等，人们都享有相同的权利和义务；另一方面，美国的经济制度是建立在市场竞争条件上的。由于美国是世界经济头号强国，因此这种竞争也就最为激烈和残酷，优胜劣汰，使得贫富差距不但未能得到解决，反而更加严重，公民在生活水平上和福利待遇上出现了巨大的差异，这使得美国经济的发展效率不断上升。显然，两方面的事实造成了现在的矛盾，矛盾的实质就是平等与效率的冲突，怎样来选择，究竟是应偏向某一方还是二者兼顾呢？这是当今美国社会最大的选择，因为它的重要性实在太大了。

平等与效率的选择之所以困难，是因为二者存在着矛盾。要么为了平等而牺牲一些效率，要么为了效率而牺牲一点平等，但二者之间的矛盾并不是绝对不可转化的。平等与效率在有些情况下可以同时满足。但即便如此，也不能掩盖其矛盾的现实性和尖锐性，以至于是非解决不可的了。

关于权利，美国的法律早已给每个公民都赋予了广泛而又平等的权利。权利意味着义务的同在，享受权利必须履行公民的义务。公民必须享有广泛而又平等的权利，以至于社会不得不牺牲一些效率，原因在于以下三点：

第一，美国是一个自由主义盛行的国家，公民只有得到广泛而又平等的权利，才能使之不为国家侵犯，保证了公民的自由，如果这一点实现不了，那么它所带来的损失会比固之而追求的效率所带来的收益要大得多，因此是得不偿失的；

第二，美国社会的活动是多种各样的，而经济仅是其中之一，市场竞争、优胜劣汰在经济活动中是适用的，即使还有一些其他活动也适用，但并不能代表所有的活动都适用。不同的活动所遵循的规则是不相同的，如果用效率去约束所有活动，所得到的结果会是奇怪的和不合情理的；

第三，平等是公民本身尊严的要求，社会上的人形形色色，但每个人都有需要得到别人尊敬认同的想法，他们不去损害别人的尊严，但也同样不允许别人去损害自己的尊严，效率与尊严无关，穷人也有尊严，关键在于要讲求平等，每个人的尊严才会同时得到保障。

平等如此重要，但在美国，它已经受到来自效率的冲击，而且局面越来越紧张，这绝不是一件好事。美国人过分注重市场原则，人们为了获得金钱已经是不择手段了，出现了许许多多荒诞不经的可笑的事。金钱至上的想法灌满了每个人的大脑，以至于平等思想销匿殆尽了。

市场原则与平等相违背，要怎样才能做到二者兼顾呢？奥肯选择了市场经济，他认为市场经济可以给人们带来权利上的平等，又能在提高经济效率方面发挥巨大作用。

首先，市场经济可以带来平等与自由。自由体现为贸易、交易、投资、消费等全方位的自由，别人不会对你的任何选择加以干预，只要不违反法律和道德。平等的权利来自于市场经济的另一方面，但与自由依然是分不开的。

市场经济带来了分配上的公平，表现为按个人的贡献大小来对他提供奖励。贡献大小由以下四个基本因素来决定：一是技能和资产；二是能力与天赋；三是工作努力程度；四是供求状态。收入的分配必须按这种方式来进行，完全的平等和均等是无益于社会经济的发展的，因为它损害的是工作努力成绩突出者的利益，带来的是懒散堕落的思想。而按贡献大小提供奖励，损害的是工作不努力成绩差者的利益，带来的是积极向上不断进取的思想，这样社会才有前进的动力。

市场经济带来效率是自由竞争的结果，人们以利润为目的，全身心地提高工作效率，落后者就会成为优胜劣汰中的牺牲品。生存是每个人的自发行为，没有人会甘于落后以至于连生存都成问题的。特别是在商业竞争激烈的行业中，生产者只有提高生产技术和工作效率，降低产品成本才能在市场竞争中立于不败之地。竞争的结果使商品丰富多样，就业人口增加，就会使经济良性发展。

接着，奥肯考察了经济不平等与机会不均等的问题，指出机会均等可以使经济平等。在评价人们的经济地位和实力时，往往采用两个指标：一是收入，二是财富。收入和财富是不同的两个概念。

经济不平等是机会不均等的结果，机会均等又可以使经济平等。不管是正还是反，二者都是因果关系，而且机会均等的程度和经济平等的程度是一种正比例关系。机会不均等会产生效率与公平两方面的失败，因为机会不均等使经济不平等，自然没有效率产生，同时，机会不均等使人们对资本拥有量不等，穷人无法得到足够的资本用于创业，同时也就出现了经济的不平等。

总之，在平等和效率问题上，奥肯提出最佳方式是在有效率的经济体制中增进平等。

【精彩语录】

1. 美国最富有的 1% 的家庭，拥有大约 1/3 的国家财富，同时得到收入的 25%，而收入最低的大约 5% 的家庭，仅拥有全部财富的 5%，得到全部收入的 6%。

2. 机会均等是人们的一种价值观念。人们将在一场公平的赛跑中，决定胜负。

3. 人们在市场上提供的贡献大小取决于四个基本因素：技能和资产；能力与天赋；工作的努力程度；供求状况。

4. 平等的权利对效率的追求是一种打击，但社会却又不得不作出这样的规定。

《宏观经济理论》

作　　者：加德纳·阿克利
成书时间：1961 年

【作者简介】

美国著名经济学家。1915 年出生于印第安纳波利斯，1936 年获密执安大学学士学位，1937 年获硕士学位，1940 年获博士学位。1941 年任职于美国价格管理局，1951 年任美国价格稳定局经济顾问、局长助理，1962 年任美国总统经济顾问委员会委员，1968 年任美国驻意大利大使，1971 年任美国全国经济研究局局长，1978 年任美国全国社会安全顾问委员会委员。

阿克利在经济学上的主要贡献在于对宏观经济理论的研究。他对古典经济理论中的宏观经济理论和凯恩斯的宏观经济理论进行了研究并加以完善，从而创立了自己的经济理论体系，在宏观经济理论的研究上作出了贡献。另外，他对许多国家的经济稳定政策也进行了比较分析，特别是对意大利的经济环境进行了大量研究，因此，也获得了意大利"大十字勋章硕士"称号。

阿克利的主要著述有《宏观经济理论》、《战后时期意大利发展的经济计量模型》、《宏观经济学：理论与政策》以及《亚洲新巨人：日本经济如何运转》等。

【内容梗概】

宏观经济理论自经济学产生以来就是与微观经济学并立的经济学两大理论之一，但是到了 20 世纪中期，宏观经济的理论体系仍不完整。古典的宏观经济理论中，"萨伊定律"和"货币数量学"较为重要，但这两个理论都存在许多矛盾。到了凯恩斯主义形成时期，才有了宏观经济理论上的一次飞跃，并出现了质的提高。在这以后，大多数经济学家的宏观经济理论都是在凯恩斯主义的基础上发展起来的，水平一直在不断地提高。

阿克利认为凯恩斯在宏观经济理论上的贡献虽然比别人都大，但它并不是十分完善的体系，而且随着经济新问题的出现，它就会变得过时，无法解决经济生活中的实际问题。因此，有必要对它加以发展和完善。可以说，本书是研究宏观经济学中的一本里程碑式的经典著作。

本书在内容上几乎涉及到宏观经济学的每个方面的知识。首先，阿克利使我们对宏观经济学有了一个概念上的认识。他认为宏观经济学就是研究经济社会的总产量和资源的利用程度、国民收入的大小和物价水平等变量的一门经济学科。宏观经济学的这些变量之间并非毫无关系，而是互相依赖于对方又影响对方的不可分割的关系。在解决现实经济的问题时，宏观经济学有不可比拟的长处，宏观经济中的许多概念都是经济生活中的重要焦点。因此，与微观经济学一样，宏观经济学同样是一门实用性极强的经济科学。

阿克利假设了一个市场经济结构，这个结构是一个描述收入循环和花费流量之间关系的模型。如果仅仅从这个公式来看，国民产品与国民收入是相等的，但是，在实际的经济生活中，由于这样或那样的关系，二者不可能相等。

阿克利还对就业人口数同产品数量的关系进行了考察，指出，只要各个生产要素的投入量固定，那么产量与就业人口数之间的关系是正函数关系，而且是非线性的。如果就业人口数量增加，则必有产量增加，在增加的速度上越到后来，产量的增加速度慢于就业人口数的增加。这种现象有两个结果，一是预期劳动报酬随着人口增加会再递减，二是产量的增加速度在预期内不会加快。但在长期内，情况恰恰是相反的。

阿克利在对宏观经济学有了一个大概的介绍后，接着他按历史的发展顺序将宏观经济学分为两个阶段：第一是古典学派，第二是凯恩斯及以后的经济学派。在古典学派的宏观经济理论中，他认为："萨伊定律"和"货币数量学"是最经典的。萨伊定律认为产量决定了消费，供给创造了需求。他认为萨伊定律只在物物交换的经济形态中合适，但在高度发达的今天，这个定律已失去了它应有的作用。因为这个理论认为只要产量一扩大，任何其他经济问题都可以得到解决。货币数量说是以人们购买货物的货币比其卖掉货物所获得的款项少为前提的。因此，供给一般不会超过需求的，即供给商品的价格具有弹性。萨伊定律就其本身而言，是和任何绝对物价水平相符合的，而"货币数量论"则确定那一个绝对物价水平将会实现，这与货币数量以及决定它的流通速度和结构因素有极为密切的关系。总之，只要每个经济人有货币余额，那么"萨伊定律"所依靠的假定条件与"货币数量论"并不矛盾。两个"经典"理论存在一定的相通之处。

在古典经济学中，宏观经济学问题主要是关于工资、物价、就业以及生产等方面的理论。其物价理论认为就业人口数与产量都与物价不存在必然的相关联系，但与物价的内部结构存在着决定性的关系，即物价的内部结构决定了就业的人口数和产量。关于工资理论，阿克利将工资分为货币工资和实际工资。实际工资是由实际的因素决定的，而货币工资决定于货币的因素。另外他指出，劳动的边际负效用和劳动生产率都是实际的因素，除了决定实际工资之外，还决定就业人口数和产量。

对整个经济而言，"货币数量说"并不具有很强的适用性。因为在储蓄过程中，储蓄者的钱也有一部分用于其他方面，而不是全部用于积累，比如投资于证券。这就有一个利率的波动与储蓄和投资的关系问题，如果利率可以自由地波动，而且在储蓄与投资相等的时候停止，那么储蓄活动就没有对"货币数量说"加以任何限制。实际情况是，在一个特定的时间里，借款人不同，所以利率也不同，如果引入证券市场，则证券价格和市场利率是"描述同样一系列事实的两种方法"。

古典经济学关于宏观经济的理论模型是一个充分就业的模型，失业是在货币工资不变并且持续不降的情况下发生的。这个模型可分为三个大的板块：就业理论和实际工资、利率及储蓄和投资数量、物价水平，这三个板块相互之间不存在必然的相关性。艾克利认为，古典经济学对失业的重视使经济陷入了偏激之中，而且是对失业产生的原因进行分析，对怎样去消除失业以及失业产生量的计算却没做太多的努力。

凯恩斯的宏观经济学可以说是一个里程碑式的理论，他建立了自己的理论模型，这个模型是建立在对经济学的宏观理论模型和限制之上的。主要有两个限制：第一是储蓄与投资不一致的可能性，他认为，投资曲线的弹性虽然有时很大，但是它总是有一个限度的，因此投资率可能大于也可能小于利率为零时的储蓄率，这是一种普遍的"不一致"，因此充分就业这个古典学派最重要的问题就无法得到解决；第二是灵活偏好或货币的投机需求，由于投机需求是利率的函数，因此投机是货币需求对利率有弹性的原因之一，如果利率水平因投机而受到限制，那么储蓄的变动就会对货币总需求产生影响，只要工资和物价有弹性，通货膨胀或通货紧缩就可能随时发生。

阿克利在对古典学派和凯恩斯的宏观经济理论回顾之后，指出二者均有许多不足之处，因此有必要对之加以完善和扩充。他主要是在通货膨胀、投资理论和经济增长三个问题上来扩充宏观经济理论的。

通货膨胀是一个过程，虽然需求膨胀在投资旺盛时期更容易发生，但它是由政府支出造成的，特别是同战争或战备有关的政府支出。成本膨胀的原因在于工会的压力，工会总是要求提高工资率，工资一上涨，成本自然也上涨，这些上涨的工资并不是劳动需求过多的结果，只是因为工会而已。

投资在宏观经济理论中向来占有重要的地位，但往往流于形式主义或空洞乏味。资本理论与投资理论本来是两个不同的理论，人们却往往将二者混为一谈，不分东西。资本理论是对一家厂商和一个社会的最适应资本量的分析说明，而投资理论是对投资的可行性和投资的速度的分析说明，二者在内容上显然存在着很大的差别。投资的实际数量与最适度资本如果存在不均衡，哪怕是一点点，也会使资本主义工业长期停滞，因此二者之间又存在着一定的联系。

经济增长理论也是宏观经济的重要内容。经济增长是宏观经济活动的主要目的，这和微观经济中厂商的盈利目的是不同的。经济增长是一个大的范畴，存在许多的分支。有涉及从不发达经济向发达经济转变的增长，也有已采用现代技术的经济社会的增长和采用高度发展的经济制度的经济社会的增长。

在本书最后，阿克利对宏观经济学与微观经济学的关系进行了说明，指出二者是经济学理论的两大分支，相互独立但又相互作用，密不可分。

【精彩语录】

1. 宏观经济学要探讨这样一些变量，如一个经济社会的总产量及其资源的利用程度，国民收入的多少和"一般物价水平"。

2. 萨伊定律其实在物物交换经济中发挥过重要的作用。

3. 在对整个经济的分析中，货币数量说是不成功的，它往往无法对经济生活中的各个因素加以说明，除了货币以外。

4. 古典学派模型在我看来是一种充分就业模型，它将充分就业提到了其他经济问题不敢企及的地位。

《微观经济学——分析和政策》

作　　者：劳埃德·雷诺兹
成书时间：1976 年

【作者简介】

美国著名经济学家。1910 年出生于加拿大艾伯诺，1931 年获艾伯诺大学学士学位。1933 年获得了麦吉尔大学文学硕士学位，1936 年获哈佛大学哲学博士学位，同年任哈佛大学经济学讲师，1939 年任霍普金斯大学经济学助理教授。后出任美国经济协会执行委员会委员、劳资关系研究协会会长、耶鲁大学经济学教授。

雷诺兹在经济学方面的主要贡献在于发展完善了价格理论、劳动市场和工资决定理论；同时，在比较经济学方面，他利用西方经济理论的中央计划经济和发展中国家的适用性来进行发展理论和发展经验方面的研究，对发展中国家以及西方世界都产生了重要的影响。他所编著的《微观经济学——分析和政策》、《宏观经济学——分析和政策》成为美国高校流行的教材。

雷诺兹的主要著作有《劳动力市场结构》、《经济学的三个世界》、《微观经济学——分析和政策》、《宏观经济学——分析和政策》等。

【内容梗概】

以马歇尔为代表的新古典经济学理论成为现代微观经济学的基本框架。在此之后，很多微观经济学的理论就在均衡价格论的基础上发展起来。雷诺兹的微观经济学思想也建立在马歇尔理论的基础上，并且吸收了当时一些经济学派的观点，像萨缪尔森的新古典综合派理论。可喜的是，雷诺兹运用美国现实的经济资料来证明经济理论中的一般规律，深入浅出地解释了微观经济学的基本概念，并对政府经济政策进行了探讨。

作为西方高校的经济学教材，本书根据读者群体的特点，从经济学入门开始，详细、通俗地介绍了一些经济学基本概念，分析了西方微观经济学的研究方法，并通过与中央计划经济国家的对比来说明以美国为代表的市场经济的运作秩序。

研究经济，需要有适当的研究方法。作者认为在经济学中运用模型方法，抽象掉一些次要的经济因素，对一些会对经济结果产生重要作用的因素进行分析，考虑经济变量之间的数量关系，会使经济理论、经济研究简单化、大众化。运用模型方法，可以形象地研究在劳动供给、资本供给及资源配置方面都存在稀缺的情况下进行的各种选择。同时，通过模型，也可以揭示各种经济变量在一定经济条件下的内在逻辑关系以及数量关系。当然，对经济模型的应用应注意应用的环境，即适用的前提和假设。在自给经济、计划经济、市场经济这三种不同经济体制下对某一经济现象进行分析，应运用不同的模型。同时，在大多情况下，静态模型是不能解释一些经济现象的。应根据经济变化的特点，制定和选择相应的动态模型。为此，雷诺兹举了一些例子。比如，自给经济在其经济发展中逐步向"现代"交换经济转变。显然，用静态模型是不足以解释这一动态经济发展过程的，一个平衡点向另一个平衡点的转变只能求助于动态模型。在模型中，价格因素是绝对不能忽略的。在市场经济中，社会产品的总供给和总需求的平衡，就是通过价格的调整实现的。即使在中央计划经济国家中，价格也起到示范作用。在这种制度内，社会经济的各种联系也需通过内在的联系、市场网络和价格调节，价格成为每个市场中的平衡摆轮。

论述了经济学研究中应采用的方法后，雷诺兹运用美国的资料，研究了市场经济的运行规律。他接受了西方经济学中的一般假设，人们的行为是利己的，总在于追求自身效用的最大化。在有限的收入的情况下，人们每天都在作边际决策，安排自己的时间和金钱的用途。在效用最大化的情况下，根据个人偏好决定生产、消费行为。在生产、购买问题上，消费者偏好体系占据中心地位。生产数量、产品价格的确定要从消费者的需求出发，只有这样，作为个体身份的厂商才能将自己生产的产品顺利销售出去。在生产方法的选择上，经济是根据成本效益比来决定自己的行为，经济角度应成为决策的中心。对于分配，在竞争的市场经济中，人们作为劳动和资本所有者，由于他们对生产提供劳动和资金而获得收入。每个人的收入，决定于他提供的资源数量与这些资源的销售价格的乘积。当然，分配时虽然遵循效率优先的准则，但由于一些社会公共目标的需要，适当考虑公平等非经济因素，利用政治和法治体制等，对分配也会产生重大影响。因而，以价格为中心应成为经济决策的出发点，市场经济能够作出关键性的经济决策。在市场竞争环境中，市场内部各变量通过价格自我调节，能够达到自我平衡。竞争经济能够使个人和集团的利益冲突之间互相妥协，达到市场均衡。在市场机制中，市场成为利益矛盾的协调者，而价格则起着控制经济机器的出色作用。价格能为资源配置提供有效信号，引导市场资源得到最优先使用。在市场经济中，价格信号的作用是不可估量的。如果缺乏有效的、真实的价格，那么资源配置只能通过行政命令来转移。同时，他也阐明了这样一种观点：市场价格在任何所有制下都能适用，市场机制是与生产资料的公有完全可以并容的。

雷诺兹对产品定价和资源配置一些规律性东西进行了探讨。他通过对需求曲线和供给曲线的背后所隐藏的经济行为的分析，说明产品的定价机制。虽然，大多数经济学家并不认为效用是一个可测量的量，但却有次序区别。这种效用区别对说明需求的主要原因有用。可以说，个人消费品规律是用到每个物品的最后一分钱所得的边际效用相同。需求和价格之间存在着反比联系：当价格下降时，需求增加；当价格上升时，需求减少。而供给和价格之间都存在着正比联系：当价格上升时，厂商利益增加，厂商通过增加供给以求获得更多利润；当价格下降时，厂商从单位产品得到的利润减少，厂商便减少供给，从而转向其他产品的生产。由于需求和供给在价格变动下相互调节，最终市场上会出现这样一种情况，市场上产品的总供给将等于总需求。这种状态就是所规定的均衡状态，此时的产品价格也因此被称作均衡价格。当然，分析需求变化时，需求不仅仅受价格因素的影响，还受到其他因素影响。消费者的收入水平、相关商品的价格、消费者对产品的偏好以及消费者对产品的价格预期都会影响需求。例如，对多数商品来说，当消费者的收入提高，就会增加对此种商品的需求；反之则减少对商品的需求量。一种商品的供给也取决于多种因素的影响，除产品的价格以外，生产的成本、生产的技术水平、相关商品的价格和生产者对未来的预期也会影响厂商的供给决策。例如，在商品自身价格不变的条件下，生产成本上升会减少利润，从而使商品的供给量减少；相反，生产成本下降会增加利润，从而使得商品的供给量增加。消费者行为和生产者行为最终都是通过价格反映出来的。

对于社会经济中各种物品价格和产量的确定，及生产资源的配置问题，雷诺兹通过各种市场类型的分析进行说明。首先，纯粹竞争下的产业，其短期供给曲线得自所有生产者的供给曲线的相加，它总是向上倾斜。短期均衡，确定于生产的供给和需求曲线的相关之处，而长期供给曲线则是一条水平直线，产品的价格纯粹决定于并且等于生产的单位费用；其次，在垄断竞争条件下，每一个卖者可因其产品的差异而有某种有限度的垄断。

对产品定价机制进行深入分析之后，作者探讨了政府和市场经济之间的关系。他认为，市场经济不能自发地达到均衡的目标，应当重视政府在市场经济中的调节作用。由于现实中的市场机制并不是自由竞争的完全理想化的市场经济，存在大企业、寡头、垄断企业等，影响了市场机制的作用。大企业在某些部门中占有优势，大公司的寡头垄断已变成持久的形式。垄断市场也可能阻碍技术进步，因为，垄断厂商只要依靠自己的垄断力量就可以长期获得利润，所以垄断厂商往往缺乏技术创新的动力，甚至还会防止潜在竞争对手的新技术和新产品对其垄断地位造成威胁。垄断的存在，会妨碍社会公众对社会公共产品需求的满足。如果垄断公司掌握着社会公共产品的生产，就会导致社会公共产品价格的畸形，影响社会公共目标的实现。因此，他认为政府应从事那些社会公共产品的生产。对社会公共产品生产进行补贴，满足社会公众的需要，以实现一定的社会目标。

政府行为的存在还在于市场经济竞争中存在的外部效应。一个消费者或生产者的行为可能有利于或者有害于其他的消费者和生产者。对其他消费者或生产者带来的利润是一种利润溢出现象，这就需要政府的调节。但是消极的影响却需要政府的干预，消极的影响所带来的负效应抑制了其他厂商或消费个体的积极性，有悖于市场经济自由竞争原则。政府可以通过一些制度上的安排，例如从法律上、行政上给予约束，或者通过一些经济手段，给受损一方以补贴、赔偿。对如何纠正由于外部影响所造成的资源配置不当，他提出了以下几种措施：（1）使用税收和津贴。对造成其他成员经济损失的企业，国家应该对其征税，其数额应等于该企业给社会其他成员造成的损失，从而使该企业的私人成本恰好等于社会成本。例如，在生产污染的情况下，政府对污染者征税，其税额等于治理污染所需要的费用。反之，对造成外部经济的企业，国家可以采取补贴的形式，使企业的私人利益与社会利益相等。无论是何种情况，只要政府采取措施使得私人成本和私人利益与相应的社会成本和社会利益相等，则资源配置还是能够达到最优化，效率最高。（2）使用企业合并的方法。例如，一个企业的生产影响到另外一个企业，如果影响是正的（外部经济），则第一个企业的生产就会低于社会最优水平；反之，如果影响是负的（外部不经济），则第一个企业的生产就会超过社会最优水平。如果把两个企业合并为一个企业，则此时的外部影响就消失了，即被内部化了，合并后的单个企业为了自己的利益，将使自己不生产确定在其边际成本等于边际效益的水平上。而由于此时不存在外部影响，故合并企业的成本与收益就等于社会的成本与收益，于是资源配置达到最优化。在解决外部影响的问题方面，政府起了重要作用。只有通过政府的干预和调节，才会使个人的成本与效益和社会的成本与效益相等。

对生产要素的价格决定，雷诺兹认为，生产要素的价格，和产品价格一样，受需求和供给双方的影响。生产者是在边际费用等于他的边际收益产品时，方才使用任何生产要素，以期达到最大利润。从供给上来看，每个要素所有者总是把他的要素安排到效用最大化的用途上，例如劳动者作为劳动的供给者，要在劳动收入（工资）和闲暇中作出选择，选择的结果，只能是两者之间效用最大。因此，可以用均衡价格来说明价格的决定。但是，现实中也存在着偏离竞争模型的劳动市场。雷诺兹认为，这主要是由非经济因素决定的。这些因素是：因性别、种族和其他个人特征在就业方面的歧视；工会组织和工会同雇主关于工资的谈判；政府执行法定最低工资。他指出，就业歧视是歧视中最主要的歧视，它的结果就是大量妇女和黑人在职业选择方面受到种种限制。由于这些因素的存在，劳动力市场中所反映的供给与需求就不是完全竞争的供求关系，因此劳动价格必然偏离均衡价格。作者认为，生产要素价格的扭曲所带来的结果是连环性质的，会导致产品市场供给随之发生相应的变化。

最后，雷诺兹对美国社会的收入制度进行了分析。由于工资收入的形成是劳动力市场供给和需求相互作用的结果，因而工资收入分配比财产收入分配更具平等性。因而，讨论劳动和资本份额的相对规模就有很大的意义了。当劳动收入占社会价格总量中的比重大大低于资本份额占社会价值总量中的比重时，该种经济就要通过政府对收入采取再分配措施，以期达到社会分配的公平性；当劳动收入相对资本份额之比较大时，该社会分配就越接近于公平。根据社会中劳动收入与资本份额的不同比率特点，研究政府应采取怎样的行为，这是值得重视的。

【精彩语录】

1. 总的规律是符合常识的，用到每个物品的最后一分钱所得的边际效用，一定是相同的。如果这个条件不满足，消费者可以把钱从一美元获得的边际效用少的物品转用到一美元获得边际效用多的物品上来达到目的。

2. 在消费者的收入和商品价格给定的条件下，若某消费者从消费中得到的总效用或总满足为最小，则我们说该消费者处于均衡状态。换句话说，在给定某预算式的条件下，若消费者达到可能达到的最高无差异曲线上，则该消费者处于均衡状况。

3. 在消费者自由竞争支配下的市场中进行多种商品互相交换是一种活动，通过这种活动，所有一种商品、多种商品或一切交换商品的持有者，他们的欲望都能获得尽可能大的满足。

4. 完全竞争市场中，两种商品的互相交换是一种活动，通过这种活动，两种商品或两种商品之一的一切持有者，都可以获得他们欲望尽可能大的满足，其间必须遵守的条件是，在整个交换中两种商品应按照完全相同的交换比率进行买卖。

5. 需求原则现在可以用严格的形式表达：消费者将少买价格已经上涨的产品，将多买价格已经下落的产品。

《大趋势——改变我们生活的十个方向》

作　　者：约翰·奈斯比特
成书时间：1982 年

【作者简介】

美国著名的社会学家和经济学家，是全球 50 位管理大师之一。出生于 1929 年。1963 年，他被肯尼迪总统任命为教育部助理部长。1970～1982 年曾任美国电话电报公司、美国通用电器公司、国际商用机器公司（IBM）等大公司的顾问。并曾在约翰逊总统任职期间在白宫当过顾问。现任"奈斯比特研究与咨询集团"的主席，《趋势报告》季刊的发行人。目前还是我国南京大学的家庭教授。

奈斯比特在经济学上的主要贡献是对美国社会、经济、政治和技术发展趋势作出了深入的研究，提出了战略性的见解，被尊为美国趋势研究的权威。1982 年出版的《大趋势》一书一经出现，就颇受美国媒体和舆论的重视，被认为是"50 年代以来美国出版界能够准确把握时代脉搏的几本巨著之一"（另外两本是威廉·怀特的《组织的人》，托夫勒的《未来的冲击》）。

奈斯比特的代表作即是《大趋势——改变我们生活的十个方向》、《女性大趋势》、《亚州大趋势》、《全球吊诡》等。

【内容梗概】

20 世纪 50 年代以来，美国的社会、经济、政治和技术都发生了深刻的变化。社会经济政治的变化使得人们对社会方向、定位开始重新研究和认识。趋势成为当时流行的研究方向。特别是在威廉·怀特《组织的人》和托夫勒《未来的冲击》影响下，趋势研究热更达到另一个高度。本书就是在这种背景下出版的。它的出现给当时带来了轰动效应。

本书本来是没有章节和目录的。翻译时为了读者阅读的方便，方增编了一份章目，全书共阐明了"十大趋势"，表面上看本书论述的是美国社会，但却可以适用于整个西方世界，某些趋势的论述甚至可以适用于当今的发展中国家。本书中，作者首先概述了尚未定型的美国社会的十大趋势，预见性地提出社会发展方向。然后又指出本书关注的是能解释这个新社会的一般趋势，是粗线条的轮廓。

奈斯比特通过分析和判断，认为当前的美国社会正处在新旧交替的时代，也就是处于从工业社会向信息社会过渡的交替时期，是两种生产力形态不同的社会的转型时期。这个时期是最令人难以捉摸，是一种力量要打破旧的平衡寻求新的平衡的过程，具有里程碑性质的转变。在工业化社会里，有形的工业生产在社会生产中占主导地位，产业工人在社会中有着不可取代的作用。而在现代的信息社会里，信息是社会最主要的财富，信息、知识成为社会中最主要的生产因素。价值的增长不再通过人的体力劳动，而是通过信息、知识、高科技。有效地利用信息，充分地掌握信息已成为市场竞争成功的关键。奈斯比特很有预见性地、敏锐地把握了这一转换过程。

奈斯比特认为1956年是具有划时代意义的，它标志着一个时代向另一个时代的飞跃。因为这一年在美国历史上第一次出现了从事技术、管理和劳务工作的白领工人数字超过了从事体力劳动的蓝领工人。这是工业社会时代终结的标志，一个崭新的知识、信息社会已经来临。无疑，信息、知识、理念成为工业社会时代的终结者。掌握信息、处理信息、利用信息成为大多数美国人生活和工作的一部分。现代意义上的新社会不再仅仅以工业作为评判标准，而需要从一个崭新的角度看待这个社会。价值理念也因时代的不同而需重新定位。和信息打交道，也更容易促进新思维、新思想的产生。1957年，全球性的信息革命到来。第一颗人造地球卫星升空。这不仅仅开创了航天时代，更开启全球卫星通信的时代。奈斯比特认为，信息通信在美国社会生产力发展方面起到了巨大的推动作用。喷气式飞机和通信卫星的出现，大大缩短了信息的流动时间，从而使得世界经济出现"全球化"的趋势。

奈斯比特从美国社会出现的新现实中，分析判断出美国已进入信息社会。他认为美国社会已经出现信息社会的五大特征：（一）信息知识的作用已经大于资本。新的知识、新的理念的出现都有可能创造出巨大的生产力。传统的以资本为中心的思想正悄悄改变。（二）价值的增长已不再通过劳动，而是通过知识。传统的资本劳动密集型产品、产业正让位于技术知识密集型产品和产业。（三）各州竞相向信息工业转移。信息工业成为产业结构中不可取代的力量，而且比重日益加大。（四）微处理机取代工人，机械人不仅从事危险活和脏活，也开始进入非熟练与熟练劳动市场。传统的靠产业工人才能完成的制造加工工序已日益机械化。（五）在信息社会里，物质生产尚未停下来。物质生产是人类社会生存和发展的需要，是不可能被完全取代的。基于以上五种特征，奈斯比特指出，美国社会已经从工业生产占主导的工业社会向信息工业占主导的信息社会转变。这种转变是具有划时代意义的，其主要意义可与从农业社会转变为工业社会等量齐观，二者同等重要。奈斯比特认为，在现代社会中，战略资源已不是工业时代的资本，而是信息、知识。他引用美国著名企业管理学者德鲁克的话说，知识生产已成为生产力、竞争力和经济成就的关键因素。信息工业已成为最主要的工业，并成为现代生产的中心资源。就此，他认为应当重新评判产品价值理论，必须创造出一种知识价值代替劳动价值论。劳动价值理论显然已经很难解释信息社会产品的价值构成了。当然，从某种意义上来说，知识也是一种劳动，但却是一种完全不同类型的劳动。

奈斯比特已经敏锐地感觉到从一国经济到世界经济这样一种新趋势。他指出，美国在历史上曾是世界经济的明显角色，但现在正被日本所取代。但日本也正面临着新加坡、韩国、巴西等国家的挑战。任何旧工业、旧思想都不适合明天的竞争和挑战，要放下旧工业，肩负起致力于未来新工业的任务。随着各个国家向全球经济的迈进，由谁生产什么的概念已经变得越来越模糊了，协作化生产、世界范畴内的分工合作已经取代旧时代的一国生产。一国经济正成为历史。全球化经济是劳动、生产全球性的分配过程，也就是说，世界上所有发达国家都出现了一种非工业化和非专业化的过程。要适应这种趋势，适应这种经济发展进程，每个国家都必须及时地做出结构调整，提高对全球化经济的适应能力。为此，他指出，美国社会存在两种经济，一种为朝阳经济，另一种为夕阳经济。所谓朝阳经济指成长性好、潜力大、发展前途光明的经济。夕阳经济指日益走向衰退的经济。随着第三世界国家向发达国家传统工业发出挑战，发达国家必须转入新的行业。奈斯比特对所谓美国经济不景气，发展前途黯淡提出了自己的不同看法。经济学家持此种悲观态度的症结在于只看到美国传统的旧工业，却忽视了新兴工业。他认为一国发展的潜力应在于新兴工业，而不是传统工业。

对于世界贸易，奈斯比特有创见性地提出要通过世界贸易维护世界和平，他认为，我们不应该人为地去抵制增长的经济相互之间的依赖关系，而应该欢迎它。加强与世界各国的经济贸易联系，做到经济利益的相互渗透、相互联系，更有利于加强世界和平。世界贸易应被视为国家之间联系的润滑剂。

奈斯比特认为，传统的金字塔式的组织结构在信息社会时代已经不适用了，现代社会应采取网络式的组织结构。传统的组织结构，权力和信息从金字塔的顶端通向底部，信息传递的路线长，还有可能存在着失真的现象。而网络型组织结构中，人们彼此交换，分享思想、信息和资源。网络的存在可以促成自助，交换相互信息，改变社会结构，提高生产力和工作环境的信息资源。网络型组织结构可比任何其他现有的组织结构以更快、更富有情感、更节约的形式传递信息。现代化社会，就需要现代化的组织结构，传统的组织结构显然不能适应现代竞争所要求的信息传递快速、有效的要求。在未来的管理模式中，网络组织会得到极为迅猛的发展。可以说，未来社会的人们将处于相互重叠的网络世界中。

奈斯比特在对全书的综合归纳中指出，我们正处在一个夹缝时代，处于新旧社会形态的交替时代。我们要勇敢地面对这种转变，不要依恋于已知的过去，要适应社会的趋势发展，以饱满的精神迎接新时代给我们观念、价值判断、理论思想带来的冲击，要积极地调整自己的方向，驾驭时代的潮流。夹缝时代将是一个捉摸不透、难以预测的方式，充满变化趋向。但只有那些愿意探索这个时代，期待新时代来临的人们才会有所建树。那些死死抓住过去不放的人只能被时代所淘汰。

伴随着从工业社会进入信息社会，人类主要用脑力劳动来创造事物，而不是单纯依靠体力劳动。我们面临的最大挑战是如何适应信息社会的需要，为信息社会服务。一个不能利用信息、利用知识的人将会被时代淘汰。

全球化经济已经越来越成为我们生活中的一部分。但我们做任何事情却总不能依赖别人。无论在什么问题上，都要坚定自己的信仰，要靠自己的主动精神。

新出现的世界经济和信息化社会要求有崭新的组织结构。我们开始重新审视集权时代那种金字塔式的组织结构，取而代之的是更快、更有效、更节约资源的网络模式。金字塔将成为永远的回忆，在新的基础上将出现的是人们之间组成自然平等的团体。

夹逢时代虽充满困难和挑战，但却是一个伟大的时代。充满机遇，更充满激情。如果能够抓住时代给予的机会，我们会创造出更大的生产力。

【精彩语录】

1. 我们必须创造一种知识价值论来取代劳动价值论，因为在信息经济社会里，价值的增长不是通过劳动，而是通过知识实现的。

2. 关于世界经济，我们现在必须记住两件最重要的事情。第一，昨天已经过去了；第二，我们现在必须适应这个各国相依赖的世界。

3. 我们必须放下旧工业，肩负起致力于未来新工业的任务。

4. 我们应该欢迎和所有发达国家和第三世界做生意，因为世界贸易使我们更接近世界和平。

《国际经济学》

作　　者：保罗·克鲁格曼
　　　　　茅瑞斯·奥伯斯法尔德
成书时间：1988 年

【作者简介】

克鲁格曼，美国著名的国际经济学家。早年就读于麻省理工学院，毕业后先后在芝加哥大学、西北大学和麻省理工学院任教。

奥伯斯法尔德，美国著名经济学家。1954 年出生，1976 年获经济学硕士学位，1979年获麻省理工学院博士学位。毕业后先后执教于哥伦比亚大学、宾夕法尼亚大学、哈佛大学和加州大学伯克利分校，1988 年任加州大学伯克利分校经济学系主任。同时担任多项社会职务。

克鲁格曼在经济学上的主要贡献在于他突破了传统经济理论中的国际贸易理论，对战后大量出现的工业国和同行业之间的贸易作出了解释，分析了国际贸易中的寡头竞争行为，为战略性的贸易政策的研究奠定了基础；在汇率和发展中国家债务等许多问题上也有独到见解，特别是他提出了关于汇率的"目标区域"理论。

奥伯斯法尔德在经济学上的主要贡献在于，他在国际贸易和国际金融理论方面的成就和对国际经济体系的构架。他发表了上百篇论文，对国际金融方面的诸多问题都有研究。

克鲁格曼和奥伯斯法尔德二人合著的《国际经济学》是他们的代表作。

【内容梗概】

本书是一本教科书，从出版后短短 10 年内再版了 3 次，并被译成多国文字出版，受到各国经济学界的欢迎。在美国的许多所大学里教授国际经济课时也多次用本书作为教材。但本书又不是一本普通的教科书，而是一本反映了当代国际经济学理论前沿的经典读物。

1980 年前后，世界各国之间的经济关系发生了许多剧烈的变动，许多新兴的工业国家开始从原来的发达国家手中夺取世界制造业的出口市场，而国际资本市场在世界各国以及各个金融中心之间建立了新的联系，增加了人们对全球金融稳定性的怀疑：巨大波动的汇率、贸易结构的变化、带来的政治方面的巨大压力也极大地威胁着"二战"后刚建立起来的开放的国际贸易体系。在这样的背景下，发展的经济提出了国际经济学方面的许多问题，比如保护主义的优缺点等。本书适应了这样的时代要求，在这样的要求下出版了。

作者在序言里指出，撰写此书的念头来自于他们 20 世纪 70 年代末以来向大学生和商界学生讲授国际经济学这门课程所得来的经验。由于现有的教科书已不能回应时代经济发展的挑战，使用了大量的模型和假设条件，让学生们感到了大为不解。当然也就不能从中得出其中的经验教训了。因此，本书试图为当前一些富有启发性的事件提供一个最新的和易于理解的分析框架，并把国际经济学中的热门话题引入课堂。

本书全面系统地介绍了国际经济学中的理论和政策问题，共分四部分。

关于国际贸易理论，作者介绍了古典经济学中的李嘉图模型，以及后来的特定要素模型、赫克雷尔—俄林模型、标准的贸易模式以及最近出现的当代国际贸易理论。李嘉图的国际贸易模型指的是：国际间劳动生产率的不同是国际贸易的唯一决定因素，它对于研究贸易产生的原因和国际贸易对各国福利的影响非常有利，但在许多方面它都导致了错误的预测。李嘉图模型的特点在于，劳动是各个国家产业部门唯一的生产要素。劳动生产率的不同是各个国家产业部门之间的唯一不同点；一国出口劳动生产率相对高的产品，进口劳动生产率相对低的产品，即一个国家的生产模式的比较优势确定。所谓比较优势，即指在某一行业相对于他国具有占优势的竞争力。

特定要素模型是由萨缪尔森和琼斯创建发展的，它假定一个国家生产两种产品，劳动供给可以在两部门间进行配置。与李嘉图模型不同的是，它存在劳动以外的生产要素，劳动可以在部门间流动，是一种流动要素。其他要素则是特定的，这个模型中，每个国家出口部门特定要素的拥有者从贸易中获利。而且进口的产品使竞争部门的特定要素的拥有者受损。

赫克雷尔—俄林模型是赫克雷尔和俄林共同提出的，是用各国家间的资源差异来解释国际贸易原因的学说，强调不同生产要素在不同国家的资源中所占的比例，和它们在不同产品的生产投入中所占比例二者之间的相互作用。它又被称为要素比例理论。这个模型的结论是：各国倾向于出口其国内充裕资源密集型产品。所谓充裕资源，指如果一个国家某种资源对其他资源的相对供给比较大，就称这种资源为充裕资源。

标准贸易模型是建立在下面四个重要的关系基础之上的：（1）生产可能性边界和相对供给曲线之间的关系；（2）相对价格与相对需求之间的关系；（3）确定世界均衡的世界相对供给与相对需求之间的关系；（4）贸易条件对国家福利的影响，所谓贸易条件，指一个国家出口产品的价格除以进口产品的价格。该模型认为，在其他条件相同的情况下，一个国家的福利水平随着贸易条件的改善而提高，随着贸易条件的恶化而下降。

关于国际贸易政策，作者从分析贸易政策的工具——主要是关税和配额开始，讨论了贸易政策的政治经济学，以及发展中国家的贸易政策和发达国家的产业政策。作者指出，前面回答的是"一国为什么从事贸易"，虽然这个问题本身就令人感兴趣，但如果以它的答案能有助于回答"一国应该选择什么贸易政策"这一问题，那就更令人感兴趣了。

关税作为最简单的贸易政策，指的是对某种进口商品所征收的税款。运用消费者剩余和生产者剩余的概念，我们得以衡量关税和其他贸易政策的成本与收益。所谓消费者剩余，它衡量的是消费者在一次购买中他愿意支付的价格和他实际支付的价格之间的差额。生产者剩余是一个相似的概念，指生产者在一次出售中他愿意出售的价格和他实际出售的价格之间的差额。如果把关税的收益与损失进行比较，关税对社会福利的净影响可分成两个部分：一部分是效率损失，来自于关税所造成的本国生产者的消费者激励机制的扭曲，另一部分是贸易条件改善所得，它反映出关税迫使外国出口价格下降的倾向。在小国里，关税不能影响外国价格，因此第二个影响值为零，其社会福利的损失是很明显的。

出口补贴指的是对出口国内产品的公司和个人的支付。其目的在于鼓励出口。当政府为出口公司提供出口补贴时，出口公司会尽量出口产品直到国内价格与国外价格的差额正好等于补贴额为止。

进口配额指的是对可能进口的商品实行直接的进口数量限制。其目的在于限制进口，增加贸易顺差。这种限制通常以向一些个人和公司颁发进口许可证来得到实现。进口配额和关税的区别在于政府没有了收入。

自愿出口限制是进口配额的一种特殊形式，也叫做自愿限制协议（VRA）。它不是由进口国对进口产品实行配额而是出口国对出口产品实行配额。它一般都是应进口国的要求而制定的，出口国同意这些要求以防止其他形式的贸易限制。

虽然现实中极少国家实行自由贸易，但许多经济学家仍然支持这种政策，原因在于：（1）从贸易政策的成本效益考虑，会发现自由贸易可提高效率；（2）很多经济学家认为自由贸易所带来的额外收益已超过一般成本收益分析中的所得；（3）由于把复杂的经济分析转为现实贸易政策的困难，即使对那些并不认为自由贸易是最优政策的人而言，自由贸易仍不失为一种有效的经验选择。但反对者也有其理由，比如认为通过最优关税和出口关税可以改善一国的贸易条件，还比如有人以国内市场失灵作为依据。

发展中国家的贸易政策有两个目标：促进工业化和对付国内经济发展不平衡的问题。于是，许多国家一直致力于进口替代工业化政策。发达国家的战略性贸易政策则是通过鼓励特定产品的出口或限制其进口来达到改善经济绩效目的的政策。

关于开放条件下的宏观经济理论，作者从介绍最基本的国际收支平衡表入手，依次介绍货币、利率和汇率的关系，短期内的价格水平和汇率，长期内的产出和汇率，以及固定汇率和外汇干预。国际宏观经济学研究整个世界经济中稀缺资源的充分利用和价格稳定问题。在利率和预期的汇率一定时，由利率平价条件可以确定当前的均衡汇率。货币、利率与汇率三者关系在于：货币供给的增加，将使国内利率降低，导致本国货币在外汇市场中贬值。同样，国内货币供给下降，使本国货币相对于外国货币升值。对汇率分析时，作者用了购买力平价理论。这个理论认为，各国货币间的汇率等于它们之间以基准商品的货币价格来衡量价格水平之比。

如果中央银行愿意以某一种汇率无限量地兑换本币与外国资产，它就可以将本币的汇率固定在这一水平上。为了固定汇率，即为了阻止本币资产的过度需求或过度供给的出现，中央银行必须对外汇市场进行干预。中央银行可采用货币政策和财政政策来完成。货币政策，如有中央银行购买国内资产将引起官方国际储备的等量下降，从而使货币供给和产出保持不变。财政政策如有中央银行实行的货币法定贬值等。

关于国际宏观经济政策，作者介绍了国际货币体系。浮动汇率体系之下的国际宏观经济政策等问题。国际货币体系在经济历史上已出现了许多种类，如金本位制和布雷顿森林体系。前者是把黄金作为国际流通货币，而后者是要求各国货币对美元保持固定汇率。这两类体系所要解决的问题是一样的，即内部平衡和外部平衡。内部平衡指物价稳定和充分就业等，外部平衡指避免过度的国际收支失衡等。但一个国家是否能够实现内外部平衡，取决于许多因素，比如汇率制度、世界经济环境等，也取决于其他国家所采取的政策。

浮动汇率制有自身的优缺点，优点在于能给各国的客观经济政策提供更大的自主权；能改变布雷顿森林体系下的不对称性；能够清除固定汇率制下的根本性的失衡。而这种根本性的失衡曾导致外汇平价的变动和投机性冲击。缺点在于会导致货币政策和财政政策的过分扩张以及以邻为壑政策的泛滥以及给导致不稳定的投机提供了活动场所，并且汇率的不确定性会妨碍国际贸易和投资。浮动汇率制的运行情况，既没有完全体现它的支持者所列举的优点，也没有不幸地证实它的批评者所指出的全部缺点，但我们可以得出这样的结论：当国际间的经济协调被破坏时，任何汇率制度都无法运作良好。

【精彩语录】

1. 我们发现，已有的教科书并不能成功地回应这些挑战。通常的情况是，国际经济学课本常常充满了特殊模型和假设，让学生感到迷惑不解，也很难从中得出基本经验教训。

2. 本书中，我试图为当前一些富有启发性的事件提供一个最新的和易于理解的分析框架，并把国际经济学中的热门话题带进课堂。

3. 各国参与国际贸易的基本原因有两个……第一，进行贸易的各个国家间存在千差万别……第二，国家之间通过贸易能达到生产的规模生产。

4. 贸易的利益性是绝对的，既不需要国家有"竞争实力"，也不要求"公平交换"。

5. 贸易不一定是比较优势的结果。相反，它可能是收益递增或规模经济的结果，即来自于随着产出增加，单位产品成本下降的趋势。

《宏观经济学》

作   者：鲁迪格·多恩布什
斯坦利·费希尔
成书时间：1978 年

【作者简介】

多恩布什，美国当代著名经济学家。1938 年出生于瑞士，青年时期就读于瑞士一所大学并获学士学位。后移居美国，并就读于芝加哥大学，获博士学位。毕业后任芝加哥大学讲师，后又到罗切斯特大学执教，在教学期间，曾多次赴欧洲和拉丁美洲考察和讲学。

费希尔，美国当代著名经济学家。青年时期就读于伦敦经济学院并获得学士学位，毕业后任教于芝加哥大学，这时多恩布什还是该校的一名学生。由于对经济学的共同爱好，两人成为了好朋友。最终二人合写了《宏观经济学》一书。从 1988 年开始担任世界银行的副行长和首席经济学家。

多恩布什在经济学上的主要贡献在于对国际经济学特别是宏观经济学的研究。同时他对汇率、高通货膨胀和超通货膨胀的作用方式以及国际债务问题也有着浓厚的兴趣和深入的研究。

费希尔在经济学上的主要贡献在于对经济增长和经济发展，通货膨胀和稳定政策的研究。同时他对指数化以及国际经济学和宏观经济学也有较为细致的研究，并出版了关于该领域的大量经济理论专著。

多恩布什的主要著述有《开放经济下的宏观经济学》、《宏观经济学》等，费希尔的主要著述有《论经济增长》、《宏观经济学》等。

【内容梗概】

在 20 世纪 70 年代，通货膨胀和深度衰退一样是严重的问题，但却没有被纳入到基础的教科书中去。作者试图作出努力写出教科书，使之能够在学生和教师面对商业周期的有关问题时得到有用的指导，本书讨论的问题是如何在一个过热的经济中遏制通货膨胀，还有就是怎样在一个衰退的经济中去应付创造就业的挑战。此书正是这种背景下的产物。

宏观经济学所关心的是整体的经济行为——它涉及繁荣与衰退、经济中商品和劳务的总产出与产出的增长、通货膨胀率与失业率、国际收支和汇率。宏观经济学既考察长期的经济增长，也考察构成经济周期的短期波动。

简单地说，宏观经济学研究日常的主要经济问题和难题。为了理解这些问题，我们必须把经济中的复杂的细节简化成为易于把握的基本点。那些基本点置于经济中的商品、劳动力和资本市场的相互作用之中，置于居民间彼此进行交易的各国国民经济的相互作用之中。

首先，作者从事实和基本模型方面来分析。其中，国民收入核算、收入和支出、货币利息收入以及货币和财政政策都是不可或缺的部分。国内生产总值（GDP）指在一定时期内（一个季度或一年）经济中所生产的全部的最终产品和劳务的价值，GDP又可分为名义上的GDP的与实际的GDP。

在分析产出、通货膨胀、增长和政策的作用时，总需求和总供给是关键的综合概念。产出水平和价格水平取决于总需求和总供给的相互作用。在有些条件下，就业仅取决于总支出或总需求。在其他时候，供给的制约是政策问题的一个重要部分，人们不得不给予较多的注意。

从20世纪30年代到60年代末，宏观经济学非常强调需求。但在最近这些年里，强调的重点已经改变，总供给和供给经济学已取得重要的位置。这些重点和兴趣的转移毫无疑问是由工业化国家在20世纪70年代所经历的低增长和高通货膨胀所引起的。

什么是总需求和总供给、产出和就业以及价格之间相互的关系？总需求表示在商品和劳务上的支出与价格水平之间的关系。在高失业时期，增加支出或者说增加总需求，将提高产出和就业，而几乎不对价格产生影响。在这样的条件下，譬如在20世纪30年代大萧条时期，采取扩大总需求的政策去增加产出肯定是恰当的。但是，如果经济已接近于充分就业，增加总需求将会主要地引起比较高的价格或通货膨胀。这样，就有必要引入经济中的总供给方面。总供给曲线表示厂商所生产的产量和价格水平之间的关系。总供给方面进入图表不仅在于说明成功的需求扩张如何增加产出和就业，而且有其自身的作用。

其次，书中又详细地剖析了总供给、总需求和增长，顺带提及了理性预期均衡学派。

当政府只需通过扩张性的货币或财政政策就可以治理衰退的时候，为什么还要容忍它们持续下去呢？问题的很大一部分答案在于扩张性的总需求政策会加剧通货膨胀——以至于政府在考虑是否增加需求时不得不将高通货膨胀的成本与高产量、低失业的收益进行权衡。通货膨胀毋庸置疑是公众、政策制定者和宏观经济学家主要关注的问题之一。

因此，我们分析的核心必须引入价格水平和通货膨胀率——价格水平的变动率。下图显示了用来研究价格和产量水平联合决定的总需求和总供给模型。向下倾斜的总需求曲线AD，是从IS—LM模型推导而来的。AS是总供给曲线。AD和AS曲线在E点相交决定了均衡产量水平Y_0和均衡价格水平P_0。其中任何一条曲线的移动都将导致价格水平和产量水平发生变化。

本图显示了用于解释产量和价格水平联合决定的总需求与总供给的完备模型。总需求曲线、总供给曲线及其交点都是研究中不可忽视的重点。

生产函数把要素投入和技术与产量水平联系在一起。产量增长——先把技术变化撇

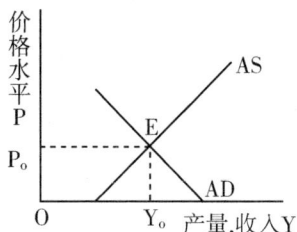

价格变动与产量关系图

开——是投入增长按其收入份额的加权平均。生产函数把注意力导向了作为产量增长源泉的要素投入和技术变化。在自 1889 年以来的美国历史中，人均产量以 1.8% 的平均速度增长。在 1929～1982 年，要素投入的增长占到产量平均增长率的2/3，技术进步则占到1/3。知识存量的增长和劳动投入的增长是增长的最主要源泉。

再次，书中把讨论的重点转向行为的基础方面，着重考察了消费和储蓄、投资支出、货币需求等几个方面。

如果以 C 表示消费，YD 表示可支配收入，那么就有以下的简单的凯思斯消费函数：

C = 0.921YD

它能够很好地解释观察到的消费行为。此公式表明，可支配收入每增加 1 美元，其中将有 0.92 美元用于消费，且消费与收入的比率 C/YD 是常数。但在现实生活中，由于比率 C/YD 会发生波动，有必要更加深入地考察消费行为。现代消费理论假定，个人愿意在他们的一生中维持相对平滑的消费形式，因而他们的消费行为是与其长期消费机会（持久收入或者终身收入加上财富）相适应的。从这种观点看，当前收入只是决定消费支出的因素之一，预期和财富也在其中发挥作用。

投资支出之所以成为宏观经济学的中心论题，是由于这样两个原因：第一，投资的波动可以解释经济周期中 GDP 的大部分运动；第二，投资决定了经济使其物质资本存量增长的速率，从而决定了经济的长期增长和生产率。包括日本和德国在内的快速增长国家与缓慢的增长国家相比，通常都把 GDP 较大的份额用于投资。对美国经济长期缓慢增长担忧的人们，都希望找到能够促进美国投资的政策。

投资是用于增加资本存量的支出。在美国，投资一般占总需求的17% 以下，但是投资的波动却构成了 GDP 经济周期运动的较大份额。我们按以下三个类别依次分析投资：企业固定投资、住宅投资和存货投资。过去的企业固定投资理论认为，投资率决定于企业将其资本存量向合理水平调整的速度。厂商计划生产的预期产量越大，资本租用成本越小，则合理的资本存量就会越大。住房投资理论是从考察对住房存量的需求入手的。该需求受财富、其他可供选择投资的利息率以及分期付款率的影响。而存货投资理论则认为存货投资的相对波动幅度超过投资的其他类别。厂商有一个合意的存货-销售比率。如果销售非预期地扩大或缩小，实际比率就会与此合意水平不相一致，从而厂商将通过改变它们的生产水平来调整存货。

货币是支付的手段或交易的媒介。通俗地讲，货币是在交易中被普遍接受的任何一种东西。过去，贝壳、可可、金币在不同的地方都充当过货币。生产发展到今天，货币的主要特征是充当支付手段。持有货币的三个经典原因是交易动机、预防性动机及投机性原因。

货币需求在理论方面和经验方面上都得到了非常深入的研究。目前，人们几乎都承认，在理论上，对实际余额的需求会随着实际收入水平的增加而增加，随着名义利率的上升而减少。实际上，货币需求是一种对实际余额的需求，它是指货币持的其美元购买力，而不是数额。

最后，本书考察了关于通货膨胀、失业、预算赤字和国际调整的问题。

通货膨胀和失业应该被尽可能避免，这毫无疑问是最佳的原则。但既然在通货膨胀和失业之间存在交替关系，所以对通货膨胀与失业的经济成本有更好的理解也是很重要的。这些信息会有助于政策制定者对这一交替的评价。

对美国失业的分析可以揭示出失业的频繁和短期本质。但是长期失业者也占到美国失业中的一个重要部分。自然或结构失业率的概念，是指即使在充分就业时仍存在的失业率。这种失业是由当人们转移工作时劳动市场的天然摩擦而引起的。自然失业率很难衡量，比较一致的估计数是约 5.5%，比 20 世纪 50 年代中期的 4% 要高。减少自然失业率涉及结构性劳动力市场政策。

20 世纪 80 年代初期以来，美国经历了和平时期最大规模的持续性预算赤字。如何来评价赤字和国债呢？一方面，利用国债和赤字可以增加国家对经济、政治等方面的干预，促使经济更正常地运行。但我们也得看到，国债和赤字也会成为最终的负担，因为它们会长期导致资本存量的下降。

如果经济不增长，靠债务融资的政策，支出的持久增长是不可行的。债务的利息支出将不断地增加，导致的赤字增长只得靠增加借款来弥补。在增长中的经济里，可以长期有小规模的赤字，而不会引起债务——GDP 比率的上升。

国际经济问题正在宏观经济舞台上扮演着日益显著的角色。各国是相互依赖的：一国的繁荣或者衰退会通过贸易流量溢出到其他国家；任何一个主要国家的利率变化会立即引起其他国家的汇率或者利率变动。

国际经济的相互依赖要求各个国家必须对本国的货币政策、国际收支政策在国际的宏观范围内作出调整。这种调整主要通过两种方式：（1）货币政策。货币扩张最终将提高价格水平和汇率，使实际金额和实际汇率保持固定不变。但在短期内，货币扩张会提高产量水平而降低利率，导致汇率下降。（2）汇率政策。通过改变汇率比，各国的贸易收支将发生很大变化，但政策不宜过多干预汇率。

【精彩语录】

1. 国民生产总值指由本国居民所拥有的生产要素，所生产的产出的价值。GNP 区别于 GDP 的原因，不仅在于一些在本国制造的产品是由外国人所拥有的生产要素所生产的，还在于我们的居民从国外得到收入。

2. 关于理性预期学派有一些东西毋庸置疑的，那就是它不仅在学术上富有挑战意义，而且也是富有创见和给人印象深刻的。但是，对于任何经济理论，关键问题在于它是否有助于我们理解经济现实。

3. 我们用一个警告来总结。经常是（有人认为总是）当一个稳定的关系被发现并开始应用时，它却失效了。这种现象被称之为古德哈特定律，因伦敦经济学院的查尔斯·古德哈特而得名。

4. 过去人们常常认为，在可变汇率制度下，各国可以执行本国的经济政策（货币和财政政策以及通货膨胀率）而无须担忧其国际收支。这当然是正确的，但是也会使人误解。无论实行什么样的汇率制度，各国之间都存在着重要的联系。

《动态经济学》

作　　者：罗伊·福布斯·哈罗德
成书时间：1973 年

【作者简介】

英国著名经济学家。1900 年出生于英国诺福克，1919 年获牛津大学学士学位，1922 年任教于牛津大学，作过讲师和研究员。1940 年任职于英国政府，1945 年任皇家经济学会刊物《经济学季刊》第三任主编，此外，他还担任过联合国就业与经济稳定委员会委员、国际货币基金组织经济顾问等职，"二战"期间，还曾任丘吉尔的私人统计员，1962 年任皇家经济协会会长，1959 年晋封爵士。1978 年逝世。

哈罗德在经济学上的主要贡献在于提出了自己的经济增长模型，与后来的埃弗塞·多马的增长模型一起被人们称为"哈罗德—多马增长模型"。哈罗德是凯恩斯理论的拥护者，他将凯恩斯理论加以动态化、长期化，形成了自己的动态经济理论。此外，他对 20 世纪 30 年代的不完全竞争理论也作出了贡献，论述了国际金融体系的作用，考察了对外贸易和国际资本移动。

哈罗德的主要著述有《国际经济学》、《经济循环》、《动态经济学导论》、《动态经济学》、《货币论》等。

【内容梗概】

哈罗德是凯恩斯理论的拥护者，但他认为，凯恩斯理论虽然在解决 20 世纪 30 年代经济大萧条和失业问题上具有重要作用，但是他的理论仅是一种短期的静态的分析。需要将凯恩斯理论加以改革，带向新的发展方向。实际上，他提出将凯恩斯理论进行改革是为当时社会经济的问题寻找解决办法。

"二战"后，资本主义世界经济陷入萧条，经济危机不断爆发，阶级矛盾恶化，工人失业增加，生活贫困，这些问题是当时资本主义国家普遍面临的难题，经济学家们纷纷提出了一系列理论观点试图指导解决问题。哈罗德正是基于这个目的提出了自己的经济增长理论。他看到了凯恩斯理论在 20 世纪 30 年代经济萧条中发挥的巨大作用，同时也认识到时代已经不同，所以就将凯恩斯理论进行改革，形成自己的理论。改革的目的就是将凯恩斯理论加以动态化、长期化。

短期是指在研究经济发展时假设生产设备固定不变。凯恩斯理论的短期特点就在于他将生产设备作为前提条件，再去探索经济趋于平衡的均衡收入水平，那么要将其长期化、动态化，也就是对资本的积累、生产设备的增加、收入的增长等因素进行分析，并纳入到经济增长的总体理论体系中去，他认为，本书所研究的宏观动态经济学，是与对主要的需要范围的增长率起决定作用的因素有关的，这正是凯恩斯给我们留下的空隙。

哈罗德在本书中着重论述了他的经济增长模型。所谓经济增长模型，是指用数学的形式将经济增长所需的条件及各条件之间的关系明确地表示出来。那么哈罗德的经济增长模型又是什么样子的呢？他的经济增长模型由三个变量组成：经济成长率、储蓄率和资本—产出比率，其关系是经济成长率等于储蓄率与资本—产出比率之比。这个方程式，是投资总量等于储蓄这一事实的动态化的表述法。他认为，这个公式的正确性是毋庸讨论的，"它是一个必然的真理"。所谓资本—产出比率，是指"同一单位时间内的资本增量除以这个时间内生产出来的货物的增量"。

哈罗德把经济成长率分为三种，这三种共同构成了他所谓的成长模式：

第一是实际成长率。是由实际的储蓄率与资本—产出率决定的。

第二是保证成长率。这种成长率所造成的经济活动水平能使资本家满意。在经济体系的各部门中，即使有一些部门的产出与别的部门的速度上不一致，但这种不一致会和经济体系整体的成长比率相适应。在某一个部门内，成长率在各厂商之间也是不一致的，但这些不一致最后会"全部抵消"，出现一个有"保证的"成长率。可见，保证成长率是对整个经济体系而言的。

第三是自然成长率。如果加入技术进步和人口增长因素，成长率就会反映经济的持续的长期的增长，这个增长的比率即为自然成长率。它是对"社会最适宜的增长率"，它可以解决就业难题，促进经济发展。

上述三种成长率是在不同的条件下形成的，彼此之间无必要分谁大谁小。但是如果三者之间能取得一致，则经济增长就会处于一种理想的均衡状态。接着哈罗德阐述了他的"不稳定原理"。就是指三种成长率不一致时经济增长就会处于不稳定状态。不稳定状态是必不可免的，而且是经常存在的。原因在于三种成长率都是由不同的因素决定的。实际成长率偏离保证成长率是会出现经济周期波动，自然成长率和保证成长率偏离时会导致长期停滞或长期通胀的经济状况，这些都属于不稳定现象，反映了不稳定原理的普遍性。

接着哈罗德专门论述了资本—产出率。他先对资本—劳动率这个同类性质的概念进行了分析，认为资本—劳动率是一种有用的武器，用来对生产及给定物品的各种可供选择的方法进行比较，用来对生产不同物品的诸方法进行比较；或者用来对生产及给定对象的诸方法在整个时期所发生的变化进行比较。但总的来看，它对于整个国民收入来说是一件没有用处的工具，它是指物化投入的价值与每年活投入的价值之比。任何有用物品，一经被过去的投入弄成它现在具有的样式，它就把劳动"物化"了。像房屋、机器等都是物化投入，也即是固定资产投入，而"活投入"是指在一段时期（比如一年）内的投入，也即是流动资产投入。进而可以对资本—产出率概念更清楚地理解了。

哈罗德对通货膨胀作了论述。指出"通货膨胀"一词被用在各个不同的但又互相有关的意义上，这有损于思想交流，也有损于思考问题。它的未来意义，大概兼有官方货币政策和财政政策的意义。一个国家的通货，应由一定分量的贵金属组成，或者可以兑换成一定分量的贵金属。通货膨胀既可以用来形容一些"任性的"政府发行过量的钞票等行动，也可以用来形容因此而引起的用国家通货标示的价格的上涨局面。

通货膨胀的原因是什么呢？有人认为是因为扩张正义政策。实际上不是这样的。人们注意到通货膨胀在英国是常有的，而英国又是在不断扩张的，因而会有此论断，但实际上通货膨胀并不只是在英国发生，即使在被外国侵略的国家里，通货膨胀依然是存在的。真正原因还是在于供给成本过大。也有人认为是需求拉动的存在引起的，但前者才是最重要最根本原因。需求拉动的通货膨胀是由于按实核计的总有效需求超过了经济的供给能力而产生的。供给成本过大是劳动市场不完全等因素导致工资成本上升而引起的。工资成本是供给成本的一部分，它的增多自然供给成本总量增多，从而物价上涨，引起通货膨胀。有人会认为，在没有需求拉力时，生产者就不会抬高物价，所以，需求拉动是通货膨胀的原因。这对初级产品来说是对的，因为，初级产品是在完全竞争的市场中出售的，但到了现在，许多发达国家已经没有了严格意义上的"完全"竞争。相反，竞争者有两个理由把成本增长变为价格上涨。第一是他在核算成本时，会发现如果不反映高价格，就会亏本；第二是他会认为别人也会抬高价格，自己如果不抬高价格就会受损以至于在竞争中失败。实际上，就算在没有任何需求拉动的情况，通货膨胀也仍然有可能会发生，可见，它并不是导致通货膨胀的主要原因所在。

哈罗德提出了"二分法"。他把国民经济各部门分为两大类：报酬递减部门和报酬递增部门。如果货物和劳动的生产基本受报酬递减规律所制约，那么任何紧缩需求的财政政策和货币政策都会使企业抬高物价，因为缩减产量使成本增加；相反，如果实行扩张性财政政策和货币政策，企业就会降低物价。如果保证增长率和自然成长率偏离，政府就应当以财政赤字和财政盈余来分别调节因储蓄变动而引起的增长率变化。

哈罗德还论述了对外贸易问题。指出在传统经济学中，对外收支被假定为自动会归于平衡的，如在金本位下钞票可以自由兑换，那么当国际收支不平衡时，黄金会流出或流入以弥补国际收支不平衡带来的差距。黄金外流国内物价会下降，出口增加进口减少，反之亦然。如果钞票不能自由兑换而且对外收支不平衡时，外汇汇率就会离开官方平价而下跌，导致出口增加进口减少。因此，政府应采取财政政策或货币政策，外汇汇率就可以使对外收支趋于平衡。但这只是一种静态理论，如果用动态理论来分析，就会发现无论政府采用什么货币政策或财政政策，或是改变外汇汇率，都不会对进出口发生影响。

最后哈罗德对国际资本流动作了论述。他认为国际资本的流动趋势受三个基本因素支配。

第一，在不发达国家，有利可图地用于资本形成的资金对国民收入之比，可能会高于国内储蓄对国民收入之比，而在发达国家，情况却相反。前者是储蓄不足的国家，后者则是储蓄过度的国家，于是国际资本会从后者流入前者。

第二，在过去，资本形成比起消费品生产来，更加着重地依赖于技术知识。向国外进行直接投资而提供的可处置资本总倾向于与有关的技术知识的提供联系在一起。而富国的技术知识比穷国多，所以资本从穷国流入富国。

第三，在穷国缺乏有效的资本市场，先进国家的企业家会发现海外投资有利可图，就会把资本投向穷国。

哈罗德主张政府应该对国际的资本流量施加限制，使资本流量处于最适宜状态。

【精彩语录】

1. 货币政策的主要目的，就国内方面而言，乃是一方面要防止需求拉动型通货膨胀，另一方面又要防止失业增加。

2. 自由浮动汇率，会引起巨大振荡，因而对商人特别不便。

3. 为了把国际贸易维持在一个合理水平上，对汇率实行某种"管制"，不仅是很必需要的，而且按现实情况说，也是必不可免的。

4. 依我判断，已经在流行的世界高水平的利息率，是由于世界储备按对国际交易的比例来说越来越短而造成的。

《国民收入与支出》

作　　者：理查德·约翰·斯通

成书时间：1944 年

【作者简介】

英国著名经济学家。1913 年出生于伦敦，曾在剑桥大学学习法律和经济。第二次世界大战期间，斯通曾应凯恩斯邀请，与詹姆斯·米德一起研究了当时英国的国民收入和经济实力，为当时英国政府在战时集中财力和物力作出了很大贡献。1946 年，斯通回到剑桥，继续其学术研究。他在 1978 年被英国皇家封为爵士，受到了很高的礼遇。斯通在剑桥任教直至 1980 年退休。1984 年获诺贝尔经济学奖。1991 年去世。

在英国经济学说史上，斯通是一位十分重要的经济学大师。他在历史上作为国民经济核算体系的奠基人而被后人永远铭记，正因为该体系对国民收入和支出的具体核算奠定了基础，其业绩被载入史册。后世宏观经济学中进行国民收入和支出的核算时，仍然在许多方面以斯通的理论为指导，他也因此获得了诺贝尔经济学奖。

斯通论著主要有《国民收入与支出》（与米德合著）、《社会福利核算和经济模型》、《计量方法在经济学中的应用》等。

【内容梗概】

本书是斯通一生中最重要的著作，在 1944 年版的基础上重写而成。1944 年正值第二次世界大战期间，英国政府急需进行国民经济核算，以便更好地集中更充足的人力、物力、财力来投入战争。斯通此时便到英国政府中任高级统计师，与米德合作，写成了 1944 年版的《国民收入与支出》。

第二次世界大战以后，斯通根据世界经济形势的变化，重新审视了其在战争期间的国民收支核算体系，并总结了其在经济工作和教学实践中的经验成果，于 1977 年在剑桥大学形成了 1977 年版的本书，从而彻底奠定了国民经济核算的理论体系基础。

国民收入这个概念，在斯通看来，是一个综合性、复合性的概念，包含了很深刻的内涵，绝对不是简单的一个社会中所有的个体的收入之和。一般而言，国民收入可以定义为一国公民由于他们各自对国内外生产的贡献而得到的各种收入的总和，所以国民收入在（税前）个人收入的基础上还要处理四种转移支付，即先加上来自国外的净转移并减掉个人收到的补贴和赠与，然后减掉消费者债信，最后加上本国政府对应归于国外的利润所征的赋税。

国民经济核算的重要任务，是对经济现实进行全面的、有条理的和前后一致的描述，其目的均用来帮助实际测度。可以说，脱离了理论的支持，实际的任何工作都只能是一副空架子。

在考察国内产值的过程中，可以发现这样的现象：名义国内总产值的变化是由两种因素引起的，一种是价格的变动，另外一种是产品数量的变动。其中，价格的变动作为外在变量，对国内总产值起了很大的干扰作用。所以只有首先排除了价格变动的因素，才能准确而科学地对不同时期的总产值进行比较。

在进行经济核算的过程中，选择正常时期作为基础来建立指数是首要任务。可以说，没有一个客观的、科学的基期，经济指数都将流于空谈。在此中间，最大的困难是对个别产量的价格和数量的变动很难把握，很难掌握足够的、精确的资料。

不仅仅价格不同的商品具有重要差别，价格的基础仍有诸多要素需加以考虑。例如，产品质量的差别，综合产品费和固定费用的不同，季节性的变动，型号之间的区分以及运输费用等问题，都是造成产品资料繁杂而难以充分掌握的原因。要真正足够地把握这些资料，需要多个部门的全力协调配合才能达到。

对于开放的经济而言，除了要考虑经济活动的三种基本形式：生产、消费和积累之外，还要考察该国与世界其他国家的交易和贸易往来。如果能准确地把一国的生产、消费、积累以及对外贸易方面的收入和支出都用四种财务报表或账户记录下来，那么，这就具备了表示该经济系统基本结构的框架，国民经济的核算就成了可能。

著者研究了关于生产的国内产值账户。在这之中，一切为市场而生产的商品和劳务都能很轻松地被处理。其中的商品和劳务还包括实际上那些并未出售而为生产者留给自己消费的那部分。

必须注意的一点是，一个国家不仅仅是作为生产者而存在的，它同时也是消费者。因此在核算的生产账户中，除了折旧部分，其他作为生产者成本的那些项目都终将变为消费者收入。这些收入的目的是用来增加一国的固定资产，它或者被用来储蓄，或者被用来购买商品和劳务。

体现积累的是资本交易账户。在此账户中收入由两个部分组成：从消费流入的积累和从生产流入的折旧。与此同时，账户中的支出也由三部分组成：第一是国内投资，这又可划分为存货投资和固定资产支出；第二是对外投资；第三是向国外的资本转移。

在核算该账户中，必须明确以下几个概念。（1）固定资产的定义。从经济物品用于经济活动的性质考察，固定资产是指用于生产目的的耐用品。如果说住房是一种生产活动，那么房屋便是固定资产。（2）折旧的测度。折旧所表示的应该认为是对耐用设备的成本预期，它必须涉及三个因素：即有关资产使用寿命的测度、磨损率的估算以及评估各阶段中磨损的价格。（3）存货升值与存货投资的区别。前者反映了该时期内库存商品价格的上升，后者为存货的实物增加量的价值。二者有着重大的区别。

因此，通过上面论及的三种账户，并与一国的国际收支相合并，便形成了一个完整的国民账户。该国民账户还可以根据实际需要，以矩阵来表示。

经济中各个部分的形成是对国民产值账户进行进一步细分的结果。其中，私人部门和公共部门因其各种收入、要素来源的不同，便显著地区分开了。

在各个不同部门内部，其间存在着一条再分配链。再分配对于具有不同人口数量、构成和属于不同收入等级的家庭造成的影响是不一样的。此处，家庭的原始收入是划分收入等级的主要依据，在每一等级内，按家庭的大小和构成细分。很明显，这种再分配过程造成了两个结果：（1）牺牲富裕家庭来帮助贫困家庭；（2）牺牲小家庭来帮助子女较多的家庭。尽管无法避免上述结果的出现，但是，从总体上看，家庭作为一个整体在此过程中所贡献的要比获得的多。

不同地区和不同国家间的国内总产值的比较也是一个很值得去研究探讨的范畴。例如，在英国各地区，假定英镑的购买力在英国都一样，那么就可以发现，包括伦敦在内的英国东南部的人均产值最高，而北爱尔兰的最低。

在两个国家间进行人均国民产值的比较相对较为简单，但是其中仍有些很难衡量的因素。从1890年至1970年对英、美两国的比较中可以得出一些结论：（1）比较过程中有许多因素难以用简单的趋势来表示，因此两国人均产值的情况就显得不够全面；（2）上溯的年份越远，有关的估算值就显得越有争议；（3）增长的主要因素是一国的经济和技术的创新能力。由此可以看出，如果在三个或更多的国家之间进行这种比较，难度肯定要加大。为此，必须选择一套共同的相对价值为基础来进行衡量。没有一个客观的衡量标准，一切比较将无从做起。

仅仅就英、美两国的资料而言，其中包含了大量的季度资料，因此由这些统计而成的季度统计数列必然要受到季节性因素的影响。要达到排除干扰、科学计核的目的，就必须对季节性因素的影响加以相应的调整。根据斯通的看法，进行此类调整可以分三个步骤进行：第一步，确定由季节性因素引起的变化在数列中的表现；第二步，根据所发现的情况是每年不变还是逐年变动，来确定对季节性因素调整的方法；第三步，在实际工作中验证因素起作用的方式。

斯通在本书的最后，还考察了上述核算结构产生的历史。对于国民收入支出进行的估算，可以追溯到17世纪的英国经济学家威廉·配第和格利戈里·金的工作。到18世纪，尽管当时资料奇缺，但仍有人努力继续这一工作。19世纪的英国学者纽玛也对此体系作出了很大贡献。直至20世纪50年代末，国民收入和支出的核算体系正式形成。

根据不断细分不断推进的原则，可以一步一步地接近一些平实的科学道理。本书正是采取了这一原理。先把生产账户进行细分，由此得到了每一个产业部门的账户；以矩阵形式排列账户，并继续将账户分解，便能详细准确地得出资金流量和货币现象。

【精彩语录】

1. 国民收入是一个家喻户晓的术语，一般而言，其意义是明显的：它是与单个个体的收入相对立的全体国民的收入。然而，像许多常用词语一样，国民收入对于所有使用该短语的人来说也不会有完全相同的意义。

2. 在这本书里，我们一直把国民经济作为一个单一的、简单的系统来对待的。但是，丝毫没有理由不把它看作是由若干子系统组成的复杂的系统，这些子系统，即国家的各个地区，像一个国家进行国民收入核算那样，都有一套自己的国民收入核算体系。

　　3. 事实和理论是在分析中相遇的。假如经济学要发展的话，这两者的结合是必不可少的。因为经济学既不是像数学那样的纯学科，人们并不要求其理论应用于实际现象，也不是像那些堆放在一辆破汽车上的东西那样，只是一种事实的堆砌，人们并不问这些事物是如何互相联系的。

《投入产出经济学》

作　　者：沃西里·里昂惕夫
成书时间：1966 年

【作者简介】

美国著名经济学家。原籍俄国，1906 年出生于彼得堡，1925 年毕业于列宁格勒大学并获硕士学位，还获"优秀经济学家奖"，1928 年获柏林大学博士学位。1927 年在德国基尔大学工作。1931 年移居美国，先后任美国国家经济研究所研究助理、哈佛大学教授、纽约大学教授、美国经济计量学会会长、联合国顾问。1972 年 9 月曾出访我国。1973 年获诺贝尔经济学奖。1975 年退休。1999 年去世。

里昂惕夫在经济学上的主要贡献在于开创和发展了投入产出分析理论，为运用实际资料系统地考察社会经济各部门之间相互联系和相互依存的关系，提供了一种现实可行的方法。自投入产出分析问世后，各国纷纷用它制作不同年份的投入产出表。

里昂惕夫的主要著述有《1919～1929 年美国经济的结构》、《投入产出经济学》、《经济学论文集》等。

【内容梗概】

里昂惕夫对"投入产出分析"的研究则是从 1932 年开始的。他在 1936 年发表的《美国经济体系中投入产出的数量关系》一文，标志着投入产出法正式问世。这种方法给经济学提供了一种经验研究的有用方法，以阐明一个社会生产体系里面各因素的相互关系。把生产系统中各部门的这种关系描述成相互交换产品的网络。对每个生产部门而言，技术系数规定生产出每单位产品所需中间产品数量。主要可以根据它编制投入产出表，并用数学方法可求解出各部门应该生产多少，从而产出多少。这个方法不但适用于市场经济的决策与预测，也适用于中央计划经济，因此一问世就受到世界各国的欢迎，并得到了广泛使用。

本书由里昂惕夫在 1947 年至 1965 年期间先后发表的 11 篇论文汇集而成。这些论文都是阐述如何利用投入产出分析方法来探索和解释一国国民经济的结构和运行，还通过几个实例，说明了这种研究方法是怎样用于解决具体经济问题的。

里昂惕夫首先提出：为什么一个国家的国民经济可以描述成一个由许多性质不同却又相互依存的部门综合而成的体系呢？原因在于，每个部门的生产都需要别的生产部门的产品来充当其投入物，同时，这个生产部门的产品也可以投入到另外生产部门中使用或直接用于消费，也就是说，各个部门之间都存在相互依赖的关系。经济越发展，各部门的这种依赖关系就越紧密。于是，可采用一种宏观的数量表以帮助我们详细地了解整个国家经济的内部结构，也就是用投入产出表，它可以把整个事件的全部间接影响分解为在各环节的影响，还可以精确计算出其大小。这个表中的所有数据都来自于各部门的直接调查统计。

用投入产出表来进行对经济发展的分析，具有良好的使用效用，那么，它究竟发挥了多大的作用呢？也就是说，它能具体地解决什么问题呢？

第一，可以改进预测工作，提高预测的准确性。在市场经济中，市场机制起到了调配资源的作用，但是对每一个个体企业来讲，必然都有一个自己的生产计划。生产计划来源于对现状的分析和对未来的预测。企业的成功与否与预测有着直接的关系。特别是在投资数额巨大，生产规模庞大的企业，就更显得不可或缺了。因为企业对市场无法全面了解，所以对其产品的销量也无法作出准确的判断，那企业怎样来制定其生产计划呢？投入产出表可以弥补这个缺陷，因为它可以反映出整个情况的面貌，既有明显的还有不明显的部分。这样自然就可以作出较准确的判断和预测了。

第二，可以为经济理论研究提供帮助。在当今理论界，存在着许多问题，比如理论过于空洞，缺乏事实证明，但同时也有许多事实在不断发生，急需理论加以指导。二者之间存在着互求关系，但一时无法得到解决。运用投入产出分析方法就好了，它利用经济部门之间商品和服务流量的相对稳定形态，把体系中的所有事实都可以包含进去，并可以用理论加以"控制"，自然就解决了上述问题。

第三，可以为经济结构的比较和研究提供帮助。不同的经济结构有其不同的特点，其运行是由内部的组成部分来完成的。用投入产出表可反映出各部门之间的关系，就可以说明，国家经济的发展程度越相近，其内部经济结构也就越相似。

第四，可以为反映工资、利润、税收和价格之间的关系提供帮助。一个国家工资、利润、税收以及价格之间存在着复杂的关系，共同组成了经济结构的因素。它们相互之间的关系是建立在一定的经济环境中的，但由于这种关系的难以把握，使得经济问题难以得到解答。用投入产出法可以将这些因素纳入到一个表里，因此可以解释它们之间的互动关系，从而也有利于对它们的研究。

里昂惕夫在对美国对外贸易结构的分析中，出现了自相矛盾的现象，被称为"里昂惕夫悖论"，或"里昂惕夫之谜"。我们已经知道，投入产出表根据大量的各部门的直接统计数据来估算各部门之间的相互关系并可用数学方法精确计算出相互之间的影响。既然这样，对劳动这一因素的分析也自然可以纳入到投入产出经济表中去了。对于一个开放型的国家而言，其生产能力和出口生产结构共同决定了它有一个固定的资本与劳动间的比率，根据这个比率就可分析出这个国家的经济结构和出口结构。对美国而言，由于它是发达国家，在生产结构上肯定以资本密集型产业为主，因此就应以出口资本密集型产品来参与国际市场。但是，事实上却不是如此，美国出口的产品多半都是劳动密集型产品。这是什么原因造成的呢？

里昂惕夫认为，原因是美国的劳动生产率太高，以至于劳动力太多了，出现了剩余。

他用投入产出表对各个系数进行了考察，从而得出了这个结论。这个考察的结果即为著名的里昂惕夫之谜。里昂惕夫对这个结论继续深入分析，并进一步提出了更全面的分析结果，这个结果依然是支撑原来的结果的。这个结果是：一般而言，美国出口的产品，要比国内生产那些显然进口较为便宜的商品在生产中所消耗的资本更少一些，劳动力成分要多一些。这是里昂惕夫用投入产出经济理论解决实际经济问题的一个贡献。

里昂惕夫在书中对投入产出方法做了详细的介绍。各部门之间既然存在着那么密切的依赖关系，我们就可以将关系分为静态投入产出与动态投入产出两个体系，而实际上，动态投入产出体系是从静态投入产出体系中分化出来的。

根据数学原理，我们知道矩阵与线性方程组是一致的，所以国民经济体系中各个部门之间的联系可以用线性方程组来表达。根据这个方程组就可以求解出一组数据，这组数据为规划经济结构的变动提供了非常重要的依赖。一般来说，无论是静态投入产出法还是动态投入产出法，都很少考虑资本的闲置问题。如果我们用一种新的分析法，将它作为一个因素纳入到整个体系中来考虑，就可以使原来简单的投入产出体系转化为一个线性规划模型了。

最终里昂惕夫指出，国民经济中不同部门之间的所有可能存在的关系，都可把它看成矩阵代数中一个单一的大方程组的通解的一些特例。方程的各个系数就是投入产出系数，它反映了投入与产出之间的比例关系。如果将这个大方程组求解，就可以得出各个部门应提供多少产品了。对于计算机技术高度发达的现代人来说，这恐怕不会是很困难的事。

本书最后提到了裁军问题。里昂惕夫用投入产出表研究了裁军或削减军费对国民经济各部门的产出水平、就业水平的影响和对不同地区经济的影响。他指出，在美国，军费支出每年要占国民生产总值的10%，这是一个庞大数目，所带来的影响也肯定是巨大的，在此有必要对它进行分析。

裁军或大幅度削减军费预算，其主要结果就是降低了国民经济的活力，使得生产部门的生产能力下降，剩余物品增多，失业人口增加。如果想做到既要裁军又要保持就业人口的稳定，那么政府应该怎么办呢？传统的方法也有许多，诸如增加个人消费、扩大教育、提高投资率等，但是不能解决根本问题。因为军事购货单同各种民用需求物品单是不相同的，即使支出总额保持不变，从军事预算到非军事预算也必然会增加对某些部门产品的需求，减少对另一些部门的需求。这种需求上的变化使国民经济的活力受到了影响。要解决这个问题，关键是要知道国民经济体系中各部门对军用需求的依赖情况，还要知道在军用需求减少时可能增加的物品单。通过投入产出表就可以使我们能够把军事费用转移到民用以后对国民经济的影响的预测放在经济相对稳定的结构上，并且求出各部门间的相互关系。

事实证明，里昂惕夫的投入产出方法具有一定的科学性。联合国于1968年推荐将投入产出表作为西方国民经济核算体系的组成部分。我国也于1975年开始使用它编制实物型投入产出表。当然，也有不少经济学家怀疑其精确性和代表性，特别是对现实经济运动过程的数学描绘与预测持观望态度。毕竟，社会经济体系太庞大了，而且发展变化的速度也太快了。

【精彩语录】

1. 投入产出分析法是把一个复杂经济体系中各部门之间的相互依存关系系统地数量化的方法。

2. 在多数地区投入产出的分析中，经济体系不仅是要按照相互依赖的部门，而且还要按照几个相互联系的地区来描述。

3. 投入产出分配法在实际应用中经常采取的形式是对若干可供选择的不同方案所包含的意义进行比较。

4. 从实践上来说，应用这种方法（投入产出法）的经济体系可以大到一个国家，甚至整个世界，也可以小到一个都市地区，甚至是单独一个企业的经营。

the

《产业组织》

作　　者：乔治·J. 施蒂格勒
成书时间：1968 年

【作者简介】

美国著名经济学家。1911 年出生于华盛顿，1931 年获华盛顿大学学士，1932 年获西北大学硕士学位，1938 年获芝加哥大学博士学位。先后执教过依阿华州立大学、明尼苏达大学、布朗大学和哥伦比亚大学，1958 年任芝加哥大学教授，1964 年任美国经济学会会长，1977 年任历史经济学会长，1982 年获诺贝尔经济学奖。1991 年逝世。

施蒂格勒是产业经济学创始人之一，他在经济学上的贡献在于对产业经济学中产业组织理论的建立和对政府管制的研究，他也是信息经济学这一研究领域的开拓者。产业经济学是战后迅速发展的一个微观经济学的分支，它以市场这一层次为研究对象，从同一市场中各厂商的关系这一角度来研究厂商行为及其后果。在方法上，运用微观经济学的基本理论来分析现实经济，并力图用经验数据来检验所得到的结论。

施蒂格勒的主要著述有《生产和分配理论》、《价格理论》、《产业组织》、《公民与国家：管制论文集》等。

【内容梗概】

20 世纪 50 年代末 60 年代初，产业经济学产生。其内容包括：（一）产业结构理论，研究随经济发展而发生的产业之间的关系结构演进的规律；（二）产业联系理论，即投入产出经济学，研究国民经济各产业部门的各种比例关系；（三）产业组织理论，研究产业内的企业关系结构即组织形态；（四）经济发展中的均衡问题，如在有关工业化过程中农业、服务业、基础设施、公害、人口分布等问题。

本书主要论述了信息经济学、进入壁垒、"斯密—杨定理"、规模经济以及寡占理论五大部分。

施蒂格勒是"信息经济学"的创始人。他认为，每项经济决策都要求管理者有大量的信息，应该知道在他已有的某种商品和其潜在用途间的关系，要明白消费者的效用函数和生产者的生产函数。这些信息都是必不可少的。但这也往往成为竞争的阻碍，因为信息的获取需要成本和时间，且无法做到全面地收集。所以，管理者的决策未必能完全符合市场客观规律。然而在传统的经济学中，总是把信息看成是无需支付任何成本就可以得到的，事实上这在现实中是不存在的。施蒂格勒指出，既然获得信息是有收益的，那么信息本身也是有成本的，它要花费时间和财力去获取。

施蒂格勒从追求效用最大的经济人假定出发，去分析获取信息的过程。假设在不同商店，同一商品价格不同，获取信息的过程对消费者来说就是"搜寻"过程。搜寻的收益是得到廉价的商品，收益大小由集体差别的大小、购买量以及搜寻次数来决定。一般情况下，搜寻次数越多，其增加的收益就越少。在搜寻中所花费的时间即为获取信息的成本。最后，消费者会在"搜寻"信息的边际成本与边际收益相等时搜寻，这时候他得到的信息量必少于完全的信息量，但对他而言，已经是最佳信息量了，在这个相等点也就决定了信息的价格。可见，完全信息的实现并不经济，因为它会导致成本的增加，但获得信息总是要付出一定成本的，可见信息完全与否不是决定竞争的必要条件，传统经济中的免费信息的假设也不对，于是就形成了信息经济学，以研究信息价格的决定。

施蒂格勒对搜寻次数的具体因素也进行了分析，认为，一般而言，买主用于商品开支部分越多，由搜寻所得的节约越大，从而搜寻次数则越多；在市场上反复购买者越多，有效的搜寻次数则越多；反复销售者越多，则继起价格的相关程度越高，从而累积搜寻次数越多；市场的地域范围越广，则搜寻成本越高，搜寻次数则越少。

接着施蒂格勒对"进入壁垒"进行了研究。所谓进入壁垒，是指阻碍新厂商进入市场的因素。它是一种生产成本，这种成本是准备进入一个产业的厂商必须承担而已在该产业内的厂商无须承担的费用。可以这样来解释：对于某一个产业，已经有厂商甲在该产业内运作了十几年，并且他的产品占据了这个产业的较大市场份额，现在有厂商乙，他尚未进入该产业但又想马上进入。虽然在市场上两个厂因产品的生产成本一样从而价格一样，但对厂商甲和厂商乙来说，却有不同的竞争条件。厂商甲先进入该产业，可以实现规模经济，而厂商乙在现在才进入，进入后只能争夺尚未被占有的市场份额，这个份额肯定很小，所以他难以形成规模经济，于是他会在竞争中处于劣势。对于厂商甲来说，他不希望新的厂商进入该产业对自己形成威胁，就会采取降低价格等方式阻止新厂商进入，可见，厂商乙要想进入该产业并取得优势地位，难度很大，必须要有更多的投资，且投资未必能换回利润，这就对厂商乙形成了一道壁垒。但这仅是壁垒形成的一个原因，有时候新厂商在进入该产业同样可以形成规模经济，只要能保证有大量的投资，可以先亏后赢。壁垒形成的另一个原因在于政府。由于政府对经济进行干预，加之政府本身的工作效率又低，使一些营业执照数量受限，并且在办理时要花很长的时间，经办繁琐的手续，这都构成了新厂商进入该产业的额外成本，而对老厂商而言，则无需承担。

本书的重点在于对规模经济的论述。施蒂格勒认为，传统经济学关于企业发展的理论已经无法对现在的经济现象作出合理的解释，因此有必要加以修正。在现代社会，一个企业通过兼并其竞争对手的途径发展成为巨型企业，已成为现代经济史的一个突出现象，没有一个大公司不是如此形成的，规模经济指的是当生产规模扩大时，会因为一些不可分割的投资的充分利用，如机械的投资、广告费、研究发展费等，或是大规模生产导致大量购买原料时可享受折扣优惠，或低利贷款等而会使生产成本降低。规模经济最重要的应用之一，就是与市场的结构有关。如果某一生产行为一直有很明显的规模经济现象，那么这个市场最好另有一个生产者，因为若由它来单独生产，可充分获得规模经济的好处。若由两个以上厂商来生产，则每个生产者只能生产市场上所需要的一部分的产品。由于个别厂商的规模受限，所能发挥的规模经济的好处就有限，生产成本也较高。在实际的现实中，不乏规模经济始终很明显而形成自然独占的，如水、电、通信、煤气等公用事业。如果规模经济明显，但并非无限，而市场需求又相当大，这时就会出现寡占的市场。可见，企业规模的大小，不是由企业家能力所能决定的，而是和资本市场的状况和法律密切相关的。

施蒂格勒提出了"生存原则"，创立了"生存检验法"。所谓生存检验法，是指将某一产业中的厂商按规模大小分为几个等级，计算出每个等级厂商在某个时段时市场份额的变动量，只要是市场份额有所提高，那么这个规模就经济，反之，这个规模则不经济。因为这好像在分辨厂商在市场的生存条件，所以称之为"生存检验法"。

那么，如何确定企业的最佳规模呢？施蒂格勒认为，如果某一产业的众多厂商使用完全相同的资源，那么长期平均成本曲线就会只有唯一的最低点，即只有一种规模是经济的。然而，实际上所有厂商不可能有相同质量的资源，因而不同的厂商即使规模相同，效率则未必相同，而相同的效率也可在不同规模中存在，所以，不相同的规模都可能是经济的，这时，平均成本曲线底部是平坦的。

最佳规模与生产成本并不是决定性关系。在现实经济生活中，一个厂商的活力和发展条件并不只由生产方面的成本决定，还取决于许多隐性因素。施蒂格勒认为，凡是在长期竞争中得以生存的规模都是最优规模。他用这个理论对美国制造业进行了考察，发现最优规模是一个范围极大的领域，许多不同规模都是最优的。

本书最后对寡占理论进行了分析。寡占又称"寡头垄断"，指少数几个资本主义大企业几乎囊括某种商品或劳务的全部生产和销售。在资本主义现实经济生活中，不存在由一个大企业囊括某种商品的全部生产和销售的"独占"，寡占是较常见的形式。在寡占场合，厂商需要相互串谋签订价格协议，最终是为了共同抬高价格，以牟取更多利益。一旦事谋成功，每个大企业的战略目的是把自己的秘密削价限制在对方不易发现的范围，就可以既享受抬高价格所带来的好处，又可以通过削价增加市场份额。

但秘密削价是容易暴露的，最主要的就是顾客流动。一旦削价，必会拓展更多的新顾客，会立即引起对手发现，所以必须要采用更好的方法来防止被发现的可能。一个可行方法是即使无削价也会使顾客流动，比如为了尝试一下新产品等。要区别这两种流动并不容易，从而可以迷惑对手。但一旦串谋各方都秘密削价，那么，这个价格协议就不再起到任何作用。通常情况下，由削价可增加的销售额百分比越高，秘密削价的动机就越强，削价行为也就越容易发生。

【精彩语录】

1. 进入壁垒是一种生产成本（在某些或每个产出水平上），这种成本是打算进入一个产业的新厂商必须负担，而已在该产业内的厂商无须负担的。

2. 厂商的串谋可以采取多种形式，其中最彻底的方法是所有厂商合并成一个。

3. 产品差异常常被列为壁垒。按我们的处理方法，只有当这一差异的成本对新厂商更高时，产品差异才是进入壁垒。

4. 由于规模不经济，兼并常常不是合适的方法。

《各国的经济增长：总产值和生产结构》

作　　者：西蒙·库兹涅茨
成书时间：1971 年

【作者简介】

　　美国著名经济学家。1901 年出生于俄国，1922 年前往美国，1923 年获哥伦比亚大学学士学位，1924 年获硕士学位，1926 年获博士学位。1925 年曾在社会科学研究委员会作研究员，1927 年在国家经济研究局工作，1931 年在宾夕法尼亚大学任助教，1949 年任美国统计协会会长，1954 年任教于约翰霍金斯大学，1960 年任哈佛大学教授，1954 年任美国经济协会会长。曾任美国计量经济学会会员、英国学院准会员，以及瑞典皇家学院院士。1971 年获诺贝尔经济学奖。

　　库兹涅茨在经济学上的主要贡献在于进行了大量的经济成长和发展的统计研究。他长期致力于各国经济统计资料的收集、整理、比较和分析，是经验统计学派的主要代表人物，他还建立了现代国民收入核算的基本结构，为西方现代宏观经济学奠定了基础；他运用大量历史统计资料阐释各国经济增长的特点和各种变量的变化趋势及相互关系，并对如何实现经济增长提出了许多深刻的见解，在经济增长研究领域作出了重要贡献。

　　库兹涅茨的主要著述有《生产和价值的长期运动》、《工业和贸易的季节性波动》、《经济的变化》、《各国的经济增长：总产值和生产结构》等。

【内容梗概】

　　“二战”后世界经济从衰落走向复兴，再从复兴走向了繁荣。在经济发达的国家，经济发展速度最大，同时，在发展中国家，经济也同样取得了较快的发展。多年来，库兹涅茨注重对经济增长的研究，对经济快速增长的原因进行了探索，从而写成了本书。

　　库兹涅茨汇集了主要资本主义国家 19 世纪至 20 世纪的历史资料，对国民经济收入进行了研究，分析比较各国的经济发展速度。他避开了一般资产阶级经济学家去研究经济增长周期问题上关于时间的短程、中程周期波动的概念，在着重分析了有关数列的长周期消长后，提出了各国经济增长的长周期平均为 20 年的观点，后来被西方经济学家称为“库兹涅茨周期”。

　　库兹涅茨指出，本书是现代各国经济增长的数量特征的研究成果的总结。

　　现代经济增长，是指 18 世纪后期以来，伴随着人口的增加和广泛的社会结构与思想意识的变化，由科学发展、技术革新及其在经济生产和人类福利上的系统运用和迅速扩散，推动的人均产值或总产值的持续的长期的增长。经济总量的高增长率是现代经济增长的突出特征。

库兹涅茨列举了近20个尚时的发达国家进入现代经济增长以来的人均产值增长率，并对它们进行比较，认为除了日本以外的其他所有现代发达国家都是在人均产值非常高的水平上开始现代经济增长的，而这些现代国家高的增长率构成了它们在人均产值方面是与发达国家之间的国际差距迅速扩大的主要原因所在。同时，在发达国家之间，增长率也不尽相同，甚至存在较大的差别。经济增长率随着时间的推移会表现出加速或者减速的长期趋势，可见，在各个国家之间，增长模式是有区别的，反映现代经济增长的经验也就不一样了。

尽管从细节部分来看，每个发达国家的经济增长情况各有区别，但从总体来看，各国的增长都有一个共同点，那就是增长率有增无减。究竟是什么原因呢？在于其增长率比平均增长率更高的新兴部门加入了经济生产，它们给整个经济的增长率带来了上升的动力。

现代经济增长的人均产值之所以呈高增长率状态，原因主要在于生产率的高速发展。作者指出，工人工作时间的增加和物质资本的投入均不能促使人均产值的快速提高，真正原因还是在于劳动力和资本质量的改进上。

为什么工人工作时间的增长不是人均产值高速增长的原因呢？这基于两个事实。第一个事实是，在现代经济增长中劳动力并没有在数量上增加多少。出生率正在下降，人口的增长被各国视为经济发展的阻碍因素，所以人口增长率正在下降，而不是在上升。第二个事实是，工作时间不仅没有增加，而且在不断的减少。由于工人与资本家之间的斗争，使资本家不得不减少工人的工作时间，这种减少已经成为一种历史趋势，这种事实也正在进一步发展，可见，人均产值的高增长率与工人工作时间实在是没有关系的。

同样，物质资本的投入也无法对人均产值的高增长率带来动力。因为在事实上，各国的资本存量的增长率已低于产值的增长率，可再生资本的增长率也小于产值的增长率，如果说物质资本的投入对人均产值的高增长率有影响的话，那也应该是负面的影响了。

劳动力和资本质量的改进之所以是生产率高增长的原因，是因为科学的进步。科学进步带来的是技术的革新，生产率也就自然会提高了。

在现代经济增长中，经济总量的高增长是和各产业部门在总产值及总资源使用中的比重变化有关的。通过对13个发达国家的统计数据的分析，在现代经济增长过程中，总产值中的各产业部门所占比重在不断发生变化，具体来说，农业、渔业、林业和狩猎业等部门正在降低其在总产值中的比重，而矿业、制造业、建筑业、电力、煤气、水、运输、仓储以及通信等部门的比重则呈上升趋势，商业、金融、保险、房地产、教育、政府等产业所占比重虽然也在上升，但不如前者那么快。

通过对这些数据的分析，再将它和13个国家在以前的数据进行对比，我们就可以得出，人均产值的加速增长，是随着生产结构的同等显著的加速变化而同时进行的。通过比较还可以进一步得出：

1. 由人口平均产值的差别所代表的那种要素组合（即各产业部门比重的组合），是生产结构上国际差异性的根本决定性因素。如果要素组合差别大，那么生产结构也会有很大差异，反之亦然。

2. 在人均产值较低的组合中，非农业部门的比重在快速上升，但是这些部门内部的结构转移却比较缓慢，但在人均产值较高的国家，各非农业部门之间或内部的结构转移是比较明显的。

3. 人均产值与国家大小无直接关系。人均产值对各部门比重的差异的影响，存在于所有国家之中。

在现代经济增长过程中，不但农业、工业等产业部门之间会发生结构比例（即在总产值中的比重）的变化，而且在各产业部门内部也存在结构比例的变化。制造业内部的变化最显著，其变化趋势是，建立在现代技术基础上的新兴部门增长得最快，它在整个制造业所占的比重正持续上升，而一些老的传统生产部门所占的比重则正在下降。在服务部门中，教育、科研、行政部门等在总劳动中所占比例正在不断上升。

经济结构之所以会发生变化，原因有以下两点。

1. 人均国民生产总值提高后，人们的需求构成也发生了变化，从而要求物质生产结构和国民经济结构有相应的变化。现代经济的增长，增加了管理现代化社会的管理难度，因而政府人员要适量增加。

2. 科学技术的提高，使各行各业的生产、服务水平也发生了变化，但根据其与科学技术的关系不同，受影响的程度也就不同。

劳动投入和资本投入质量的不断提高与教育、科研投入的不断增加是分不开的。一般而言，社会在教育方面的投入可分为两种性质，一是为了提高劳动者的知识和技术，这实际上是一种长期投资，最终为劳动生产率的不断提高而使社会得到更多的报酬；二是为了提高所有人民的文化知识水平。

从世界范围来看，高增长率的出现只限于发达国家，但这毕竟在数量上只占小部分，而在大多数的欠发达国家，它们的经济虽然也在增长，但增长率不是很高。原因何在呢？一是从发达国家来看，它们在开始进入现代经济增长时就有了较高的人均国民生产总值，在进入现代经济增长后更是一直保持着一种高增长率；二是从欠发达国家本身来看，许多欠发达国家在过去的一个或一个半世纪里，或者是按人口来平均的国民生产总值基数过低，或是总值的增长率不高，甚至二者皆有之。欠发达国家想要在经济增长中取得较快速度也并非一朝一夕可以实现的，必然要有一个积累过程。所以，欠发达国家应该立足于本国现实，从实际国情出发，找到提高生产率的办法，从而来提高人均产值增长率，促进本国经济的发展和繁荣。

作者指出与现代经济增长相关的六个因素，其中最主要的是总产量和人口的快速增加；第二个重要的因素是生产效率的增长率；第三个方面是经济结构从农业生产占主导地位向制造业和服务业占主导地位的改变；第四个方面是社会结构和思维方式的转变；第五个方面是由通信和运输技术改变引起的国家之间的相互依赖；最后一个是世界经济中的分化迹象。

最后，库兹涅茨对全书作了总结。他指出，在分析现代经济增长时，我们必须要注意有些因素是由历史原因造成的，也有些因素不是由历史原因造成的，所以我们要加以区分，仔细辨别。他还指出，生产结构的高转换率与人均产业和生产率的高增长率有密切关系。因为人均产值的增长率越高，消费者需求结构的改变就越大，而需求结构的高改变率正是生产结构高转换率的一个重要原因。技术革新引起生产率的高增长率，而技术革新总是先在某个部门里出现再转向别的部门，在这个转换过程中，自然也会引起生产结构的高转换率。

【精彩语录】

1. 一个时代中任何循序渐进的增长都与技术进步和社会变革的共同作用密不可分。

2. 任何时代关于经济活动成果和手段的信念都反映了处于时代经济增长前列的那些社会的显著特征，而这些通行观念的出现本身又是一个经济时代的重要特征之一。

3. 经济增长率随时间的推移表现出的加速或减速的长期趋势，在各国间并不存在共同的模式。

4. 劳动力的生产结构的转移，也像产值结构的转移那样，远比老牌国家在现代化以前几个世纪内必然发生的转移快得多。

《经济发展中的货币与资本》

作　　者：罗纳德·麦金农
成书时间：1973 年

【作者简介】

美国著名经济学家。1935 年出生于加拿大，1956 年毕业于加拿大艾伯塔大学并获文学学士学位，1960 年获美国明尼苏达大学哲学博士学位。1961 年任斯坦福大学经济学教授，长期为国际货币基金组织、世界银行、亚州发展银行以及广大发展中国家提供货币政策以及经济发展的专业资讯。

麦金农对经济学的最大贡献在于提出了"金融抑制论"。这个理论指出发展中国家经济不发达的原因就是在金融制度、在金融政策上采取了抑制的手段。这个理论是发展经济学上的一个非常重要的理论，对发展经济学的发展有巨大的推动作用。麦金农主张，发展中国家只有实现金融自由化才能摆脱旧有的束缚，真正走上强国之路。

麦金农的主要著述有《经济发展中的货币与资本》、《国际交换中的货币》等。

【内容梗概】

本书是麦金农的代表作，是麦金农在布鲁金斯学会的赞助下专门抽出 2 年教学时间来完成的。在传统的发展经济学理论中，有这样一种观点，发展中国家之所以经济不发达，原因在于资本的不足。这个观点具有其合理性，因此一度被奉为真理。麦金农通过大量的研究，对它提出了质疑，认为发展中国家经济不发达的根本原因在于这些国家自身的资本市场的不完善甚至呈现混乱状态，其中最主要的表现就是金融抑制。金融抑制不是真正的解决贫困的办法。相反，它限制了资本市场的规范化和进一步发展，是贫困恶化的原因之一。发展经济学的传统货币理论却视之为解决贫困的良方妙药，因此是极端错误的。

本书首先就对分割经济进行了阐述。所谓分割经济，它是指发展中国家的经济结构是分割的这样一种现象。这种分割经济表现为各个经济实体之间缺乏联系、相互独立，因此在市场上也是呈片区状，不同的片区生产要素、产品的价格是不一样的，从而其利润也不一样，作为一个国家，这种分割经济不利于政府进行宏观规划，也不利于国家的市场经济的发展。这是发展中国家的政府政策造成的。从主观上讲，政府是借这种方式来解决贫困问题，以形成资本的积累，但从实际效果来看，它带来的作用是负面的。首先就是对金融运作压抑太深。因此，发展中国家的经济发展不能靠货币增加来解决，而是主要依靠发展中国家的国内资本市场和正确的财政货币政策来解决才行。

发展中国家的分割经济是一种不完全的市场状态。这种不完全体现在国家的各个经济领域，在金融领域里也同样存在。发展中国家的资本市场仅仅局限于大的组织和企业，对小企业和居民来说，进入资本市场是可望而不可求的。由于发展中国家小企业众多，这些小企业是发展中国家经济的一支不可忽视的力量。但它们的处境都相当困难，当它们需要扩大经营规模时，必须要改进技术和提高生产设备的质量和数量，这些都需要大量的资本。然而由于被排除于国内资本市场以外，它们无法从外部得到融资，只能向内部融资。内部融资需要时间才能达到一定的资金规模，再投入到生产规模的扩大，因而是间断的，这种间断地投资固然实现了小企业主的最初理想，但是从实际效果来看，其效率并不是很高，尤其是与外部融资相比，其差距是很明显的。

这种融资上的困难是由资本市场的特点来决定的，而资本市场的特点反映的是政府的政策意向，可见，发展中国家政府实行的是一种不合理的干预政策，是阻碍小企业发展的，从而也是不利于国家整体经济发展的。麦金农指出了这种干预政策的七种表现：

第一，在评定新兴工业的价值时，必须要排除关税保护的干预才能实现。然而，发展中国家却实行对新兴工业予以关税保护。

第二，发展中国家实行进口许可证制度。即对进口予以限制以图避免垄断，但是这种避免垄断的手段也同样避免了资本市场的统一，遏制了竞争，并未改变经济分割现状。

第三，发展中国家在限制进口等方面操作中又给某些单位或企业以特权，这种特权一旦与腐败联系，就会后患无穷。

第四，由于上述特权的存在，使得部门或企业可以轻易而又廉价地得到资本物品，用这种办法来将社会经济的剩余转化为资本积累显然是不可取的，还是得用资本市场来实现才行。

第五，发展中国家的政府为保护新兴工业，于是将农业的经济剩余转化到工业部门，采取的手段是降低农产品价格等，这种手段将农业置之不顾，最终会带来恶果。

第六，发展中国家实行土地改革。而土地改革并不能为经济发展带来多大效益。

第七，盲目引进外国直接投资和贷款，这无疑是把投资机会拱手送给外国人，限制了国内企业发展的机会。

从上面七种表现可以看出，政府干预经济带来的效果是事与愿违的，分割经济的现状不但不会得到改善，反而会进一步恶化，这一点，政府应负主要责任。

本书接下来对流行的货币理论进行了批判，同时麦金农也提出了自己的观点。传统货币理论认为，实际货币金融与实际资本积累具有替代效应，私人储蓄率不会受到货币政策支配，征收通货膨胀税是促进社会储蓄的一个手段。这些观点是不符合实际的。因为在发展中国家，有这样一个简单的事实，货币不但是支付手段的执行者，同时也执行着储蓄手段。大多数居民宁愿把货币储存起来也不会投资于其他方面。这显然不利于金融市场和资本市场的发展。而传统货币理论忽视了这样的事实。这种理论认为资本市场是完善的；企业可以得到相同的技术支持，面临统一价格的市场；存在一个为积累资本而服务的证券市场，货币对资本积累作用不大；货币发行是无需成本的，通货与存款是一回事，等等。实际上，这种理论忽视了几个事实，比如通过使资本收益率水平的均等化来改善资本存量的质量，调整资本积累率时政府财政政策受到的限制，等等。可见，传统的货币理论是无法适用于发展中国家的经济发展要求的。

于是，麦金农提出了关于资本积累中货币需求的新观点，即是货币和资本之间存在互补关系。他具体阐述时说，资本存量的质量和持有货币的实际收益是相关的，私人储蓄和投资对持有货币的实际收益和稳定性是非常敏感的。麦金农试图用这样一种新的观点来消除旧的货币理论所带来的不良影响，其用心是良苦的。

本书接下来对金融抑制和金融发展作了阐述。提出要消除金融抑制，就应该提高利率。但是一些发展中国家却忽视了这一点，比如巴西。麦金农指出，由于一般的发展中国家对金融抑制的认识不到位，仅采用一般的政策来消除，如规定银行利息最高点，杜绝以土地作担保抵押品，政府规定农产品价格等，这些政策目的都是想消除金融抑制，但是，效果却不明显。为什么要提高利率才能起到良好作用呢？因为利率高、数额大、期限长的贷款，会产生使生产技术发生跳跃的效应。利率政策是与通货膨胀联系在一起的，因此在消除金融抑制而提高利率时也不能搞通货膨胀政策，一旦通货膨胀率高于利率增长率，那么消除金融抑制就会化为泡影。

麦金农同时又列举出韩国、印度尼西亚成功例子来证明上述观点。它们进行货币改革，推行了真正的金融增长的政策。主要就是提高了存款、贷款的利率。麦金农指出，通过改变名义利率和控制名义现金余额增长率，着手使货币政策从金融抑制走向金融增长，对发展中国家的政府来说是可以做到的。

可见，麦金农对金融增长和金融抑制的认识是与众不同的。这种观点对发展中国家政府来说意义是重大的。摆脱传统思想观念的同时还得注重实际经济效益对每一个发展中国家来说都是一条很好的指导思想。

本书接下来把视角放在一个更高的高度。麦金农指出，单靠金融自由化这一条路了，发展中国家是无法实现经济的全面发展的，在实行金融自由化的同时，还需实行外贸自由化和税收自由化与之相适应。

外贸自由化就是指消除对外贸的种种管制政策。实行外贸自由化是由金融增长而要求的。因为金融增长后，对外贸易就会相应的发展。金融自由化也必然要求外贸自由化与之相适应，要废除各种关税，力保外贸顺利畅通，使外贸在进口和出口上都实现大幅度增长，从而才会使发展中国家的整个经济快速地发展下去，最终摆脱贫困。

税收自由化指的是实行完全中性的税收政策。所谓中性，就是只以征税来作为主要的收入来源，而不是保护国内民族产业。税收自由化同样是金融自由化发展的必然要求，它同外贸自由化一样对金融增长有促进作用。

本书最后作者再次强调指出，外国资本的"自由化"引进对发展中国家来说最终是没有好处的，只会加重经济中的分割。真正解决资本来源问题的办法，还是在于打破国内的金融抑制，发展资本市场。因为，随着发展中国家的民族银行业、金融业的发展，银行业、金融业殖民化的性质已被消除了，但是，一个"新殖民"的银行体系却出现了。这种银行体系就是指发展中国家盲目引进外资所带来的国家经济被外国银行所控制的局面。

【精彩语录】

1. 不确定性会降低一个企业家借款数额中的杠杆作用，也会缩短他借款的期限。

2. 在自由化过程中，减少不必要的价格扭曲是一个关键的因素。

3. 如果普遍取消了现行的进口保护关税和配额限制，将会减控出口活动中隐含着的一种很重负担，因而也会导致更中性的资源分配。

4. 在资本非常匮乏的地方，应该向出口商提供大量信贷，但这种资金必须按充分反映资本稀缺的利率水平供给，这点是很重要的。

《发展中国家的经济学》

作　　者：H. 迈因特
成书时间：1964 年

【作者简介】

英国著名的经济学家。1920 年出生于缅甸。1936 年就读于缅甸仰光大学，1939 年获该校学士学位。1943 年获伦敦大学哲学博士学位。1950 年任牛津大学经济学讲师。1958年任仰光大学校长，1962 年任英国伦敦经济学院教授，同时还是英国皇家经济学会会员。

迈因特在经济学上的主要贡献在于，他对发展中国家在不同发展阶段的研究以及对发展中国家经济发展理论、学派的分析。发展经济学是关于发展中国家的经济发展问题的论述，是一门边缘性、综合性的经济学分支学科。它是第二次世界大战的产物，旨在研究发展中国家的经济如何从落后状态发展到现代经济形态，研究这个发展的过程、因素以及应采取的方针和政策。

迈因特的主要著述有《福利经济学理论》、《国际贸易的"古典理论"和欠发达国家》、《发展中国家的经济学》、《二元论和欠发达经济的内部联合》等。

【内容梗概】

第二次世界大战后，随着殖民体系的崩溃，亚非拉广大地区的殖民地和半殖民地的国家和地区纷纷在政治上走向独立，尽管这些国家在土地、人口、资源以及经济上各有不同，但是由于历史上各种原因，这些国家的原有社会形态以及经济发展过程中面临的各种问题都基本相似，并且这些国家目前都处于经济落后的境地。经济落后的国家如何摆脱贫困，寻求经济的发展，不仅成为经济落后国家所迫切探索和解决的问题，而且在两大阵营对垒的国际格局下，也普遍引起了国际资产阶级的关注，本书正是在这样一种背景下产生的。

本书作为迈因特的代表作，也是发展经济学上的一部重要著作。迈因特首先研究了发展经济的方法并提出了自己的看法。他认为发展经济有两种主要方法：

第一种是增加国际援助。国际援助是指由那些人均国民收入水平高的发达国家对人均国民收入低的不发达国家进行各方面的援助，这是从外部因素来发展经济的方法，带有道义的色彩。但是这里的人均国民收入却是一个不准确的贫富评价指标。事实上，一个国家人均国民收入高并不意味着它富有，反之也不能证明它贫困。而且这个指标存在着统计上的难度，很难精确地计算出一个国家的国民收入。

第二种是提高人均收入增长率。一个国家的人均国民收入水平如何，是由过去的历史条件形成的，与现在的经济发展速度并无直接关系，每个国家必须面对目前的经济现实，努力提高人均收入的增长率，这样才能更快地发展本国经济。这是从内在因素来说的。

推动发展中国家的经济发展主要有两种力量：

第一是扩大初级产品的输出。只有输出本国的初级产品，才能解决就业、发展等一系列问题。也许在量上不多，但这种输出总是有利的。

第二是人口的增长。人口问题是发展中国家普遍面临的一个严峻问题。衡量人口压力有三个常用指标：人口增长率、人口密度、人口基数。

发展中国家在不同的发展阶段里，其发展状况也不同，需要采取不同的对策，其包括以下三个阶段。

第一阶段，这个阶段的特点在于经济形态以货币经济为主。具体而言，指发展中国家的农产品大量输入外国，并以此来增加本国经济的发展。这是因为当时发展中国家的工业基础尚未建立起来。农业依然占据国民经济最重要的地位。同时，发展中国家具有这样的条件，即有着广阔的土地和充裕的劳动力，如果不进行农产品出口，反而会导致农村剩余劳动力的增加，这些劳动力一旦闲置下来，不但不能增加国民收入，反而会带来种种社会不稳定因素而不利于经济的发展。随着出口的不断扩大，发展中国家在出口运行机制上进行了完善，如改进了交通运输工具，建立了外国的进出口银行，引进了大量新商品，这些商品刺激了农民的需求，使出口和输入互相促进，走上良性循环的经济发展轨道。

第二阶段，这个阶段特点在于经济形态以工资经济为主。在这个阶段，由于第一阶段所带的成果，使发展中国家的工业发展有了一定的基础，矿山、种植园大量出现。这些都是大规模的企业，给发展中国家带来新的发展方向。它需要更多的劳动力，这无疑又是一件好事。当然，这些劳动力在素质上要求不高，而且工资待遇也偏低。还有一个问题是像种植园这些企业的生产带有明显的季节性，所以在淡季，它是不需要劳动力的。可见，在这种制度下，劳动力并未完全进入工资经济，农民也无法将在企业中的劳动作为专职工作，仅仅把它当成一种能得到额外收益的业余工作。对发展中国家来说，这种低工资低生产率的长期存在是无法促进经济发展的，它需要被一种高工资、高生产率的生产状态来代替，才能提高劳动力素质并为之提供永久性的职业，彻底摆脱土地的束缚。

第三阶段，这个阶段的特点在于经济以资本经济为主。这个阶段同样是在以前的基础上建立起来的，此时，现代经济的货币市场已开始出现并与传统农业经济并存。货币市场追求的是货币的增殖，即将货币转化为资本。资本拥有者通过投资，既有利于自己，也为发展中国家的经济发展注入了动力。

上述三个阶段是由低级向高级逐步发展的，是发展中国家经济发展的基本规律，只有让每个阶段都充分发挥其优势，才能使经济发展速度最快、效果最好。

在第二次世界大战后，关于发展中国家经济发展的理论和学说大量涌现，迈因特觉得有必要予以介绍和评价。

在人口问题上，流行的理论认为要解决农业劳动力向工业转化的问题，可用加重以低利率、高工资为特征的现代制造业部门和以高利率、低工资为特征的传统农业部门的双重性来解决。迈因特指出，尽管工业部门使用了农业中的隐性失业者而使粮食的供应并未减少，但粮食的需求量一刻也没有停止增加，所以这种做法是不可取的。

在资本问题上，有人认为发展中国家应该将10%以上的国民收入用于储蓄或投资，而不是用于消费。迈因特承认储蓄率和投资率是影响发展中国家经济发展的因素，但它不是唯一因素，还要受到行政机构的工作效率、政治环境、货币制度、劳动力素质等各方面的影响，而且这种做法对早期发展阶段的国家效果明显，随着经济的发展，特别是到了现在，它的作用日益淡化了。

在规模问题上，包括"贫困的恶性循环论"、"低水平的均衡陷阱论"、"决定性的最低限度努力学说"在内的许多理论都认为生产规模在发展计划中至少要有一个最小规模。原因是发展中国家在收入上虽然在不断增加，但由于人口也在快速增加，因此人均收入低、储蓄、投资率低的问题长久得不到解决，迈因特认为，这些理论并不能使得经济发展。原因在于，人均收入水平、人口增长率以及国民收入增长率之间并不存在想像中那么密切的联系，而且这些理论并没有考虑时间变化过程中人口与收入增长之间的关系，把动态问题静态化了，还有就是这些理论把发展中国家人口增长率看成会达到3%这种说法也不一定合理。这些理论主要是想强调供给能创造需求，这样就可以弥补市场上的不足，进而各个部门同步发展，但迈因特指出，这些理论只看到提高收入会带来一系列好的效果，但是忽略了一个事实，在发展中国家，产品的成本与价格，以及需求的价格弹性变化所引起的替代效应要比上面所说的收入效应更为重要。那么，单单以需求的收入弹性和收入效应就提出平衡增长太不切实际了。发展中国家所面临的现实问题远比他们想像得还要多，客观条件与主观思想上都达不到实行均衡增长所提出的条件。

发展中国家经济发展的出路在于对外实行自由贸易。首先，一国经济必须向外发展。特别是发展中国家，可以吸收外国资本，引进外国先进技术，发展本国民族产业，尽早适应国际竞争的变化。其次，一国经济一旦纳入世界体系，就可以改善本国的产业结构，解决经济中的深层次问题，解放思想，并可以通过关税来增加国民收入。

迈因特又指出，虽然初级产品出口需求具有不稳定性的特点，但是，生产资料的不稳定性比之更显著，所以不足为虑。就算它具有不稳定性并会带来生产风险，但是这也不能说明发展中国家就应该建立替代进口的国内制造业，因为这个风险可以用积累足够外汇储备等方式来加以解决。

迈因特反对关税保护主义。认为解决农业劳动力过剩，工资水平低，而工业劳动力短缺，工资水平高等问题不需要关税保护，只需实行劳动力自由流动政策即可。即使是发展民族产业保护其健康发展也还是不需要关税保护，因为民族产业在国际竞争中开始尽管会遭受损失，但后来会带来收益的，这个损失相比于后来的收益，无论在量上，还是在意义上都小得多。可见，关税保护主义对发展中国家的经济发展是有害无利的。迈因特的这种观点在我们今天看来，其正确与否还是值得商榷的。

本书最后迈因特阐述了计划机制与市场经济的关系问题。他认为不能将计划机制与市场经济简单地对立起来。虽然它们各有特点，也各有缺点，但也正是因为它们都有其优缺点，所以我们应将二者结合起来使用，发挥其优点，互相弥补不足之处。

【精彩语录】

1. 只要使现代经济部门和传统经济部门都能按照同等的条件自由获得可以利用的资金，就能够建立一个比较统一的国内市场。

2. 在大多数不发达国家，制造业部门的工资按平均计算实际上大约两倍于农业部门的收入水平，并且一般说来大大超过了为吸引劳动力从农业转移至制造业所必需的最低收入差额。

3. 如果不力图解决提高农业生产能力的困难问题，是没有什么简单的捷径可以增加农业剩余产品的。

4. 平衡成长途径论的价值就在于，它提出了如果不在经济进度最慢的部门——农业——同时得到发展，一个闭关自守的经济就无法保持全面成长的速度。

《资本主义与自由》

作　　者：米尔顿·弗里德曼
成书时间：1962 年

【作者简介】

美国著名的经济学家。1912 年出生，在格特格斯大学获得学士学位，后又分别在芝加哥大学和哥伦比亚大学读书并获硕士和博士学位。第二次世界大战前工作于哥伦比亚大学。"二战"期间在美国财政部任职了一段时间，也在威斯康星大学和明尼苏达大学工作过。第二次世界大战后，回到芝加哥大学任教，1976 年获诺贝尔经济学奖，1979 年退休。

弗里德曼对经济学的主要贡献在于他创建了货币主义。货币主义强调在现代经济中货币的积极作用。宣扬经济自由主义，反对政府对经济进行干预，认为政府行为对市场经济的正常发展利小于弊。另外，弗里德曼提出的资本理论、通货膨胀理论以及有名的消费长期收入理论，对经济学理论发展也都有重要的影响。

弗里德曼的主要著述有《货币数量论研究》、《资本主义与自由》、《自由选择》等。

【内容梗概】

弗里德曼从第二次世界大战之后西方国家内部出现的日益加剧的通货膨胀这一现象为出发点，对它进行了深入的研究，进而主张展开一场反对 1936 年的"凯恩斯革命"的"革命"。在这场理论革命中，弗里德曼对自己的货币主义加以宣扬，自由主义的思想成了他"革命"的重要武器，本书正是在这样的背景下写成的，它全面介绍和宣扬了弗里德曼的经济自由主义思想。

本书由弗里德曼的演讲稿整理而成，出版后在社会上引起了巨大的轰动效应，在理论界掀起了一场思想的革命，很显然，它的出版是成功的。它使经济自由主义深入到经济学界的每个角落，也为当时资产阶级统治者提供了理论参考。特别是作者提出的关于政府的货币政策和财政政策的研究，以及对各种具体的经济措施的规定的考察，都给当时社会带来了较大的影响。

本书重点是介绍经济自由主义思想。弗里德曼同时介绍了政治自由，以进一步来讨论它与经济自由二者之间的密切联系。同时，弗里德曼从人类历史发展的历程也同样阐述了经济自由的必然性。政治自由的特点在于政治实体不受或受到较少的限制，而政治自由是建立在经济自由基础上的。二者不是同等关系，是经济自由决定政治自由，而同时政治自由反作用于经济自由。所谓经济自由，它的关键特点在于人们有在对他人自由不造成损害的条件下，发挥自身能力运用他人能力的自由。所以这里的"自由"不是绝对意义上的自由，它是有前提条件的，最终实现的是和谐的"自由"、互利的"自由"。从本质上讲，人都是自私的、利己的，这与整个社会要发展要进步要和谐是有矛盾的，但正因为有了这个矛盾，才使人类之间出现了相互的妥协，人们在知道了协调对自己有利后，就会在自私基础上实现部分的妥协，进而人们相互妥协最终形成自私条件下的和谐。每个人的妥协是自愿的，因为对自己有利；同时又是被迫的，因为自己的部分利益会有所损失，如果不考虑别人的利益的话。也正因为考虑了别人才有了自愿的妥协，而妥协最终还是为了自己免受冲突所带来的更大损失。在自由竞争的资本主义发展阶段，自由主义得到了较充分的发展。

实现经济自由需要有一个社会组织来统一协调各方面的关系，这其中包括个人之间、企业之间等多方面的关系。这些关系原本是互相矛盾的，社会组织的作用就在于减少或消除这些矛盾，实现协调发展、共同进步。在资本主义社会，要用自由市场机制来自动调节各种关系，而不能采用强制手段或过分依赖于政府行为。因为这样才最终符合自由主义的原则和特征。同时也是因为这种方式满足消费自由和资源自由两个条件。所谓消费自由，是指消费者可自由支配自己的收入选购商品。所谓资源自由，是相对于生产者而言的，指生产者可自由使用自己拥有的资源。这两个自由都是在自愿基础上进行的，这两个自由一旦满足，经济自由也就水到渠成。

在资本主义自由竞争阶段，自由经济是完全可以实现的，也因为它本身就是资本主义自由社会的目的所在。资本主义社会不仅要从经济发展角度去力求经济自由，还要从政治自由角度去力求经济自由，这二者的关系上面已讲过了，一旦经济自由不能实现，那么资产阶级所标榜的"自由"也就成了一句空话。

弗里德曼从历史发展的角度论述了经济自由是历史的必然。从古希腊、古罗马的政治发展离不开贸易的自由，到奴隶获得人身自由是经济自由的结果，再到经济自由带来了光辉灿烂的古希腊文化和古罗马文化，无一处不是在显示经济自由的积极作用，作者由此得出结论说，正因为如此，所以政府干预经济必须要受到限制，原因是经济自由如果不能实现，政治自由也不能得以实现。

当然，自由经济限制政府的活动并不意味着政府在自由经济上完全不起作用。政府作为自由经济的一个要素或参与者，它所起到的作用同样是不可低估的和不可替代的。自由的市场机制调节是主要的维持自由经济的方式，在自由经济发展过程中功不可没，但因为绝对自由的不存在，所以自由市场机制调节也有其局限性，过分追求它的作用会导致整个市场的自由散漫。弗里德曼在这里把自由经济下的竞争看作是一场游戏，而游戏是需要规则的，游戏规则是游戏参与者不得不遵守的"外来制裁"，它的规定是市场机制所不能自发进行的，这就轮到政府发挥其积极作用了。而且政府不仅仅就制定出一套"游戏规则"，还需要对这套规则加以解释和执行。可见，政府干预在整个自由经济社会中的作用还是不小的，虽然它不能成为市场竞争或"游戏"的直接参与者。政府制定、解释和执行"游戏"规则并不是政府唯一的作用，它还可以为自由经济提供权力保障。既然它能强制要求市场参与者遵守规则，不得散漫，那么它也必须强制要求市场参与者不得独霸市场，就是说反对市场垄断。所谓市场垄断，主要是指市场参与者凭借高于其他参与者的劳动生产率的技术或自己拥有的雄厚资金以及占优势的竞争力量，任意规定市场价格以谋取自身的最大利益。市场垄断的弊端是显而易见的，它对市场调节的自由机制起到了限制作用，对市场参与者的生产积极性造成了挫伤。总之，限制了经济发展的诸多促进因素，阻碍了经济的协调发展。反对市场垄断的主要力量来自于政府，因为政府有自己的地位和权力，可以强制性地压制市场垄断，在这方面，市场机制的作用是很小的。

政府还有一个作用是限制"邻近影响"。弗里德曼对"邻近影响"的界定是个人的行为造成他人伤害而又不加以赔偿或者个人的行为给他人带来好处而得不到报酬两种情况。前者是个人强迫他人付出代价，后者是个人被迫付出代价，都不是出于自愿，从而违背了自由主义的原则，政府有义务也有能力对"邻近影响"加以限制，消除导致邻近影响的因素和根源。由上述可见，政府的作用对自由经济既有需要限制的地方，也有需要加强的地方，最终目的都在于实现真正的经济自由。

弗里德曼接下来研究了政府的货币政策和财政政策。不管是货币政策还是财政政策，作为政府的职能，实现的都是充分就业、经济发展以及社会稳定。凯恩斯曾经强调政府干预，也挽救了美国经济和世界经济。但是"大萧条"的原因不是私人经济自由发展造成的，而是美国和其他资本主义政府的中央银行采取了错误的货币政策。弗里德曼认为应采取"简单规则"的货币政策，这种货币政策是在排除了利息率、实货流量以及自由准备金等因素应用一定的货币存量来作为支配经济的货币政策。执行这样的货币政策需要的是一个法制完善的政府，不能依赖于任何人治的政府。在这里作者对法治与人治进行了比较，法治是用有效的规章制度来管理社会经济，而人治是以官员的意愿来管理社会经济。显然，法治是更好的方式，法治可使立法当局用法律形式让货币当局完成货币数量按照具体的比率增长，从而打破了人治的老格局，消除了人治的弊端。

要满足上述的货币数量按比例增长，在汇率制度方面必须相应地实行完全的自由汇率制度，因为国家汇率无法完成对货币总量的控制，使货币制度的作用不得促进自由经济的发展。固定汇率实施后会使该国的国际收支不平衡，贸易条件恶化，本国创造的价值用货币形式流入世界市场，造成本国实际资本的流失，显然也就不利于本国经济的发展。而自由汇率实行后，该国的货币供求的变化会以贸易伙伴国的货币为基础在汇率上直接反映出来，从而有利于该国有效地向物品和劳务的完全自由贸易稳步发展，同时可以扩大该国的自由贸易范围。弗里德曼同时指出，浮动汇率并不等价于不稳定的汇率。浮动汇率往往会带来稳定的汇率，只要一国的经济政策不变，经济条件不变。

弗里德曼还认为财政政策同汇率制度一样是要与一国的货币政策相适应、相配合的。自由经济下的货币政策要求在财政政策方面，该国首先要从整个社会的实际需要来制定开支计划，其次税率要稳定以保证国家财政收入量的稳定和充分，以满足该年度该国的所有支出。各国纷纷实行财政紧缩政策，而这种政策要以货币政策为基础来制定和执行。财政紧缩政策对货币供应量有明显的联系，一旦货币供应量未随财政支出同步扩大，那么财政紧缩政策对经济发展不会带来太大的促进作用。

最后弗里德曼考察了具体经济措施的规定。这些经济措施绝大多数是作者自己提出来的，如取消农业支持价格、进口关税、出口限制、给最低工资用法律来保障，等等，内容包括农工商的各个行业。弗里德曼主张用固定税率代替累进税率，主张对超低收入者要给予联邦补助金。很显然，作者所提出的这么多具体的建议都是为了达到限制政府干预经济的目的。弗里德曼强调的依然是贯穿全书的自由主义思想，他认为，坚守个人主义理念才会使资本主义经济稳定发展。

【精彩语录】

1. 竞争是一个抽象的概念，像欧几里得几何中的线和点那样，不存在像"纯粹竞争"这样的东西。

2. 在一个自由市场的社会里，收入分配的直接的道德原则是："按照个人和他拥有的工具所生产的东西进行分配。"

3. 我所谈的利益不仅是狭隘的关心自己的利益。相反的，它们包括整个一系列人们认为宝贵的东西，为此他们愿意耗尽他们的钱财和牺牲他们的生命。

4. 人们普遍地相信政治和经济是可以分开的，并且基本上是互不联系的；相信个人自由是一个政治问题而物质福利是一个经济问题，并且相信任何政治安排都可以和任何经济安排结合在一起……这些是不正确的观点。

《微观经济学》

作　　者：罗伯特·S. 平狄克

丹尼尔·L. 鲁宾费尔德

成书时间：1995 年

【作者简介】

平狄克，美国当代著名的经济学家。早年就读于麻省理工学院，后成为该校经济学和金融学教授，毕生致力于对国际经济、市场经济、价格机制等各个领域的研究，并取得较大成绩。

鲁宾费尔德，美国当代经济学界声望极高的经济学家。加州大学的克利分校经济学教授。他在经济学的各个领域均作出了很大贡献，出于对经济学特别是微观经济学的共同爱好，他和平狄克成为了好朋友并写成了《微观经济学》一书。

平狄克和鲁宾费尔德在经济学上的主要贡献都体现在对微观经济学的研究上。作为教师他们也有丰硕的教学成果。他们在长期的教学生涯和担任各项社会工作的职务期间，积累了丰富的经济学知识。他们认为对于那些对世界经济非常感兴趣的学生来说，微观经济学对他们的理论素质的培养很有好处，是他们所学的最有趣的学科之一。对于管理决策，对于制定和理解公共政策，对于一个现代经济社会是怎样运作的，微观经济学对这些问题的研究都大有帮助。

平狄克和鲁宾费尔德二人合著的作表作《微观经济学》。

【内容梗概】

在 20 世纪 90 年代的美国，由于科技和经济等各个领域的深刻变化，许多新内容、新课题急需写进教科书中，以完善教学和推广的工作。同样，在微观经济学领域，一些新课题如博弈论和竞争策略、不确定性和信息的作用等的出现，需要在课堂上得到反映。两位作者正是基于上述考虑，合著了《微观经济学》一书。

该书自出版之后，在微观经济学领域引起了很大反响，被认为是最能反映时代精神的教科书。

微观经济学研究的是小的经济单位（如消费者、工人、投资者、资源拥有者和厂商）所作的决策，也研究构成市场与行业的消费者和厂商的相互影响。它在很大程度上依赖于理论的运用，这些理论（通过简化）有助于解释经济单位是如何行为与运转的，以及预测那些行为在将来会是什么样的。模型将有助于上述的解释和预测，因为它是理论的数学表达。微观经济学关注的是与现象的解释和预测有关的实证问题，但它对规范分析来说也是重要的，在这种分析中，著者提出了对一个厂商或整个社会而言，什么是最佳选择的问题。

供给和需求分析是微观经济学的一个基本工具。在竞争性市场中，供给和需求曲线告诉我们厂商将生产多少产品，而消费者，作为价格的一个函数，将需要多少产品。通过市场机制的作用，使供给和需求达到均衡（即价格移向市场出清水平）的倾向，这样就既不会存在过度需求，也不存在过度供给。

著者在本书的第二篇中，详细地介绍了微观经济学的理论核心。

消费者在面对纷繁复杂的商品时，是如何作出选择决策的呢？由此引出了消费者选择理论。消费者选择理论是建立在这一假定之上的，即在通过购买商品和服务的某一组合而使从中获得的满足最大化的意图中，人们的行为是合乎理性的。在假定的基础上，引出了消费者选择有两个相关的部分：消费者偏好的研究，以及预算线的分析，这条线约束了一个人所能作出的选择。其中可以用一组无差异曲线或一幅无差异图来完整地描绘消费者偏好，这一无差异图提供了消费者可能作出的一切选择的序数排列，同时，预算线则代表了消费者用尽其所有收入购买的商品的所有组成。当消费者收入增加时，预算线外移；但是，当一种商品的价格（在横轴上）有变化，而收入和另一种商品的价格保持不变时，预算线会以某个固定的点（在纵轴上）为轴心而旋转。

在变化迅速的市场中，消费者和经理人员面对未来的不确定性往往要进行决策。在各种可能性结果和发生的概率可知的情况下，这种不确定性常常用"风险"来描述。进行不确定性选择时，消费者在追求期望效用的最大化，它是各种可能结果带来效用的加权平均，权重为结果发生的概率。由此在市场上出现了大批的风险规避者，他们是那些进行风险投资时愿意得到与期望报酬等同的确定报酬的人。

接下来，著者主要探讨厂商理论。在经济运行中，厂商总是尽可能地以生产成本最低化的原则来对各种投入（如资本、劳动力、原材料等）进行组合，以便生产商品和提供服务。

经营者、投资者和经济学家必须考虑使用企业资源的机会成本——即企业失去的将其资源用于其他最好的选择从而引起的成本。企业的生产投入可分为两种情况：第一，短期中，企业的一种或更多的投入要素是固定的，企业一般很难通过其投入量的要素调整而达到产量的改变和成本的降低；第二，长期中，生产的所有投入要素均是可变的，从而，对投入要素的选择，不仅依赖于生产要素的相对成本，而且依赖于企业能够在生产过程中对投入要素进行相互替换的程度。

通过简单的供求模型，我们可用于分析大量的政府政策。一般地说来，政府干预要导致无谓损失，即使消费者的福利与生产者的福利同等重要，由于政府政策将福利从一方转移给另一方，从而发生净损失。在生活中的有些案例中，无谓损失较小，但有些案例，比如价格支持和进口配额，无谓损失较大。这个无谓损失是一种经济低效率的形式，在设计和实施政策时必须加以考虑。但是，政策干预竞争市场并不总是坏事。政府及政府所代表的社会，可能有经济效率以外的其他目标。有些情况下，比如外在性和市场失灵时，政府干预能提高经济效率。

本书第三篇中，著者集中探讨多种类型的市场并解释厂商的定价、投资和产量决策是如何取决于市场结构和竞争者行为的。

市场势力是卖方或买方影响商品价格的一种能力，它具有两种形式。当卖方索取高于边际成本的价格时，我们说他们有垄断势力，并且我们通过价格超出边际成本的幅度来衡量垄断势力的大小。当买方可以以低于它们的边际价值的价格买到商品时，我们说他们有买方垄断势力，并且我们用边际价格超过价格的幅度来衡量买方垄断势力。市场势力的存在，往往会造成社会成本，卖方垄断和买方垄断势力都会使生产低于完全竞争水平，从而造成消费者和生产者剩余的一个无谓损失。

具有垄断势力的厂商处于令人羡慕的地位，因为他们有赚取巨大利润的潜力，但要实现那种潜力的关键可能取决于厂商的定价策略。即使厂商只是定一种单一价格，他也需要对产品的需求的弹性作出估价。更加复杂的策略，其中可能要定几个不同的价格，就需要关于需求的更多的信息。进行定价策略的目标是扩大厂商销售的顾客群，并尽可能多地夺取消费者剩余。有好几种方法可以做到这一点，而它们通常都包含不止一种价格。

不完全竞争的市场可以分为垄断竞争市场和寡头垄断市场。在一个垄断竞争市场，各厂商通过销售高度替代的差别产品竞争，新厂商很容易进入或退出。各厂商只有少量垄断势力。在长期中，不断有新厂商加入直至利润为零。此时各厂商有过剩能力（即产量水平低于最小化平均成本的产量）。而在一个寡头垄断市场，仅仅少数几个厂商就占有大部分或全部产量。进入的障碍使某些厂商即使在长期中也能赚到相当的利润。经济决策包含策略考虑——各厂商必须考虑到它的行为对它的对手有什么影响，以及它们大概会如何反应。

相对于不完全竞争市场，在一个竞争性投入品市场上，对一投入品的需求是由边际收入产出、厂商产品的边际收入以及投入品的边际产出给定，而不受像不完全竞争市场上的那些垄断因素的影响。同时，在竞争性的劳动市场上，厂商会雇用工人直到劳动的边际收入产出等于工资率那一点。这类似于利润最大化产出条件，该条件要求生产增加到边际收入等于边际成本那一点。

在书中的第四篇中，著者采用一种较规范的方法描述经济效率的目标，并讨论什么时候市场会产生有效率的结果，以及什么时候市场会失灵从而需要政府的干预。

在前面的大部分篇章里，只是孤立地研究了各个市场。但是市场常常是相互依存的——由于一种商品是另一种商品生产的投入品，或者由于两种商品是替代品或互补品，某一市场的条件会影响另一些市场的商品价格和产出，因此必须利用一般均衡分析来考虑这些相互关系。市场的局部均衡分析假设相关市场是不受影响的，而一般均衡分析同时考察所有的市场，并把其他市场对研究中的市场的反馈效应也考虑在内，这就比局部均衡分析更为全面也更为贴近现实地考虑了问题。

在现实的经济生活中，并不像我们所假定的那样，消费者和生产者对于他们面临选择的有关经济变量都拥有完全的信息。在绝大多数的情况下，往往存在某些参与方比别人知道的信息更多——即存在不对称信息。在更多的情况下，往往是一个产品的卖方对其质量比买方掌握的信息多。这种类型的不对称导致市场失灵，使坏产品把好产品逐出市场。如果卖主提供标准产品、提供保证或保证书或者找出其他办法来为他们的产品维持好的声誉，这种市场失灵就能消除。

不对称信息是许多商业情况的共同特点，尤其在保险市场中表现得最为明显，因为被保险方对涉及的风险掌握的信息比保险公司多。这会导致逆淘汰，即风险较大的选择保险，而风险较小的不保险。保险市场的另一个问题是道德风险，即被保险方在投保之后比以前采取更少的措施来避免损失。

接下来，著者考察了外在性的问题。不可避免地，当一个生产者或消费者以不能直接在市场中反映出来的方式影响其他人的生产或消费活动时，就出现了外在性。外在性导致市场无效率，因为它们阻止市场价格传递关于生产多少和购买多少的准确信号的能力。所以我们应力求在现实中避免外在性所带来的消极影响。

污染就是外在性导致市场失灵的一般例子，它可以通过排放标准、排放费、可转让排放许可证等得到纠正。在成本和收益都存在不确定性时，这些机制中的任何一种都可选择，取决于边际社会成本和边际收益曲线的形状。

最后，在书中的末尾，著者列举了80多个较详尽的例子来强调微观经济学的实用性，这些例子涉及需求、成本和市场效率的分析，定价策略的制定，投资和生产决策，以及公共政策分析。所有这些例子对于更好地理解本书的内容有着良好的辅助作用。

【精彩语录】

1. 要了解经济学的实用性，最好的方法之一是从供给和需求的基本原理着手。对于解决各式各样有趣而又重要的问题，供给和需求分析是一个基本的而且有力的工具。

2. 如果企业拥有自己的大楼，因而毋须交付办公室房租。这是否意味着办公室成本为零呢？虽然会计人员会视此成本为零，但是经济学家知道如果将办公室租给其他公司会带来租金。这项放弃了的租金是使用办公室的机会成本，应该包含在经营活动的成本之中。

3. 假设你富有的叔叔给了你一口油井。该油井含有1 000桶石油，它能以每桶10美元的不变平均成本和边际成本进行生产。你应当现在就把它全部生产出来，还是应当储存到将来生产？

你可能觉得，答案取决于你把石油从地下弄出来后你能得到的利润。不管怎么说，如果石油的价格大于开采石油的成本，为什么不把它弄出来呢？然而，这样想忽略了今天用完石油的机会成本。

《世界范围的积累》

作　　者：萨米尔·阿明
成书时间：1974 年

【作者简介】

　　埃及著名经济学家。1931 年出生于埃及的一个中产阶级家庭，自幼对经济学有浓厚的兴趣，后来前往法国进一步攻读经济学。1957 年，阿明在巴黎大学获得经济学博士学位。阿明在当时经济学界，尤其是非洲大陆和法国影响颇大，先后担任埃及计划机构研究员、马里政府技术顾问，后又在塞内加尔的达喀尔大学、法国多普瓦捷大学、巴黎大学任经济学教授。1970 年，阿明还担任了联合国非洲经济发展与计划研究所所长，为非洲的经济发展出力划策。

　　阿明在发展经济学、国际贸易等多个经济学学术领域均作出了很大贡献，由于他来自第三世界国家，因此他对第三世界的研究倾注了很多的心血，被称为"第三世界的经济学家"。他力图通过对第三世界资本主义经济体制的分析来揭示不发达经济的实质。他全面而综合地论述了不发达问题，成为了发展经济学激进学派的代表人物。

　　阿明的主要著作有《马格里布地区的经济》、《世界范围的积累》、《不平等发展》和《全球危机的动态学》，等等。

【内容梗概】

　　20 世纪 60 至 70 年代，在经济学界里，由于不发达国家与发达国家的贫富差距拉大，二者不断进行斗争，许多经济学家便把研究的重心转向了第三世界，阿明便是其中之一。

　　在担任联合国非洲经济发展与计划研究所所长期间，阿明对第三世界尤其是非洲大陆的经济有了进一步的了解，加上以第尔·普雷维什和冈德·弗兰克为代表的拉丁美洲"依附学派"的影响，阿明形成了其较为独特的思想主张。本书便是在当时的社会背景下结合阿明的工作和教学实践的产物。

　　本书集中研究了世界各国之间经济增长的不均衡的状况，分析了造成发达与不发达并存的原因，并对西方经济学的不发达理论进行了猛烈的批判。

　　从整体的、宏观的角度来看，当今的世界体系可以用"中心—外围"体系来加以描述。这一体系是由两个有着明显区别而又紧密联系的国家集团构成的。中心是该体系的核心部分，外围为中心服务，共同组成了不可分割的统一体系。

一般而言，体系的中心部分往往比外围发达、富裕得多，二者是从属关系，即外围从属于中心，并为中心提供各种原料来源和产品销售市场。所以中心的发展和壮大在很大程度上是以牺牲外围国家的福利为代价的。在资本积累上，由于中心国家国内生产垄断的形成，资本有机构成不断提高，其平均利润率不断急剧下降，迫使中心国家把资本转移至尚未开发的能给他们带来高利润的外围国家。因此，世界资本主义体系形成的首要原因和存在的前提基础是世界范围的资本积累。

对外围国家进行经济上的"蚕食"和"鲸吞"的过程可分为两个有本质区别的阶段：一个是商品输出，另一个是资本输出。

在最初始的阶段里，中心的发达国家首先采取了商品输出的策略。中心国家把其国内市场无法消费或供过于求的商品以变相的形式，输出到外围国家。由于外围国家工业水平的落后，这些工业品往往对其国内落后的生产构成了很大威胁，市场极大，从而在国内形成了工业迅速崩溃、大量手工业者失业的严重后果。通过这种形式，中心国家也掠夺了外围国家大量的原材料，并占领了其国内市场。

在商品输出的基础上，中心国家进一步采取了资本输出的策略。他们采用直接到外围国家投资建厂、合资办企业等形式，从更深刻的程度上彻底掌握了外围国家的经济命脉。外资的进入在很大意义上与其说促进了外围国内的资本形成，倒不如说限制了当地资本的投资范围。这就使得外围国家的经济结构进一步趋向"依附性"和"外向性"两大特征，经济和生产在很大程度上受制于中心国家。

因此，中心与外围的关系是极不平等的，并不像某些理论家吹嘘的那样美好，关系实质是后者从属于前者、受制于前者、依附于前者。这种经济上的地位也决定了二者在政治地位上的悬殊，外围国家在世界重大事务上几乎没有发言权。世界体系的形成过程并不是"中心"的资本主义以自然的进化的方式摧毁"外围"的前资本主义生产关系的过程，相反的，是使后者不断地受制和从属于前者的过程。所以，许多理论家吹嘘的经济一体化、全球一体化是在不平等的基础上而言的，在此基础上形成的世界经济体系并非同质经济成分的统一体，而是不同质经济成分的一体化。外围资本主义的经济不仅没有随着一体化的趋势得到相应的发展，反而成了中心国家的附属。

目前，西方流行的不发达理论认为，不发达就是贫困，外围国家是不发达的，也即是贫困国家。不发达的表现形式很多，主要有文盲多、死亡率高、营养缺乏和收入低等。阿明对此提出了猛烈的批判。

阿明认为，不发达与贫困应该是两个不同的概念，二者有着本质上的差别。贫困固然是不发达的重要表现，但是即使经济增长了，收入提高了，仍有可能处于不发达的行列中。西方流行的不发达理论无法揭示不发达经济的本质特征，尤其是无法说明不发达与世界范围内的积累之间的关系。从更重要的意义上讲，不发达应该理解为世界范围积累的一个方面，是这种积累的重要组成部分，其本身并不是落后现象的表现。

"中心－外围"这一体系的形成，促使了世界范围内的资本积累，虽然在相当大的程度上缓解了中心国家由于国内利润率的下降而引起的生产矛盾，进一步加快资本的增殖，但是，同时也造成了外围国家不发达的局面。在外围国家中，国内的经济成分和经济结构均是为了满足中心国家的资本积累，不具备其应当具有的独立性。因此，其经济和生产方式从未统一于某种生产方式，却统一于世界资本主义体系之中，统一于为中心国家提供原材料和产品市场的体系之中，这是世界范围资本的必然结果和必然产物。

通过对西方不发达理论的深刻批判和比较研究，阿明也提出了自己关于不发达三个特征的看法。不发达的特征可从三个方向来看。第一是经济体系的脱节，指在这些国家内部，由于经济成分和经济结构之间的非同质性，因此在其内部的不同成分、不同部门之间缺乏有机联系的体制。这也导致了各部门之间无法像凯恩斯所提出的那样产生投资乘数效应和产品的关联效应。第二是对外界尤其是中心国家的依赖，其在对外贸易中出口原材料来换取工业制成品，有80%的贸易是与发达国家进行。第三是经济结构的非同质性，指国内的各个部门之间的劳动生产率极不平衡，没有其较为统一的特性。由于这三大特征的存在，外围国家是附属和受制于中心国家的，其发展只能是畸形的和变态的发展。

中心国家和外围国家依靠不平等的交换机制维系着二者之间的关系，保持着"中心－外围"体系的稳定。这种不平等的机制尽管已经为许多人发现，但在很长一段时期内，仍无法对其进行有效的改变，因为其中涉及了很多历史、政治的遗留问题，加上二者的发展起点本来就差距很大，不平等在一定时期内是不可避免的。

首先从工资差异上，很明显就可看出二者的不平等。由于历史上发展程度的不同一，外围国家很明显处于不利、被动的地位。在中心国家之内，其实际工资随着生产力的提高而逐步增大，但这在外围国家之中是不可想象的。此外，二者在生产率上的不同也是引起交换不平等的重要原因。一方面，生产率的不同导致了剩余价值率的不同，造成了剩余价值在世界范围内有利于中心国家的分配；另一方面，生产率的不同也造成了外围国家向中心国家的价值转移，因为在此过程中，利润平均化机制并未起作用。

因此，目前世界上这种"中心－外围"体系蕴含着极不平等的交换地位，这种特有的资本积累模式无论在历史上，还是在逻辑上，都是世界资本积累即"中心"资本积累的产物。中心国家处于核心地位，外围国家从属、依附于中心国家。

【精彩语录】

1. 当今的世界，宛如一张包括了各国和各国人民的无空隙的网，在这中间，经济增长是个非常不平衡的过程。

2. 从整体上讲，"中心"组织了这个体系，并使之为自己的利益服务，而原料生产和输出国以其自然资源与"中心"产生联系。广大和复杂的"外围"以各自不同的方式和程度加入到这个体系中来。

3. 因此，在很大程度上而言，只要前资本主义的传统经济成分从属于"中心"的资本积累而进行生产，那它就不仅应当属于"外围资本主义"，而且恰恰是"外围资本主义"的重要特征。

《财富与贫困》

作　　者：乔治·吉尔德
成书时间：1981 年

【作者简介】

美国著名经济学家。1939 年出生于美国，青年时代就读于哈佛大学，但因考试不及格而退学。后又于 1959 年复学，1963 年获得学士学位。毕业后 1964 年任外交委员会低级研究员，1965 年任《新领袖》杂志的副主编，1968 年任尼克松总统的演讲撰稿人，辞职后开始研究经济学。后任职于哈佛大学肯尼迪政治学院。

吉尔德是供给学派的主要代表人物之一，他在经济学上的主要贡献在于对供给学派理论的发展和研究。他的经济思想属于保守主义的新型的自由经营论。他认为美国的福利制度和高税收破坏了家庭，使人们变得懒惰，阻碍了美国资本主义经济的发展，因此主张削减福利，减少赋税。

吉尔德的主要著述有《看得见的人》、《财富与贫困》、《企业家精神》等。

【内容梗概】

20 世纪 70 年代，西方资本主义世界出现了"停滞膨胀"现象，主张国家干预经济的凯恩斯主义理论已经陷入了困境，无法对这种现象作出合理的解释，于是市场自由经营主义理论再次成为人们注视的焦点，当时的货币学派和供给学派适应了经济发展的需要，纷纷提出了自由经营主义理论。他们反对国家干预经济，反对福利政策。吉尔德正是供给学派的代表人之一。

本书是吉尔德的代表作，它集中反映了吉尔德的经济思想。本书的思想与当时里根政府主张的政策有许多相似之处，它之所以被政府采用，是由于两个原因：第一，本书提出的削减福利的主张使美国人民受到打击，而减税主张却大大有利于美国的垄断资产阶级；第二，本书宣扬资本主义为人类创造财富，这也适合资产阶级的胃口。本书在较大程度上反映了美国当时的一种思潮。

吉尔德认为，资本主义在人类发展史上第一次提供了一种创造财富的方式。虽然人们对资本主义有百般的意见，但这一点是无可否认的，而集体主义却造成奴役和贫困。资本主义之所以兴旺发达，其原因在于它为企业家的英雄般的创造力提供了用武之地。因此，"在今天这样一个丰裕而又为恐惧的幽灵所缠绕的时代，我们应当尽力恢复一个伟人在 30

年代和 40 年代那种真正绝望的困境中所宣布的信念"。

但是，有一种思潮正在对资本主义制度带来冲击，那就是公平主义。公平主义是经济学的一条"金科玉律"，是和平与繁荣的关键，这一思潮使强调竞争和淘汰的重商主义经济学失败，认为资本主义的缺点就是总有那么多的穷人，因此应在分配问题上公平合理。那么，这一思潮究竟给资本主义带来了什么后果呢？真正的贫困与其说是人们收入过少，还不如说是一种精神上的颓废。政府的救济会使人们懒惰，对那些以前不得不辛勤工作的人们来说，有了救济，工作与否就变得无所谓了，这绝不是一件好事。它还会导致人们隐瞒收入，逃避纳税。人们也许并不喜欢这样做。尽管有些家庭隐瞒收入减轻了他们金钱上的负担，但他们遭受到严重紧张和忧虑的痛苦，使他们在缴税的问题上限入双重困难之中。另外也会导致政府的财政赤字扩大。庞大的福利支出对政府来说是一个巨大的负担，它不得不以赤字来应付困难。总之，高税收高福利这两种政策要体现的公平主义其实带来的是相反的作用。

供给学派就应对这一现象承担起义务来。供给能创造需求，供给先于需求。这些在给予上的竞争，其实是一种利他主义的竞争。送礼者是在理解对方需要后才能收到事半功倍的效果，受礼者出于对给予者的出人意外的同情感到惊喜，并急于回报他们。所以要做到这一点，就领先给予。"将欲取之，必先予之。"这样就可以建立一种相互之间的信任、这个信任对经济发展是举足轻重的，资本主义生产需要信任——对邻居的信任，对社会的信任以及对宇宙间礼尚往来的逻辑的信任。"信任消失之日，就是企业精神终了之时。"

吉尔德阐述了财富理论。他认为财富概念看似简单，其实包含着许多令人困惑的问题，国家的财富证明是一个比它的公民的消费力量或者资源储蓄更难以捉摸的数额。财富是由那些可以保证将来有源源不断的收入的资产构成的，财富存在于资源之中，但并非有资源都是财富。人力资本即使是非常结实的肌肉，也会在恐惧的蔓延中很快地消失。经济中的思想和精神的质量何尝不是一种财富，它还可以胜过所有资本和劳工合同的数量，倘要工作严格遵守合同，也会使工业停产，机器瘫痪。自由企业中的劳动和投资一样，要取决于活动。劳动是财富的根源，甚至也是天才的根源。但是如果没有目标和目的的观念，工资挣得再多也会将钱全部花光和浪费掉。财富既可以是有形的物品，也可以是无形的思想和精神，特别是企业家的冒险精神。小企业是由具有企业精神的人开创的，能迅速发展以承担国民经济中的主要角色。企业家的眼光是无法用统计图表来表达的，它为资本主义创造了财富。吉尔德认为，在财富中，最主要的不是可以衡量的金钱和机器，也不是累积和分配，而是智力和精神。

回顾历史，资本主义发展史也就是人们的冒险史。企业家将安全转化为冒险，将小心转化为创造力，把胆怯转化为大胆，这些都促进资本主义取得今天这样的成功。但是，在今天，这种成功却面临着巨大的危险，因为自 20 世纪 30 年代罗斯福总统的新政以来，美国开始成为了一个福利国家。联邦政府所作出的每一项决策无一不是追求保险性、公平性，尽量调和贫困者和富人之间的矛盾并缩小他们之间的贫困差距。这种福利制度一方面使穷人变得懒惰而且投机，而富人的创业精神也会因此被打击掉，这就失去了资本主义原有的特性，就会面临着灭亡的危险。

福利制度对穷人生活水平的提高确实有一定的作用，但是福利金如果超过了穷人的平均工资水平和劳动生产率水平，就会使贫困扩大，而且永远不会消失，这与福利制度的初衷是完全相反的。它使得工人工作缺乏积极性和动力，也给家庭带来影响。提出工作要求对穷人毫无用处，因为这些要求是向带着孩子的妇女——法定的福利领取人提出的，而不是向没有登记的受益人——男人提出的，这些男人依赖福利制度生活，而又不同她们结婚。所以男人们不会结婚，而是与女人同居，享受福利，而又不承担任何义务。

令人欣喜的是，美国的福利时代也在走向终点。里根总统正在采取各种方法，改变福利政策，即减少福利，使得享受福利的人们尽快地调整自己的生活。同时还要调低税率。减税可以促使企业生产增长，可以导致收入从逃避转化为主动上缴给政府；人们既不会存在金钱上的压力，也不再有思想上的紧张和不安了，所以减税不但不会使政府税收收入减少，反而会有所增加。减税对穷人也不是无利的，减税后，富人消费虽减少而投资会增加，他们的收入自然增加，向政府缴纳的税更多了。于是穷人们就可以少缴纳一些税。

里根总统的政策是供给学派理论的实践运用，是对时髦的左派经济学的终结，从而使自由主义经济理论终于可以发挥其自身的优点了。

吉尔德对李嘉图以来经济学的研究集中于收入、分配进行了抨击。他指出由于大规模的福利支出，阻碍了贫困的改善，导致美国社会整个的生产率都下降，生活水平也降低，这是因为竭力从富人那里拿走他们的收入，就会减少他们的投资，而把资金给予穷人，这样就会减少他们的工作刺激，这肯定是降低美国的劳动生产率并限制了就业机会，从而使贫困永远存在下去。

综观全书，吉尔德主要提出了以下几点政策主张。

1. 大幅度地减少个人所得税和企业税，以刺激工人的工作积极性，以及增加储蓄和投资的引诱力。

2. 采取相对紧缩的货币政策，使货币供应量的增长和长期的经济增长相适应，从而恢复经济稳定的进步。

3. 减少国家对经济的干预，主张应该更多地通过减税实行"供给管理"，更多地依靠市场的力量自动调节经济。

4. 缩小政府开支，大规模减少福利开支，提高私人的投资能力。

【精彩语录】

1. 在经济学中，当需求在优先次序上取代供给时，必然造成经济的呆滞和缺乏创造力、通货膨胀以及生产力的下降。

2. 税收政策要能有效地影响实际收入，其唯一办法在于改变对供应者的刺激。

《用商品生产商品》

作　　者：皮罗·斯拉法

成书时间：1960 年

【作者简介】

英国著名经济学家。1898 年出生于意大利北部的都灵城，1919 年就读于都灵大学法学院。1921 年访问英国并结识凯恩斯，1924 年在卡里亚里大学任讲师，后又担任佩鲁贾大学教授。1926 年任卡里亚里大学教授，1927 年任剑桥大学讲师，1930 年受凯恩斯委托编纂李嘉图著作全集。1960 年出版唯一的一本专著《用商品生产商品》。1983 年逝世。

斯拉法是新剑桥学派的代表人物之一，他在经济学上的主要贡献在于对古典政治经济学理论的改革。他充分论证了不同生产部门生产产品时使用的劳动和生产资料的比例不相等对于研究商品相对价格差异的极端重要性，建立了自己的分配理论，指出货币工资率的变动是由一个国家历史上形成的工资水平以及国内劳动力供求关系决定的。

斯拉法的主要著作仅有一本，即《用商品生产商品》。

【内容梗概】

本书是斯拉法唯一的一本专著，是他在剑桥大学整理李嘉图的著作过程中完成的。20 世纪 50 年代，斯拉法已作为经济思想史学家而名气上升，虽然他也为当时的经济学理论方面的论战和争鸣而撰写过论文，但就名气而言，不如前者大。到了 1960 年，他终于出版了《用商品生产商品》一书，才使他在经济学理论上成为一名大家。

本书既无导言也无结束语，没有对假设进行讨论也没有对分析进行论证。本书有一个副标题：经济学理论批判。它既对李嘉图理论的复兴提供了基础，也为对用边际分析法论述的价值论和分配论的批判提供了基础。本书是出于对李嘉图的敬仰而写的，目的在于发展李嘉图的理论，对新古典经济学进行批判。

本书的经济理论有一个明显的特征，就是在基本理论上返回到古典学派经济理论系统。在序言中，斯拉法指出，书中的论证没有理会所有生产部门收益不变这个假设前提，尽管有这个假设前提也无害处，因为书中并未阐述一个生产部门所使用的不同生产资料的比例的变动，因此不存在所有生产部门收益的改变和不改变问题。

斯拉法将生产部门划分为单一产品生产部门和多种产品生产部门，前者指的是一个生产部门只生产一种产品，而后者是指一个生产部门的产品不止一种，显然，后者要复杂得多。斯拉法首先对前者进行了研究。

如果一个社会，它所生产的产品恰好足以维持自己。商品由各部门生产，并且在收获后在市场上交换。在这样一个社会里，如果只有两种商品，比如小麦和铁，现在分别用为生产者的生活资料和生产资料。280夸特小麦和20吨铁可生产400夸特小麦，而120夸特小麦和800吨铁可生产20吨铁，这样一年到头，400夸特小麦和20吨铁全部用去，而产品却是一样的数量。年复一年，每种商品开始在不同生产部门分配，后来全集中到它的生产者手中，这种关系是"生产和生产性消费"，在市场上交换产品时，价格是固定的，即10夸特小麦换1吨铁。

如果这个社会的产品出现了剩余，上述体系就不成立了，因为投入不再等于产出。比如280夸特小麦和12吨铁可生产575夸特小麦，120夸特小麦和八吨铁可生产20吨铁，这时就多出了175夸特小麦，它就是利润。为使成本能够收回，并且使利润能够比例于两个生产部门的成本而分配于两个生产部门，那么商品交换率应该是15夸特小麦换1吨铁，这样，这种对应的利润率在每一生产部门是25%。

劳动与生产资料的比例对价格是有影响的。如果劳动者的工资一经确定，而且生产资料所有者各占的份额也一定，那么利润率就可以根据这二者来确定。

斯拉法阐述了价值理论。认为如将所有国民收入都用以支付工人的工资，那么商品的价值即是看商品的劳动耗量。一旦工资水平下降，利润就会产生。此时如果价格仍然保持在不变的水平上，那么那些劳动对生产资料比例较低的部门就会出现财政赤字，而在那些劳动对生产资料比例较高的部门就会出现剩余，因为不同的生产部门使用的劳动和生产资料之比是不相同的，所以才会有此结果。从而斯拉法得出结论说，在工资水平下降时，价格也应该改变，原因是那些因在劳动和生产资料的比例不同而出现赤字或剩余的部门就无法返回到原来的均衡状态。如果价格也随之改变，则不会有这种情况。

接着斯拉法又对"标准商品"和"标准体系"做了界定。他认为用其他商品来作为标准去表示一种商品的价格是必要的，但是商品的价格变动究竟是起因于被计量商品的特殊性还是起因于计量标准的特殊性，却无法界定。因此，应当寻找一种"不变的价值尺度"。但是，在经济体系中，并没有一个商品或生产部门能够满足作为"不变的价值尺度"的这种必要条件。所以，如果我们将许多部门或许多商品混合起来就可以做到这一点。这就是说我们可以提炼出一种"合成"生产部门或"合成"商品。能够建立这样一种商品吗？要满足这个条件，就需要建立一种体系，使各部门所生产的商品之间的比例等于所有部门所消费的生产资料总量之间的比例。那么，这种类型的混合物我们称为标准合成商品，简称为标准商品，把采用这种比例生产标准商品的这些方程或这些生产部门称为标准体系。

在这里，斯拉法举了个例子，假定有三个生产部门，分别生产铁、煤和小麦，关系如下所示：

$$90\text{ 吨铁}+120\text{ 吨煤}+60\text{ 夸特小麦}+\frac{3}{16}\text{劳动}\longrightarrow 180\text{ 吨铁}$$

$$50\text{ 吨铁}+125\text{ 吨煤}+150\text{ 夸特小麦}+\frac{5}{16}\text{劳动}\longrightarrow 450\text{ 吨煤}$$

$$40 \text{ 吨铁} + 40 \text{ 吨煤} + 200 \text{ 夸特小麦} + \frac{8}{16}\text{劳动}\longrightarrow 480 \text{ 夸特小麦}$$

| | 180 | 285 | 410 | 1 |

因为铁的生产就等于投资之用，即 180 吨，所以国民收入是包括煤和小麦，煤 165 吨，小麦 70 夸特。

要从这个体系中按照所要求比例得出一个标准体系，必须有全部铁产品，五分之三的煤产品和四分之三的小麦产品。新的体系如下：

$$90 \text{ 吨铁} + 120 \text{ 吨煤} + 60 \text{ 夸特小麦} + \frac{3}{16}\text{劳动}\longrightarrow 180 \text{ 吨铁}$$

$$30 \text{ 吨铁} + 75 \text{ 吨煤} + 90 \text{ 夸特小麦} + \frac{3}{16}\text{劳动}\longrightarrow 270 \text{ 吨煤}$$

$$30 \text{ 吨铁} + 150 \text{ 吨煤} + 150 \text{ 夸特小麦} + \frac{6}{16}\text{劳动}\longrightarrow 360 \text{ 夸特小麦}$$

| | 150 | 225 | 300 | $\frac{12}{16}$ |

新体系中三种产品比例为 180：270：360，等于三种商品参加其生产资料总量的比例：150：225：300。所以合成商品由下列比例构成：

$$1 \text{ 吨铁：} 1\frac{1}{2}\text{吨煤：} 2 \text{ 夸特小麦}$$

各商品生产的比例等于其参加生产资料总量的比例，也表示各种商品生产数量超过其生产中消耗的数量比率也是相同的。在上面的例子中，每种商品的这种比率是 20%，如果重新安排一下数字，使每种商品参加生产资料的总量和它生产出来的数量相比较，则可看到：

$$(90 + 30 + 30) \times (1 + \frac{20}{100}) = 180 \text{ 吨铁}$$

$$(120 + 75 + 30) \times (1 + \frac{20}{100}) = 270 \text{ 吨煤}$$

$$(60 + 90 + 150) \times (1 + \frac{20}{100}) = 360 \text{ 夸特小麦}$$

通过数字演算，斯拉法认为，在标准体系中，不管纯产品在工资和利润之间的分配怎样变动，也不管由此导致的价格怎样变动，纯产品对生产资料的比例是一直不变的。而且，利润率是作为商品数量之间的比率出现的，不论其价格怎样。

标准体系是唯一的。总有一种方法，也只有一种方法可将一个给定的经济体系转化为标准体系。斯拉法在这里论述了转化为一种标准体系是可能的，又证明了只能转化为唯一的一种标准体系。

接着斯拉法研究了价格是怎样由工资和利润的作用来形成的。他提出了"还原"这种方法，即是指在一种商品的方程中，用一系列的劳动量来代所使用的各种生产资料，每一劳动量都有适合它的时期。

斯拉法将每个生产部门假定为生产多种产品，这与以上论述是不同的，上述理论都是假设一个生产部门是生产一种单一产品。他也是先假定一个生产部门生产两种产品，然后由此扩大到多种产品的。他把一个部门生产的多种产品称为联合产品。联合产品有两种方法生产。一种是按不同比例联合生产，另一种是将两种产品在不同过程生产。

斯拉法关于一个生产部门生产多种产品的论述，主要是作为对固定资本问题的讨论的一个引论。在他的"标准体系"中，他把耐久的生产工具作为一种生产程序的年度使用量的一部分，剩余部分就是这个生产部门年度联合产品的一部分。于是，为了决定耐久生产工具的价值，只是作为账面价值，用于正确分配利润和扣除折旧的基础。

斯拉法对土地也作了论述。作为用于生产的自然资源，土地由于其供给短少，使其所有者可以获得地租。土地在生产资料中占据的地位，和非基本产品在产品中占据的地位一样。土地被用于生产，但是它们不能够自己被生产出来，它们和被生产出来但不用于生产的产品恰恰是相反的。斯拉法对"准地租"做了解释，准地租是那些固定资本项目获得的，它们过去发挥过积极作用，现在为别的所代替，但是还是值得使用以获得其所能获得的东西。它的决定方法和地租并无两样。

【精彩语录】

1. 在标准体系中，各种商品生产的比例和它们参加生产资料总量的比例相同。

2. 在标准体系中，利润率是作为商品的数量之间的一种比率而出现的，不论它们的价格如何。

3. "还原"是这样一种运算：在一种商品的方程中，用一系列的劳动量来代替所使用的各种生产资料，每一劳动量都有适合它的"时期"。

4. 联合产品的意义，与其说是在于说明羊毛和羊肉或小麦和麦草的熟悉例子，不如说是在于联合产品是一个属，而固定资本是属下面主要的种。

《供应学派革命：华盛顿决策内幕》

作　　者：克雷·罗伯茨
成书时间：1981 年

【作者简介】

美国著名经济学家。1942 年出生，早年就读于乔治敦大学，毕业后任该校研究员。1975 年任美国众议院议员杰克·肯普的经济顾问。1978 年任《华尔街日报》副总编和政治经济学专栏撰稿人，1981 年任里根政府财政部主管经济改革的助理部长。1982 年退休。

罗伯茨是供应学派的重要代表人物，他在经济学上的主要贡献在于将供给和需求的关系重新确定为供给决定消费，从而为供应学派的发展作出了贡献。供应学派是 20 世纪 70 年代中期在美国出现的一个新兴学派，该学派虽然没有完整的理论体系，但是提出了一些针对当时社会问题的改革方案。供应学派对凯恩斯主义进行了全盘否定，批判其荒谬之处。它的出现是美国垄断资产阶级局部调整生产关系的需要和反映，具有一定的适用性和合理性。

罗伯茨的主要著述有《供应学派革命：华盛顿决策内幕》等。

【内容梗概】

19 世纪以来，西方资本主义国家的经济危机呈周期性出现，这给资本主义经济的发展带来了巨大的冲击。凯恩斯主义在 20 世纪 30 年代的经济大萧条中起到了一定作用，因而被人们奉为信条。"二战"后，美国垄断资本主义得到了进一步发展，而凯恩斯主义政策的弊端也逐渐显现出来，通货膨胀进一步严重，政府的财政赤字快速扩大，失业人口增加。显然，凯恩斯主义理论已经过时了，这时需要有一种新的理论来代替，于是供应学派诞生。

供应学派是由几位青年经济学家创建的，在思想上，供应学派对凯恩斯主义进行了猛烈的批判，反对国家干预经济，认为凯恩斯所主张的扩大总需求以增加产出和就业的观点是错误的，应该重新重视供给，从供给方面去寻找解决问题的方法。因此在政策上主张大规模减少个人所得税和企业税，增加社会福利支出，以刺激经济增长。这被当时美国总统所接受，因此而使供应学派名噪一时。

本书不仅对供应学派的形成原因和发展过程进行了分析，对里根经济学也作了介绍，还对里根本人作了评价。

1975年，当时罗伯茨已加入了肯普的队伍。肯普是当时美国国会的众议员，他当时提出减税法案使罗伯茨成为其经济顾问。在这年夏天，肯普又提出了一个"创造就业法案"，这项法案是为了增加私人储蓄和投资而提出的，认为减税可以使美国财富快速增长，因为这可以对供应产生影响，并指出传统方法从需求产生影响来刺激经济增长是错误的。

1976年，肯普与另外两位经济学家拉弗和沃尼斯基结为同伴，这两位都是供应学派的理论家，后来又联合了一位参议员威廉·罗斯托，这样供应学派在国会内外都有了强大阵容。他们的主张遭到尼克松政府时曾任经济顾问的赫伯特·斯坦的反对，他发表了一篇文章称这些人为"供应学派财政学家"，从此"供应学派"为这些人所用。

1979年国会联合经济委员会的年度报告中对供应学派的经济理论和政策主张予以了赞同，供应学派从此名声大振。虽然当时的国会预算局和经济计量学会也反对供应学派的主张，但终究未能战胜。

1980年罗纳德·里根在总统竞选中全盘接受了供应学派理论作为自己的竞选纲领。但是他是属于共和党，而"共和党权势集团"为了防止供应学派取代自己，于是对里根的新经济政策予以压制，使供应学派受到了一定的歪曲。

1981年，里根就任美国总统，提出了一个经济复兴计划，第一条就是削减个人所得税和企业税率。但这遭到了许多人的反对。特别是由戴维·斯托克曼领导的行政管理和预算局，他们将减税前的经济衰退归于供应学派理论的错误主张，他们认为，低通货膨胀会扩大赤字，所以不能施行制止通货膨胀的财政政策和货币政策，在经济衰退时，政府只能从两个办法中去选择，第一是削减预算，第二是增加个人所得税和企业税率。

1981年参议院和众议院终于通过了减税法案，即《1981年经济复兴税法》，将个人所得税减少最高达23%，企业税收也大幅减少。但在1982年美国陷入到战后严重的一次经济危机之中，失业率从里根上台时的7.4%上升到10.8%，这次危机的原因并不在于供应学派的经济政策，但是这无疑给其反对者提供了良机，他们更加大肆宣传供应学派理论的危害，强烈要求增税。

1982年8月15日，两院通过了增税议案，这对供应学派理论是一次致命的冲击，宣告了供应学派的暂时失败。1983年美国经济开始恢复，里根重新宣扬供应学派理论。这就是供应学派革命的内幕和过程。

里根经济学和供应学派理论是有区别的。1981年里根的经济复兴计划中共有四条：第一，削减个人所得税和企业税率，其中个人所得税率自1981年7月1日起每年削减10%，三年削减30%；第二，削减政府开支，减少预算赤字；第三，放宽和取消联邦强加于企业的限制性规章条例；第四，执行一项稳健的货币政策。这也基本上构成了里根经济学的政策主张，反映了里根经济学的一个概貌。从这四点主张中我们既可以看到供应学派的主张，如第一、第三条，也可以看到"共和党权势集团"的主张，如第二条。可是，里根经济学实际上是几个学派的妥协产物，是一个理论混合体。

里根经济学的来源有三派，即供应学派、货币学派和传统的保守经济学派（又称传统的共和党预算平衡理论）。但严格来讲，只有两个学派，即供应学派和货币学派，第二、第四条都可以看成是货币学派的政策主张。

里根经济学的特点在于其综合性，融汇了三个学派的理论，是三者相互妥协的产物，他既反对国家过多干涉经济，又没有提出一个固定的理论框架出来，它只是一个非常粗略的"经济复兴计划"。有些地方甚至出现自相矛盾的现象。

里根经济学的理论内容是按照实用主义的逻辑来分析的，他认为货币政策可以防止通货膨胀恶化；同时，通过减税能够解决货币政策带来的附带的不良后果，即货币供应的增长速度慢下来后会导致经济萧条和衰退，方法就是创造流动性进而可以刺激生产。

里根经济学和供应学派的共同点就在于都认为财政政策对经济刺激是通过减税来刺激投资在供给方面起作用的，而不是凯恩斯主义所主张的要用改变政府开支来从需求方面刺激经济增长的。减税的依据在于个人、家庭、企业从事劳动或进行投资，并不是为了缴纳征税，而是为了能够获得扣除各种税后的余额，也即他们劳动的报酬。减税的目的在于以下几点：

第一，减税可以增加对生产的刺激，因为减税后个人和企业所得的"报酬"会增加，这样他们的劳动积极性也会自然增加，从而可以刺激生产；

第二，减税可以避免因货币增长率的降低而带来的财政紧缩；

第三，减税可以减少逃税、避税现象，抑制地下经济的发展。所谓地下经济，是指不向政府申报收入，政府无法进行控制和税收管理，其产值又未纳入官方的国民生产总值的那部分经济活动。

里根经济学有一个内在矛盾，这个矛盾是因为它是妥协的产物而造成的。一方面，供应学派要求把实现较高的经济增长作为提高对生产的刺激的结果，另一方面，货币学派又主张把降低通货膨胀作为较低的货币增长的结果。这个矛盾是一个"顽疾"，反映了里根经济学的不完整性和不纯粹性。

供应学派反对经济计量学，认为经济计量学所建立起来的各种数字模型并未对税收在经济发展方面的影响予以考虑，在他们看来，这显然是不能说明经济发展中的真正的经济问题的，它无异于舍本逐末。

最后，罗伯茨对里根本人进行了评价。里根一直强调政策优先于政治，然而在实际的操作过程中，却因为来自政治的压力而不得不放弃自己的原则。里根从上台一开始就想推行供应学派的政策主张，但一直受到"共和党权势集团"的反对，例如，他们利用里根对平衡预算的重视，用紧缩手段来平衡预算，以此来对里根的新经济政策造成压力，使里根在就职报告中只提到减税，而未对减税的原因加以阐释，最后为供应学派理论的失败埋下了祸根。

里根个人也有自身的弱点。他也因此受到新闻媒介的批评，实际上这是因为他"广泛授权"所导致的。他一向不包揽应授权下去做的事，甚至连他自己的事情也很放心地托付给别人去做。他特别倚重于助手，尤其是其智囊团和部下。

罗伯茨指出，里根实际上是一个现实主义者。他的决策往往在理想主义和现实主义之间徘徊，但他对自己所做的每一次行动都有分寸。他的确在很多知识领域都是一个生手，但他决定了的事，往往会一直坚持下去。

本书是罗伯茨对供应学派的一次总结，他对"供应学派革命"过程的介绍目的在于唤起人们对供应学派的认识和理解。本书副标题"华盛顿决策内幕"，实际上就是对里根的政策做解释，分析其思想根源，分析"里根经济学"的特点，这些对后来的经济学家研究供应学派和里根经济学是大有帮助的。

【精彩语录】

1. 那些为了权力不顾一切的人是根据他们控制他人的权力地位来要求自己的，而不是根据自身的情况来完善自己的，他们每天以能否成功地支配别人来衡量自己。

2. 减税是里根经济学的核心，也是供应学派的主张。

3. 对竞争对手来说，权力比政策更重要。

《经济成长的阶段》

作　　者：沃尔特·罗斯托
成书时间：1960 年

【作者简介】

美国著名的经济学家和经济史学家。1916 年出生于美国纽约。1936 年毕业于耶鲁大学并获文学学士，1939 年获耶鲁大学博士学位。1940 年在哥伦比亚大学任教，1950 年为麻省理工学院教授。1961 年开始成为美国总统的智囊团成员，1969 年离开白宫，担任德克萨斯大学教授。

罗斯托在经济学上的最大贡献在于提出了"经济成长阶段论"。他把经济的发展过程划分为五个阶段，即传统社会阶段、为起飞创造前提条件阶段、起飞阶段、向成熟推进阶段和高额群众消费阶段。这其中他着重对经济起飞阶段及为起飞创造前提条件阶段进行了论述。对经济发展分阶段论述开创了新的经济学分析方法，对后来的经济学研究有着重要的意义。

罗斯托的主要著述有《美国外交革命》、《19 世纪英国经济论文集》、《经济成长的过程》、《经济成长的阶段》等。

【内容梗概】

本书是反映罗斯托经济思想的代表作，集中对经济成长的阶段进行了详细的阐述，是由罗斯托 1958 年在英国剑桥大学的几次演讲稿整理而成的，当时他的演讲主题是"经济史学家对现代历史发展的观点"。

本书的写作目的在于对经济发展史进行一次梳理，采用的方法是现代经济理论界常用的方法，以便使人们对古代经济发展史更清晰、更简便地进行总体把握，使更多的人关注经济史。同时，罗斯托想通过此书研究社会生活中经济力量同社会上其他力量之间究竟存在怎样的关系，以便对许多经济问题提供正确的解决方案，促进社会的总体进步。

本书在内容上分为两大板块，第一个板块是对经济成长阶段的阐述，第二个板块是对该理论的实践运用的探讨。

在第一个板块里，罗斯托首先指出，经济成长阶段讨论对经济成长的研究是放在更广阔的领域来研究的，因此它是关于整个现代经济发展历史的普遍性的理论，具有较强的适用性，对许多经济问题的研究都可以采用它。而且他也指出经济成长阶段理论是不排斥政治力量和社会力量的作用的，事实上，经济力量与它们之间存在着密切联系，它们相互影响，相互制约，共同构成了社会总体发展的活动因素。

经济成长过程包括以下五个阶段：

第一阶段：传统社会阶段。这个阶段指的是生产功能有限的情况下发展起来的社会结构时期。这个时期的生产并不是绝对停止不前的，在某些领域存在着增长。但这种增长总有一个最高的限度，由于当时的生产力水平、社会基本情况决定了当时的社会生产不可能会超越它。而增长的原因也只是因为在工业、农业、商业中可能会出现一些小规模的技术革新。在这个阶段中，由于现代化的科学技术所提供的生产方式不存在或没有被利用好，所以生产能力是有限的。在这个阶段中，农业的发展呈稳定状态，社会结构趋于一个固定的模式，而且以家族和氏族关系为主。人们在观念上崇尚宿命论，不考虑客观实际因素，全凭主观意识出发。

第二阶段：为起飞创造前提条件阶段，又叫准备阶段。这个阶段是向下一个阶段发展的过渡时期。它的主要特点是以农业为主的社会产业结构开始向以工业、交通、商业和服务业为主的社会产业结构过渡；传统的自给自足的经济结构逐渐走向开放状态；由于生育观念的进步，人们自动进行节育，出生率一步步降低；富有的人在投资上也不再只考虑修别墅、买仆役、买装饰品、修庙造神，而且将目光转向修建公路、铁路、学校和工厂，注意将货币转化为资本；人们在评判一个人的价值时不再以血缘关系来确定，而是转向考察人的实际工作能力和实践水平。

第三阶段：起飞阶段。这是一个最主要的阶段，它具有决定性的作用，将决定经济发展的水平。社会一旦进入起飞阶段，社会产品才会获得巨大的增长，社会生产力才会获得巨大的提高。

经济起飞有一个必要的前提条件，那就是净投资在国民收入中的比例由 5% 增加到 10% 以上。低于这个标准，经济起飞不可能完成。经济是否"起飞"，有一个标准，那就是看社会经济是否有持续增长的成因，这之中要有足够大的投资率、主导部门的存在和发展，还要有相应的必需的社会和政治体制等。"起飞"需要有足够的资金，资金的来源主要有以下三个：第一，改变收入分配，使资金转移到生产者手中；第二，迅速发展的部门将利润重新投资；第三，进行资本输入。这样的资金来源可用以下措施分别加以解决：第一，实行没收性和财政性的赋税；第二，发展经济中的主导部门；第三，引进外资。

总之，起飞阶段是一种工业革命，它与生产方法的改变有着非常直接的关系，在较短的时期内会产生具有决定意义的后果。

由于"起飞"所具有的复杂影响因素，因此它实际上涉及许多方面，不仅仅是经济方面的技术革新等原因，也可能与当时的政治革命有关，还可能和变动的国际环境有关。可见，要使人们在观念上彻头彻尾从传统转向现代化，必须在经济、政治和其他各个方面都要着力进步，一旦哪个环节跟不上，就会带来负面的影响。

第四阶段：向成熟推进阶段。这个阶段也是一个过渡阶段，由上一个阶段向下一个阶段发展的过渡阶段，也即是从成长走向成熟的过渡时期，这个阶段的特点在于已经在大部分资源配置中运用了现代化的科学技术。在这个阶段，工业的发展方向是多元化趋势，并有新的部门不断出现，同时有些部门也开始消失。罗斯托举了几个国家的例子，如瑞典的木浆工业、造纸工业和精密金属工业逐渐取代了原来的木材工业、铁矿砂工业，俄国的钢、新式船只、化学品逐渐替代了原有的铁路、煤、铁等工业。这些取代既与技术条件有关，也与各国的资源情况、政府行为有关。

第五阶段：高额群众消费阶段。这个阶段的主要特点在于国家已比较富有，开始追求在国外的势力和影响，因此把更多的资源用于军事和外交政策；国家将更多的精力放在社会福利上面，加强宏观调控；人们不再追求衣、食、住、行的基本满足，开始追求更高的消费水平，其消费需求的范围也逐渐扩大。之所以会出现这个阶段，是因为按照人均计算的实际收入大为增长，使人们的收入水平大大提高，在人口比例上，城市人口剧烈增长，农村人口数量逐渐下降，人们的思想观念上也发生了巨大的变化，社会观念不再将推广现代技术作为一个压倒一切的目标，而是希望把更多的资源用于社会福利和社会保障。

本书的第二大板块是关于对经济成长阶段论的实践应用的问题。罗斯托将他的经济成长阶段论运用到对世界经济、政治的形势分析中。

现在一些亚洲、非洲、拉丁美洲的不发达国家正处于过渡阶段，它们的情况和资本主义国家的准备阶段存在许多相似的地方和不同的地方。相似之处体现在经济方面和非经济方面。在经济方面，要将大部分资源用于社会经营资本、农业和初级产品出口部分，它们的存在才使工业得以增长。应该广泛地发挥现代化技术的作用。在非经济方面，要将调动农民的生产积极性、培养现代化生产所需要的人才和专家作为一种长期的目标来操作运行。不同之处体现为在不发达地区虽然有许多技术已经发明出来并可以立即创造价值，但在人口控制方面由于未能有效地抑制住人口的增长而使人口数量激增。这两个有利和不利方面形成了它们之间的区别之处。罗斯托对这种现状提供了一些建议，比如重视农业对整个国家经济的作用，比如应该合理地引进好使用好外资，还有就是要充分发挥知识分子和企业家们在生产中的不可替代的作用。这些建议无疑是具有针对性而又非常有效的。

【精彩语录】

1. 经济增长是这样一个过程情景：在这个过程中，一个社会的经济的、社会的和政治的各方面相互作用，其中包括一大群企业家的出现，他们在精神上充满进取心，技术上也已准备好不断给经济中引入新的生产函数。

2. 持续增长并没有某种自动的、轻松的内在机制，就如同逻辑一样。

3. 以现有的历史材料来看，既然起飞要求人的心理、社会、技术和制度发生较大的变化，那么，这些变化就很难使我们又面临真正的倒退。

《改造传统的农业》

作　　者：西奥多·威廉·舒尔茨
成书时间：1964 年

【作者简介】

美国著名经济学家。1902 年出生于南达科他州。1928 年获南达科他州立大学学士学位，1930 年获威斯康星大学博士学位。1930 年在衣阿华州立大学执教，1943 年在芝加哥大学执教，1972 年获美国经济协会"弗朗西斯·沃克勋章"，1979 年获诺贝尔经济学奖。此外他还担任过美国经济协调主席和美国科学院院士等职务。

舒尔茨是发展经济学新古典学派的代表人物，他在经济学上的主要贡献在于提出了有关改造传统农业的主要理论。他还为发达国家农业问题建立了一套农业经济学。在人力资本理论方面，他也取得了一定的成绩。关于改造发展中国家传统农业问题的理论是他最重大的贡献，也是其获得诺贝尔奖的原因所在。

舒尔茨的主要著述有《不稳定经济中的农业》、《教育的经济价值》、《改造传统的农业》、《经济增长和农业》等。

【内容梗概】

舒尔茨早期对以美国为主的发达国家的农业经济问题进行了研究。20 世纪 60 年代以后则致力于对发展中国家的研究。同时，他把发达国家农业经济学和人力资本理论相结合来作为研究发展中国家农业经济的一种理论工具，提出了有关改造传统农业的理论，本书正是阐述这一理论的经典之作。

本书在内容上既对传统农业的基本特征作了阐述，也对其产生的根源和解决问题的出路作了探讨。

农业作为一个国家存在和发展的基础产业，它在国民经济发展中所起到的作用是巨大的。因为农业的发展水平对一个国家的经济增长具有关键性意义。农业可分为传统农业和现代农业两大类型。传统农业在目前已经不能适应经济发展的需求，变成了社会的一个包袱，必须要改造它，使之成为现代农业从而重新发挥其基础性作用。由于长期以来人们对农业的探讨不是很多，因此对它的了解也就缺乏深度，这样做对国家经济的发展是有危害的。因为他们不明白，由于条件的限制，发展中国家不可能以配置现有生产要素来增加农业产量，因此农业要想发展，关键还是在于让农民改造世代相传的遗风，提高自身的能力。历史事实已经证明，如果不这样来改造，最终都将会为此付出巨大代价。

传统农业需要改造是由其自身特征决定的。这些特征包括以下几点：

第一，传统农业的技术缺乏改善，长期处于不变状态。这种不变状态的形成是因为它在历史上一度以技术形成过优势。但生产力在不停地发展，如果死守着原有技术而不思革新，那么它将会落后于生产力发展的要求。

第二，传统农业中人们获得收入和拥有收入的来源和动机长期不变。这与过去的封建制度是相联系的。封建统治者为了巩固自己的统治地位，竭力阻碍工业发展和技术进步，使农业养成安于现状的思想，对增加生产要素、提高生产技术产生不了多大的兴趣。

第三，传统农业中的传统生产要素的供求由于没有储蓄而不会变化。没有储蓄是指农民的收入有限而无剩余产品，这自然会使生产要素的供求都不会增加或减少了。

由此可见，传统农业是一种静态中求稳定的农业，而现代农业却是动态中求发展的农业，这是二者区别所在。而有的经济学家却不这么认为，他们把生产要素的不变归因于农民的愚昧，说农民因为愚昧自然无法理性地看到经济发展问题，即使给他们提供这方面的动力，也是无济于事的。舒尔茨严厉地批判了这种观点，指出这种说法是为了扰人视觉，他认为，即使在传统农业中，农民也并不愚昧，他们总是对市场价格有灵敏的反应，只要稍有变动，就会引起一阵骚动，因此他们在生产要素优化的方面已经作出了巨大的贡献，否则，农业的发展将处于一个更低的速度。也有人认为传统农业中有一种人，他们不管干活多么辛苦劳累，但他们对生产发展却不能发挥丝毫作用。他们看起来不是失业，而实际上是隐蔽性的失业。这种观念在舒尔茨看来也是错误的，他认为，农业生产的发展程度与农业人口的增减二者间有很直接、很密切的关系。因为传统农业中许多生产活动都是体力活，少一个人肯定会少一份力量，生产效率也自然会下降。

其次，舒尔茨深刻地剖析了传统农业落后的原因。他提出了"收入流价格"理论，该理论内容主要包括：收入是一个流量概念，是由单位时间内既定数量的收入流量所组成，所以收入流的增加就意味着经济在发展，而要得到收入流，则需要获得收入流的来源，即生产要素。因为生产要素有价值和价格，我们可以用其价格的供求关系来决定收入流的价格，即收入的形成。在传统农业中，它的特点之一就是生产要素和技术状况不变，可以推导出持久收入流来源的价格不会改变；同时，在传统农业中农业对收入流持有和获得的偏好也不变，可以推导出持久收入流来源的需求也不会改变。二者既然都不变，就会使收入流来源处于一个长期均衡的状态之中，传统农业中的资本收益率也长期不会增长。可见，尽管传统农业中有储蓄率低和投资率低的状况，但这些状况的根源不是农业的储蓄不多和企业家不多，而是因为投资收益率太低了。因此改造传统农业需要技术的革新。

最后本书对怎样改造传统农业，建立现代农业进行了详细的分析。改造传统农业是一项巨大的工程，它不但需要政府提供强有力的政策支持，更主要的还要寻求技术上的革新。

在制度手段上，政府往往运用行政命令和市场调控两种手段，或单独用，或混合用，视不同国家的国情而定。行政命令依靠的是国家的权威和权力，而市场调控则运用经济的手段，给农业技术革命提供新的刺激。它们对改造传统农业都有一定的效果。

　　在技术变化上，不仅要找到新的生产要素，还要找到合适的生产方式，这种生产方式既要适用又要使广大农民能乐意接受。要素的效率决定了传统农业的基本特征；而决定要素效率的又是生产决策者以及决策机构的所在地。

　　如何提高要素效率呢？舒尔茨认为，应该从事现代农业活动，生产现代投入品，并充分利用各方面的信息，而农场规模和农民对经济刺激的反应都不能决定要素效率的高低。

　　舒尔茨谈到了地租。他认为，地租在配置农业资源中起到了非常重要的作用。因为它既是来源于土地的不劳而获的级差收入，又是投资于土地上建筑物的收入，还是土地生产率的合理收入。所以，地租作为政府改造传统农业的一种经济手段，可充分发挥其作用，使之成为一种重要的经济刺激。

　　生产力实际上包括两个部分，第一部分是土地、劳动力和资本，第二部分是技术。技术变化对生产力的提高起着最关键的作用，它直接影响到实际收入的提高程度。生产力的提高虽然是其两个组成部分共同努力的结果，但技术变化却起到了核心作用。

　　新生产要素的出现是改造传统农业的关键一步，它有其自身的提供者和需求者。所谓提供者，它指的是发现、发展、生产和分配新生产要素，并使农民能得到这些要素的人或机构。他们的作用相当于经济发展的"钥匙"。因为只有他们才能够使再生产性物质资本的投入适应于传统农业社会的特殊环境，并运用科学和技术两方面的知识为改造活动生产出新的生产要素，才能在形成了新生产要素后把它们分配到传统农民的手里。无论是营利企业还是非营利机构，都可以从他们那里得到自己发展所需要的东西，比如营利企业可以得到它而从中获利，非营利机构可以得到它以服从经济评价。最终，通过有效的非营利方式，发展中国家可以吸引外来投资和外国的先进技术，但这些国家也必须注意到，它们需要在引进的同时发展自己的技术，否则，改造传统农业就只是一句空话了。

　　作为新生产要素的需求者，传统农民接受它的标准是是否能给自己带来有效利益，而且会长期考察，只有在长期运用后一直都使农业产品保持增加的新生产要素才会被传统农民认为有利而接受。传统农民在接受了新要素后，就要学会怎样使用了。他们往往会反复地演练，在实践中学习新要素的特点及运用方法，这些学习所花的时间就是一种投资，即人力资本投资。

　　人力资本是经济发展的一个源泉，在改造传统农业的投资中，它比物质投资更为重要。这种投资是长期的活动，既有学校教育，也有在职培训，内容不一而足。在历史上，尽管有过不依靠农民的质量而得到经济增长，但这种增长是在一定的物质基础上实现的，一旦物质基础用完，就不存在持续下去的增长了，只有通过人力资本的投入使物质基础完善，才有持续的经济增长。在西欧，早期工业化虽然是靠无文化的劳动者来完成的，但这是因为当时资本的拥有量极为有限，而且科技水平尚不发达，到了今天，人们不可以再有这种幻想了。

　　既然优越的生产要素是农业改造的动力，那么教育的作用就不可以忽视。教育的功能是把知识教给农民，让农民在意识观念上、技术水平上同时得到提高，对发展中国家，尤其应该注意教育，大力发展教育，特别是发展初等教育，在农民中广泛普及，这就会起到低投入、高产出的效果。

　　以上舒尔茨对改造传统农业的各个方面的问题都做了详尽的说明，提出的观点对实践都具有一定的指导作用，对经济学界的许多未发现的问题做了第一次解释，这些都构成了他获得诺贝尔经济学奖的理由。

【精彩语录】

1. 农业是生产特殊种类产品的经济部门，这类产品主要来自于植物以及包括家禽在内的动物。

2. 造成欠发达国家农业成绩不佳的罪魁祸首是缺少对农民有报酬的经济机会。

3. 一个像其祖辈那么耕作的人，无论土地多么肥沃或他如何辛勤劳动，也无法生产出大量食物。一个得到并精通运用有关土壤、植物、动物和机械的科学知识的农民，即使在贫瘠的土地上，也能生产出丰富的食物。

《经济学》

作　　者：约瑟夫·E. 斯蒂格利茨
成书时间：1995 年

【作者简介】

美国现代著名的经济学家。1943 年出生于美国印第安那州，他早期就读于美国麻省理工学院，并获得博士学位，毕业后执教于该校。后来他又担任耶鲁大学、英国剑桥大学和牛津大学、斯坦福大学等著名学府的教援，他还曾经担任过美国财政部、劳动部、联邦储备局以及欧洲经济合作组织、世界银行等国际组织的经济顾问，担任过克林顿总统的经济顾问。他还获得过美国经济学会颁发的"约翰·贝茨·克拉克奖"。2001 年获得诺贝尔经济学奖。

斯蒂格利茨是一位伟大的经济学家，在经济学上的主要贡献在于对财政学的系统研究，这也是他成为许多组织的经济顾问的原因。同时，他对经济学的其他领域也有深刻的研究，在贸易经济、宏观经济、货币经济、工业经济、福利经济等许多方面都有自己独到的观点。另外，他撰写了大量的教科书，有些被视为是具有里程碑的意义的教科书，可与约翰·穆勒的《政治经济学原理》、马歇尔的《经济学原理》、萨缪尔森的《经济学》相提并论，特别是他写的《经济学》一书，在世界各国都很畅销。

斯蒂格利茨的主要著述有《经济学》、《公共部门经济学》、《公共经济学讲义》等。

【内容梗概】

在当今社会，经济学的发展已经到了一个非常高的地步。这种进步，一是由于经济学理论本身在不断完善，新的观点在不断提出，二是由于经济学必须与社会经济的发展同步。今天的经济已经发展到很高的水平，一天创造的财富超过几百年前一年所能创造的，所以用以前的经济学观点自然无法解释今日的经济现象。不管是亚当·斯密，还是马歇尔，他们所提出的观点所阐述的理论都只能解释当时的经济现象并发挥一定的作用，到了今天，自然也需要一种新的经济学理论去解释当今的经济现象。

本书正是在上述背景下应运而生的，本书的出版被很多人誉为经济思想史上第四本具有里程碑意义的经济学教科书，对当今的经济学初学者具有很好的启发、开导作用。本书一出版立即受到各国读者的欢迎，成为 20 世纪末经济类图书中最畅销的一本。

在序论部分，斯蒂格利茨主要集中探讨了经济学到底是什么的问题，对经济学进行了新的阐述和解释。

斯蒂格利茨开门见山地以汽车为例，鲜明地指出了现实中的基本问题。对于不同的人而言，汽车便意味着不同的东西，然而对于一个经济学家来说，一辆汽车可用来解释经济学的几乎全部内容。从经济学的角度看这个众所周知的主题，我们可以学习到经济学的思考方法。

经济学主要研究社会中的个人、厂商和政府如何进行选择。选择是不可避免的。因为人们需要的物品、劳务和资源是稀缺的。对于经济学而言，包括四个基本问题：（1）生产什么，生产多少；（2）如何生产；（3）为谁生产；（4）谁作出经济决策，以什么程序作出决策。但是，不同的经济学家对此有不同的回答。

经济学主要思考选择问题，其基本的竞争模型包括具有理性的、追求自身利益的个人和追求最大利润的厂商在竞争性市场上的相互作用。他们二者之间存在着相互制约的关系，这种制约作用构成了市场运行的基本模式。另外，现实生活中的一个事实是个人之间、国家之间以及个人和国家之间的相互依存，经济的相互依存所带来的收益和成本的考虑适用于世界各国，也适用于一国之内的个人和厂商。没有一个个人或国家是完全自给自足的。历史早已证明，商品生产不再是某个国家的自我满足需要的活动，国际贸易已成为必然的发展趋势，并会越来越走向世界一体化。

价格在推动经济运行中起着中心的作用，它被定义为用来交换商品或劳务的事物。当市场完全竞争时，价格是用来衡量短缺程度的主要标志。价格可以通过供给和需求的均衡来予以确定，它是有弹性的，即需求价格弹性和供给价格弹性，二者反映了某种物品的需求量和供给量对该种物品价格变化的敏感程度。

微观经济学和宏观经济学为我们提供了考察经济的两个不同角度。一个着眼于经济组成部分的行为，另一个则着眼于经济整体行为；一个侧重于家庭的选择和厂商的生产决策，另一个则侧重于这些个体决策和行动的总体后果，即它们对一国产品、就业水平、生产率增长、收支平衡和通货膨胀率等的影响。

斯蒂格利茨着重分析了微观经济学，包括完全市场和不完全市场两大部分内容。

在分析完全市场前，得作出以下的假设条件：1. 所有市场都是在完全竞争的状态下运行的；2. 技术技能固定不变；3. 厂商、消费者和任意其他市场参与者可以很容易地获得与他们所参与的市场有关的信息；4. 销售者承担把商品提供给市场的全部成本，而购买者得到所有利益；5. 人们所需要的市场都存在；6. 不存在非自愿失业；7. 竞争性市场导致资源的有效配置。在这些假设的前提之下，经济中的三类参与者有：个体或家庭、厂商以及政府，这三者在劳动、资本和产品三个市场中相互作用，从而构成了经济的基本运行内容。

从消费者方面考察，其微观决策主要包括消费、储蓄、投资三个方面的内容。人们为了购买另一种商品而必须放弃的这一种商品的一定数量，由这两种商品的相对价格决定的，并且可以用预算约束的斜率来表示，而在储蓄决策中，人们面临着现在的消费和未来的消费之间的替换。一个人通过现在消费而可以在未来得到的消费增量是由实际利息率决定的。个人的投资选择包括将储蓄存入某种银行账户，用储蓄购买不动产、债券和股票，其目的均是为了获得最大的资产收益。

从厂商方面考察，其主要从成本和生产决策方面考虑。一个厂商的生产函数确定各种投入的任意组合的产出水平，任意一种投入增加所导致的产量增加是该种要素的边际产量。所有利润最大化的厂商都选用使得成本在它希望生产的产出水平上为最小的生产方式，因为成本最低才能使得利润最大。作出生产决策的关键亦是要仔细研究收益，所以在竞争市场上，厂商一般要选择的产出数量是使得市场价格——生产额外一单位产出所得到的收益——等于边际成本。

在完全市场中，市场基本上是协调经济发展的最有效的方式。但是，越来越多的发现表明，现代经济与竞争模型之间存在着明显的偏差。很少有人因为基本模型存在不足而完全否定它，因为这个模型对经济问题的洞悉力太强大了。大多数经济学家把基本竞争模型作为出发点，用以建立一个更丰富、更完全的模型。

经济学家把市场结构归结为四类：完全竞争市场、垄断市场、寡头市场和垄断竞争市场。斯蒂格利茨着重研究不完全市场中的经济行为。一个完全竞争厂商面对的是一条水平的需求曲线，它是一个价格接受者。在一个不完全的市场上，每个厂商面对着一条向右下方倾斜的需求曲线。由于垄断价格高于边际收益，消费者为购买产品所支付的价格大于生产该产品的边际成本，因此垄断厂商的产量低于根据价格等于边际成本所决定的产量。同时，因为相对较少的几个厂商控制一个市场或由于厂商生产的产品具有差别（由于厂商产品的特征、厂商的地理位置及消费者心理感觉），所以出现了不完全竞争。垄断和不完全竞争涉及自然的和人为的两种进入障碍。另外，寡头的出现也是不完全竞争的重要标志。为了寻求更高的利润，寡头必须在与竞争对手结盟还是与他们进行竞争之间作出选择。他们必须考虑其对手将如何对他们所采取的行为作出反应。

垄断和不完全竞争会导致四个主要问题：限制产量和获取超额利润、管理松懈、缺乏技术进步的动力和倾向于进行具有浪费性的寻租支出。政府应该对此进行有利的监督并制定出行之有效的政策，如反托拉斯法等。在现代经济中，技术的因素所发挥的作用愈来愈明显。但是，那些依赖技术变革的行业几乎是不完全竞争的。专利是政府鼓励技术革新的一种方式，它使得一些厂商仿制他人的技术创新变得困难并且成本高昂，持有专利的厂商拥有政府授予的垄断地位。

在书中最后一大部分，斯蒂格利茨分析了宏观经济学的内容，主要包括总量市场、货币的作用以及增长和稳定政策三大部分。

对宏观经济学的考察有三个主要统计指标：失业率、通货膨胀率和增长率。因此，政府宏观经济政策的三个核心目标就是要实现低失业、低通货膨胀率和高增长。宏观经济学研究作为家庭和企业行为结果的这些经济变量如何变化，以及政府政策可以如何影响这些经济总量。宏观经济学试图找出决定总量水平、就业与通货膨胀的力量。为此，它研究是什么原因引起劳动、产品和资本市场上需求与供给曲线的移动，对该问题的不同回答也形成了各种不同的经济学流派。

当在现行市场工资下劳动供给大于劳动需求时，存在着非自愿失业。这之所以可能发生是由于劳动需求减少，但工资不降低。那究竟是什么原因使劳动需求曲线移动从而导致劳动市场不能出清呢？答案在于产品市场。如果产出水平（GDP）高，那么就业率就会相应提高。换句话说，产出降低会伴随失业的增加。所以劳动需求曲线的移动与产品市场密切相关。其中，收入—支出分析是为了决定经济的均衡产出水平，这里的经济是存在超额生产能力的经济，即经济运行在供给曲线的平坦部分，这时总需求决定产出水平。在整个分析中，价格水平是固定的。由此又引出了总支出及其组成部分的分析和总需求曲线与总供给曲线的推导。

社会经济中的所有市场都是相互联系的，一个市场上的情形可能对其他市场有重要影响。在这一部分，作者致力于研究资本市场。

决定产出水平的一个主要因素是投资水平。而投资水平又受到资本市场的影响，即投资资金的可获得性和厂商获得这些资金的费用（包括利率）的影响。事实上，政府试图影响经济活动水平的一个主要途径是货币政策，它影响到利率水平和资金的可获得性。所以考察货币的作用是十分必要的。

货币是任何一种被某个社会作为交换媒介、价值储藏和计算单位所广泛接受的物品。衡量货币供给的方法有多种，它们分别被称作 M_1、M_2 和 M_3，它们都包括现金和支票账户，它们的区别在于各自包含的作为现金和支票账户近似替代物的资产种类不同。接下来，作者又讨论了货币政策的作用及影响。有关货币政策对经济的影响的理论，主要关注银行负债表的两边：货币和信世贷。传统的货币理论存在许多问题。很多交易涉及的是资产交换，而它们与收入的创造是没有什么关系的。技术和经济结构的变化可能改变货币—收入关系。大多数货币带来利息，因此机会成本只是对货币支付的利率和政府国库券利率之差。最后，名义利率变化和实际利率变化之间的联系很弱，并且取决于通货膨胀预期；而实际利率和投资之间的联系似乎也很弱。最近几年来，货币流通速度以不可预测的方式变动。

接着，斯蒂格利茨又转入了在国际背景下讨论对货币政策来说更为现实的环境，并考察了有关价格稳定和通货膨胀的政策问题。

在宏观经济学的第三部分，增长和稳定政策中，讨论的主题是用前面阐发的原理和结论来考察赤字、经济危机等问题和其他的现行公共政策问题。

生产率增长有四个主要源泉：增加资本品积累（投资）、提高劳动力质量、提高资源配置的效率和技术变革。但与其前 20 年相比，美国在 20 世纪 60 年代末和 70 年代初的生产率增长速度有明显下降。生产率增长速度即便是下降很小也会对一两代人的生活水平产生重要的消极影响。其主要原因是美国储蓄力的下降，而使整个国民储蓄很快增加的最可行的办法是减少政府赤字。

但是，我们可清楚地看到，美国的赤字正在大幅度增加，在 20 世纪 80 年代美国的联邦预算赤字和贸易赤字均急剧增加。赤字的增加有四个主要原因：税收减少、国际开支增加、用于老年人的福利开支增加和利息支出增加。一个国家的贸易赤字等于其进出口之差，也等于其资本流入量，因此贸易赤字和从国外借款是描述同一个模式的两种方法。减少贸易赤字主要是通过限制进口或对出口进行补贴，另外其他政策选择包括减少投资，增加居民和企业储蓄，或减少联邦预算赤字。而这些政策都面临着重重问题。尤其是削减联邦预算赤字已经证明在政治上是困难的。联邦支出中的3/4用于国防、福利支出计划和利息支付。如果不增加税收或大幅度削减这些开支，预算赤字不容易被削减。

【精彩语录】

1. 在美国，由个人作出主要决策反映经济学家的信念，认为这种决策方式对于保持经济效率是适当必要的；但是经济学家同时也认为：政府进行某些干预也是需要的。找到公共部门与私人部门在经济上的适度平衡是经济分析的中心问题之一。

2. 有句古老的格言说，如果你想把某件事做好，那你最好自己去做。这句格言背后的基本思想就是激励问题。对于一个拥有厂商并且自己就是厂商唯一雇员的人来说，经济激励问题很清楚，即使厂商的利润最大化，你就使自己的收入达到了最大化。

3. 许多政治候选人竞选时所采用的口号是"和平与繁荣"，而没能维持经济繁荣导致了许多届政府的下台。一个普遍的公众信念是，政府有责任维持一个充分就业和物价稳定的经济，并为增长创造一个有利的经济环境。

《经济学原理》

作　　者：N. 格里高利·曼昆
成书时间：1998 年

【作者简介】

美国当代著名的经济学家。1958 年出生，青少年时代曾就读于普林斯顿大学，后又进入麻省理工大学，27 岁时获该校经济学博士学位。毕业后任教于哈佛大学，他 29 岁时成为该校终身正教授，这在美国的学术界创造了一个奇迹。在大学执教期间，他讲授过包括宏观经济学、微观经济学、统计学和经济学原理等课程在内的许多种经济类学科。同时他在当时的《纽约时报》、《波士顿环球报》、《华尔街日报》上经常写专栏文章，还撰写了大量著作。另外他还曾当过帆船运动教练，可谓爱好广泛。2003 年走入政坛，接替哈伯德的职位担任美国经济顾问委员会主席。他还担任了不少社会职务。例如，他是设在麻省坎布里奇的非营利性思想库国民经济研究局货币经济学部主任，还是波士顿联邦储备银行和国会预算办公室的顾问。

曼昆是美国当代极负盛名的经济学家。他在经济学上的贡献既表现在他对经济学教材的撰写上，也表现在他对经济学理论的研究上。前者主要是指他撰写的《经济学原理》一书，后者则表现为他作为 20 世纪 80 年代以来兴起的新凯恩斯主义经济学的主要代表，对经济理论和政策所作出的许多贡献。他在微观经济学、宏观经济学以及经济学原理等多方面均有独特研究，他在畅销的报刊杂志上撰写的文章成为最受欢迎的内容之一。

曼昆的主要著述有《经济学原理》、《宏观经济学》等。

【内容梗概】

经济学一向被人们认为是一种非常枯燥而又难懂的学科，在进入"数理经济"时代，又出现了大量的推算和公式，让人一看就害怕，所以对许多初学者来说，一本简单明了的入门教材就显得尤为重要，本书的一大特色正在于此，它采用的介绍方式很平易近人，让人很喜欢地就进入了经济学知识的海洋中。所以本书的读者范围很大，它既可以做高等学校的教科书，又可以使只有中学文化的人也容易读懂，可谓是"雅俗共赏"。

在内容上本书主要介绍了经济学十大原理，这十大原理贯穿于书中始末。并运用它们对贸易、供求关系、消费与生产、企业行为和行业组织、劳动力市场以及宏观经济学理论进行阐述。

曼昆在本书序言中写道，我们之所以在即将进入 21 世纪时还要从事经济学的学习，主要是基于以下三个原因：

第一是学习经济学可以使我们对我们所生活的世界有更清楚的认识，如为何出现通货膨胀、明星高报酬、住房等问题；

第二是学习经济学可以使我们更加精明地参与到经济活动中去，作出正确的经济决策，它虽不会使人富有，但却给了我们一些有助于我们致富的工具；

第三是学习经济学会使我们对经济政策的潜力以及局限性有一个更清楚的理解。

经济学的产生来源于资源的稀缺性。所谓稀缺性，是指社会资源的有限性。对经济学的研究可从多方面进行，但可以用几个中心思想把这个学科统一起来，于是作者提出了十大原理，而本书的其他部分，都是为了说明这十大原理的。

这十大原理又可从三个大的角度进行区分，也就是说它们回答了三个大问题。

第一个大问题是人们怎样作出决策。对于这个问题，曼昆提出了四个原理。

第一个原理是："人们面临交替关系。"

也就是说人们为了获得一样自己喜欢的东西，必须放弃另一件东西。那么所谓的决策，就是在这两件东西中进行选择然后有所取舍。曼昆举例说，对一名学生来说，最宝贵的资源是时间，那么，他们怎么去分配时间呢？有的人把全部时间花在学习经济学上，也有的可以全部花在学习心理学上，还可以把时间分割成两部分：分别花在学习经济学和心理学上。这就是一种交替关系。

当然，交替关系绝不只限于简单的分配上，还有另外一种类型，如效率与平等之间的交替，效率是社会能从其稀缺资源中得到最多的东西，平等是指这些资源的成果公平地分给社会上每个成员，"效率是指经济蛋糕的大小，而平等是指如何分配这块蛋糕"。这二者之间存着一定的不一致，所以政府决策时，必须有所侧重。例如在考虑福利政策时，像失业保障等政策是帮助那些社会上最需要帮助的成员，而个人所得税等政策则是要求经济富有者对他人给予更多支持，这些都对平等有好处，但却降低了效率，"当政府想要把经济蛋糕切为更均等的小块时，这块蛋糕也就变小了"。

第二个原理是："某种东西的成本是为了得到它而放弃的东西。"

因为人们之间都面临着交替关系，所以，在作决策时人们就要对可供选择的方案的成本和收益进行比较，问题是一项行动的成本往往并不是很容易就可计算出来的。

曼昆举例说，关于是否上大学就存在不同的选择。上大学可以使知识丰富，以后拥有更多的工作机会，这是其收益，但也需要成本，如学费、书籍、住房和伙食等，都应该加起来，但这样加起来的总和并不等于上一年大学真正所放弃的全部东西，而有些东西又不是上大学的成本，因为你即使不上大学，也得要吃要住，只有在大学的吃住中比其他地方贵的数量才是其成本。而实际上，大学里的吃住成本往往比社会上的还要低，这个成本又该怎样计算呢？这时，大学里吃住节约的钱却成了其收益。

而上大学最主要的成本还是时间，因为把大部分时间花在看书、听课上，所以就不能再去工作，从而不能挣到钱。

于是曼昆提出了机会成本的概念，它是指为了得到某种东西所必须放弃的东西。

第三个原理是："理性人考虑边际量。"

曼昆认为生活中有很多决策都与对现有行动计划进行小的增量调整有关。这些调整就是所谓的"边际变动"。曼昆举例说，当有人问你他应上多少年学时，你就不能将一个拥有博士学位的人和一个没有上完小学的人的生活方式的比较告诉他，因为这并不能帮助他作出决策。他可能已受过了一定的教育，只考虑应否再多念一两年而已。所以你应告诉他，多上一年学所带来的额外收益及所花的额外成本是多少，这样他就可以评价自己多上一年学是否有价值了。

所以，作为理性人，他们往往会考虑边际量。

第四个原理是："人们会对激励作出反应。"

人们作出决策是在对成本与收益的比较之后进行的，当成本和收益变化时，人们的决策及行为也就会发生变动。所以，人们会对激励作出反应的。这种激励既可以是人为的，也可能是自然变化的结果。

例如，在苹果价格上涨而梨的价格不变时，人们会决定多吃梨而减少吃苹果的个数。这是因为买苹果付出的成本提高了。同时，苹果园主却决定雇佣更多的工人摘苹果，因为出售苹果所带来的收益增加了，这就是一种激励所带来的反应。

而对于公共决策的设计来讲，激励在决策行为中的中心作用更显得重要。公共决策涉及公众私人行为的成本与收益，如果决策不能考虑到这一点，他们的政策就会适得其反，取得另外的意想不到的效果。

第二个大问题是人们如何相互交易，这个问题可用三个原理来解释。

第五个原理是："交易能使每个人状况更好。"

在贸易中往往存在着竞争。贸易与体育竞赛不同，不一定是一方胜利而另一方必然失败，它可以达到"双赢"的效果。竞争的结果是使贸易双方都得到好处。"贸易使各国可以专门从事自己擅长的活动，并享有很多的各种各样的物品与劳务。"所以在国际市场中，他国既可以是本国的竞争对手，同时也可以是本国的伙伴，这二者并不矛盾。

第六个原理是："市场通常是组织经济活动的一种好方法。"

在如何分析资源这一问题上，一向有两种方法，一是中央计划，二是市场机制，前者实行的是计划经济，后者实行的是市场经济。

计划经济的特征是国家决定生产什么、生产多少、由谁来生产、如何分配等问题，认为只有政府才可使整个社会经济福利的方式得到最好的保障。

市场经济是指"当许多企业和家庭在物品与劳务市场上相互交易时通过他们的分散决策配置资源的经济"。在市场经济中，中央计划不复存在，而被许多企业和家庭的决策所取代。这些决策包括：企业雇佣谁，生产什么，家庭为哪个企业工作，用收入买什么等。这就是亚当·斯密所谓的"看不见的手"。

第七个原理是："政府有时可以改善市场结果。"

曼昆指出，市场经济虽有很多优点，但也存在明显的不足，主要有市场失灵等。所谓市场失灵，是指市场本身不能有效地配置资源的情况。市场之所以失灵，其中一个原因在于外部性。所谓外部性是指一个人的行为对旁人的福利带来影响。外部性有好有坏，污染就是一个不良的表现。

市场失灵的另一个原因是市场势力。所谓市场势力是指一个经济活动者对市场价格有明显有效的影响力。

由于市场经济不能保证资源有效配置，也无法兼顾公平，所以政府的作用就是必要而积极的。政府可以弥补市场经济的一些缺陷，从而使公平与效率都得到照顾。

第三个大问题是整体经济如何运行。这一问题可用如下三个原理加以解释。

第八个原理是："一国的生活水平取决于它生产物品与劳动的能力。"

世界各国贫富不均，生活水平差距较大，原因在于生产率的差别。所谓生产率是指：一个工人一小时所生产的物品和劳务量。在富裕国家，由于生产率水平高，所以人们生活水平高，相反，在贫穷国家，生产率水平低，所以人们生活水平也低。

曼昆认为，生产率与生活水平之间的关系对于公共政策的选择有深远意义。因为在考虑一项政策的影响时，关键问题就是政策如何影响到我们的生产能力。

第九个原理是："当政府发行了过多货币时，物价上升。"

这是一个货币理论，指的是通货膨胀这一现象。所谓通货膨胀是指经济中物价总水平的上升。

通货膨胀的主要原因在于货币量的增加，大多数严重或持续的通货膨胀情况都是由于这个原因。

第十个原理是："社会面临通货膨胀与失业之间的短期交替关系。"

通货膨胀虽然有碍于经济的发展，但政府却很难彻底地消灭它，原因在于降低它时会引起失业人口的增加，这是一个两难问题。这一问题可以在菲利普斯曲线上反映出来。菲利普斯曲线就是反映通货膨胀与失业之间的短期交替关系的曲线。好在二者的相互替代仅是一时的，所以并非无可救药。

以上十大原理是本书的中心命题，而本书其余部分都是围绕这些原理来论述的，或者说是这十大原理的具体阐述。在此就不再详细介绍。

【精彩语录】

1. "经济"是什么？这个问题并没有什么神秘之处。无论我们谈论的是洛杉矶经济、美国经济，还是全世界经济，经济只不过是一个在生活中相互交易的一群而已。

2. 效率是指经济蛋糕的大小，而平等是指如何分割这块蛋糕。

3. 生活中的许多决策涉及对现有行动计划进行微小的增量调整。经济学家把这些调整称为边际变动。在许多情况下，人们可以通过考虑边际变动来作出最优决策。

4. 日本人和法国人、埃及人与巴西人一样，既是我们的竞争对手，又是我们在世界经济中的伙伴。

5. 乍一看，市场经济的成功是个谜。千百万利己的家庭和企业分散作出决策似乎会引起混乱。但事实并非如此。事实已经证明，市场经济在以一种促进普遍经济福利的方式组织经济活动方面非常成功。

《长尾理论》

作　　者：克里斯·安德森
成书时间：2004 年

【作者简介】

美国当代著名经济学家。1961 年出生于美国，自 2001 年起担任美国《连线》杂志总编。在他的领导之下，《连线》杂志五度获得"美国国家杂志奖"的提名，并在 2005 年获得"卓越杂志奖"金奖。

安德森最大的贡献在于提出了"长尾理论"。长尾理论的来临，改变了企业营销与生产的思维，带动新一波商业势力的消长。执著于培植畅销商品的人会发现，畅销商品带来的利润越来越薄；愿意给长尾商品机会的人，则可能积少成多，累积庞大商机。长尾理论不只影响企业的战略，也将左右人们的品位与价值判断。大众文化不再万夫莫敌，小众文化也将有越来越多的拥护者。

安德森的著述有《长尾理论》、《免费经济学》等。

【内容梗概】

长尾理论是网络时代兴起的一种新理论，由安德森提出。长尾理论认为，由于成本和效率的因素，过去人们只能关注重要的人或重要的事，如果用正态分布曲线来描绘这些人或事，人们只能关注曲线的"头部"，而将处于曲线"尾部"、需要更多的精力和成本才能关注到的大多数人或事忽略。例如，在销售产品时，厂商关注的是少数几个所谓大客户，"无暇"顾及在人数上居于大多数的普通消费者。而在网络时代，由于关注的成本大大降低，人们有可能以很低的成本关注正态分布曲线的"尾部"，关注"尾部"产生的总体效益甚至会超过"头部"。例如，某著名网站是世界上最大的网络广告商，它没有一个大客户，收入完全来自被其他广告商忽略的中小企业。安德森认为，网络时代是关注"长尾"、发挥"长尾"效益的时代。

安德森喜欢从数字中发现趋势。一次跟 eCast 首席执行官范·阿迪布会面，后者提出一个让安德森耳目一新的"98 法则"，改变了他的研究方向。范·阿迪布从数字音乐点唱数字统计中发现了一个秘密：听众对非热门音乐有着无限的需求，非热门的音乐集合市场无比巨大。听众几乎盯着所有的东西！

安德森意识到，阿迪布那个有悖常识的"98 法则"隐含着一个强大的真理。于是，他系统研究了亚马逊、狂想曲公司、Blog、Google、eBay、Netflix 等互联网零售商的销售数据，并与沃尔玛等传统零售商的销售数据进行了对比，观察到一种符合统计规律（大数定律）的现象。这种现象恰如以数量、品种二维坐标上的一条需求曲线，拖着长长的尾巴，向代表"品种"的横轴尽头延伸，长尾由此得名。

《长尾》在 2004 年 10 月号《连线》发表后，迅速成了这家杂志历史上被引用最多的一篇文章。特别是经过吸纳无边界智慧的博客平台，不断丰富着新的素材和案例。安德森沉浸其中不能自已，终于打造出一本影响商业世界的畅销书《长尾理论》。

长尾这一概念由安德森在《长尾》一文中提出，用来描述诸如亚马逊和 Netflix 之类网站的商业和经济模式。

"长尾"实际上是统计学中幂律（Power Laws）和帕累托（Pareto）分布特征的一个口语化表达。

举例来说，我们常用的汉字实际上不多，但因出现频次高，所以这些为数不多的汉字占据了广大地区；绝大部分的汉字难得一用，它们就属于那长长的尾巴。安德森认为，只要存储和流通的渠道足够大，需求不旺或销量不佳的产品共同占据的市场份额就可以和那些数量不多的热卖品所占据的市场份额相匹敌甚至更大。

长尾市场也称之为"利基市场"。"利基"一词是英文"Niche"的音译，意译为"壁龛"，有拾遗补阙或见缝插针的意思。菲利普·科特勒在《营销管理》中给利基下的定义为：利基是更窄地确定某些群体，这是一个小市场并且它的需要没有被服务好，或者说"有获取利益的基础"。

通过对市场的细分，企业集中力量于某个特定的目标市场，或严格针对一个细分市场，或重点经营一个产品和服务，创造出产品和服务优势。

"长尾理论"被认为是对传统的"二八定律"的彻底颠覆。

尽管听上去有些学术的味道，但事实上这不难理解——人类一直在用二八定律来界定主流，计算投入和产出的效率。它贯穿了整个生活和商业社会。这是 1897 年意大利经济学家帕累托归纳出的一个统计结论，即 20% 的人口享有 80% 的财富。当然，这并不是一个准确的比例数字，但表现了一种不平衡关系，即少数主流的人（或事物）可以造成主要的、重大的影响。以至于在市场营销中，为了提高效率，厂商们习惯于把精力放在那些有80% 客户去购买的20% 的主流商品上，着力维护购买其 80% 商品的 20% 的主流客户。

在上述理论中被忽略不计的80% 就是长尾。安德森说："我们一直在忍受这些最小公分母的'专制统治'……我们的思维被阻塞在由主流需求驱动的经济模式下。"但是人们看到，在互联网的促力下，被奉为传统商业圣经的"二八定律"开始有了被改变的可能性。这一点在媒体和娱乐业尤为明显，经济驱动模式呈现从主流市场向非主流市场转变的趋势。

长尾理论无处不在，长尾理论的应用绝不止于互联网以及娱乐媒体产业。

传统的市场曲线是符合 80/20 铁律的，为了抢夺那带来 80% 利润的畅销品市场，商家们厮杀得天昏地暗，但是我们所谓的热门商品正越来越名不副实，比如说黄金电视节目的收视率几十年来一直在萎缩，若放在 1970 年，现在的一档最佳节目恐怕连前 10 名之列都难以进入。简言之，尽管我们仍然对大热门着迷，但它们的经济力量已经今非昔比。那么，那些反复无常的消费者们已经转向了什么地方？答案并非唯一。他们散向了四面八方，因为市场已经分化成了无数不同的领域。互联网的出现改变了这种局面，使得99%的商品都有机会进行销售，市场曲线中那条长长的尾部（所谓的利基产品）也咸鱼翻身，成为我们可以寄予厚望的新的利润增长点。

首先，长尾理论统计的是销量，并非利润。管理成本是其中最关键的因素。销售每件产品需要一定的成本，增加品种所带来的成本也要分摊。所以，每个品种的利润与销量成正比，当销量低到一个限度就会亏损。理智的零售商是不会销售引起亏损的商品。这就是二八定律的基础。

超市是通过降低单品销售成本，从而降低每个品种的止亏销量，扩大销售品种。为了吸引顾客和营造货品齐全的形象，超市甚至可以承受亏损销售一些商品。但迫于仓储、配送的成本，超市的承受能力是有限的。

互联网企业可以进一步降低单品销售成本，甚至没有真正的库存，而网站流量和维护费用远比传统店面成本低，所以能够极大地扩大销售品种。而且，互联网经济有赢者独占的特点，所以网站在前期可以不计成本疯狂投入，这更加剧了品种的扩张。

如果互联网企业销售的是虚拟产品，则支付和配送成本几乎为零，可以把长尾理论发挥到极致。例如，音乐下载就属于这种情况。可以说，虚拟产品销售天生就适合长尾理论。

其次，要使长尾理论更有效，应该尽量增大尾巴。也就是降低门槛，制造小额消费者。不同于传统商业的拿大单、传统互联网企业的会员费，互联网营销应该把注意力放在把蛋糕做大。通过鼓励用户尝试，将众多可以忽略不计的零散流量，汇集成巨大的商业价值。

【精彩语录】

1. 如果说"免费"在20世纪是一种强有力的推销手段，那么如今它已经成为一种全新的经济模式。这种新型的免费模式并不是一种左口袋出、右口袋进的伎俩，而是把产品和服务的成本压低到零的新型卓越能力。

2. 大多数企业家都掉进了一个陷阱，认为价格永远都具有弹性，也就是觉得出售的商品价格越低，对它的需求就会越多。因此，这些企业家都会画一个曲线走势像曲棍球的一张营收图表，曲线的形态往往先向上拉升，然后向右方倾斜，而支撑这个曲线走势的正是所谓"每月你只需花2美元"的商业企划。

3. 事实在于，让售价在5美元和5 000万美元之间变动并非一个新企业面临的最棘手的难题，最难的是让自己的商品零收费。